高等学校人力资源管理系列精品教材

人员培训与开发

张新岭　孙友然◎主编　　赵永乐◎主审

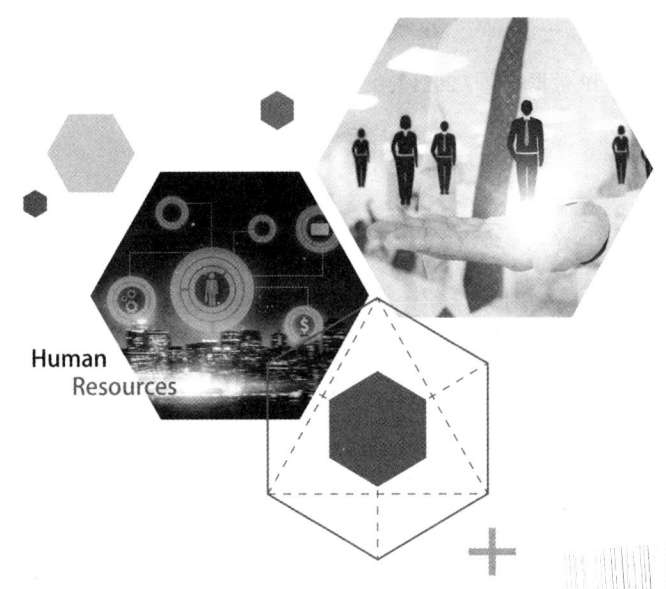

电子工业出版社
Publishing House of Electronics Industry
北京·BEIJING

未经许可,不得以任何方式复制或抄袭本书之部分或全部内容。
版权所有,侵权必究。

图书在版编目(CIP)数据

人员培训与开发 / 张新岭,孙友然主编. —北京:电子工业出版社,2021.8
ISBN 978-7-121-41604-0

Ⅰ. ①人… Ⅱ. ①张… ②孙… Ⅲ. ①企业管理－职工培训－高等学校－教材 Ⅳ. ①F272.921

中国版本图书馆 CIP 数据核字(2021)第 141208 号

责任编辑:刘淑敏　　　　特约编辑:田学清
印　　刷:天津千鹤文化传播有限公司
装　　订:天津千鹤文化传播有限公司
出版发行:电子工业出版社
　　　　　北京市海淀区万寿路 173 信箱　　　邮编 100036
开　　本:787×1092　1/16　印张:17.25　字数:409 千字
版　　次:2021 年 8 月第 1 版
印　　次:2021 年 8 月第 1 次印刷
定　　价:58.00 元

凡所购买电子工业出版社图书有缺损问题,请向购买书店调换。若书店售缺,请与本社发行部联系,联系及邮购电话:(010)88254888,88258888。
质量投诉请发邮件至 zlts@phei.com.cn,盗版侵权举报请发邮件至 dbqq@phei.com.cn。
本书咨询联系方式:(010)88254199,sjb@phei.com.cn。

前　言

在不断创新成为企业获取竞争优势重要手段的时代，人力资源价值和才能的意义是不言而喻的。为了充分开发和使用人力资源，对员工进行培训与开发是任何一个想在激烈竞争中立足和发展的企业必须高度重视的工作。

一、本书的写作背景

本书的写作背景可以从三个方面分析：首先，在企业培训与开发的实践方面，企业越来越关注员工个人的长期发展，培训内容日新月异，培训方法不断出新；其次，在培训与开发理论的研究进展方面，学界非常关心如何不断强化员工的主体地位、培训与开发将如何引领企业变革、新兴技术如何颠覆传统培训模式、如何不断完善企业的培训文化等问题；最后，在目前常见的培训与开发教材的特点方面，普遍存在沿袭西方经典培训与开发管理思想体系的情况，而在思路和结构方面，培训与开发教材与我国企业实际情况脱节，对实际操作的介绍比较欠缺。

二、本书的编写思路

本书首先阐明了写作背景、思路、概念和框架，然后依据框架展开论述。在具体写作过程中，本书将体现先内涵、后外延，先基础、后提升的特点：首先，从实际操作的角度详细探讨培训与开发的基础、过程、方法、管理等内容；然后，从企业和员工长远发展的角度研究员工素质开发、人才培养开发、学习型组织开发等内容；最后，专门设置了培训与开发实验操作章节，为学生提供实际操作的案例和方法。

三、本书的主要内容

本书的主要内容如下：

第1章 培训与开发的前期基础工作和组织建设；

第2章 培训需求分析；

第3章 培训计划与实施；

第4章 培训成果评估和转化；

第5章 培训方法；

第6章 通用性培训；

第7章 专业性培训；

第8章 员工素质开发；

第 9 章 人才培养开发；
第 10 章 学习型组织开发；
第 11 章 培训与开发实验操作。

四、本书的写作分工

本书由张新岭和孙友然担任主编，张新岭负责第 1、6、8、9、11 章的编写工作，孙友然负责第 2、3、4、5、7、10 章的编写工作，全书由张新岭负责统稿。

在本书编写过程中，河海大学赵永乐教授对本书的理论体系和内容结构做了深入指导，帮助厘清了思路和定位，并对具体写作提出了很多修改意见，在此对赵老师致以衷心感谢！另外，彭泽宇、高伟、韩紫蕾等同学参与了本书的资料搜集及部分初稿的撰写工作，在此表示感谢。

五、本书的特色

本书的特色主要体现在以下几个方面：首先，本书不奢谈理论，而是注重实用，详细介绍学生工作后最需要的方法和技术；其次，本书从培训与开发的区别和联系入手，在系统介绍培训工作流程和方法的基础上，对员工开发的方法和技术进行了专门的论述；最后，本书的写作力求逻辑清晰、结构完整、内容充实、方法实用、易于理解、便于应用。

本书在内容上具有以下特点：

（1）课程体系新。依据培训与开发学科的内在逻辑，重新架构培训与开发的课程体系，科学全面地阐释培训与开发的各个环节和模块。

（2）内容新。吸收和借鉴当代培训与开发领域理论上的新研究成果和分析技术，着力实现课程内容的完整和体系的严谨，由浅入深地介绍各个章节内容，以满足教学和实际应用的需要。

（3）语言平实。书中没有晦涩难懂的理论和深奥的数理模型推导过程，语言朴实，通俗易懂，适合不同需求的读者选用。

（4）注重实战。本着以人为本的理念和提高学生综合素质的目的，在保证专业理论教学的基础上，彰显案例教学优势，引导学生进行发现式学习，注重实际操作能力的培养，具有较高的实战特征，力求做到人才培养和上岗就业的无缝衔接。

（5）直观明了。在每章章首都设置了引导案例。引导案例的应用可以使读者带着问题学习，在思考案例的同时，本着分析和解决问题的态度，着手新章节的学习，以提高读者的学习兴趣和学习效率。

六、致谢

在本书编写过程中，河海大学赵永乐教授付出了大量心血，对本书的理论体系和内容结构做了深入指导，帮忙厘清了思路和定位，并对具体写作提出了很多修改意见，在此对赵老师致以衷心感谢！另外，彭泽宇、高伟、韩紫蕾等同学，参与了本书资料搜集及部分初稿的撰写工作，在此表示感谢。

本书的编写，参考了大量资料，改编了很多案例，这些资料出处都在书中参考文献和相应位置列明，如有疏漏，我们表示歉意并请相关作者谅解。由于时间仓促，水平有限，书中难免有不妥之处，恳请各位专家和广大读者批评指正。

目 录

第1章 培训与开发的前期基础工作和组织建设 …… 1

1.1 人力资源规划 …… 2
 1.1.1 人力资源规划的含义 …… 3
 1.1.2 人力资源规划的主要内容和特点 …… 4
 1.1.3 人力资源规划的操作过程 …… 6
 1.1.4 人力资源规划对培训与开发的作用 …… 8

1.2 工作分析 …… 9
 1.2.1 工作分析的含义 …… 9
 1.2.2 工作分析的特点 …… 9
 1.2.3 工作分析的操作过程 …… 10
 1.2.4 工作分析对培训与开发的作用 …… 12

1.3 培训与开发的组织体系 …… 13
 1.3.1 培训与开发的组织概况 …… 13
 1.3.2 职能部门的培训职责 …… 13
 1.3.3 业务部门的培训职责 …… 14
 1.3.4 培训与开发的组织建设 …… 15

1.4 培训与开发的制度体系 …… 17
 1.4.1 培训与开发制度的内涵 …… 17
 1.4.2 培训与开发制度的制定原则 …… 17
 1.4.3 培训与开发制度的建设 …… 18

1.5 培训与开发基地的建设 …… 20
 1.5.1 培训与开发基地的类型和意义 …… 20
 1.5.2 培训中心的建设 …… 20
 1.5.3 企业大学的建设 …… 22
 1.5.4 校企合作培训与开发基地的建设 …… 24

第2章 培训需求分析 …… 27

2.1 培训需求分析概述 …… 29
 2.1.1 培训需求分析的概念 …… 29
 2.1.2 培训需求分析的作用 …… 30
 2.1.3 培训需求分析的过程 …… 31

2.2 培训需求分析的内容 …… 32
 2.2.1 培训需求分析模型 …… 32
 2.2.2 组织层面分析 …… 34
 2.2.3 工作层面分析 …… 38
 2.2.4 个人层面分析 …… 39

2.3 培训需求信息的收集和处理 …… 41

2.3.1 培训需求信息的
　　　　 类型 ……………… 41
　　2.3.2 培训需求信息的收集
　　　　 步骤 ……………… 41
　　2.3.3 培训需求信息的收集
　　　　 方法 ……………… 41
　　2.3.4 培训需求信息的
　　　　 处理 ……………… 44
2.4 培训需求分析报告的撰写 … 45
　　2.4.1 培训需求分析报告的
　　　　 撰写原则 ………… 45
　　2.4.2 培训需求分析报告的
　　　　 撰写内容 ………… 46
　　2.4.3 培训需求分析报告的
　　　　 撰写步骤 ………… 48

第 3 章　培训计划与实施 ……… 49
3.1 培训计划的制订 …………… 50
　　3.1.1 培训计划的定义 …… 50
　　3.1.2 培训计划的类型 …… 51
　　3.1.3 培训计划的内容 …… 53
　　3.1.4 培训计划的制订
　　　　 原则 ……………… 55
　　3.1.5 培训计划的制订
　　　　 步骤 ……………… 55
3.2 培训课程和师资的选择 …… 57
　　3.2.1 培训课程的含义 …… 57
　　3.2.2 培训课程开发的
　　　　 要素 ……………… 57
　　3.2.3 培训课程设计的
　　　　 原则 ……………… 59
　　3.2.4 培训课程设计的常用
　　　　 模型 ……………… 60
　　3.2.5 培训课程开发的
　　　　 流程 ……………… 61
　　3.2.6 培训师的选择 ……… 64
3.3 培训经费的预算和使用 …… 66
　　3.3.1 培训经费的预算
　　　　 管理 ……………… 66

　　3.3.2 编制培训费用预算
　　　　 方案 ……………… 67
　　3.3.3 编制培训费用预算
　　　　 方案的注意事项 …… 68
3.4 培训计划的实施 …………… 68
　　3.4.1 培训前的组织与
　　　　 实施 ……………… 68
　　3.4.2 培训中的组织与
　　　　 实施 ……………… 70
　　3.4.3 培训后的组织与
　　　　 实施 ……………… 71

第 4 章　培训成果评估和转化 … 72
4.1 培训成果评估的概念与
　　模型 ………………………… 73
　　4.1.1 培训成果评估的
　　　　 概念 ……………… 73
　　4.1.2 培训成果评估的
　　　　 模型 ……………… 74
4.2 培训成果评估的实施 ……… 78
　　4.2.1 培训成果评估的
　　　　 流程 ……………… 78
　　4.2.2 培训成果评估的
　　　　 方法 ……………… 81
　　4.2.3 培训评估信息的
　　　　 收集 ……………… 83
　　4.2.4 培训评估数据的
　　　　 分析 ……………… 84
4.3 培训成果转化的影响因素 … 85
　　4.3.1 培训成果转化的
　　　　 概念 ……………… 85
　　4.3.2 培训成果转化的
　　　　 理论 ……………… 85
　　4.3.3 培训成果转化的影响因
　　　　 素分析 …………… 87
4.4 培训成果转化的途径 ……… 91
　　4.4.1 积极营造培训成果
　　　　 转化的氛围 ……… 91

4.4.2 明确管理人员培训
　　　　 转化的职责……………92
　　4.4.3 建立培训成果转化的
　　　　 激励制度………………93

第5章 培训方法……………………95
5.1 传统的培训方法………………96
　　5.1.1 直接传授法……………96
　　5.1.2 师徒制…………………97
　　5.1.3 工作轮换法……………98
　　5.1.4 考察法…………………99
　　5.1.5 工作指导法…………100
　　5.1.6 案例分析法…………102
　　5.1.7 头脑风暴法…………102
5.2 基于互联网的培训方法……103
　　5.2.1 网络培训……………104
　　5.2.2 远程培训……………105
　　5.2.3 虚拟培训……………106
5.3 基于仿真技术的培训
　　方法……………………………107
　　5.3.1 角色扮演法…………107
　　5.3.2 游戏培训法…………109
　　5.3.3 仿真模拟法…………110
5.4 培训外包……………………111
　　5.4.1 培训外包概述………111
　　5.4.2 培训外包的类型及
　　　　 选择……………………113
　　5.4.3 培训外包的管理
　　　　 流程……………………115

第6章 通用性培训………………117
6.1 新员工入职培训……………118
　　6.1.1 新员工入职培训的
　　　　 目标和任务……………119
　　6.1.2 新员工入职培训的
　　　　 方式和时间安排………122
　　6.1.3 新员工入职培训的
　　　　 有效性控制……………123
6.2 企业文化培训………………124

　　6.2.1 企业文化培训的
　　　　 内涵……………………124
　　6.2.2 企业文化培训的
　　　　 主体策略………………125
　　6.2.3 企业文化培训的
　　　　 内容策略………………126
　　6.2.4 互联网时代的
　　　　 企业文化培训…………127
6.3 人才后备库培训……………129
　　6.3.1 人才后备库培训的
　　　　 内涵……………………129
　　6.3.2 人才后备库培训的
　　　　 意义……………………129
　　6.3.3 企业后备人才的培养
　　　　 模式及具体操作………130
6.4 高层次人才的战略培训与
　　开发……………………………133
　　6.4.1 高层次人才的含义和
　　　　 特征……………………133
　　6.4.2 高层次人才的素质
　　　　 构成……………………135
　　6.4.3 高层次人才的培训与
　　　　 开发策略………………136

第7章 专业性培训………………140
7.1 岗位基本技能培训…………141
　　7.1.1 岗位基本技能培训的
　　　　 理论发展………………141
　　7.1.2 岗位基本技能培训的
　　　　 内涵……………………142
　　7.1.3 岗位基本技能培训的
　　　　 构成……………………143
7.2 专业人员的业务培训………145
　　7.2.1 生产操作人员的业务
　　　　 培训……………………145
　　7.2.2 技术人员的业务
　　　　 培训……………………148
　　7.2.3 销售人员的业务
　　　　 培训……………………150

7.2.4 管理人员的业务培训……154
7.3 转岗培训和晋升培训………158
　　7.3.1 转岗培训……………158
　　7.3.2 晋升培训……………161

第8章 员工素质开发………164

8.1 文化开发………………165
　　8.1.1 文化开发的内涵……165
　　8.1.2 工作价值观…………166
　　8.1.3 文化开发的管理职能……………168
　　8.1.4 文化开发的实施过程……………169
8.2 品德开发………………171
　　8.2.1 品德的内涵…………171
　　8.2.2 敬业度开发…………171
　　8.2.3 忠诚度开发…………174
8.3 潜能开发………………177
　　8.3.1 潜能的含义…………177
　　8.3.2 潜能的特点和分类…178
　　8.3.3 潜能视窗……………179
　　8.3.4 潜能开发的三个维度……………180
8.4 心态开发………………184
　　8.4.1 心态的含义…………184
　　8.4.2 心态开发的特点……185
　　8.4.3 心态的维度…………187
　　8.4.4 心态开发的方式……188

第9章 人才培养开发………190

9.1 企业创新人才培养开发……192
　　9.1.1 企业创新人才的内涵和分类……………192
　　9.1.2 企业创新人才的特征……………193
　　9.1.3 企业创新人才的培养开发策略……………193
9.2 企业创业人才培养开发……195
　　9.2.1 企业创业人才的特征……………195
　　9.2.2 企业创业人才开发的棘轮效应……………196
　　9.2.3 企业创业人才的开发策略……………197
9.3 企业创造人才培养开发……200
　　9.3.1 企业创造人才的概念……………200
　　9.3.2 企业创造人才能力的内涵与形成特征……201
　　9.3.3 企业创造人才能力形成的影响因素………202
　　9.3.4 企业创造人才能力的形成过程……………203
9.4 企业后备人才培养开发……205
　　9.4.1 企业后备人才开发的内涵……………205
　　9.4.2 企业后备人才开发的常见问题…………205
　　9.4.3 企业后备人才开发的原则……………206
　　9.4.4 企业后备人才开发管理体系的构建……207
9.5 企业管理人才培养开发……210
　　9.5.1 企业管理人才的内涵和特质……………210
　　9.5.2 企业管理人才的开发理念……………211
　　9.5.3 企业管理人才开发的技术与方法…………211
　　9.5.4 企业管理人才开发的机制创新……………213

第10章 学习型组织开发………215

10.1 学习型组织理论概述………216
　　10.1.1 学习型组织理论的发展历史……………217

- 10.1.2 学习型组织的定义 217
- 10.1.3 学习型组织理论的内容 218
- 10.1.4 学习型组织的特点 221
- 10.2 组织学习能力开发 222
  - 10.2.1 组织学习能力的定义 222
  - 10.2.2 组织学习能力的理论 223
  - 10.2.3 组织学习能力开发的方法 227
- 10.3 员工学习能力开发 229
  - 10.3.1 学习能力的定义 229
  - 10.3.2 学习力模型 230
  - 10.3.3 学习能力开发的方法 232
- 10.4 学习型组织开发方法 233
  - 10.4.1 建立适合学习的组织结构 233
  - 10.4.2 塑造组织学习文化和学习气氛 234
  - 10.4.3 有效管理组织知识 235
  - 10.4.4 组建知识联盟 236
  - 10.4.5 引导员工制订学习计划 236

第11章 培训与开发实验操作 237

- 11.1 培训计划与实施实验 237
  - 11.1.1 实验内容与目的 237
  - 11.1.2 实验要求 238
  - 11.1.3 实验条件准备 238
  - 11.1.4 实验步骤与过程 238
  - 11.1.5 实验报告与评价 239
  - 11.1.6 实验讨论案例 239
- 11.2 培训方法开发实验 243
  - 11.2.1 实验内容与目的 243
  - 11.2.2 实验要求 244
  - 11.2.3 实验条件准备 244
  - 11.2.4 实验步骤与过程 244
  - 11.2.5 实验报告与评价 245
  - 11.2.6 实验讨论案例 245
- 11.3 员工素质开发实验 248
  - 11.3.1 实验内容与目的 248
  - 11.3.2 实验要求 248
  - 11.3.3 实验条件准备 249
  - 11.3.4 实验步骤与过程 249
  - 11.3.5 实验报告与评价 249
  - 11.3.6 实验讨论案例 250
- 11.4 新员工培训实验 253
  - 11.4.1 实验内容与目的 253
  - 11.4.2 实验要求 253
  - 11.4.3 实验条件准备 254
  - 11.4.4 实验步骤与过程 254
  - 11.4.5 实验报告与评价 254
  - 11.4.6 实验讨论案例 255

参考文献 260

第1章
培训与开发的前期基础工作和组织建设

引导案例

方正证券长沙培训基地揭牌：进一步落实人才战略

最近，方正证券长沙培训基地揭牌仪式在长沙保利林语大厦隆重举行。作为国内券商中领先的人才培养专属基地，方正证券长沙培训基地的揭牌是方正证券在人才培养方面的重要举措。

目前，方正证券长沙培训基地功能区域主要划分为培训功能区、知识宣传区、接待休息区、办公区，共有5间教室和2个研讨室，分别以企业文化核心价值观命名。哑光白板、轻便可升降讲台、可分屏LED与Wi-Fi投影、高清电视，以及视频会议系统等教学设备都是根据培训需要精心设计的。

培训基地投入使用后，主要应用于方正证券总部各部门及分支机构、子公司的各类培训项目。同时，培训基地承接方正证券内部大型会议及研讨、竞赛类活动、区域性客户类活动、行业活动、同行培训交流等。培训基地将发挥集中优势，通过高效运营，提高效率，节约资源，为方正证券人才培养工作提供有力的基础保障。

方正证券长沙培训基地的揭牌，体现了方正证券对人才资源开发的高度重视，开启了方正证券人才培养工作跨越式发展的新征程，将为方正证券战略目标的实现提供坚强的人才战略支撑。

资料来源：https://www.foundersc.com/foundersrcTrendnew/18/05/02/5K157964815FS.shtml

思考

方正证券长沙培训基地将在方正证券的人才培养中发挥了哪些作用？具体将如何实现？

学习目标

1. 了解人力资源规划的含义、操作过程，以及对培训与开发的作用；
2. 了解工作分析的含义、操作过程，以及对培训与开发的作用；
3. 掌握培训与开发的组织建设内容；

4. 掌握培训与开发的制度建设内容；
5. 了解培训与开发基地的类型和意义。

学习导航

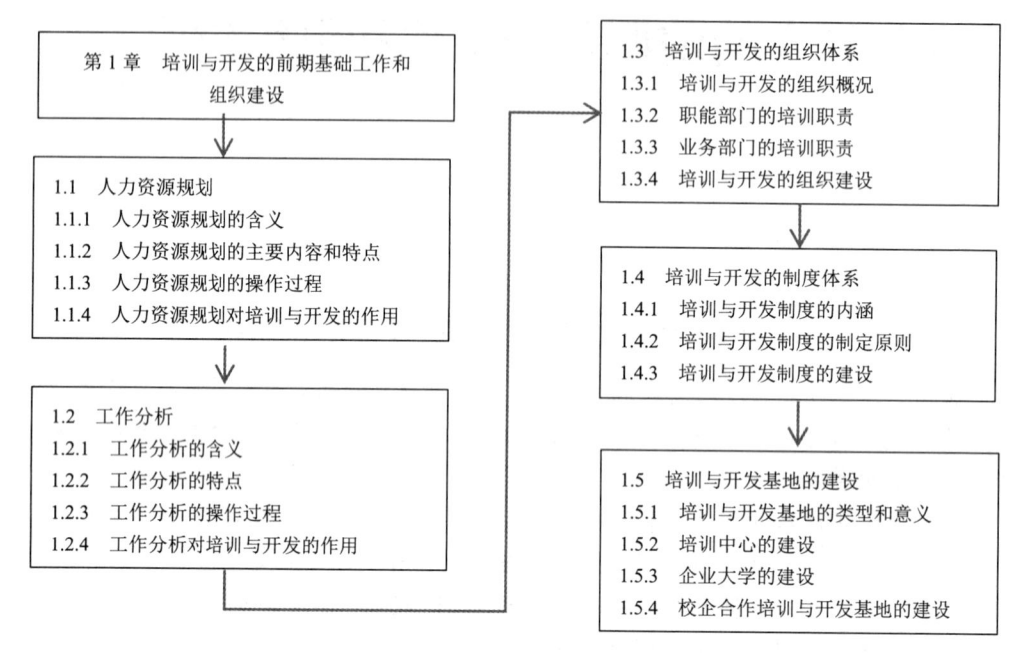

```
第1章  培训与开发的前期基础工作和组织建设
   ↓
1.1 人力资源规划
   1.1.1 人力资源规划的含义
   1.1.2 人力资源规划的主要内容和特点
   1.1.3 人力资源规划的操作过程
   1.1.4 人力资源规划对培训与开发的作用
   ↓
1.2 工作分析
   1.2.1 工作分析的含义
   1.2.2 工作分析的特点
   1.2.3 工作分析的操作过程
   1.2.4 工作分析对培训与开发的作用
   ↓
1.3 培训与开发的组织体系
   1.3.1 培训与开发的组织概况
   1.3.2 职能部门的培训职责
   1.3.3 业务部门的培训职责
   1.3.4 培训与开发的组织建设
   ↓
1.4 培训与开发的制度体系
   1.4.1 培训与开发制度的内涵
   1.4.2 培训与开发制度的制定原则
   1.4.3 培训与开发制度的建设
   ↓
1.5 培训与开发基地的建设
   1.5.1 培训与开发基地的类型和意义
   1.5.2 培训中心的建设
   1.5.3 企业大学的建设
   1.5.4 校企合作培训与开发基地的建设
```

良好的基础工作和完善的组织、制度、基地建设，是培训与开发工作顺利开展的必要前提。人力资源规划和工作分析是企业其他人力资源管理工作的基础，培训与开发工作必须以人力资源规划和工作分析为依据和前提。其中，人力资源规划起着直接而具体的指导作用，工作分析为培训与开发工作的开展提供了基础资料和基本要求。本章在对人力资源规划和工作分析两项培训与开发的前期基础性工作进行简要介绍的基础上，对企业负责培训与开发的组织体系、制度体系，以及实施培训与开发具体工作的基地进行了简要叙述。

1.1 人力资源规划

人力资源规划是关系企业和员工长期的、战略性的计划决策，是人力资源战略指导思想和企业战略发展方向的具体体现，为企业的培训与开发计划提供了坚实的基础，可以帮助企业确定培训目标，降低无效的培训风险，将资源集中到与企业目标相一致的培训活动中。人力资源规划是企业培训与开发职能实现的信息基础，可以使企业及时预见未来人力资源使用的潜在问题，为培训与开发活动提供准确的信息和依据，从而保证培训与开发职能在快速变化的环境下，能够有效地运行。此外，人力资源规划可以帮助员工找到适合自己的岗位，充分发挥自己的潜能。员工可以看到自己的发展前景，因而员工会更加愿意参加培训，以实现自己的职业目标。

1.1.1 人力资源规划的含义

人力资源规划是一种活动,它从战略的角度出发探索和掌握人力资源系统的发展运动规律,并运用这些规律确定和控制未来时期人力资源系统的运动状态。

图 1-1 所示为人力资源规划在人力资源管理中的重要地位。

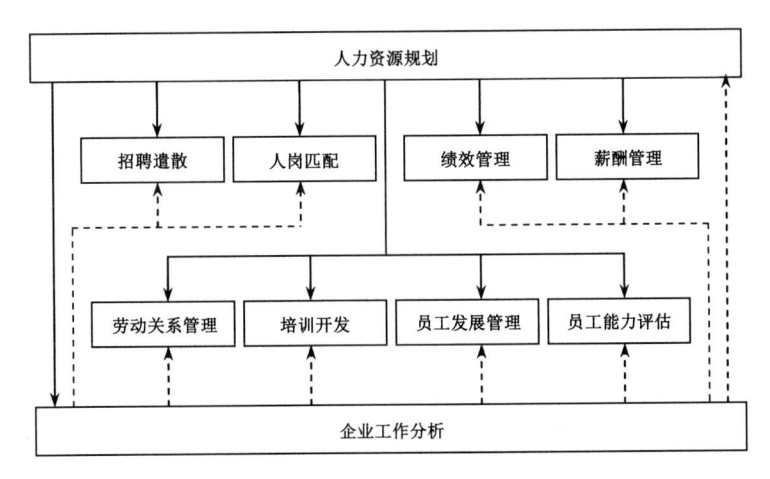

图 1-1 人力资源规划在人力资源管理中的重要地位

1. 企业发展战略总规划的重要组成部分

人力资源规划是企业整体规划和财务预算的有机组成部分,是企业发展战略总规划的重要组成部分,在人力资源管理中具有统领与协调的作用。企业根据企业战略目标、自身人力资源状况和人力资源市场发展状况制定的人力资源规划,不仅可以帮助企业确定未来工作目标,减少不确定性的因素,降低企业经营活动的风险,而且可以将资源集中到与组织目标相一致的经营活动中,使目标更容易实现。

2. 企业管理的重要依据

在企业管理的过程中,如果不能事先为各个经营阶段提供所需要的人力资源,企业就有可能出现人力资源短缺或过剩的情况,企业经营战略目标和企业生产经营活动就有可能受到影响,甚至导致企业经营战略的失败。企业实际的人力资源发展状况受人力资源管理政策的影响极大,而企业的人力资源管理政策应依据人力资源规划来制定,否则企业制定的人力资源管理政策不仅满足不了企业发展所需要的人力资源,而且会使企业其他的管理目标难以实现。

3. 确保企业对人力资源的需求

目前,人力资源已经成为在市场经济条件下决定企业成败的关键因素,企业为了实现企业经营战略目标,需要在企业实现经营战略目标的每个阶段都拥有与完成企业经营战略目标相适应的人力资源。人力资源规划的功能体现如下:当企业环境的变化给企业带来人力资源供需的动态变化时,人力资源规划就可以对这些动态变化进行科学的预测和分析,并通过招聘、晋升、调配、培训和补偿等切实可行的措施,以确保企业近期、中期和长期的人力资源需求。

4．节省人工成本

从发展趋势来看，随着人力资源的价值不断被认可和开发，人工成本在企业经营总成本中的比重不断上升，而人力资源规划通过各种措施可以节省人工成本。例如，企业对现有的人力资源结构进行诊断分析，找出影响人力资源有效运用的主要矛盾，实现合理利用人力资源，充分发挥人力资源效能，提高企业的劳动效率，等等。为了企业的长远发展，人力资源规划需要在预测未来发展的条件下，寻求人力资源的合理化使用，把人工成本控制在合理范围内，从而提高企业的劳动效率。

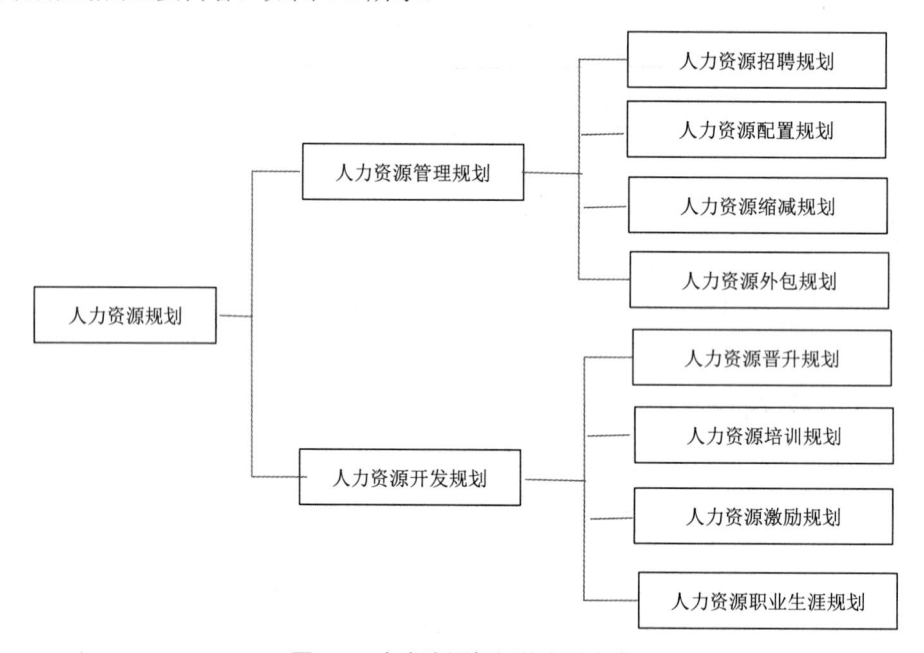

1.1.2 人力资源规划的主要内容和特点

人力资源规划可以从多个角度进行分类，本书只介绍其中的一种，即从实施的角度，按人力资源规划内容的性质划分，可分为人力资源管理计划和人力资源开发计划两类。人力资源管理规划是从使用、管理的角度对人力资源规划相关工作进行的规划，而人力资源开发规划是从开发、发展的角度对人力资源规划相关工作进行的规划。人力资源规划的主要内容，如图1-2所示。

```
                          ┌── 人力资源招聘规划
              ┌─ 人力资源管理规划 ─┼── 人力资源配置规划
              │                   ├── 人力资源缩减规划
              │                   └── 人力资源外包规划
人力资源规划 ─┤
              │                   ┌── 人力资源晋升规划
              │                   ├── 人力资源培训规划
              └─ 人力资源开发规划 ─┤
                                  ├── 人力资源激励规划
                                  └── 人力资源职业生涯规划
```

图1-2 人力资源规划的主要内容

1．人力资源管理规划的主要内容

人力资源管理规划包括人力资源招聘规划、人力资源配置规划、人力资源缩减规划、人力资源外包规划等。

人力资源招聘规划是在企业发展战略总规划的指导下，预测人力资源供求来判断企业岗位空缺的情况，通过一定组织、方法和渠道，吸引企业外部或企业内部的人力资源来应聘这些空缺岗位的过程。

人力资源配置规划的目的是实现员工与岗位的最优配置，具体分为个体与总体两个层面。人力资源配置规划以考核、选拔、录用和培训的方式,把符合企业发展需要的各类人力资源科学合理地安排在企业所需要的岗位上,使人适其岗、岗得其人,以提高企业的整体效率。

人力资源缩减规划是当企业前景不佳和遇到经济危机时,为了缩减人力资源规模,降低人工成本而进行的规划。人力资源缩减规划的操作对保证人力资源缩减规划的成功非常重要,企业必须确定被缩减人员的类型、缩减的形式和缩减的时间,以形成不同的缩减规划。

人力资源外包规划是企业通过业务流程的再造来进行组织结构的优化与重组,借助外部专业化资源大幅度地提高自身人力资源管理效率、降低人力资源管理成本的人力资源管理外包模式。其作为企业职能外包的一种,在我国已显示出迅猛的发展趋势。

2. 人力资源开发规划的主要内容

人力资源开发规划包括人力资源晋升规划、人力资源培训规划、人力资源激励规划、人力资源职业生涯规划等。

人力资源晋升规划主要是对企业内部晋升政策和晋升安排的规划,晋升政策主要包括晋升比率、晋升时间限制和晋升最低条件等。为了制定科学合理的人力资源晋升规划,企业需要分析影响晋升的各种因素。这些因素主要有员工的资历因素、工作绩效因素、潜力因素和企业的岗位需求因素等。

人力资源培训规划是指根据企业内外部环境变化和发展战略,结合员工发展的需要,企业对员工进行有计划的培训,使员工具备完成现在或者将来工作所需要的知识、技能,并引导其工作态度发生转变的规划。

人力资源激励规划是针对如何有效地开发和使用企业中的各种人力资源,尤其是如何对在企业运营中起重要作用的核心员工进行持久有效的激励而制定的规划。这是目前许多企业人力资源战略管理中的重要课题。

人力资源职业生涯规划,是在人力资源管理部门的指导下,依据个人发展和企业发展相结合的原则,对影响企业员工职业生涯发展的主客观因素进行分析,确定个人的事业奋斗目标和实现这个目标应该从事的职业,并制定相应的工作、培训和晋升规划。

3. 人力资源开发规划的特点

人力资源规划对企业其他人力资源管理工作起着直接而具体的指导作用,了解其特点对做好人力资源规划和其他人力资源管理工作都非常重要。企业人力资源开发规划的特点主要包括动态性、系统性、超前性、独特性四个方面,如表 1-1 所示。

表 1-1 人力资源开发规划的特点

序号	特点	内涵
1	动态性	根据组织战略目标而变化
2	系统性	涉及企业经营的方方面面,是一个紧密联系的复杂系统
3	超前性	为企业将来的人力资源管理活动指明方向,提供指导
4	独特性	满足企业和员工的独特需要

(1)动态性。人力资源开发规划的本质在于对企业人员的需求和供给进行动态的

预测和决策，它以组织的战略目标为基础。如果组织的战略目标发生改变，人力资源开发规划就要随之变化，表现出动态性。对企业来讲，人力资源开发规划要能够预测企业长期的人力资源需求和内外部的供给，确保企业在规划期内在重要的岗位上获得所需的合适人员，实现企业的发展战略，同时满足员工个人发展的要求。

（2）系统性。作为一种战略规划，人力资源开发规划所考察的对象是企业中重要的资源，涉及企业经营的方方面面，是一个紧密联系的复杂系统，具有系统性的特点。为了企业良性运转，企业以人力资源为中心的各项工作必须处于相互协调的状态中，同时人力资源规划必须与企业的经营战略目标保持一致，一方面要为企业的整体战略服务，另一方面要与企业各个层次的经营计划相互协调、保持平衡。

（3）超前性。规划的性质本身决定了其超前性。人力资源开发规划就是一种超前性规划，它为企业将来的人力资源管理活动指明了方向，提供了指导。企业如果希望取得人力资源管理的成功，就需要通过人力资源开发规划来帮助确定其人力资源管理的政策、系统和实践。作为超前性规划，企业制定的人力资源开发规划需要把握未来，预见趋势，未雨绸缪，超前决策，在外部变化到来之前，预计可能出现的各种情况并做出权变的对策。

（4）独特性。不同企业应该制定符合自身特点发展需求的人力资源开发规划，也就是要有独特性。具有独特性的人力资源开发规划要满足企业不同发展战略而产生的独特需要，尤其满足企业内不同层次、不同个性员工的需要，要满足员工独特的物质利益和精神需要。面临激烈的市场竞争，每个企业必须打造符合自身独特优势的人力资源开发规划和人力资源管理策略，这样才能应对挑战并实现企业的战略目标。

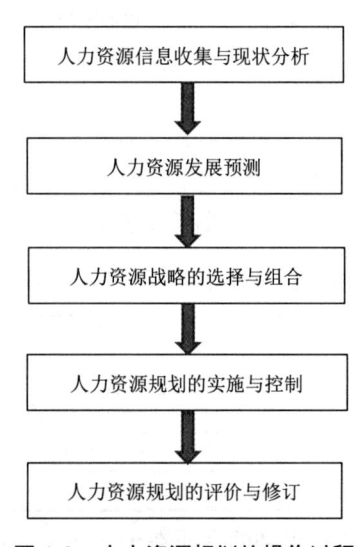

1.1.3 人力资源规划的操作过程

人力资源规划的操作过程可分为人力资源信息收集与现状分析、人力资源发展预测、人力资源战略的选择与组合、人力资源规划的实施与控制、人力资源规划的评价与修订五个环节，如图 1-3 所示。

图 1-3 人力资源规划的操作过程

1．人力资源信息收集与现状分析

我们可以把人力资源规划理解为一个信息系统，作为一个信息系统的人力资源规划工作的全过程，也就是一个人力资源信息的输入、加工和输出过程。人力资源信息的收集作为这个系统的第一步工作，对人力资源规划来讲，这是一个非常重要的环节。一旦收集到人力资源的各种信息以后，就需要对企业现有的人力资源做出正确的分析和适当的评估。只有在科学分析人力资源现状的基础上，企业才有可能制定科学的人力资源规划。人力资源现状分析包括分析人力资源总体的基本情况、人力资源管理的基本情况、人力资源竞争力情况，并进行对比分析，找出问题及产生问题的原因。

2．人力资源发展预测

企业需要在对战略、市场、组织构架、岗位体系，甚至企业外部经济社会发展、经济结构调整、科技进步、社会人力资源供给与市场变化等的趋势及其对人力资源发展的需求进行前瞻规划的基础上，进行人力资源发展预测。人力资源发展预测包括人力资源需求预测和人力资源供给预测两个部分。人力资源需求预测就是预测在规划期内，企业对人力资源总量、结构、素质等方面的需求。人力资源供给预测包括企业内部供给预测和企业外部供给预测两个部分。企业内部供给预测是指在规划期内企业内部可以自行供给的满足人力资源发展需要的人力资源类型和总量。企业外部供给预测是指考察在规划期内的经济环境、人力资源市场、其他各类人力资源来源渠道下企业从企业外部可能获得的人力资源。

3．人力资源战略的选择与组合

在人力资源规划中，人力资源战略的选择与组合不仅是一个重要的内容和环节，而且处于核心地位。企业要选择人力资源发展的宗旨、观念、指导思想、战略原则、任务目标、重点业务单位和重点职能部门人力资源战略、重点工程和重点人力资源职能战略等。能否选择和组合一个合适的人力资源战略，不仅关系到人力资源规划的成败，而且直接影响企业的经营战略目标能否成功实现。企业必须制定与战略相适应的对策。企业在把握现阶段人力资源管理与开发工作的重点和要点之后，关键要把这些重点和要点问题落到实处，使它们成为行动，因此企业必须制订具体的行动方案、计划措施，并将其具体落实给不同的部门与不同的人。

4．人力资源规划的实施与控制

企业在制定人力资源规划之后，要对人力资源规划加以实施和控制，这就是人力资源规划的实施过程。人力资源规划的实施与控制是以人力资源部门为主要推动力的全企业各个业务部门需要共同完成的任务。有些人力资源规划工作主要是由人力资源部门负责落实的，如培训规划、招聘规划、外包规划等，其他部门仅需要配合与支持即可；有些人力资源规划的实施与控制的主体是业务部门，而人力资源部门主要是一个推动者与监督实施者，如员工的职业生涯规划、员工激励计划等都是以业务部门为主要实施者的人力资源规划。

5．人力资源规划的评价与修订

人力资源规划的评价工作是在人力资源规划实施一个阶段之后进行的反馈与纠偏工作。依据评价结果进入下一阶段的人力资源规划，这样就可以使人力资源规划进入一个连续不断的循环过程，使人力资源在这个循环过程中得到持续发展。通过对人力资源规划进行评价，企业可以发现人力资源规划是否与企业经营发展战略相符合，评价人力资源规划实施后可能带来的后果，人力资源规划的投入与人力资源规划的收益相比较是否合适。企业可以根据人力资源规划的评价结果选择适当的规划，投入具体实施，并在实施过程中进行控制和修订。

1.1.4　人力资源规划对培训与开发的作用

人力资源规划作为企业管理的先导和基础，对培训与开发的顺利开展发挥着重要作用。

1．人力资源规划可以提供企业培训与开发的信息基础

人力资源规划是企业培训与开发职能实现的信息基础，可以使企业及时预见未来人力资源素质、能力和态度方面的潜在问题，为培训与开发活动提供准确的信息和依据，从而保证人力资源管理职能在未来变幻莫测的环境下能够有效地运行。也可以说，人力资源规划的成败直接关系着培训与开发工作整体的成败。企业如果没有制定科学细致的人力资源规划，在培训与开发的需求和计划方面就有可能出现严重的问题，培训与开发的预定目标就无法实现。

2．人力资源规划可以降低企业培训与开发的成本

人力资源规划通过对现有的人力资源能力和素质结构进行诊断分析，找出影响人力资源绩效实现的主要问题，做出培训与开发的合理规划，在充分发挥人力资源效能和提高企业劳动效率的同时，最大限度地降低企业培训与开发的成本。从另一个角度来看，企业人力资源效能不高，有可能是人力资源配置不当造成的，通过对人力资源规划的初步实施，企业可发现人力资源配置的问题，然后调整人力资源的配置，做到人事相宜，更充分地发挥人力资源的效能，可以减少很多不必要的培训费用。

3．人力资源规划是员工潜能开发的基础

从员工激励和潜能开发的角度来看，优秀的人力资源规划可以极大地调动员工的积极性，是潜能开发的基础工作之一。人力资源规划通过合理的人员招聘规划、晋升和职业生涯规划，可以让员工找到适合自己的岗位，看到自己的职业发展前景，从而积极地创造条件努力争取机会。从员工素质测评与能力评估的角度来看，企业可以通过一定的培训与开发计划开发不同层次和类型员工的素质和能力，调动员工的积极性，促使员工在工作中始终保持高昂的士气和工作热情，充分发挥才能，取得积极的行为结果。

1.2 工作分析

工作分析是整个人力资源管理工作的基石和起点。只有科学、准确的工作分析，才能准确刻画出工作岗位的内容、性质等，才能在此基础上建立任职资格制度和职务等级制度，而这两个制度恰恰是包括培训与开发在内的人力资源管理各种制度的基础。工作分析明确了每个岗位对任职者资格、能力的具体要求，如同提供了岗位的制度，因此它提高了培训与开发的针对性。

1.2.1 工作分析的含义

笼统地说，工作分析是一项在组织内所执行的基本管理活动，专注于收集、分析、整合与工作相关的各类信息，以作为组织规划与设计、人力资源管理及其他管理活动的基础。工作分析有广义和狭义之分。广义的工作分析是对整个国家与社会范围内各岗位工作的认识和分类过程；狭义的工作分析又称职务分析或岗位分析，是对某个企业内部各岗位工作的认识和分类的过程。本书此处指的是狭义的工作分析，它通常是一个采取科学的手段与技术，对企业在特定的环境中所担负的工作任务及工作性质、工作特点、工作要求、组织结构等因素进行调查、分析和研究，确保企业目标完成的过程。

1.2.2 工作分析的特点

工作分析作为企业的一项基础性工作，为企业人力资源管理及企业管理提供基本依据和参考，其具有以下四个主要特征。

1. 以岗位为基本出发点

岗位是企业基本的细胞，它是由企业战略目标和组织结构所决定的，有什么样的战略目标，就要求有什么样的岗位体系与之相对应，就要求有相应的职责、权限、领导关系和任职资格与之相匹配。工作分析是以岗位为出发点，围绕岗位进行分析，对岗位构成的五要素——工作、岗位主持人、职责与职权、环境、激励与约束机制——进行分析和综合评价，最后制定出最适合本岗位要求的工作分析文件。

2. 工作分析是一个系统的调查、分析、评价的过程

工作分析是对岗位的所有信息进行彻底的调查和研究，综合评价并高度地概括出岗位职责、岗位权限、任职资格要求等一系列内容。在这个过程中，如果没有系统科学的调查、分析、评价过程与评价方法，工作分析犹如建在沙滩上的大厦一样，根基不牢。因此，企业在做工作分析之前要进行系统设计，制订科学的方案；企业在实施工作分析的过程中，要根据实际情况系统调整方案和方法；企业在制定工作分析文件时要从系统的角度出发，综合考虑各方面的因素。

3. 要求企业全员参与

工作分析不仅涉及面广,而且在工作分析的全过程中要求企业全体员工能够积极参与和大力配合,保证工作分析顺利进行。在工作分析过程中,如果没有广大员工的积极参与和配合,工作分析结果的准确性及工作分析的进度就会受到不同程度的影响,甚至导致工作分析的失败。

4. 工作分析是一个动态过程

岗位在组织中通常处于一种相对稳定的状态,但当组织的使命和目标发生改变时,岗位的职责、功能和价值常常会发生相应的变化,因此工作分析应该是一个动态过程。尤其在当今面临瞬息万变的市场,企业要根据市场需要不断调整企业战略目标,随之而来的就是岗位系统的变化或者岗位职责的变化,这就要求企业及时进行工作分析,将工作分析的基础工作做稳、做实。

1.2.3 工作分析的操作过程

工作分析是一项技术性很强的工作,企业需要做周密的准备,同时需要具有与企业人力资源管理活动相匹配的、科学合理的操作过程。这个操作过程可分为计划与准备阶段、调查阶段、分析总结阶段、描述阶段、成果应用阶段,如图1-4所示。

```
计划与准备阶段
     ↓
  调查阶段
     ↓
 分析总结阶段
     ↓
  描述阶段
     ↓
 成果应用阶段
```

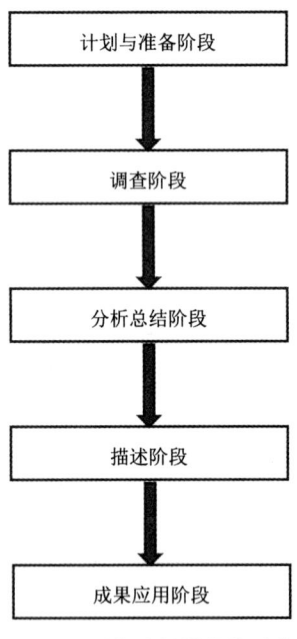

图1-4 工作分析操作的过程

1. 计划与准备阶段

这个阶段的主要任务是了解情况,建立工作分析小组、明确工作分析的目的和意义、确定分析的对象,并与相关部门的人员建立良好的工作联系。为了使工作分析能够顺利有效地开展,工作分析小组应制订一个工作分析方案,根据工作分析的任务、程序，将工作分解成若干工作单元和环节，以便顺利完成。这一阶段主要解决以下五个问题。

（1）明确工作分析的总目标、总任务和工作分析的目的。
（2）建立工作分析小组。
（3）确定工作分析的对象。
（4）与相关部门的人员建立良好的工作关系。
（5）设计工作分析方案及职位调查方案。

2．调查阶段

这个阶段的主要任务是根据调查方案，对各个职位进行认真细致的调查研究，收集相关工作信息。具体的工作内容包括以下几项。

（1）准备工作调查提纲和各种调查问卷。
（2）收集有关工作的特征，以及所需的各种信息数据。
（3）任职人员对调查项目做出如实填写或回答。
（4）收集任职人员必需的特征信息数据。
（5）对各种工作特征和任职人员特征的重要性和发生频率做出排列或等级评估。

3．分析总结阶段

工作分析的分析总结阶段主要是工作分析小组对调查阶段收集的信息进行分析、分类、整理、转化和组织，使之成为书面文字，为下一阶段的工作描述做好准备。这个阶段的主要任务包括以下几项。

（1）工作名称分析。
（2）工作内容分析。
（3）工作环境分析。
（4）任职者的任职资格分析。

4．描述阶段

仅分析研究一组工作并未完成工作分析，分析人员必须将获得的信息予以加工，并写出报告和编制职位说明书、工作描述书及任职说明书等。因此，这个阶段的主要任务是工作分析小组对收集的各种数据进行加工、整理、归纳，并做出相关的工作报告和编制相应的文件。具体工作内容包括以下几项。

（1）仔细审核已收到的各种信息。
（2）创造性地分析、发现有关工作和工作人员取得成功的关键原因。
（3）归纳和总结工作分析的必需材料和要素。
（4）编制职位说明书。

5．成果应用阶段

此阶段是对工作分析的验证，只有通过实践的检验，工作分析才具有可行性和有效性，才能不断适应外部环境的变化，从而不断地完善工作分析的运行程序。这个阶段的工作内容包括以下几项。

(1) 确定工作要求，以建立适当的指导与培训内容。
(2) 确定员工录用与上岗的最低条件。
(3) 为确定组织的人力资源需求和制订人力资源计划提供依据。
(4) 确定工作之间的相互关系，以利于合理的晋升、调动与指派。
(5) 为改进工作方法积累必需的资料，为组织的变革提供依据。

1.2.4　工作分析对培训与开发的作用

工作分析是企业所有人力资源管理工作的基础，为企业所有人力资源管理工作提供基础资料和保障，如图 1-5 所示。

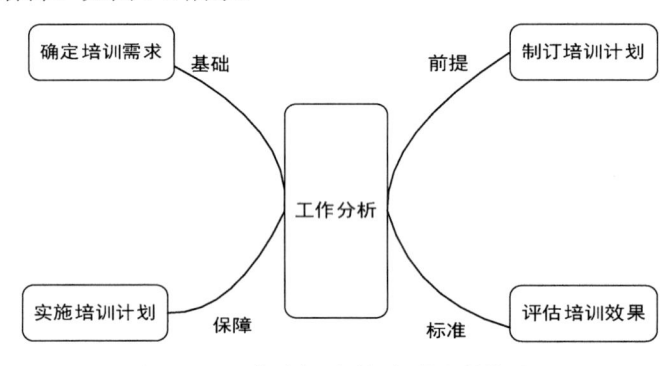

图 1-5　工作分析对培训与开发的作用

1．工作分析是确定培训需求的基础

工作分析为诸多管理活动提供了基础支撑。对于员工的培训，工作分析的支撑作用主要体现在确定培训需求阶段。从培训需求分析的具体内容来看，无论是组织分析、任职资格，还是岗位职责和工作内容，都是工作分析才能提供的数据资料。因此，工作分析是确定培训需求的基础。

2．工作分析是制订培训计划的前提

在培训计划制订的各环节中，培训教材的编写或者选择是一个重点。培训教材取决于培训内容，培训内容又取决于绩效考核，而绩效考核是以工作分析为参照标准进行的，因此工作分析对培训教材的编写或者选择起着重要的指导作用。另外，工作分析不仅对工作进行了描述、对任职者资格进行了规范，而且对不同岗位进行了评价。这样有利于根据岗位价值的重要性来统筹安排整体的培训计划，从而降低了企业培训的费用。

3．工作分析是实施培训计划的保障

企业通过工作分析中的岗位评价，可以明确组织中各岗位的相对价值及重要性，结合组织发展战略，可以进一步明确未来可预计的时期内对组织至关重要的工作岗位。对于这类关键岗位的关键人才的培训，企业必须以工作分析为保障，才能有的放矢，避免盲目培训造成的资源浪费及员工懈怠。盲目培训导致员工产生抵触、懈怠的心理，这是培训计划实施过程中常见的问题之一。工作分析所罗列的任职资格，为岗

位的任职者树立了标杆，便于任职者借此找出自身的缺陷及短板，进而激发其对有针对性的培训的学习兴趣并树立努力学习的态度。

4．工作分析是评估培训效果的标准

培训的目的在于改进受训者的行为、态度、技能等因素。对于培训是否成功，受训者是否能够成功地将受训内容应用于具体工作之中，其衡量标准就是看在绩效考核中受训者是否有明显的提升。因此，培训评估受绩效考核的制约，绩效考核的制定参照工作分析的标准。对于培训效果的评估，工作分析成为其衡量的标准。企业需要在工作分析中对岗位关系和岗位职责进行设定，让管理者清楚地了解组织希望他能对下级培训承担指导的责任；让被管理者清楚地了解到可以从哪些同事身上获得支持与帮助，以便将培训内容实用化。

1.3 培训与开发的组织体系

培训与开发组织是企业培训与开发计划的主要执行者，是推动企业进行培训与开发活动的重要力量。培训与开发组织建设是培训与开发体系不可或缺的重要组成部分。构架合理、运作高效的培训与开发组织架构（构建组织架构或建立组织）对培训计划的顺利实施，推进培训和开发目的的实现及其在企业中战略地位的提升都有举足轻重的作用。

1.3.1 培训与开发的组织概况

作为一项基础性工作，企业的职能部门和业务部门都有培训与开发的职责，尤其是对本部门内员工培训的职责，还有些职能部门和业务部门承担了对外的职能培训和业务培训的职能，这些部门都是本书所说的培训与开发组织。目前，在企业中常见的专职负责培训与开发的职能部门包括人力资源部、员工培训中心、学习发展中心、人才开发中心，以及企业大学和校企合作办学等。不同的培训与开发组织的性质和功能有所差异：有些培训与开发组织只负责企业内部事务，有些与企业外部发生联系；很多的培训与开发组织都可以利用自身的师资、场地、设备对外提供服务，其中有些行业公认的权威机构可能具有对外管理的职能；有些培训与开发组织是实体组织，有些培训与开发组织是虚拟组织。不同的企业设置培训与开发组织的情况差别很大，在许多规模较小的企业中，人力资源部可以完全负责企业的培训与开发事务，不用设立专门的培训与开发部门；在规模较大的企业中，大多设置了专门负责培训与开发事务的部门。在设置专门负责培训与开发事务部门的企业，根据企业的性质和业务的不同，有些是作为职能部门而存在的，有些是作为业务部门而存在的。

1.3.2 职能部门的培训职责

根据企业发展战略，建立符合企业发展需求的培训与开发体系，组织和管理企业

培训与开发活动,实现培训与开发战略,提高企业内部员工的整体素质,是企业职能部门培训与开发的主要目的。具体来说,企业职能部门培训与开发的职责包括以下四项。

1．构建培训与开发体系

企业根据自身的发展状况,构建能够确保员工能力素质持续提升的培训与开发体系,从而支撑企业的持续竞争优势和发展能力不断提升。企业根据员工素质和绩效实际状况,依据科学的培训需求调研程序,选择恰当的培训需求调研方法,开展培训需求调研与分析工作,找出企业、部门及员工不同层面的真实培训需求。从企业发展战略及其对员工素质的要求出发,企业根据培训需求分析结果,结合企业培训资源现状,编制培训与开发计划,并负责组织实施,确保企业发展所需的人才数量和素质得到满足。

2．管理培训预算

企业对开展培训与开发活动的各种费用进行严谨、合理的预测和筹划,编制科学的培训与开发预算,对培训与开发活动开展过程中培训预算的执行情况进行监督和审核,经常对照和分析预算实际完成情况和预算目标的差异,及时调整和改善培训与开发活动的经费状况,以确保企业最终培训目标和预算的实现。

3．组织开发培训课程

企业组织企业内外部的培训师,针对企业发展规划和培训需求调研分析结果,开发可以提升员工技能和素质的培训课程,以确保培训计划和目标的顺利实现。积极选拔和培养企业内部培训师,制定具体、可行的内部培训师选拔标准,组织专家对其进行培训,在企业内部造就一批高素质的培训讲师队伍,保障企业培训与开发活动长期开展。

4．评估培训效果

企业对培训与开发活动最终完成的效果进行评估,向主管领导进行汇报,对参与各方进行满意度调查和情况通报,检验培训成绩和不足,审核培训预算执行情况,总结各方对培训活动的反馈意见,发现新的培训需求。考虑管理培训外包,分析和确定可以外包的培训项目,选择优质可靠的培训外包机构,洽谈外包项目的具体内容和价格,争取最低成本和最佳培训外包效果,以确保企业机密不被泄露。

1.3.3　业务部门的培训职责

业务部门作为企业的业务经营主体单元,不仅担负了企业的经营业绩,而且要承担部分培训职责。

1．积极参与培训需求分析

培训需求分析一般可以从员工角度和绩效角度分别展开分析,主要是厘清"谁最需要培训""为什么要培训""培训什么"等问题。业务部门各级管理人员对本部门员工现状、绩效现状、员工能力需求、绩效目标最为清楚，他们是回答上述问题的最合适人选。因此，业务部门需要在本部门的培训需求分析工作方面发挥主要作用，特别是专业性培训需求分析，业务部门各级管理人员的作用更加突出。

2. 积极参与制订培训计划

通用性的培训计划一般由培训与开发职能部门负责，而专业性的培训计划需要业务部门的深度参与，甚至由业务部门负责。作为业务部门的管理人员，需要对本部门的人员培训情况进行整体的思考和统筹，结合企业整体的培训计划，制订本部门的人员培训计划。专业性培训计划一般包括培训目标、培训对象、培训内容、培训时间、培训地点、培训费用、培训师资、培训方法、培训保障等内容。

3. 培训讲师的发现和培养

不同发展阶段的企业培训师资来源会有较大的差异性。大多数中小型企业的培训师都是从企业外部聘请的。对处于成熟阶段的大型企业来讲，培训师，尤其专业性培训师一般是从业务部门内部选拔和培养的。业务部门的管理人员和资深技术专家对本部门的人员、专业和业务最为熟悉，是企业内部优秀培训师的重要人选。业务部门有责任发现和选拔本部门的培训师候选人，利用企业和部门的培训机会，培养适合企业和部门发展需要的优秀培训师。

4. 培训效果的评估和反馈

培训效果评估既是人力资源管理部门的重要职责，也是业务部门的职责之一。如果没有业务部门的深度参与和积极配合，培训效果就很难进行客观的评估。特别是受训者在工作态度和行业方面的变化，只有业务部门的各级管理人员才能全面地了解和评价。通常，培训效果反馈是指人力资源管理部门将培训效果反馈给业务部门。其实，在此之前，业务部门相关管理人员在评估完本部门员工受训的培训效果之后，要先向培训与开发职能部门、本部门受训员工反馈本部门整体培训效果和个人培训效果。

5. 培训效果的迁移和转化

业务部门的培训效果反馈包括培训效果迁移和转化，具体是指受训者持续而有效地将其在培训中所获得的知识、技能、行为和态度应用于工作中，从而使培训项目发挥其最大价值的过程。培训效果的迁移需要业务部门的大力支持和配合，业务部门不但要鼓励受训者把培训成果运用到实际的工作情境中，而且要尽可能地为受训者提供培训效果转化的环境和条件。业务部门的主管要高度重视受训者、培训内容及培训内容在工作中的应用，鼓励受训者群体建立支持网络，愿意面对面地讨论所学技能在工作中的应用，帮助受训者强化培训效果。

1.3.4 培训与开发的组织建设

培训与开发的组织建设可以从多个方面着手，具体如表1-2所示。

表 1-2　培训与开发的组织建设

序号	建设方法	主要内容
1	根据企业规模设立组织	企业建立培训与开发组织，应与企业自身条件和发展战略结合起来
2	合理设置组织内部结构	一般来说，应设立办公室、培训管理部门和财务管理部门等
3	建立健全各项内控制度	加强综合计划和预算管理，促进培训与开发管理的规范化和标准化
4	加强师资队伍建设	通过项目建设等方式，提升专职培训师的知识和能力
5	开展培训工作评估	对培训师培训项目的内容、管理、效果、费用进行评估

1. 根据企业规模设立组织

企业建立培训与开发组织，应与企业自身条件和发展战略结合起来。企业规模是必须考虑的重要因素。在一般的小型企业中，培训规模小，在人力资源部设立一个专职负责培训管理的岗位就可以；而在大中型企业中，培训规模大，企业要在人力资源部门下设立专门负责培训的部门，有些更为重视员工发展的企业会设立和人力资源部并列的员工培训发展中心。

2. 合理设置组织内部结构

企业必须从动态发展和专业合理的视角，对培训与开发组织内部结构设置进行科学的安排。一般来讲，企业应该设立负责部门日常运作的办公室，负责业务开展的培训管理部门和财务管理部门等。办公室一般负责培训中心的日常管理，如设备维护、场地安排、对外业务接洽等。培训管理部门一般负责培训的教务管理，其一般岗位包括培训经理、培训主管、培训专员、培训师等。财务管理部门一般负责对培训中心日常开支的管理，企业的财务情况最终要向企业财务处汇报，并受到企业的监督。

3. 建立健全各项内控制度

培训与开发组织的有效运行需要建立完善的内控制度，使培训管理、教学研究、日常管理和后期服务等工作都处在制度规范之下，尤其对培训与开发的关键领域和环境进行全面的规划和管控；加强综合计划和预算管理，严格控制各项培训与开发成本费用支出；加强培训与开发关键领域、关键环节、关键节点的风险防范，构建全面风险管控体系；固化培训与开发管理流程，优化配置教学资源和后勤资源，实现集约共享，促进培训与开发管理的规范化和标准化。

4. 加强师资队伍建设

专职培训师资的素质和教学水平是企业培训与开发成败的关键。企业应当通过项目建设，以"传帮带"为主要方式，对专职培训师在专业知识、操作技能、现代培训基本原则、教学方法等方面进行培训，要有充足资金保证培训师定期参加科研院所和权威机构的进修，同时进行一线实习，不断地更新专业知识，丰富实践经验，以提高实际工作能力。学校积极创造条件，为培训师创造教学科研的条件，特别是让培训师能够参与企业生产和管理的技术攻关项目和课题开发项目；组织由专职、兼职培训师参与的主题研讨会，提升培训师的课程设计能力、课堂掌控能力和运用现代教育技术手段的能力，提升心理抗压压力与心理调控能力等。

5．开展培训工作评估

为提高培训师的教学和科研水平，加强培训和教学的宏观管理和指导，企业必须对培训师和培训项目的内容、管理、效果、费用进行评估，评估的结果不仅要提交给主管部门，更重要的是优化当前的培训设计和提高培训的有效性。

1.4 培训与开发的制度体系

作为一项重要的基础性工程，企业的培训与开发工作受到很多方面的制约和影响，其中企业外部和内部制度体系的影响尤其重大。为了明确培训与开发各参与方的权利、义务和责任，理顺各方的关系，保障企业培训活动的系统化、法制化、规范化，企业需要建立一系列培训制度促进培训与开发健康发展。

1.4.1 培训与开发制度的内涵

培训与开发制度就是为了规范培训与开发工作而制定的一系列法律、政策及规定的总和。它是培训与开发活动正常运作的有力保障，为培训与开发活动确立了准则，提高了工作效率，避免了工作混乱。培训与开发制度主要包括宏观的企业培训与开发制度、微观的企业培训与开发制度两个方面。

培训与开发的法规和政策一般是由中央或地方政府的立法机构和行政机关制定和颁布的，对培训与开发活动有强制性的规定，如《劳动法》《劳动合同法》等；培训与开发的具体制度是由每个企业制定的，是对培训与开发工作制定的一系列程序和规范。本书重点讨论微观的企业培训与开发制度。

1.4.2 培训与开发制度的制定原则

企业在制定培训与开发制度时，要考虑企业外部环境和企业内部条件的变化，并及时对其进行修订。企业在起草和修订培训与开发制度时，应遵循以下四个原则。

1．战略性

企业的培训与开发活动应符合企业发展战略的要求。如果从企业发展战略的高度组织企业培训与开发，就不能只着眼于某一个具体的培训与开发项目或满足某一项具体的培训与开发需求，因此企业在制定或修订培训与开发制度时应从企业发展战略的角度出发，使培训与开发活动始终符合企业发展战略的需求。

2．长期性

培训与开发是一项具有长期性的人力资本投资活动，既要充分认识人才开发的长期性和持久性，又要从培训与开发制度上保障培训开发投资与回报的长期关系，不可急功近利，因此培训与开发要保证制度的稳定性和连贯性。

3．适用性

培训与开发制度是开展培训与开发的基本规范，因此它必须具有广泛的适用性，即培训与开发制度必须适用于不同岗位、不同人员和不同需求，并且制度内容和条款要明确、具体，充分满足培训与开发管理与实施的需要，保证在实施培训与开发过程中遇到具体问题可以有据可查。

4．规范性

培训与开发制度是企业对培训与开发活动的规范，因此培训与开发工作必须具有很高的规范性。企业必须对培训与开发相关部门、岗位的职责进行程序化、规范化的提示和指导，有助于实现企业和部门培训与开发责任的法规化、工作程序的规范化。

1.4.3 培训与开发制度的建设

培训与开发制度的建设可以从多个方面着手，如表1-3所示。

表1-3 培训与开发制度的建设

序号	建设内容	内涵
1	培训与开发服务制度建设	首要制度，包括参加培训与开发前需要履行的程序、确定开展培训与开发后应履行的程序
2	培训与开发对象选拔制度建设	选择具有合适能力和动机的员工参加培训与开发
3	培训与开发激励制度建设	激励员工、部门及其主管、企业进行培训与开发的积极性
4	培训与开发风险管控制度建设	预测和防范培训与开发的风险
5	企业内部培训师制度建设	选拔培养企业内部优秀的培训师
6	培训与开发考核制度建设	科学合理的考核培训与开发绩效系统

1．培训与开发服务制度建设

培训与开发服务制度建设是培训与开发管理的首要制度，一般包括两个部分：参加培训与开发前需要履行的程序、确定开展培训与开发后应履行的程序。培训与开发前需要履行的程序包括培训与开发申请的提出程序、培训与开发申请的批准及培训与开发服务协议签订手续等。确定开展培训与开发后应履行的程序有很多，包括确定具体参加培训与开发的员工，参加的具体项目和目的，开展培训与开发的时间、地点、形式和费用等，以及培训与开发的目标等。

2．培训与开发对象选拔制度建设

选择合适的受训者是保证培训与开发项目成功的必要条件，因此企业在选择员工参加培训与开发项目时应持谨慎态度，在选择培训与开发对象时必须考虑员工接受培训与开发内容的能力和他们回到工作岗位之后应用所学习内容的能力。尤其在组织员工参加时间长、费用多的高层次培训与开发项目时，企业除了要考核员工的专业素质和学习能力，还要重点考察员工的培训与开发的动机和忠诚度。企业建立培训与开发对象选拔制度有利于增强培训与开发的实效性，做到目标明确、针对性强。为了维护企业与员工双方的利益，打消双方的顾虑，企业有必要对一些重大培训与开发项目实行培训与开发签约制度。

3. 培训与开发激励制度建设

培训与开发激励制度是激励培训与开发各方参与积极性的各种制度总和，主要包括三个部分的内容。首先是对员工的激励制度，企业必须用制度规定的形式营造员工积极参与培训与开发的氛围，建立培训与开发、使用、考核、奖惩系统的配套制度，形成目标激励、竞争激励、利益激励相结合的培训与开发激励机制。其次是对部门及其主管的激励制度，企业要将培训与开发作为部门主管的岗位责任，将培训与开发任务完成的情况与其利益、升迁挂钩，还要完善培训与开发的部门责任制，使部门内部每个员工都关注培训与开发，并积极参与。最后是对企业本身的激励制度，培训与开发激励制度要从制度、资源和文化角度有效地激励企业开展培训与开发活动，并且通过切实优化企业绩效，对企业培训与开发产生持续的激励效果。

4. 培训与开发风险管控制度建设

企业的培训与开发活动有可能面临各种风险。对于这些风险，企业要高度重视，并制定风险管控制度及时预测和防范。企业培训与开发风险来自两个方面：一方面是培养需求分析失误，导致培训与开发内容不准确、不到位等问题；另一方面是培训与开发管理机制欠缺科学性，人才流动预警机制缺失而导致培养对象选择失误，接受培训与开发的员工流失，导致培训与开发资源浪费。因此，企业培训与开发风险管控制度对人才培养需求分析及培养对象预选匹配度要求高，企业要重视对培养对象预选下的人才流动预警工作，要重视创新型人才信息收集和备案，做好人才流动等级划分及相关准备工作。

5. 企业内部培训师制度建设

培训师对培训与开发活动的效果至关重要。课程开发、教材编写都是由培训师负责的，培训课程能否达到预期目标，在很大程度上取决于培训师的知识、授课技巧和工作经验，因此企业内部培训师制度是培训制度中的重要制度。传统的企业内部培训师多由业务主管或技术人员兼任，一般他们对受训员工的情况非常熟悉，可以做到"因材施教"，但这种方式存在一些明显的弊端，主要是培训师限于自身的知识水平和经验，难以进行前沿的技能、知识和经验的传授。因此，企业应高度重视企业内部培训师的选拔和培养，除了选拔优秀的员工和主管担任培训师，还要对他们进行比较高端的培训与开发，以开阔其视野，增强其技能。

6. 培训与开发考核制度建设

培训与开发结果是否有效，需要利用科学合理的绩效考核系统进行衡量，培训与开发考核制度不可缺少。企业应该从培训与开发结果入手，创新培训与开发考核制度，将短期考核和长期考核、个人绩效和企业绩效结合在一起，最大限度地提升培训与开发的效果。为了做好培训与开发考核工作，培训与开发工作的主管部门需要认真做好员工培训与开发记录，如实反映员工的培训与开发态度和阶段性成效，对绩效考核记录进行分类归档。另外，企业还应将企业的绩效改善情况纳入员工培训与开发的考核体系中，以此来考察培训与开发工作的合理性，以及评估培训与开发效果，加强全体员工对培训和考核工作的重视程度，使其将培训与企业战略紧密地联系在一起。

1.5 培训与开发基地的建设

培训与开发基地是实施企业培训与开发计划的重要平台。随着培训与开发在企业发展中重要性的日益突出，培训与开发基地建设受到企业和相关院校的广泛关注。越来越多的企业开始投入大量的资源，在企业内外部创办各种培训与开发基地，探索其运营规律，希望其可以成为企业创新发展的活力源泉，为企业持续不断的培养人才，提供源源不断的智力支持。

1.5.1 培训与开发基地的类型和意义

1. 培训与开发基地的类型

培训与开发基地可分为企业内部和企业外部两种类型。企业内部的培训与开发基地主要有各种培训中心性质的负责员工培训的部门和企业大学两种形式。企业外部的培训与开发基地主要是校企合作办学的形式，跨企业培训中心目前在国内并不多见，但作为一种对微型企业特别适用的培训与开发形式，值得企业和学者关注。

2. 培训与开发基地的意义

培训与开发基地的建设对企业培训与开发活动的开展具有重要的意义。企业大学或者企业与职业院校合作共建实训基地，对学校和企业优势互补、提高人才培养的实用性、减少新员工适应周期、弥补企业后备力量不足的作用明显。在培训中心、企业大学或者校企合作办学中，通过培训方式的调整，学校与企业之间彼此促进，可以满足企业的实践要求，不断地提升学校的教学水平，受训可以在真实的职业环境中进行与工作岗位完全一致的实训，明确学习目标，深刻地理解所学内容的市场需求，不断地提升受训的综合能力和就业竞争力。企业通过与培训基地合作可以发现和获取更多的优质人才，从而有效地加强企业自身的人才储备，提升企业发展的原动力。

1.5.2 培训中心的建设

培训中心是大多数中小型企业完成其培训任务的主要力量。培训中心是否健全，运作是否高效，对企业人员素质的提高和培训目标的实现至关重要。培训中心的建设方法，如表1-4所示。

表 1-4 培训中心的建设方法

序号	建设方法	主要内容
1	完善培训计划	确保企业整体培训计划合理、有针对性、高效
2	加强培训考核	检查培训计划的实际执行情况与预期达成情况
3	加强培训师管理	负责企业内外部培训师的挑选、培训、认证及考核
4	加强培训课程开发	组织制定企业员工发展培训课程体系规划，并组织课程开发工作

1．完善培训计划

培训中心以企业人力资源总体规划为指引，审核各部门上报的培训计划，负责企业整体培训计划的制订、意见征询、修改及最终确定。培训中心必须确保企业整体培训计划合理、有针对性、高效，根据企业规章制度与要求，确保培训管理体系实现的过程得到识别、建立和保持，并以文件的形式规范化。培训中心与企业外部职业培训机构沟通、了解培训行业发展状况及动向，及时了解行业发展状况，负责企业培训课程的设计、培训内容的选择及更新。

2．加强培训考核

培训中心负责制定培训评估制度和培训计划，对培训效果进行评估，完善培训体系，对培训与开发活动结果进行调查与跟踪、考核与督导，检查培训计划的实际执行情况与预期达成情况。另外，培训中心还负责培训成本的核算及费用的审核，做好员工的激励和考核，对不合格的员工，按照企业要求进行处理；定期（年末、季末、月末）分析企业培训计划的完成情况及各部门培训预算执行情况；定期分析培训收益成本的增减变动情况及其影响因素；定期上报培训决策分析报告；为企业年度培训计划和长远规划提供决策支持。

3．加强培训师管理

培训中心负责挖掘企业内部培训师人才，为企业内部培训师队伍的建设提供合适的候选人，负责企业内部培训师的培训、认证及考核；对企业外部培训机构和培训讲师进行挑选和管理，与企业外部职业培训机构等业务合作单位建立良好的合作关系；评估与本企业有合作关系的企业外部培训机构的培训能力和培训效果，与各部门培训导师保持良好的沟通；跟进培训导师的日常工作考评；负责建立企业内外培训师档案和学习者档案；审定外聘培训师；制定付费标准；及时检查培训师的培训质量与教学效果。

4．加强培训课程开发

培训中心负责在各部门配合下组织制定企业员工发展培训课程体系规划，并组织课程开发工作，丰富课程内容，设计课程结构，并不断地完善培训课程，以提升企业内部的培训水平；根据不同岗位的培训需求，收集、评估相关课程和学习资料，进行培训课程的开发和设计；开发并建立企业的培训课程教案库，降低培训成本，负责审定和编印培训资料，定期安排人员收集培训资料和查阅有关书籍，组织编写培训教材，审批修订各种培训教材，推动企业课程的改进和新课件的研发。

1.5.3 企业大学的建设

企业大学是指由企业出资，以企业高级管理人员、高校教师，以及专业培训师为培训师资，通过实战模拟、案例研讨、互动教学等实效性教育手段，以培养企业内部中高级管理人才和企业合作伙伴为目的，满足员工终身学习需要的一种新型教育和培训体系。实践证明，企业大学是一种良好的人力资源培训体系，是有效的学习型组织实现培训与开发目标的手段。

1. 企业大学的特征

企业大学具有以下四个特征：

（1）企业性。企业大学从管理、课程、培训师到学习者等方面都是为企业发展战略服务的，带有明显的企业特色，这是企业大学的首要特点。

（2）战略性。企业大学是企业战略发展的助手，是战略性的人力资源开发手段。其战略性体现在企业大学帮助企业取得绩效最大化、创建持续学习的企业文化、实施和管理企业变革，以提高企业竞争力和自我革新能力。

（3）集成性。集成性主要是指企业大学是各种培训与开发资源的集成，即企业内外部的各类学习和培训资源都集中于企业大学，以保证企业大学的良好运行。从职能角度来讲，企业大学正在向变革推动者、业务伙伴、员工发展顾问和培训事务专家四位一体的角色演变。

（4）自主性。企业大学相对于传统的培训中心来说，其自主性更强。传统的培训中心将培训视为部门的专属所有权，而企业大学将培训单位视为业务伙伴，与业务单位建立伙伴关系。

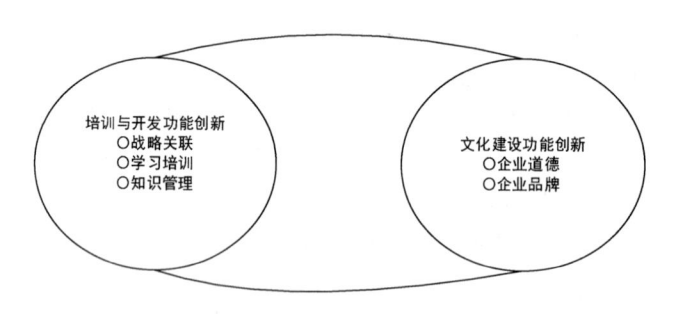

2. 企业大学的功能创新

企业大学的功能创新，如图1-6所示。

图1-6 企业大学的功能创新

（1）培训与开发功能创新。在不同的发展时期，企业大学的定位和功能会有所不同。企业大学的培训与开发功能创新包括：战略关联，即企业大学必须为企业最迫切的战略实现服务，目前人才领导力开发是许多企业大学关注的重点；学习培训，即企业大学必须通过教育培训活动不断开发员工岗位胜任能力，为企业发展提供源源不断的智力支持；知识管理，即企业大学应成为企业生产和知识、创造和转化个人智力为组织知识的实验基地，企业大学必须不断地促进个体知识转化为组织知识、隐性知识转化为显性知识。

（2）文化建设功能创新。构建和促进企业的文化发展是企业大学的一项重要功能。企业道德是企业文化中的重要内容，企业大学承担传播企业道德的职能，是企业价值观的守护者。缺乏企业道德的员工经常会对企业及其领导力产生怀疑，工作动力不足；而富有道德观念的员工会为本企业感到自豪，工作态度更加积极。企业品牌意味着企业的形象，也是员工身份认同和承诺的体现，企业大学对员工的培训与开发工作非常有利于企业品牌的建设。一些企业大学建立自己的行业品牌，并且取得了成效。例如，摩托罗拉大学建立的六西格玛品牌成为行业的质量认证标准。

3．新型企业大学的建设思路

目前，新型企业大学的建设还处在探索阶段，其中一些比较成熟的建设思路，如表 1-5 所示。

表 1-5　新型企业大学的建设思路

序　号	建　设　思　路	主　要　特　点
1	注重学习项目的开发	针对不同员工设计有针对性的学习方案和部门协同的管理机制
2	注重主动学习能力的开发	致力于高效学习分享平台（社区）的搭建和运营，推动员工互动学习与成长
3	注重行动能力的开发	强调以能力开发为目标，确保学习者学习到的知识可以得到有效转化
4	注重管理咨询能力的开发	逐步向管理开发和咨询层面提升，向企业的智库方向发展

（1）注重学习项目的开发。传统企业大学侧重于师资整合和培训组织等事务性工作的管理，培训与开发项目以传统的项目运营开展，培训与开发为企业经营管理贡献有限。为了最大限度地利用有限的培训资源为企业发展创造价值，除进一步系统革新企业的培训方案外，对培训与开发项目的运营方式需要进一步优化。为此，许多优秀的企业大学正在探索以学习项目的形式开展培训的实践，通过对企业发展问题的系统诊断，针对不同员工设计有针对性的学习方案和部门协同的管理机制，以切实解决企业问题，提升企业综合能力。

（2）注重主动学习能力的开发。随着网络技术应用的日益广泛，各种资讯信息日益丰富，企业培训管理水平不断提升，以"90 后"新生代员工为代表的员工主体，主动学习的欲望越来越强，更加习惯于通过网络自主学习知识。因此，企业大学必须适应这种变化，企业大学组织的各种学习和培训，越来越强调员工在课程学习过程中的积极参与和实践。随着主动学习方式的兴起，企业大学管理者的工作重点逐渐发生转移，除传统的培训与开发组织工作外，企业大学管理者主要的时间与精力将用在高效学习分享平台（社区）的搭建和运营方面，不断地扩大客户群并推动员工互动学习与成长。

（3）注重行动能力的开发。传统的培训与开发模式侧重于培训与开发活动的组织和培训内容的传授，但往往缺乏具体的配套任务，培训与开发效果的检验只能依赖于学习者训后在岗位上的自发应用，培训与开发效果难以得到强化。因此，企业大学的培训与开发课程应更加重视任务包的开发，极力强调以能力开发为目标，确保学习者从知到行，学习到的知识可以得到有效的转化。目前，流行的企业大学培训积分制度可以进一步优化，将晋升和奖励的标准由一定的积分调整为实际技能提升和绩效改善加积分的模式，并鼓励最佳实践的分享。

（4）注重管理咨询能力的开发。当前，面临企业能力开发及推进企业绩效挖潜的任务，普遍以培训与开发管理工作为主要任务的企业大学模式，应逐步向管理开发和咨询层面提升，向企业的智库方向发展。随着企业大学发展的不断成熟，未来将有越来越多的企业大学可以向企业提供内外部的管理咨询服务。

前沿话题：2019年10月24日，"2019中国企业大学50强"榜单由新华报业传媒集团《培训》杂志在"2019（第三届）中国企业大学高峰论坛"开幕式上隆重发布。"中国企业大学50强"榜单由新华报业传媒集团《培训》杂志发布，旨在汇集一批在中国成功发展的企业大学，为行业树立典范，促进中国企业培训与人才发展事业更好、更快地发展。

中国企业大学10强如表1-6所示。

表1-6　中国企业大学10强

排　名	名　　称	排　名	名　　称
1	中国工商银行杭州金融研修学院	6	阿斯利康大学
2	沃尔玛（中国）零售大学	7	中国银联支付学院
3	招银大学	8	京东大学
4	TCL大学	9	一汽大学（一汽党校、红旗经管学校）
5	红星美凯龙集团管理学院	10	国家电投人才学院

相关链接

2017年10月，由京东首创、发起倡议并组建的京东TELink人才生态联盟正式成立，其致力于搭建交流、共享和服务的平台，整合联盟内企业、专业机构、院校等各方的优质资源，定向开放给联盟成员。

资料来源：http://www.techweb.com.cn/news/2017-10-11/2592135.shtml

1.5.4　校企合作培训与开发基地的建设

1. 校企合作培训与开发基地的运行模式

校企合作培训与开发基地的运行模式，如表1-7所示。

表1-7　校企合作培训与开发基地的运行模式

序　号	运行模式	主要特点
1	顶岗实习	完成教学实习和基础技术课之后，到现场直接参与生产
2	工学衔接	学校利用聘任企业兼职教师的方式，向学生传授企业工作经验
3	订单培养	通过签订"就业培养协议"的方式，由学校对企业所需要的特定人才进行委托培养
4	校企联合	学校和企业合作共同制订人才培养方案，联合培养人才

(1)顶岗实习。顶岗实习是指一种在基本完成教学实习和学过大部分基础技术课之后,学生到专业对口的现场直接参与生产过程,综合运用本专业所学的知识和技能,以完成一定的生产任务,并进一步获得感性的认识,掌握操作技能,学习企业管理,端正工作态度的实践性教学形式。顶岗实习根据学生所学专业确定参加单项技能培训实习或者直接进行综合化的专项实习。不同于其他方式的地方在于顶岗实习使学生完全履行其实习岗位的所有职责,能够独当一面,具有很大的挑战性,对学生的能力锻炼起到很大的促进作用。

(2)工学衔接。工学衔接是一种重要的校企合作的方式。在此模式中,学校利用聘任企业兼职教师的方式,向学生传授企业工作经验,不断地明确和落实学习者当前需要准备和掌握的学习重点。但是,这种模式对学校的学生安排能力和企业合作能力都有比较高的要求,因此工学衔接模式仅适用一些优秀的院校和规范管理的企业,推广范围较小。

(3)订单培养。订单培养,就是企业和学校之间通过签订"就业培养协议"的方式,由学校对企业所需要的特定人才进行委托培养。订单培养的学生,由企业根据需要参与培养方案和教学计划的制订,由学校确定具体的教学方法、教学策略及课堂组织形式等,在培养过程中,培养方案可以根据企业的需要和国家政策进行调整。企业在培养过程中全方位地进行监督和参与,派专业人员到学校授课,定期派出专业教师对学生进行专业知识解答,或者以实验大赛的方式了解当前学生的学习水平,增强学生学习的目的性。

(4)校企联合。在校企联合培养人才的模式中,学校和企业合作共同制订人才培养方案。从学校教育的角度来说,学校需要进行企业调研,并聘请企业专家参与人才培养标准的专项化进程阶段。在培养过程中,学校要与企业保持密切沟通,定期到企业做调研,了解企业对人才需求的实际情况,根据企业的需求,不断地提高教师的教学素质和专项技能,确保对学生的培养符合企业的需求。

2. 校企合作培训与开发基地的建设方法

校企合作培训与开发基地的建设方法,如表1-8所示。

表1-8 校企合作培训与开发基地的建设方法

序 号	建 设 方 法	主 要 特 点
1	创新校企合作平台	建立良好的沟通平台,形成校企互认的合作动力机制
2	扩大校企共同利益	建立利益共同体模式,保障校企利益的合理分配
3	规范校企合作模式	签署长期合作的培训基地建设协议,形成校企双方公认的责任机制
4	建立科学的人才评价机制	校企共同参与人才评价,制定统一的人才培养和评价的价值体系

(1)创新校企合作平台。在人才培养过程中,培训与开发基地必须尽力避免出现因学生培养方向偏差和管理不善,而不能满足企业需求的情况。为此,学校和企业之间良好的沟通平台建设非常重要,借此平台学校可以准确地了解企业的人才需求,形成校企互认的合作动力机制;企业可以了解学校人才培养状况,并通过专项沟通来纠正偏差,改善培训效果。具体可以通过寻找校企合作的切入点和平衡点,校企合作项

目的参与、定向培养班级等模式，整合校内的实训资源，探索有利于学生培养的师资配备和教学安排，并通过合约的制定予以明确。

（2）扩大校企共同利益。培训与开发基地的有效运作需要满足并不断扩大校企双方的共同利益，保障校企利益的合理分配，可以通过建立利益共同体的模式，深化校企之间的合作，挖掘校企合作的更多可能性。为了促进学校管理方式与企业管理之间的有效协调和衔接，需要建立健全校企合作中学生管理机制的方式。另外，校企还可以员工互派，让学校的教师参与企业的生产和运营，了解企业的生产和管理水平；同时让企业的技术骨干员工到学校参加集训，强化其理论知识，让经验丰富的管理者去学校参加辅助就业指导工作，了解学校教育和就业的基本流程。

（3）规范校企合作模式。任何一种机制的形成和正常运作，都需要有制度或者协议来保障，以规范双方的行为，形成双方公认的责任机制，以维护校企合作共建培训基地的稳定运行。校企合作双方必须在互相信任的前提下，沟通了解、换位思考，签署具有法律效力的长期合作的培训基地建设协议，明确双方权利与义务、合作机制、合作内容、经费保障、违约处理等。为适应当前职业教育发展和企业对人才需求状况的变化，学校和企业之间需要优化现有的合作模式，为了把学校前沿的教学思想和企业现实的人才需求标准体现到学校教学中，学校和企业可以协同拟定教学内容。

（4）建立科学的人才评价机制。校企合作培训与开发基地的建设是一项从信息搜集、对象选择、决策制定到实施完善的系统工程，其运作效果关键取决于机制。在校企合作共建培训与开发基地过程中，学校和企业作为合作双方，需要共同参与到人才评价过程中，制定统一的人才培养和评价的价值体系，避免学校和企业在学生评价过程中标准不一，甚至互相冲突。但是，具体评价的内容应有所不同，学校应重点评价教学实施、学生日常表现、师资队伍建设等指标；而企业应重点对学生的实际能力和水平，以及思想品德等工作实际需求的方面进行评价。

相关链接

2018年2月，教育部等六部门联合印发《职业学校校企合作促进办法》（以下简称《办法》)，明确了职业学校和企业可以结合实际在人才培养、技术创新、就业创业、社会服务、文化传承等方面，开展多种形式合作。《办法》明确指出职业学校和企业可以进行以下几个方面的合作：①合作设置专业，开展专业建设；②合作制订人才培养或职工培训方案；③开展学徒制合作，联合招收学习者；④合作创建并共同管理教学和科研机构，建设实习实训基地等机构；⑤合作研发岗位规范、质量标准等；⑥组织开展技能竞赛、产教融合型企业建设试点等活动；⑦法律法规未禁止的其他合作方式和内容。

资料来源：http://education.news.cn/2018-02/22/c_129814633.htm

第 2 章
培训需求分析

> **引导案例**
>
> **某部门的培训需求调查**
>
> 人力资源管理人员提问，部门负责人回答。
>
> 问：请问，您觉得咱们现在的部门员工需要进行哪些方面的培训？
>
> 答：需要进行项目管理的培训。
>
> 问：您为什么觉得他们需要进行项目管理的培训呢？
>
> 答：因为他们的项目管理能力不足。
>
> 问：您觉得他们在项目管理的所有环节做得不好，还是在哪些环节做得不好呢？导致的具体不良结果是什么呢？
>
> 答：其他的环节还好，主要是计划环节做得不好，导致产品开发进度延期。
>
> 问：产品开发进度延期，是多大比例的延期，延期的天数大概是多少呢？
>
> 答：大部分会或多或少出现不同程度的延期，大概70%；至于延期的天数，这个不好说，差异很大。
>
> 问：延期的天数一般为多少天呢？过去一段时间，最长的延期了多久，最短又是多久？
>
> 答：最长的延期，那就长了，当然也不仅是计划环节出问题导致的，单说受计划影响的，一般为一周到一个月的时间吧！
>
> 问：也就是说，在工程师项目管理中计划能力不足，导致大概70%的项目会在这个点上延期一周到一个月的时间，对吧？
>
> 答：差不多是这样的。
>
> 问：好的，请问，在计划环节做得不好，是所有人都这样，还是一部人这样？
>
> 答：除了个别资深的工程师，其他工程师都在这个方面做得不好。
>
> 问：请问，咱们部门一共有多少工程师，其中有多少资深的工程师呢？
>
> 答：一共13个工程师，资深的工程师有两个。
>
> 问：请问，那些计划环节做得不好的工程师，您觉得他们做不好的主要原因是

什么呢？

答：主要是缺乏预见性。经常出现临时异常导致计划无法协调的情况，就是因为没有提前考虑到临时异常。比如，我们外发一个部件，理论上供应商需要3天完成，但实际上，一般都会拖上一周的时间，但是工程师在计划上就写3天，一旦出现异常情况，马上就不行了。

问：您觉得在所有的专案中，出现这种情况的比例大概占多少？

答：对于这些普通的工程师，大部分的专案或多或少会出现这种情况。

问：您觉得出现这种情况的原因，从工程师的角度来看，是什么原因导致的呢？

答：他们缺乏预见性，也特别容易被供应商"忽悠"，不知道跟进供应商。他们以为供应商说3天，就是3天，等到供应商拖延的时候，肯定不会主动跟他们讲，他们呢，也不主动去问，等到问的时候，"黄花菜都凉了"。供应商两手一摊，各种理由，反正就是不能按时送货。这些工程师就没办法了，但是我们的项目进度就会受到影响。

问：您觉得，他们出现这种预见性的问题，是主观上不愿意去思考，还是信息不全导致的，或者因为前两个都满足了，但是他们不能有效地统筹思考，做好计划呢？

答：他们是可以获得信息的，但是其他两种情况都有。

问：好的，谢谢您！今天也耽误了您不少时间，再次感谢您今天提供了这么多有用的信息，日后继续向您请教。

资料来源：两个案例说说培训需求调查 https://www.hrloo.com/lrz/14270220.html?from=timeline

思考

试分析此次培训需求调查的优点和不足。

学习目标

1. 掌握培训需求分析的概念和作用；
2. 掌握培训需求分析的内容；
3. 掌握培训需求信息收集方法及其优缺点；
4. 了解培训需求分析报告的撰写要求。

学习导航

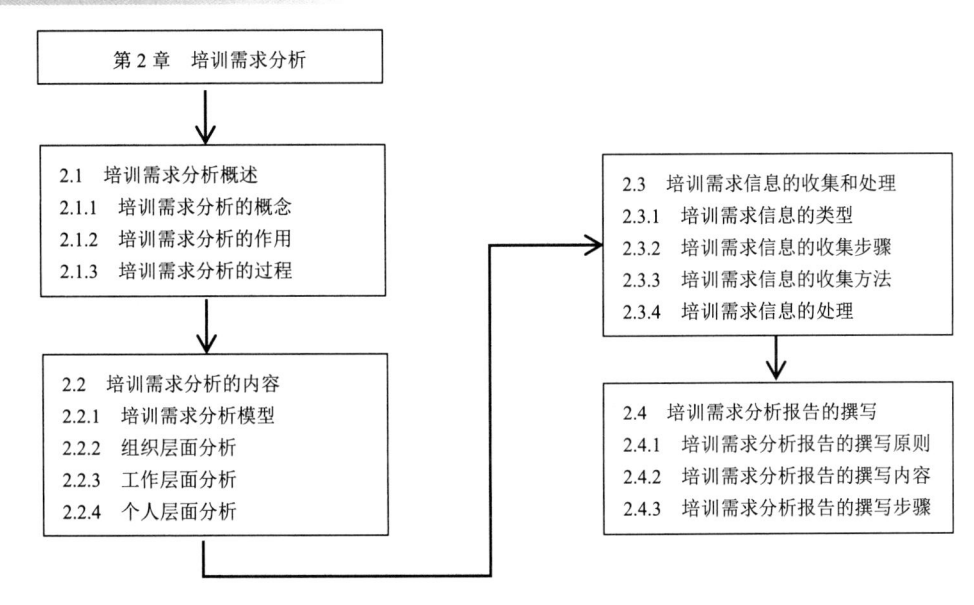

```
第 2 章  培训需求分析
    │
    ▼
2.1  培训需求分析概述
  2.1.1  培训需求分析的概念
  2.1.2  培训需求分析的作用
  2.1.3  培训需求分析的过程
    │
    ▼
2.2  培训需求分析的内容
  2.2.1  培训需求分析模型
  2.2.2  组织层面分析
  2.2.3  工作层面分析
  2.2.4  个人层面分析

2.3  培训需求信息的收集和处理
  2.3.1  培训需求信息的类型
  2.3.2  培训需求信息的收集步骤
  2.3.3  培训需求信息的收集方法
  2.3.4  培训需求信息的处理
    │
    ▼
2.4  培训需求分析报告的撰写
  2.4.1  培训需求分析报告的撰写原则
  2.4.2  培训需求分析报告的撰写内容
  2.4.3  培训需求分析报告的撰写步骤
```

2.1 培训需求分析概述

2.1.1 培训需求分析的概念

关于培训需求分析的概念，国外学者给出了不同的观点。

麦基和泰勒首次提出"培训需求分析"的概念，认为培训需求分析是一种通过系统分析确定培训目标、内容及其相互关系的方法。

凯瑟琳认为培训需求分析是由专业培训人员对培训需求进行排序，将培训所需资源和实际可利用资源进行调整与匹配，从而设计出切实可行的培训方案。

切斯特认为培训需求分析是寻找组织中谁需要学习、学习什么，以帮助员工更好地完成工作。它是力求在对缺乏培训而可能引发的后果与通过培训改善现有业绩上建立的一种相关关系。

兰迪和戴维·哈里斯认为培训需求分析是明确组织目标，找出普通员工实际具备的技能和业绩与优秀员工所需具备的技能和业绩之间的差距、现有技能和未来能够做出更好的绩效所需的技能之间的差异、掌握企业人力资源开发活动情况的过程。它是企业人力资源开发与培训的起点。

综上所述，本书将培训需求分析定义为在进行培训开发工作之前，首先应明确当前企业目标，由专业培训人员和各主管部门通过收集与企业目标相关的一系列数据信息，其次选择科学的方法和技术，诊断与分析企业及其员工所拥有的实际知识、技能和业绩等方面与预期的差距，从而判断企业及其员工是否需要培训及明确培训目标、培训内容的过程。

2.1.2 培训需求分析的作用

培训开发是一项系统性的工作。培训需求分析作为培训开发系统的首要环节，是实现高效培训的前提条件，培训需求分析类似于房屋的地基，在培训工作中具有非常重要的基础性作用。

1．有助于企业制订有效的培训计划

培训需求分析作为企业培训开发工作的初始工作，企业制订的培训计划和实训都依赖于培训需求分析的有效性。例如，培训内容、培训人员、培训时间、培训师资、培训方式方法、培训效果评估等相关内容都要以培训需求分析为基础。

2．帮助直线部门找到员工绩效差距，并确认问题产生的根本原因

培训需求分析的根本目的就是确认绩效差距，即员工实际绩效表现与确认组织绩效的理想标准之间的差距，员工现有的技能与能够使工作做得更好的绩效所需的技能之间的差异。简而言之，培训需求是由绩效差距的存在而产生的（培训需求＝理想状态－现实状态），培训目的是消除或者缩小这种绩效差距。当找到员工绩效差距后，企业还要探究导致组织绩效问题的各种不同因素，必须依据本企业现状找出关键性绩效差距的影响因素，并采取相应的措施来解决存在的一系列绩效问题。

3．有助于估算培训成本

培训需求分析不仅可以帮助企业判断是否需要进行培训和确定培训项目，而且可以估算培训成本，即通过分析相关数据资料，科学计算培训投资回报率，分析企业培训开发工作的可行性和培训效果。企业以此来确定培训人数、培训次数、可用资源等，从而有效地控制企业培训开发活动的进程。

4．获取企业内外部共同支持

培训开发活动在很多企业的认可度并不高，要确保企业培训开发活动健康持续开展，就需要企业内部和外部的共同支持，培训开发工作才能高效地开展并取得预期的培训效果。而获得企业内外部支持的重要方式，就是通过开展培训需求分析活动，让更多的部门、管理人员和员工参与到培训需求分析工作中，以最大限度地了解不同层次员工的培训意愿和培训需求，同时让企业各部门和管理人员了解并认识到培训开发活动的重要性和效果，从而赢得他们的支持。

5．为培训开发活动的有效实施做准备

在培训需求分析环节，企业需要收集与企业目标、企业培训效果、企业培训需求等相关的一系列数据资料，便于企业更好地了解员工所掌握的知识和技能水平，相关的数据资料作为企业培训开发活动有效开展的基础，将为后续的培训开发活动的有效实施做好准备及相关预案。

2.1.3 培训需求分析的过程

培训需求分析是一项系统工作,企业按部就班地逐项开展工作。培训需求分析分为五个阶段,如图 2-1 所示。

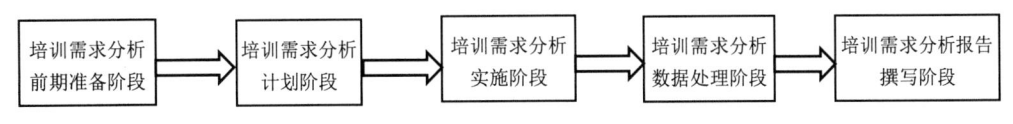

培训需求分析前期准备阶段 → 培训需求分析计划阶段 → 培训需求分析实施阶段 → 培训需求分析数据处理阶段 → 培训需求分析报告撰写阶段

图 2-1 培训需求分析的过程

1. 培训需求分析前期准备阶段

在进行培训需求分析之前,企业需要做一些准备工作,主要工作包括:收集员工培训资料,建立员工培训资料库;掌握员工工作动态变化;建立培训需求信息收集渠道;阐明培训需求分析的意义,做好培训需求分析的动员工作;完成培训需求分析的审批工作。

2. 培训需求分析计划阶段

培训需求分析工作涉及众多的部门,培训管理人员有必要制订一个详细具体的培训需求分析计划。培训需求分析计划主要包括:培训需求分析工作目标;培训需求分析方法;培训需求分析内容;培训需求分析各项工作的时间安排及具体的人员安排。

3. 培训需求分析实施阶段

根据培训需求分析计划,培训管理人员向企业相关部门发出需求信息分析的通知,通过访谈、问卷调查、观察等方法收集企业各相关部门的员工培训需求信息,将收集到的企业各相关部门、各类需求信息进行整理汇总,并向企业相关主管部门进行汇报核实。

4. 培训需求分析数据处理阶段

培训部门通过各种渠道收集到的需求信息往往因客观和主观因素的影响而存在信息失真的情况,因此培训部门需要进行分析、鉴别、筛选和处理工作,将培训需求信息按照重要程度和迫切程度排列顺序,并且将培训需求分析结果以书面报告形式反馈给企业各相关部门。

5. 培训需求分析报告撰写阶段

培训部门完成培训需求分析工作之后,需要将培训需求调查分析的结果以书面报告形式进行总结。培训需求分析报告的目的在于对企业各相关部门汇总的培训需求进行解释和评估,并最终确定培训计划、预算方案和培训内容。

2.2 培训需求分析的内容

2.2.1 培训需求分析模型

1. 循环分析模型

循环分析是指为员工培训需求提供一个连续的反馈信息流,从而不断地估计培训需求,每次循环都需要从组织层面、工作层面和个人层面三个部分进行分析。Goldstein 三层次模型,如图 2-2 所示。

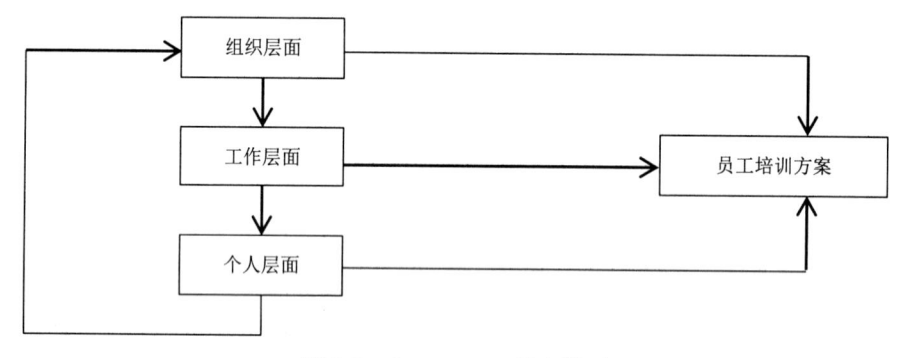

图 2-2 Goldstein 三层次模型

（1）组织层面分析。企业分析确定整个组织范围内的培训需求,保证培训计划与内容符合组织整体目标与战略规划要求,组织层面的培训需求分析主要是对组织所处的内外部环境进行分析,通过对政策法规、生产率、离职率、员工行为等方面的分析发现组织目标和培训需求之间的相关性,从整体上确定员工是否需要进行培训。

（2）工作层面分析。工作层面分析主要是针对培训内容而言的,依据员工达到理想的工作绩效水平必须掌握的知识和技能来确定培训需求,主要内容包括:收集能够反映工作特性的一系列数据,将其作为制定岗位规范的依据;明确员工有效行为所必须具备的知识和技能等特质,如工作分析、绩效评价、顾客反馈等为培训需求分析提供了重要的参考信息。

（3）个人层面分析。企业通过业绩考核记录表、员工填写的培训需求问卷等资料,将员工实际的工作绩效与绩效标准进行对比,或者将员工现有的技能水平与预期未来对员工的要求进行比较,发现两者之间的差距,确定是否有培训需求。

2. 前瞻性模型

前瞻性模型是由美国学者泰瑞·利普和迈克·科力诺提出的,如图 2-3 所示。随着技术的不断进步和员工在组织中个人成长的需要,即使员工目前的工作绩效是令人满意的,也可能为工作调动、职位晋升做准备或者适应工作要求的变化等情况提出培训的要求。

前瞻性模型建立在未来需求的基础上,使培训工作变被动为主动,其显著特点是在员工对当前工作绩效满意的情况下进行前瞻性培训需求分析,为未来发展做准备,其中包括企业发展和员工个人职业生涯规划。

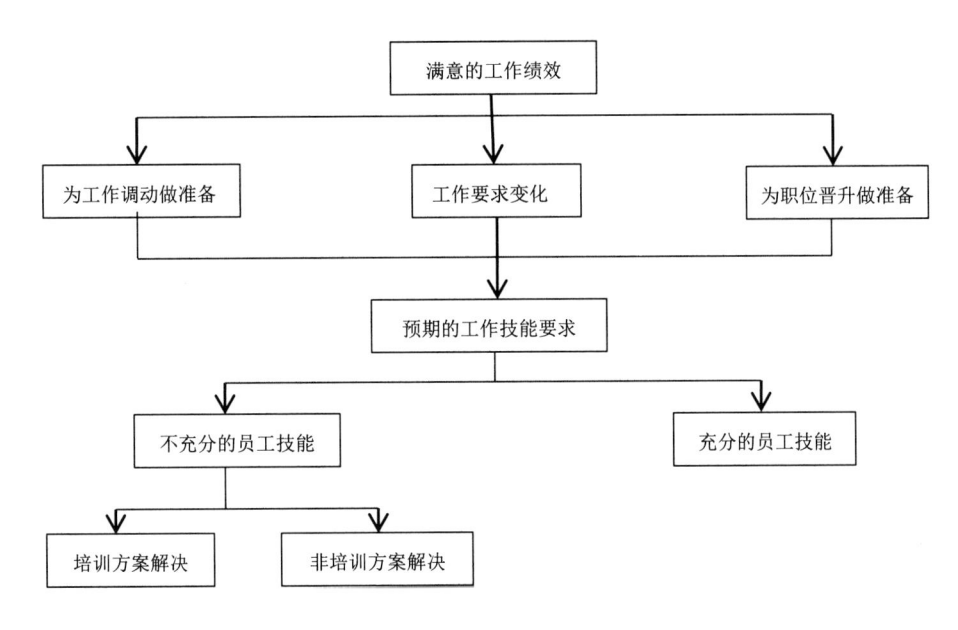

图 2-3 前瞻性模型

3．培训需求差距分析模型

美国学者汤姆·W.戈特将现实状态与理想状态之间的差距称为"缺口"，并以此确定员工知识、技能和态度等培训内容，这就是培训需求差距分析模型。

培训需求差距分析模型有三个环节：发现问题、理想绩效与实际绩效之间的差距就是问题。问题存在的地方，就是需要通过培训加以改善的地方；预先分析，在一般情况下，需要对问题进行预先分析和初步判断；实施需求分析，这个环节主要是寻找绩效差距，分析的重点是员工目前的个体绩效与工作要求之间的差距。

培训需求差距分析模型，如图2-4所示。

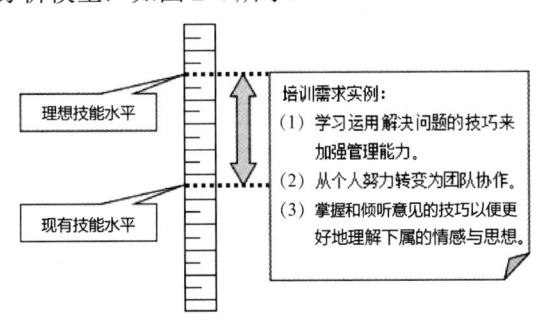

图 2-4 培训需求差距分析模型

4．基于胜任力的培训需求分析模型

大卫·麦克利兰提出"胜任特征"的概念。他认为胜任力（Competency）是指能将工作中表现优异者与表现平庸者区分开来的个人表层特征和深层特征，如知识、技能、自我认知、个人特质和行为动机等能通过测量显著区分高绩效与低绩效水平的个体特征。胜任力模型（Competency Model）是指承担某一特定的职务角色所应具备的胜任特征要素的综合，即对某一特定职务中表现优异者所提出的胜任特征结构，主要强调需求分析和培训结果应能提高受培训者对未来职务的胜任特征。

作为培训需求评价的新趋势之一，胜任特征模型的导入是十分必要的。首先，胜任特征的可测量性不仅可以使分析过程更加标准化，而且可以使培训需求更加具体化。麦克利兰特别强调对胜任特征的测量，经过多年的研究和实践，提出了20多种胜任特征，如获取信息的技能、分析思考的技能、概念思考的技能、策略思考的技能、人际理解和判断技能、帮助/服务定向的技能、对他人的影响技能、对组织的知觉技能、建立和管理人际关系的技能、发展下属的技能、指挥技能、小组工作和协作技能、小组领导技能等。

基于胜任力的培训需求分析模型，主要通过组织环境变化的判断，识别企业的核心胜任力，并在这个基础上确定企业关键岗位的胜任素质模型，同时对比员工的能力水平现状，找出培训需求所在。

2.2.2 组织层面分析

组织层面分析是指在明确企业的经营战略条件下，判断在企业中哪些部门和员工需要接受培训，以保证培训计划和内容符合企业的整体目标与战略发展要求。基于企业层面的培训需求分析，以战略性人力资源管理为导向，突出前瞻性的特点，全面地准确把握企业内部环境、培训资源及企业外部培训环境等可能会对培训需求产生影响的因素，从而明确企业在哪些方面需要进行培训，以及实施培训所需的各类条件。基于此，本书主要介绍组织层面培训需求分析方法，如戈尔斯坦的四要素框架法、企业运营战略全景图分析法和7S模型法。

1. 四要素框架法

四要素框架法是对企业的目标、资源、氛围、外部环境因素进行分析，更好地了解企业特征，明确需要培训的项目，以及完成这些培训项目所需的各类条件，由此获取的需求信息才能够赢得企业的支持，并为企业战略的形成与实施奠定基础。

1）企业目标分析

企业目标和战略规划是企业绩效的重要衡量标准。明确清晰的企业目标，不仅对企业发展起决定性的作用，而且对培训规划的设计与执行起决定性的作用。当企业目标发生转变时，人才培养目标和培训目标都会随之调整和变化，由此产生的培训需求会出现不同的倾向。因此，在分析培训需求时，首先关注企业的目标和战略规划，使企业的培训规划与企业战略紧密相连，有效地满足企业与员工两个方面的需求。

2）企业资源分析

企业资源分析包括对企业的人力资源、财务、时间三类资源进行分析。其中，分析人力资源，不仅要分析企业目前的人力资源状况，而且应分析企业未来的人力资源需求；针对财务状况，应分析企业为支持培训工作开展所能承担的经费；分析时间，主要分析企业业务的开展方式和经营管理的特点，以此来确保是否有充足的培训时间。

3）企业氛围分析

不同的企业氛围会表现出不同的企业文化、价值观、员工精神、组织凝聚力、信息传播情况等，这些要素与企业目标达成有着重要的关系，将产生特定的培训需求。企业氛围分析，使培训组织者能够深入地了解企业的风格和特性，而不是将企业需求分析停留在组织表象上。

4）企业外部环境分析

企业会受到外部环境的影响，包括法律、社会、政治、经济等宏观环境。另外，市场竞争的激烈程度会对培训产生影响。企业外部环境不仅影响着企业培训目标的确立，而且影响着企业的规模、结构及其发展过程。因此，企业必须适应外部环境的动态变化，对培训需求具有足够的敏感性和适应性，能够充分利用现有资源，及时制订和调整培训计划。

2．企业运营战略全景图分析法

企业运营战略全景图分析法立足于企业战略，在统一性的前提下保证了企业系统范围内知识、技能的提升，从而帮助企业实现企业目标，具体如表2-1所示。

表2-1　企业运营战略全景图分析法

分析角度		具体内容
业务环境	客户角度	・谁是客户，他们的业务将如何变化； ・潜在需求是什么，当前需求将会如何变化； ・未来和客户的关系定位，客户对产品或者服务的新需求； ・客户如何看待企业
	竞争者角度	・企业对当前竞争者的业务和计划了解程度及是否存在潜在竞争者； ・明确潜在竞争者，他们的业务可能发生变化的时间及如何改变； ・竞争者的变化对本企业的业务影响； ・竞争者不足之处
	市场角度	・市场规模和涉及的地域范围； ・行业现处阶段； ・行业的进入和退出难度、整合状况； ・行业获利情况、发展潜力和方向等
	核心竞争力角度	・企业是否界定自身的核心竞争力； ・本企业核心竞争力的内容及如何表现； ・采用什么方法来持续地评估核心竞争力
业务方向	愿景和使命分析	包括愿景陈述信息（如客户、竞争者、市场地位、核心竞争力），以及形式和方式（如对未来展望的描述、服务的客户、保证实现目标的价值观）；使命陈述是否符合标准要求（简明明了）；企业员工了解使命程度等内容
	价值观分析	包括表达清晰程度，是否能够让员工理解什么行为是组织期望的；员工对组织管理层确保价值观实现的信任度等内容
业务战略		业务战略主要从战略意图及优先级角度分析培训需求，如战略意图是否来自"绩效差距"分析，是否能体现企业现实业务活动与期望绩效之间的差距，差距弥补能否帮助达到预期的市场地位、满足客户需求和提升核心竞争力等目标；企业是否确定了关键战略，这些战略能否帮助实现企业的愿景及优先级排序；是否设计测量标准和衡量方法来帮助指导战略的实施

续表

分析角度		具体内容
运营计划及沟通		运营计划分析内容包括：实现战略需要完成的工作任务；完成关键战略目标的权利与责任是否界定清晰，是否与单位、个人目标挂钩。从沟通角度来讲，需求分析内容包含了是否设计了沟通计划、沟通媒介（如会议/通信/告示板/电子邮件等）；是否采用了双向沟通的程序以确保员工意见得到上级重视；员工是否相信他们得到的信息是可信的、完整的
工作流程		主要从规章制度和流程图这个元素分析培训需求，其分析内容包括：企业是否制定帮助实现战略的关键工作程序；企业为控制生产成本、提高服务质量和生产率是否进行流程改进；现有业务技术（如沟通/数据收集和跟踪/客户信息系统等）是否进行有效的评估；关于工作程序的讨论有无从客户角度出发
组织架构		主要从工作单元任务和工作团队职能元素出发，分析企业实行集权化管理或者分权化管理架构的原因；客户需求对组织架构的影响；组织架构的设定是否依据战略实施和目标完成的要求等
人力资源管理	企业文化	分析企业文化的构建是由哪种方式（企业制度规定/潜移默化）进行传播的；领导者是否在发扬企业文化方面起到示范的作用；领导者是否相信员工具备才能和创造力
	招聘	分析员工流失和工作转换会带来多大的成本和生产率损失；目前"在岗退休"员工比例；员工在面对变革的态度是强烈抵制还是缓慢适应
	绩效管理	可以分析员工是否明确自身的工作目标和责任；管理者能否成功指导下属工作，并为其提供真实的绩效反馈；绩效管理是否涵盖了员工个人发展计划
	薪酬管理	主要分析薪酬系统是否公正且具有激励的作用；员工获取报酬的依据（如实际贡献、其他标准）等内容
整合协调		整合协调模块主要从方向和战略的协调统一元素进行培训需求分析，如分析企业运营框架中的每个元素之间的契合度；员工能否协调个人行为与部门目标、企业战略和组织目标之间的一致性；企业日常经营活动的重点和战略是否具有一致性

3. 7S 模型法

7S 模型法是麦肯锡公司开发的一种组织诊断工具，由 7 个既独立又彼此相关的要素构成，分别是战略（Strategy）、结构（Structure）、系统（System）、管理风格（Style）、员工（Staff）、技能（Skill）、共同价值观（Shared Value）。培训需求分析可以将该模型作为分析框架，在对每个要素进行差距分析的同时，应注意这 7 个要素之间的联系，在系统性基础上挖掘真正的培训需求。

> **相关链接**
>
> **基于麦肯锡公司 7S 模型浅析宝洁公司的成功之道**
>
> 1）战略（Strategy）
>
> 宝洁公司历经 100 多年发展至今，其多品牌战略功不可没。多品牌战略，就是一个企业设立彼此之间既有联系又相对独立的品牌，各个下属品牌具有自己的针对性，面向不同的消费者。在宝洁公司内部，其下属品牌有 300 多个，即便其中某个品牌产生品牌危机，其影响也是微乎其微，这就在很大程度上降低了企业的风险。

2）结构（Structure）

1999年，宝洁公司改变了原有的单纯矩阵式结构管理模式，由按品牌划分的五个部分取代了原本的四个地域组织结构，按照更改后的格局设立了五个全球战略事业部进行垂直混合管理，同时设立了八个地区市场发展部及一个全球业务服务部，由此形成了"垂直+矩阵"的组织结构。2014年，宝洁公司又将营销总监更改为品牌总监。从整体上来看，这种变动是符合宝洁公司的发展战略的，是将营销向品牌倾斜。"垂直+矩阵"的组织结构模式逐渐向垂直模式转变。

3）制度（System）

在制度方面，宝洁公司善用员工激励机制，在物质与精神两个方面给予员工正面的激励，从而充分调动员工的积极性。在物质上，宝洁实行股票选择计划，即在公司工作的正式员工，可获得一定数量的宝洁普通股若干年的增值部分。在心理方面，宝洁公司时刻关注员工的精神状态。宝洁公司为此设置了多样的个性化激励，如荣誉称号、大会表扬、邀请员工参加各种决策等，由此使员工获得了心理上的满足。

4）风格（Style）

2000年，雷富礼临危受命，出任宝洁公司的CEO。雷富礼为人温和、沉着自信，他上任后，停止了宝洁公司对新产品的开发，而是注重维护老品牌，同时降低预期目标值。在他的带领下，宝洁公司逐渐走出低谷，并创造出了新的辉煌。由此，宝洁公司形成了平稳前进的整体企业风格。企业风格的选择需要结合企业的发展阶段、战略目标等进行综合考虑，以达到企业风格能够顺应并推动企业壮大的目的。

5）员工（Staff）

宝洁公司给予员工大多数企业都无法提供的自由，其上下班弹性化时间的管理方式及"在家工作"的政策，极大地调动了员工的自主性，使员工感受到被信任，营造了轻松愉快的工作氛围。除此之外，宝洁公司另一个更吸引员工之处在于"内部培养领导项目"。宝洁公司为所有的员工建立一个综合数据库，具体来讲为每个员工建立档案，记录其月度和年度的能力审核情况，并进行追踪。当职位有空缺时，便根据该档案情况选择合适的员工。

6）技能（Skill）

宝洁公司采用了独特的开放性创新模式，即不是单单依靠内部创新，而是加强与其他企业合作，吸收外部的创新成果，为己所用。在这种开放性的创新模式下，宝洁公司的创新成本降低了20%，而研发生产力却提高了近60%。

7）共同价值观（Shared Value）

宝洁公司的共同价值观包括五个方面，分别是领导才能、主人翁精神、诚实正直、积极求胜、信任。在这种共同价值观的引导下，全公司以诚实正直为基本素质要求，企业成员之间彼此信任，领导者清醒地认知自己的职责范围，集中各种资源实施领导策略，员工各司其职，以公司发展为己任，共同谋求公司发展。

资料来源：蒋梦薇. 基于麦肯锡7S模型浅析宝洁公司的成功之道[J]. 湖北函授大学学报, 2016, 29(12): 71-72.

2.2.3 工作层面分析

工作相关信息是企业培训需求分析信息的直接来源。工作说明书是企业培训需求分析信息的重要资料,是对岗位的任务职责和任职条件的详细描述,调查者可以对工作中的结构、内容、要求等进行分析,明确岗位任务及职位要求。其他信息来源包括企业内部的人事变动(如招聘新员工、职位晋升),绩效标准的改变,任职资格的要求,工作效率的改变。

工作层面分析是指通过分析完成该项任务所需要的知识、技能和态度,由此确定与工作相关的各项培训内容,并明确各项培训内容的重要性和掌握的困难程度。工作层面分析的设计思想借鉴了麦克利兰的胜任力理论精髓。他认为培训的目的不是为员工满足基本的任职资格,而是希望经过培训让员工成为能够胜任工作的高绩效个体。

工作层面分析的方法有很多种,但都有共同的分析逻辑,一般归为以下五个环节。

1. 进行工作分析

工作分析主要通过对一项工作进行信息收集和分析,明确该项工作的主要任务和职责,编制一份工作说明书,有利于为各种管理活动提供有关工作方面的信息。通常,工作说明书包括工作任务、行为要求、工作辅助工具、绩效标准、工作环境、对任职者的知识、技术和能力的要求等具体信息。工作分析的目的是有效地进行培训需求分析,一般的工作说明书提供的信息难以满足培训的专业性要求,需要重点关注任职资格和绩效标准的信息,有必要对实际的工作操作进行观察,对撰写工作说明书的人进行访谈等,以保证分析人员对任务要求和员工的实际工作要求有全面的认识。

2. 确定绩效标准

绩效标准应明确需要完成的任务、如何去做,以及任务完成时应达到的结果。绩效标准的确定来自工作分析中任务评价,通常采用关键事件法来收集信息,作为分析实际绩效与理想绩效差距的依据,对有效的培训需求分析有着至关重要的作用。

3. 明确任职资格和胜任条件

任职资格是员工必须具有的知识、技术、能力及其他胜任力要素(见表2-2)。人力资源开发之所以必须确定每项工作的任职资格,是因为这些是员工在培训中必须发展和学习的内容。而胜任力是员工要达到理想绩效应具备的素质组合,针对任职资格进行培训有助于开发员工潜能、促进员工发展、满足组织要求。因此,有效地获取该工作所必备的基本技能和认知能力的信息,明确胜任这项任务所需的知识、技术、能力及其他胜任力要素,对培训需求分析具有重要的价值。

表2-2 知识、技术、能力及其他胜任力要素

要　素	定　义
知识	对成功完成某项任务所需信息的掌握和了解,这些信息通常是陈述性的或者程序性的信息
技术	个人在某项作业上的熟练程度或胜任水平。胜任水平通常以量化的形式给出

续表

要　　素	定　　义
能力	个人在执行任务之初拥有更普通的、更持久的特质或者能力，比如完成某项体力活动或者脑力活动的能力
其他要素	包括人格、兴趣爱好、态度等

4．进行可行性分析

任务分析模块的可行性分析的分析对象是与该工作的任职要求相对应的知识、技术、能力和其他胜任力要素。因为不是所有的要素都适合以培训的方式来实现或改善，有时候要使任职者掌握或者具备某些要素，采用其他的方式可能比培训更有利于实现。可行性分析的重点就在于区分哪些是需要培训的要素，哪些是无须培训的要素，从而决定培训项目中应该包括知识、技术、能力要素的内容。因此，培训管理者需要对那些能够帮助任职者完成任务的，并能通过培训提高绩效的要素做出分析和明确界定；而对那些不能通过培训取得进展的要素建议采用其他人力资源管理方式改进绩效。

5．确定需求的优先级顺序

企业对通过培训达到高绩效的任务从重要性、学习的难易程度、在工作中可获得的机会三个方面的得分高低进行等级评定。在此基础上，企业进一步考虑组织可用资源，如培训场地、设备、差旅费、培训材料等，先组织培训优先级很高的项目，在现有资源条件下量力而行，保证培训活动准确、可靠，切实可行。

相关链接

周黑鸭中层管理者领导力胜任素质核心指标，如表2-3所示。

表2-3　周黑鸭中层管理者领导力胜任素质核心指标

一级指标	二级指标		
组织规划与执行能力	计划能力	执行能力	时间管理
员工授权与领导能力	激励能力	授权与指导	监督与控制
员工培养与自我发展	学习能力	尊重和培养人才	自我发展
管理知识与个人素质	管理知识	态度和价值观	情商
团队合格与协调能力	冲突管理	团队合作	协调能力
人际交往与沟通能力	沟通能力	倾听与反馈	人际感受能力
危机处理与应用能力	应变能力	适应力	风险预估能力
市场导向与商业意识	客户意识	商业意识	预期性思维

资料来源：李永周，高楠鑫，李静芝. 基于领导力胜任评估的中层管理者培训方案设计——以周黑鸭食品有限公司为例[J]. 中国人力资源开发，2017（12）：89-98.

2.2.4　个人层面分析

员工是企业培训需求分析信息的重要来源。岗位任职人员对工作岗位的要求最为熟悉。岗位主管既来自岗位，又高于现有岗位，对岗位的认知和理解更全面。企业培训需求信息需要了解岗位任职人员、主管、高级管理人员、培训师等各类员工的培训需求信息。基于部门的角度，了解员工个人的绩效情况，将现有绩效水平与绩效标准进行对比，查找绩效差距，并寻找形成差距的原因，如员工拥有的知识、能力和技能、薪酬激励等不匹配，再制订培训方案消除人为的绩效差距。

个人层面分析是指立足于员工自身的实际情况，将员工目前的实际工作绩效与理想绩效进行比较，或者将员工现有的水平与员工职业发展预期要求进行比较，发现两者之间的差距，以此作为培训对象和培训内容选定的主要依据。

员工分析的主要内容包括个体评估、发现差距、寻找原因和选择受训者。

1. 个体评估

个体评估不仅需要对员工个体的实际绩效水平进行评估，还需要对员工所具备的知识和技能进行评估。这是对结果和状态的双重评估，因此需要评估人员运用多种方法对搜集到的信息进行评估，以便做出科学的判断。为减少评估结果的误差，对绩效水平的评估不能仅仅依赖于绩效考核结果，还需要从组织分析、工作分析中提炼相关信息。对员工自身知识技能的评估需要多角度、多层次进行分析，以求真实、全面地反映员工的知识、技术、能力、态度等，确保评估结果的准确性，为下一步的分析提供科学的依据。

2. 发现差距

差距可分为两种类型：一种是与岗位所要求的绩效标准或者任职资格进行比较而产生的现状差距，这与任务层面的分析结果紧密相关；二是将预测到环境变化可能出现的新要求与现状进行对比后产生的差距，即前瞻性差距，这种差距受企业发展阶段、战略规划、年度计划等组织要素的影响，也与员工自身职业生涯发展规划紧密相关。因此，在发现差距后，需要区分差距的类别，根据差距类别寻找产生的原因。

3. 寻找原因

员工作为一个社会人，其工作状态受到多种因素的影响，而且差距的不同类型对原因的分析也有很大的差别。因此，企业在进行个人层面分析时，既要考虑内部原因也要考虑外部原因；既要考虑组织原因也要考虑个人原因。本书主要从人的逻辑思维角度对员工个体进行研究，通过逐步提问的方式，对各种可能产生差距的原因进行纵向筛选、归类，从而挖掘每个原因背后隐藏的培训需求，以提高培训的针对性。

4. 选择受训者

由于员工个体的复杂性，企业收集到的差距原因具有多样性。可能产生和影响员工个体差距的因素包括个体技能、激励措施、心态、自我认知等，在这些因素中有些不需要进行培训，如工作环境达不到要求、员工不能得到及时准确的绩效评价、员工个人健康问题等。如果辨识不清差距原因，不仅耗时费力，而且达不到解决问题、弥补差距的目的。此外，差距大小的不同决定了员工接受培训的需求程度也不同。因此，在进行培训需求分析时，企业不仅要对培训需求的可行性进行分析，明确需要接受培训的员工人数，而且应对他们的培训优先排序进行分析，这样才能更有针对性地制订培训方案，以达到培训目的。

2.3 培训需求信息的收集和处理

2.3.1 培训需求信息的类型

培训需求信息一般包括以下两种类型。

(1) 第一手信息。第一手消息也称原始信息或者直接信息,是培训管理部门以调查问卷、电话、面谈等方式搜集整理或通过直接经验所获得的员工培训需求信息。第一手信息的特点是证据直接,准确性高、科学性强。

(2) 第二手信息。第二手信息是相对于第一手信息而言的,主要是由别人加工整理所得的与培训需求相关的信息。它主要包括企业文档信息、数据库信息、权威机构信息、互联网信息。企业文档信息是以文档形式保存的已经加工处理、存储和分析的培训需求信息,如人员档案、年度考核表、职位说明书等。

2.3.2 培训需求信息的收集步骤

1. 确定培训需求信息收集的目的和要求

确定培训需求信息收集的目的是进一步明确培训需求信息收集的对象、时间、范围、调查提纲和实施计划的前提。本书所讲的收集信息是为培训计划服务的。因此,培训需求信息的收集目的应该由培训计划工作确定。企业要明确围绕培训计划的需要,确定收集信息指标的多寡、信息要求的精度等。

2. 明确培训需求信息收集的对象

培训需求信息收集的对象是指企业培训对象,既包括企业高层管理人员,也包括企业中层人员和基层人员。

3. 拟订培训需求信息调查提纲,明确调查内容

培训需求信息收集的调查提纲是指准备培训的项目和内容,包括对调查单位所需登记的内容和有关情况等。

4. 培训需求信息收集的实施计划

培训需求信息收集的实施计划包括组织计划和进度计划两类。组织计划是从组织上保证培训需求信息收集工作顺利开展的重要依据,而进度计划是从时间进度上保证培训需求调查工作正常开展的重要依据。

2.3.3 培训需求信息的收集方法

1. 现场观察法

现场观察法是指企业培训需求分析调查者亲自到工作岗位中观察员工的工作表现,主要通过与员工一起工作来观察员工的工作态度、工作技能,深入细致地了解员工在工作过程中遇到的一系列问题，为培训计划的可行性提供依据。

现场观察法的适用范围有限，如一线作业人员，此类工作易被调查者直接观察和了解到，不适用于复杂程度高或者时间周期长的工作。其优势在于一般需要在非正式情况下进行，基本上不干扰被观察者的正常工作，避免观察结果失真。例如，可以规避被观察者的紧张和不适情绪；获取的资料与实际培训需求之间的相关性较高，是否需要进行培训一目了然。

在通常情况下，为了提高观察效果，调查者会事先设计一份观察记录表用来记录工作过程中的各个细节，作为选择培训内容的参考依据。一份完整的观察记录表应包括如下几项内容：日期、编号、观察人、观察项目、员工姓名、时间安排、工作完成情况、存在的问题、需要改进的工作内容等。

2．问卷调查法

问卷调查法是企业收集培训需求信息常用且有效的方式之一，通过编制问卷，发放给员工并填写完毕后回收问卷，以此来获取有关培训需求分析信息的方法。

问卷调查法可以在短期内迅速收集到大量的反馈信息，调查时间成本较低，不记名调查可以获得相对真实的信息，获取的信息资料规范，容易进行分类汇总，在标准条件下进行调查，结果相对客观。

尽管问卷调查法是一种企业广泛收集第一手培训信息的方法，但仍存在一些不足。例如，问卷的结构化程度高，获取的信息内容不够全面；分析问卷需要花费大量的时间，并需要分析人员熟练掌握运用统计分析技术；调查对象不愿意提供具体信息，导致企业很难收集到关于问题产生的原因和解决方法方面的确切信息。

3．访谈法

访谈法，又称面谈法，是指调查者带着特定目的与调查对象进行面对面谈话来获取培训需求信息的方法。

访谈形式多种多样，可以是正式的访谈，如专门挑选一个时间在选定好的地点进行访谈；或者非正式的访谈，如在工作间隙通过简单聊天获取相关信息；或者结构式访谈，预先设定好一系列问题并按顺序向访谈对象提问，保证访谈的内容一致性和完整性，或者非结构式访谈，针对不同的访谈对象提出不同的开放性问题，从而获取他们对所提问题的深度见解；抑或是两者兼有，在实际操作中，可以将两种方法结合使用，以结构式访谈为主并辅以非结构式访谈。

访谈对象多样化，访谈对象既可以是某一个体，也可以是某一特定群体，如高层管理者、部门负责人和一线员工。高层管理者可以从企业战略角度为员工培训需求分析提供战略性指导，与企业发展目标和战略规划等保持协调一致。部门负责人可以着眼于本部门或者团队的工作计划为员工提出战术性指导，从与部门负责人的访谈中可以获取对具体工作岗位、在职者掌握的知识、技能情况与职位标准等相关信息。一线员工会出于绩效评估、升职加薪等自身利益角度和人数众多的现状，不愿说出真实情况，这使此类访谈用来收集员工培训需求分析信息的风险和争议性较大。

访谈法的优点是灵活多变的，有利于及时发现培训需求的具体问题、原因和解决方案；可以充分发挥访谈者的经验，为受访者提供充分的表达主观意见的机会。访谈法的缺点在于花费的时间较多；对访谈者的要求高，需要把控好整个访谈进程和调节氛围，避免受访者出现紧张情绪而影响访谈效果，造成信息可靠性不高。通过访谈法收集到的资料多为定性信息，整理任务繁重，也增加了分析难度。

4. 小组讨论法

小组讨论法是访谈法的一种特殊形式，是指从一组熟悉讨论问题的人中获取信息的方法。在通常情况下，小组成员有8~12人，其中1名会议组织者或主持人事先确定小组讨论的形式和内容，以便有效地把控好讨论的方向和进度，1~2名协调员，1人负责记录讨论信息。与访谈法类似，小组讨论法的形式相对灵活多变，可以是正式的，也可以是非正式的，可以是结构式的，也可以是非结构式的，抑或是两者兼有；讨论内容不受限，可以集中于分析工作、分析某类问题、确定目标等方面；在开展讨论时，团队可使用头脑风暴法等多种方式来增强效果。

小组讨论法的优点：允许各抒己见，收集的信息较为全面客观，有利于最终决策的制定；数据分析是由多人共同完成的，减少了小组成员对调查者的依赖；有助于调查者成为更好的分析者和倾听者。其不足之处在于需要花费大量的人工费用和时间；小组讨论是公开场合，多数人可能不愿意表达真实的看法，因此得到的数据很难整合到一起，尤其是在缺少结构式讨论法的情况下。

5. 关键事件法

关键事件法是管理者通过一系列观察记录企业内外部发生对员工或企业影响较大的事件，包括事件发生的原因和背景、行为后果等作为是否需要培训需求的依据。常见的典型事件包括顾客投诉、员工失误给组织带来的不良后果、集体辞职等对企业的负面反馈。

关键事件法的优点：一系列事件记录可以为需求分析提供清晰的线索，针对性强，便于分析和总结；可以帮助调查者有效地判断是否属于培训需求，抑或是其他方面的需求。其缺点主要是事件的发生带有偶然性和不确定性，不能广泛地使用；如果管理者记录不全面或以偏概全或文字表达不清晰，就会给分析结果造成较大的误差，因此对记录者的要求较高。

相 关 链 接

关键事件法的具体操作步骤

（1）识别关键事件，即对员工或企业产生较大影响的事件。

（2）弄清楚关键事件后，应详细记录事件发生的前提条件、直接原因或间接原因、过程和背景，以及员工在这些事件中的具体行为表现、事件发生后的结果、员工对待关键事件的态度和能力等。

（3）事后将记录的资料进行分类，并归纳总结该岗位的主要特点、具体要求和员工实际表现。

6．工作任务分析法

工作任务分析法是指将具体工作作为分析对象，分析员工完成工作任务所具备的知识和技能等，以此来确定培训内容。在实际工作中，企业根据工作说明书、工作规范或工作任务分析记录等岗位资料来确定员工所必须掌握的知识、技能和态度等，并将其与员工的实际表现进行对比，判断员工目前离完成工作任务还有多少差距，据此确定培训项目帮助减少这种差距，尽快完成工作任务。

工作任务分析法主要适用于十分重要的培训项目或者新员工需求培训分析。它的优点是将岗位资料分析和员工实际情况做对比，以此作为培训需求分析依据，结论可信度高。其缺点是需要花费大量的人工费用和时间等。

2.3.4 培训需求信息的处理

1．培训需求信息的处理过程

培训需求信息的处理是指企业根据培训规划的任务和目的，对培训需求调查所得的原始数据进行分类和汇总，并对其进行再加工，使之成为培训需求评价指标数据的过程。

培训需求信息的处理过程可分为五个阶段：第一阶段是对原始培训需求信息的审核阶段，通过初次审核，对发现的问题进行及时补救或纠正；第二阶段是分类汇总阶段，采用相关的技术，对初次审核通过的培训需求信息进行分组、汇总和计算；第三阶段是二次审核阶段，对整理好的培训需求信息再次进行审核，并根据审核中发现的问题，再次补救或纠正；第四阶段是形成信息资料阶段，用精练的文字、直观的数据和图表等表达形式，简明扼要地描述人力资源现象；第五阶段是综合分析阶段，采用各种分析技术和手段，对培训需求信息进行综合分析和计算，按照评价指标体系的规范要求形成各种数据。

2．培训需求信息的处理方法

培训需求信息的处理方法可以按照定量和定性两种类别进行处理。其中，培训需求信息处理的定量方法是统计分组法。统计分组法是指将大量的原始培训需求信息（或资料）经分组归类后，把同质的现象归纳在一起并进行统计，根据数量的多少，被统计的人力资源现象的性质和特征就会显现出来。

培训需求信息处理的定性方法通常包括分解法和综合法两类。分解法是把培训需求信息按内容不同分解为个别属性、某一局部或某一方面；综合法是把培训需求信息的各个属性、各个部分或者每个方面归纳为一个整体加以阐述。在分解法和综合法中，分解是综合的基础，综合是分解的总结。企业通过分解和总结就可以进一步了解和把握自身整体和各个部分的人力资源培训状况，由对人力资源现象的观察发展为对人力资源状况的全面认识，由感性认识上升为理性认识，为人力资源培训工作打下坚实可靠的信息基础。

3．培训需求信息的审核

培训需求信息的准确性、及时性和完整性决定了它的应用价值。为了确保培训需求信息的可靠无误,调查人员除了要认真细致地工作,还要对每份原始数据和资料进行检查和审核。对培训需求信息的审核又称为复查,一般采用抽样的方式进行。经抽样审核的培训需求信息要和整体的培训需求信息相比较,确定差错和比率,然后加以推算,用以修正整体的培训需求信息。

1)培训需求信息审核内容

培训需求信息审核内容包括及时性、完整性和准确性三个方面。及时性是指要检查资料是否按时完成数据的采集;完整性是指要检查资料是否完整,报表是否齐全,应填指标是否有缺漏等;准确性是指要检查信息内容是否合理、统计口径是否一致、计算是否准确、计量单位是否合适、前后是否一致等。在审核中发现的问题要及时采取补救以保证信息的及时、准确和完整。

2)培训需求信息补救的技术措施

由于各个企业的情况千差万别,在各种因素影响下,获取培训需求信息就可能出现空白、偏差和失真的情况。对于这些情况,培训管理人员要把缺漏的培训需求信息补足,对失真和偏差的培训需求信息进行纠正。在各种补救措施中,取舍、补遗、复原、修正等技术应用得较为普遍。取舍多是各种统计原因出现了重复统计,对一项数据出现多个数值,这时就要进行取舍。补遗是指数据出现了空白和遗漏情况,需要再次调查或者对历史资料的推算进行弥补。复原是指计算错误导致数据的偏差,要对原始数据的再次计算进行更改。修正是指由于条件的改变而对原来的数据进行调整。但在实施补救措施时,培训管理人员要注意对将要采取的补救措施的科学性进行论证,还要应用同期的历史资料对补救产生的数据进行验证。切忌想当然地拼凑数据,否则会影响后续工作的准确性,甚至会导致整个培训计划的失败。

4. 培训需求信息的汇总

在取得原始培训需求信息之后,培训管理人员就要着手对这些原始培训需求信息进行初步加工,这个过程就是培训需求信息的汇总过程。培训需求信息汇总的方法很多,但从统计的角度来讲,它可分为手工汇总法、机械汇总法和电子计算机汇总法三类。随着现代信息技术的发展应用,手工汇总法和机械汇总法基本被淘汰了。

5. 培训需求信息分析报告

培训需求信息分析资料是企业对相关培训需求信息分析的结果,培训需求信息分析报告对人力资源现象的内在联系和发展规律进行高度的概括,是人力资源培训计划的重要依据。一份培训需求信息分析报告,在结构上一般包括四部分内容:一是要明确提出所要分析的问题;二是要有分析问题的过程;三是要有分析问题的结论;四是要提出相应的对策措施。

2.4 培训需求分析报告的撰写

2.4.1 培训需求分析报告的撰写原则

(1)培训需求分析报告须涵盖各项情况的分析与说明,必须实事求是,注明信息来源。

（2）报告形式要规范、内容要全面具体。

（3）报告要点清晰明了，有理有据，具有很强的说服力。

（4）报告的语言表述要准确无误，尤其是分析结果部分，避免出现歧义。

（5）首先分部门进行，便于区分各部门之间的培训需求差异，然后召开会议对最终的培训需求分析结果进行确认，形成培训需求分析报告。

2.4.2 培训需求分析报告的撰写内容

培训需求分析报告，一方面是对信息收集、分析内容和过程的总结与概括，为企业培训与开发活动提供依据；另一方面是作为向上级领导提出培训与开发建议、并寻求其帮助获得必要资源的文件资料。

培训需求分析报告没有固定的格式，一般包括以下七个部分的内容。

1. 报告概要

报告概要是对培训需求分析报告要点的概括描述。

2. 培训需求分析的实施背景

这部分内容主要说明为何进行培训，通过对与提升企业短期绩效水平相关的培训需求和组织可持续发展的需求进行综合分析，为培训需求项目确定方向、目标和标准，有效地发挥培训与开发干预活动的战略性支持作用。

3. 开展培训需求分析的目的和性质

绩效差距的存在、培训目标的确定是开展培训需求分析的前提条件，成为培训项目设计及实施的主要依据，也是培训项目效果评估的基础。

4. 培训需求分析的实施方式及实施过程

培训需求分析的信息渠道一般有八种方法：访谈法、问卷调查法、观察法、关键事件法、绩效分析法、经验预计法、头脑风暴法、专项测评法。

培训需求分析的实施流程：组织层面分析、工作层面分析、个人层面分析。

5. 阐述培训需求分析的结果

得出结论：决定绩效差距等问题的解决方式，如是采用培训与开发途径还是其他管理手段。

6. 评述分析结果并给出参考建议

例如，不论是赞成培训还是反对培训，理由都是什么，应该采取哪些措施来改进培训效果，培训是否充分满足了受训者的多重需求，满足程度如何。

培训项目设计应包括课程设计要素（大纲、资源、考核、时间表）、培训实施方式（常用的培训方法及选择标准）、培训效果评估（项目进行中评估和项目完成后评估）

等因素。此外，还需要做培训成本预算（项目成本分类及汇总）。

7. 附录

附录，即补充资料，包括收集和分析所得信息时使用的问卷、原始资料及相关图表等，如访谈记录、绩效档案等，作为鉴定收集信息的方法是否科学、结论是否合理的依据。

相关链接

数字化趋势推动再培训需求加剧

为了适应数字化发展趋势，数字化人才的再培训需求迫切。西门子股份公司总裁兼首席执行官凯飒在由国务院发展研究中心主办的中国发展高层论坛2018年会上，针对议题为"更高质量的中国制造"发表了演讲。

据凯飒介绍，"在德国安贝格的西门子电子元器件制造工厂，我们生产超过1000种不同的Simatic产品，这些产品在工业中用于对设备进行编程和控制。1989年，我们生产的每100万个部件中便有500个瑕疵品。而在今天，每100万个部件的瑕疵个数是11个，这个数字是惊人的。也就是说，产品质量合格率高达99.9989%。在此期间，这家工厂的产能提升了11倍，而员工数量几乎保持不变，这可是巨大的进步，而这是通过自动化实现的。自动化能够使制造企业的生产效率得到极大的提高，在产品质量方面也有表现。"

"下一阶段的制造业升级是要从自动化走向数字化、智能化。"凯飒说，"非常重要的趋势是'第四次工业革命'或者说是物联网，数字化技术能够让制造企业带来数字化工厂，能够对整个制造工艺进行模拟、改造，从我们最早的产品展示到最后的终端消费，都能够实现各种各样的应用。"

凯飒在演讲中提示要警惕数字化具有巨大的颠覆能力。"这种虚拟和现实世界的无缝集成即信息物理系统，是我们当下所见的巨大的进步，是制造业的未来。但它也让消费者市场发生了翻天覆地的变化，而那只是一个开始！第四次工业革命的范围和速度史无前例，数字化正在重塑每个行业。"

咨询集团麦肯锡的最新报告显示，到2030年全球将有8亿人因机器人的兴起而失业，也就是全球人口的14%将失业。在日本，由于自动化在各个企业的普及程度越来越高，近一半的劳动力将需要重新学习技能才能找到工作。凯飒认为这种威胁是数字化带来的，"中国也需要再就业技术技能转型的工人，如果自动化和数字化走得很快，这样的趋势也会发展得更快。"

凯飒建议，让发展实现包容性是我们的责任，要让增长使社会所有人获益。再教育培训，使人们更好地参与到新时代的高质量制造业发展中。

资料来源：范媛. 数字化趋势推动再培训需求加剧[N]. 中国经济时报, 2018-03-27 (002).

2.4.3 培训需求分析报告的撰写步骤

1. 收集资料

培训者可以用观察法、问卷调查法等方式获取培训需求信息，以此作为撰写培训需求分析报告的基础。

2. 整理资料

根据收集到的资料，弄清培训需求的大致模块，明确哪些项目是可以通过培训渠道实现的，哪些在实际培训中存在难度。

3. 拟定报告提纲

以摘要形式确定报告框架，使分析报告结构清晰、一目了然。

4. 编写详细内容

在报告提纲基础之上，全面系统撰写培训需求的相关项目，是报告提纲的具体化描述，如需要培训哪些项目、培训时间、培训应采用什么方式进行、培训的深度及广度如何、培训结束之后如何考核等，确保撰写的模块之间有一定的逻辑性。

5. 修改完善并定稿

在完成报告初稿后，需要反复斟酌，从多个角度思考，与受训者就此进行深度沟通，最终定稿并上报。

第3章
培训计划与实施

引导案例

某民营企业的人力资源管理问题

某民营企业是由几十名员工的小作坊式机电企业发展起来的，目前已拥有3000多名员工，年销售额达几千万元。其组织结构属于比较典型的直线职能制形式。随着本行业的技术更新和竞争加剧，高层领导开始意识到企业必须向产品多元化方向发展。其中，一个重要的决策是转产与原生产工艺较为接近、市场前景较好的电信产品。正好当时某国有电子设备厂濒临倒闭，于是该民营企业并购了该电子设备厂，在对其进行技术和设备改造的基础上，组建了电信产品事业部。然而，企业在转型过程中的各种人力资源管理问题日益显现出来。除了需要进行组织结构的调整，还需要加强企业人力资源管理的基础工作，调整不合理的人员结构，裁减一批多余的员工，从根本上改变企业人力资源落后的局面。

根据并购协议，安排在新组建的电信产品事业部工作的原厂18名中层、基层管理人员，与企业新委派的12名管理人员之间的沟通与合作出现了一些问题。例如，双方沟通交往较少，彼此的信任程度有待提高；沟通中存在着障碍和干扰，导致了一些不必要的误会、矛盾甚至是冲突的发生。他们希望企业能够通过一些培训来帮助他们解决这些问题。上级要求人力资源部设计一个培训方案，帮助电信产品事业部的管理人员加强沟通与合作。

资料来源：中国就业培训技术指导中心. 企业人力资源管理师三级[M]. 3版. 北京：中国劳动社会保障出版社，2018.

思考：

请你根据上述情况设计一个培训方案。

学习目标

1. 了解培训计划的制订原则、培训课程设计原则、培训师的分类、培训师所具备的能力；

2. 掌握培训计划、培训课程、培训经费的定义；

3. 掌握培训计划的类型、内容、制订步骤；
4. 掌握培训课程开发要素、流程；
5. 了解培训师的选择；
6. 熟悉编制培训费用管理草案及注意事项；
7. 掌握培训计划的实施；
8. 熟悉培训课程设计与开发常用的模型；
9. 掌握培训经费预算管理方法。

学习导航

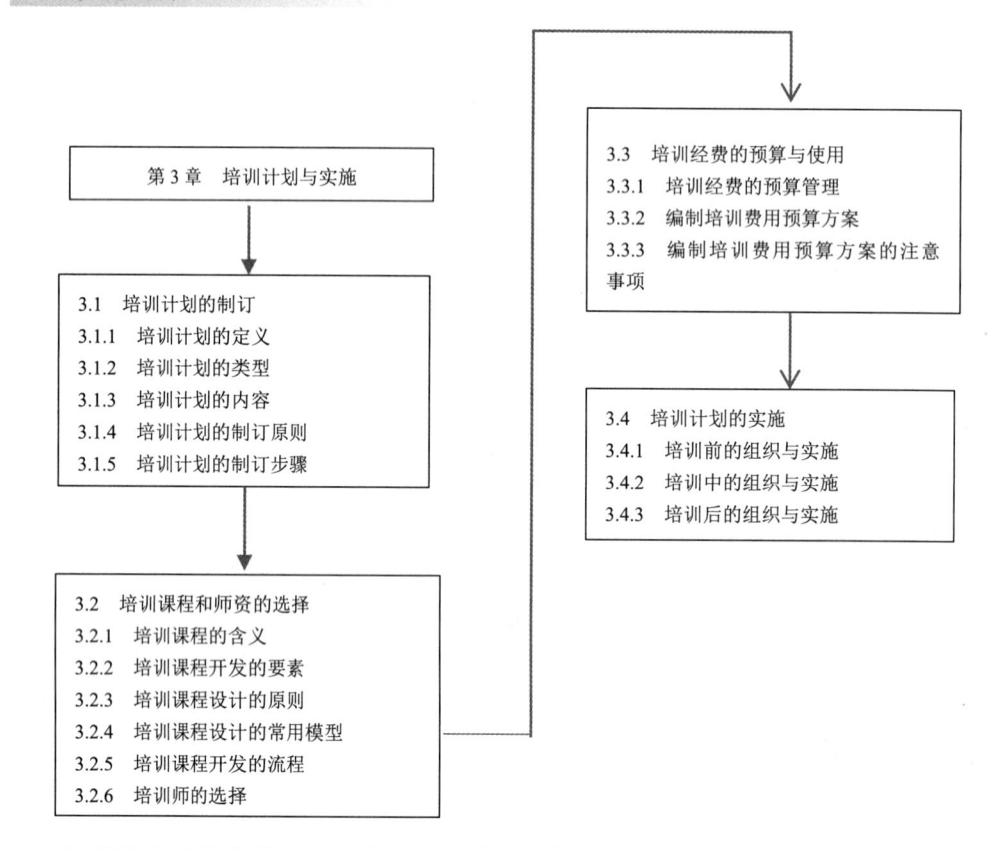

第 3 章　培训计划与实施

3.1　培训计划的制订
3.1.1　培训计划的定义
3.1.2　培训计划的类型
3.1.3　培训计划的内容
3.1.4　培训计划的制订原则
3.1.5　培训计划的制订步骤

3.2　培训课程和师资的选择
3.2.1　培训课程的含义
3.2.2　培训课程开发的要素
3.2.3　培训课程设计的原则
3.2.4　培训课程设计的常用模型
3.2.5　培训课程开发的流程
3.2.6　培训师的选择

3.3　培训经费的预算与使用
3.3.1　培训经费的预算管理
3.3.2　编制培训费用预算方案
3.3.3　编制培训费用预算方案的注意事项

3.4　培训计划的实施
3.4.1　培训前的组织与实施
3.4.2　培训中的组织与实施
3.4.3　培训后的组织与实施

培训计划既是企业培训开发活动有效实施的前提和基础，也是企业培训需求分析成果的具体落实。一个完善的培训计划方案的实施，能够有效地促进企业员工的培训，对企业员工的培训发挥着重要的作用。

3.1　培训计划的制订

3.1.1　培训计划的定义

培训计划是指按照一定的逻辑顺序排列的事件记录。它是在企业培训需求分析的基础上，在企业发展战略的指导下，对培训目标、培训对象、培训内容、培训师、培训时间和经费等一系列工作所做的全面详尽的规划安排。培训计划必须满足企业和员工两个方面的需求，兼顾企业资源条件及员工素质基础，并充分考虑人才培养的超前性及培训结果的不确定性。

在制订培训计划时，培训管理人员要具有前瞻性，要本着有利于组织总体目标的实现，有利于竞争能力提升的原则，以受训者为中心，提高和改善受训者的态度、知识、技能和行为模式。培训计划必须符合准确性、实用性、可行性等要求，确保培训计划精确详细、科学合理。

3.1.2 培训计划的类型

按照不同的分类标准，培训计划分为不同的类型。

1．按照培训计划的实施层级划分

按照培训计划的实施层级，培训计划可分为企业级培训计划、部门级培训计划和个人培训计划三个层面。

1）企业级培训计划

企业级培训计划是企业的整体培训管理计划。它可以保障企业内部的整体培训目标和培训战略的贯彻。企业级培训计划包括岗前管理培训、岗前技术培训、质量管理培训、组织管理培训等内容。培训管理人员在制订企业级培训计划时，要有具体的、多样的培训主题，其内容要涵盖各个部门、各个层级的员工。

2）部门级培训计划

部门级培训计划是根据部门的实际需求制订的培训计划，包括各个部门的技术管理培训、应用技术培训、产品知识培训、工程管理培训、营销策略培训和商务知识培训等。

在完成部门级培训计划的制订工作后，培训管理部门应与各部门经理进行沟通，并对各部门经理可能提出的增加培训内容和培训预算的请求进行协商，其中培训预算要严格控制。部门级培训需要各个部门经理协助进行，否则在培训实施过程中容易出现管理纠纷。

3）个人培训计划

个人培训计划是企业将整体培训目标进行分解并结合员工个人培训需求制订的培训计划。个人培训计划既有利于个人的发展和成长，也是顺利实现企业级培训计划和部门级培训计划的基础手段。在制订个人培训计划时，员工应该将宏观的培训计划或者培训目标分解和细化，具体落实到员工个人身上。

2．按照培训计划的时间跨度划分

按照培训计划的时间跨度，培训计划可分为长期、中期和短期培训计划三种类型。这三者之间是一种包含关系：中期培训计划是长期培训计划的细化，短期培训计划是中期培训计划的具体实施。

1）长期培训计划

长期培训计划一般是指时间跨度为 3～5 年及以上的培训计划。其重要性在于明确培训的方向性、目标与现实之间的差距和资源的配置。这是影响最终培训结果的关键性因素，需要特别关注。

长期培训计划需要明确的事项包括：企业的长远目标分析；个人的长远目标分析、企业外部环境的发展趋势分析、目标与现实的差距、人力资源开发策略、培训策略、培训资源的需求、培训资源配置、培训内容整合、培训行动步骤、培训效益预测、培训效果预测。

2）中期培训计划

中期培训计划是指时间跨度为 1～3 年的培训计划。它在企业整体培训规划中起到了承上启下的作用。中期培训计划是长期培训计划的细化，又为短期培训计划提供指导和依据。

中期培训计划需要明确的事项包括：中期培训需求、中期培训目标、培训策略、培训资源配置、培训资源需求、培训内容整合、培训行动步骤、培训效益预测、培训效果预测。

3）短期培训计划

短期培训计划是指时间跨度在 1 年以内的培训计划。它是企业长期培训计划及中期培训计划的具体落实。企业在制订短期培训计划时，需要着重考虑可操作性和效果。

短期培训计划需要明确的事项包括：培训目的与目标、培训时间、培训地点、培训者、培训对象、培训方式、培训内容、培训组织工作的分工和标准、培训资源的具体使用、培训资源的落实、培训效果的评价。

3. 按照培训计划的时间段划分

按照培训计划的时间段，培训计划可分为年度培训计划、季度培训计划和月度培训计划三种类型。

1）年度培训计划

年度培训计划是企业根据发展战略制订的全年培训计划。年度培训计划主要包括培训组织建设、项目运作计划、资源管理计划、年度预算、机制建设等方面的内容，在计划中需要有具体行动方式、保障机制等。

年度培训计划是企业在未来一年实施培训工作的纲要，在整个年度的培训工作中担当指导作用。年度培训计划的质量高低，直接影响着培训实施的效果。

2）季度培训计划

季度培训计划是企业以季度为时间单位制订的培训计划。一般来说，季度培训计划是年度培训计划的分解，其主要目的是根据企业培训现状及员工培训需求调整年度培训计划，使培训工作更符合企业实际发展情况。

3）月度培训计划

月度培训计划是企业按照月份制订的培训计划。月度培训计划需要在企业年度及季度培训计划的基础上，根据企业上月的培训工作开展状况，结合相关部门对培训工作的意见和建议对培训计划进行进一步确定。

3.1.3 培训计划的内容

一份完整的培训计划一般包括培训目的、培训目标、培训对象、培训内容、培训课程、培训师、培训方法、培训时间、培训地点和培训经费等。

1．培训目的

培训目的主要说明为什么培训。培训管理部门在组织培训前，要明确每次培训活动的目的，并将培训目的与企业发展、员工职业生涯发展紧密结合起来。员工也要明确培训目的，只有明确了培训目的，才能确立企业的培训目标和培训内容，从根本上决定培训计划所涉及的各项资源投入力度和关注程度。

2．培训目标

培训目标主要是解决员工参与培训应该达到的标准。它是根据培训目的，结合培训资源配置情况和学习者具体情况，将培训目的具体化、数量化、指标化和标准化。它为培训计划提供了明确的方向和依据。

3．培训对象

企业在制订培训计划时要考虑员工的特点，制订有针对性的培训计划。根据员工的不同状态、不同工种、不同层级、不同类别进行划分，员工可分为很多类型的培训对象：按员工的工作状态，员工可分为在职培训和新入职培训两类；按职能系统，员工可分为专业技术培训和特殊工种培训两类。

4．培训内容

培训内容主要包括培训企业员工的专门技术、技能、知识，改变员工工作态度的文化教育，提升员工工作意愿，塑造员工文化价值观等。培训内容必须具有科学性、系统性、实用性，同时要具有一定的前瞻性，并随着培训对象的不同而改变。在确定培训内容之前，培训管理人员应对企业和员工的培训需求进行调查和了解，然后研究员工所任职位，明确每个职位所要达到的任职标准，最后结合员工的工作业绩、能力、态度等，与岗位任职标准进行比较。

5．培训课程

培训课程的安排一定要遵循轻重缓急的原则。年度培训课程可分为通用类课程、专业类课程、特殊类课程等类型。

通用类课程是针对包括新员工在内的企业全体员工开展的培训课程。该类课程的内容主要集中在企业的文化价值观、战略愿景、员工职业素质、通用素质等。

专业类课程是在职位任职资格能力标准、员工发展计划等基础上设计的专业能力胜任岗位能力提升课程，主要是针对企业各层级的专业技术人员展开的培训课程。根据培训对象的层级，专业类课程可分为高级、中级、初级三类。专业类课程的培训目标是提高员工的专业技能水平，从而推动员工的个人能力提升和工作绩效的达成。

特殊类课程是针对企业关键核心人才、后备人才、特殊工种等开展的培训课程，该类课程的培训内容是基于胜任力评价、能力测评结果、企业重大业务课题等设计的，旨在提升培训对象的管理水平，促进其业务能力的发展，从而促进企业战略的实施和发展。

6. 培训师

培训师是培训活动的主导者、培训过程的组织者、专业知识的传输者、专业技能的教练，是培训中不可或缺的一部分。培训师可分为内部讲师和外部讲师两类。前者是从企业内部选择出来的，主要负责培训企业文化、产品知识、规章制度、方法流程、经验分享等；后者是从外部聘请来的，主要负责培训企业发展需要的新技术、新方法、能力等。

7. 培训方法

培训方法可分为传统的培训方法和新兴的培训方法两类。传统的培训方法包括讲授法、操作示范法、参观学习、跨界学习、问题讨论、案例研讨、在岗培训、工作轮换、行动学习、角色扮演、沙盘模拟、游戏培训等。新兴的培训方法包括在线学习、移动学习、翻转课堂、MOOC 等。企业应依据培训课程内容、结合培训对象的实际情况和自身的发展需求等，选择最为合适的方法，有时还需要将多种培训方法结合使用。

8. 培训时间

培训时间是培训计划的重要内容。它包括培训计划的执行或者有效期。

培训时间的安排应具有周密性和可行性，应当根据培训对象和内容的轻重缓急来科学安排。在安排时间时，培训管理人员要尽可能地避免与生产任务相冲突，并兼顾员工的时间。一般来说，培训时间在生产经营的淡季最为合适。

9. 培训地点

培训地点是指受训者接受培训的地区和培训场所。它主要包括两个方面的内容：每个培训项目培训实施地点；实施每个培训项目的集合地点或者召集地点。培训场地可分为内部培训场地和外部培训机构或场地两种。内部培训场地的培训项目一般是工作现场的培训，主要是技术、技能或知识、态度等方面的培训。外部培训机构或场地主要是借助一些工具或设施进行培训，或者选择安静的环境进行一些重要的专题研修等培训。

10. 培训经费

培训经费是企业培训活动正常开展的保障。培训经费的相对比例高低可以在一定程度上反映企业对培训活动的重视程度。培训经费一般分为两个部分：一部分是整体计划的执行费用；另一部分是每个培训项目的执行或实施费用。

3.1.4 培训计划的制订原则

企业在制订培训计划时,应满足以下原则:
(1)必须从组织发展战略出发,满足组织发展的需要。
(2)必须建立在培训需求调查的基础上。
(3)以各部门的工作计划为依据。
(4)应当让员工广泛参与,取得广大员工支持。
(5)尽可能获得企业和各部门领导的支持、承诺及足够的资源。
(6)培训方法、形式应多样化,满足员工的个体差异和适应不同培训内容的要求。
(7)要采取一些积极性的措施来提高培训效率。
(8)要注重培训的有效性、可行性及具体细节。

3.1.5 培训计划的制订步骤

1. 分析培训需求

企业评价体系的建立必须基于主管和员工共同讨论的个人需求。如果企业评价体系无法做到这一点,就说明该企业评价体系不科学,需要进一步完善。因为这是企业了解"谁还需要培训什么"的主要信息来源。

2. 确定培训目标

确定培训目标主要在于明确培训要达到的结果,以及为培训效果评估提供现实可行的标准。培训目标的确定,既要注重近期时效性,又要考虑长期性的员工潜能开发和企业经营战略目标的实现等问题。确立培训目标的依据主要包括企业的实际需要和员工的素质情况。

3. 确定培训对象及内容

培训对象的确定要综合考虑实际工作的要求、企业的战略目标及企业现有员工的状况等因素。不同的培训对象,培训的内容是不一样的,同一个培训对象在不同的阶段,其培训内容也是不同的。例如,新员工入职培训与在岗培训的内容就要分别设置。入职培训与在岗培训的内容设置如表 3-1 所示。

表 3-1 入职培训与在岗培训的内容设置

培训类型	培训对象	培训内容
岗前培训	新员工、新岗位任职人员	企业文化、组织发展状况、规章制度、职业素养、职业礼仪等
专业技能提升培训	在职人员	生产、营销、研发、人力资源等专业知识和技能
管理能力培训	基层、中层和高层管理人员	管理能力提升类内容,如沟通、授权、激励、执行力、领导力、时间管理、团队建设等

4. 确定培训师

培训师的知识与经验、培训技能和人格魅力等因素会直接影响培训效果。企业要根据培训需求和培训计划选择合适的培训师。在决定培训师的人选时，企业要明确是使用企业内部培训师还是企业外部培训师。使用企业内部培训师，具有成本低、熟悉企业业务等优点。在对企业员工进行管理培训时，企业聘请外部培训师可能比企业内部培训师的效果更好。因为企业外部培训师拥有丰富的行业经验和较为前瞻性的行业视角，在讲授知识体系时还会更多地补充其他方面的知识，更注重知识的扩散性。

5. 确定培训的形式和培训方法

（1）培训形式的确定。培训形式可以根据培训手段来确定，也可以根据培训对象的特征、兴趣、动机等确定。培训形式一般包括在岗培训、入职培训和脱岗培训等。

（2）培训方法的确定。企业在组织培训时，应根据培训内容、培训场所、培训形式和培训对象选择合适的培训方法。

6. 确定培训时间和地点

合理安排培训时间有助于培训师掌握培训进度，顺利完成培训任务。培训时间可以根据培训目的、场所、师资和培训对象的素质水平、上班时间等因素来确定。培训地点的选择要依据其采用的培训方式、培训经费和培训内容来确定。

7. 确定培训效果评估方法

确定培训效果评估方法，以便及时跟踪培训效果。培训效果评估的方式一般包括受训者考试、受训者的意见反馈、受训者的行为变化、培训工作的投入产出分析等。

8. 确定培训费用预算

培训费用预算主要是由企业的人力资源发展战略、行业特点、企业盈利水平和员工整体水平等诸多因素决定的。一般来说，培训经费是由企业管理层决定的，但是人力资源部门需要提交一份说明企业培训目的和给企业带来的良好结果的建议书。不同的行业，企业培训预算差异有可能很大。

9. 安排培训后勤保障

后勤保障包括保障培训开展的场地、学习者住宿、所需的活动设备和设施，如活动挂图、记号笔、投影仪等。培训实施之前要妥善安排诸如食宿、交通等方面的后勤工作，以免影响培训工作的正常实施。

10. 编写培训计划书

培训计划部门应根据上述内容，采用组织规定的培训计划书模板，编写培训计划书，并经相关领导审批后确定。

3.2 培训课程和师资的选择

3.2.1 培训课程的含义

培训课程是指承担一定教育和培训职能的机构根据本企业状况、员工素质特点，对特定学习者学习内容和进程、学习活动及其展开方式的全部安排，是培训教学计划、培训大纲和教材全部内容及其实施过程的总和。培训课程的目的是通过培训提高员工的知识、技能，以达到企业战略发展的需要。培训课程在目标上具有服务性和经营性，在设计上具有实践性和针对性；在执行上需要经验性；在评价上有功利性和时效性的特点。企业培训课程可以分为：让新员工熟悉企业规范、操作流程、岗位职责的入职培训课程；提高企业员工岗位工作知识、技能的素质拓展课程；宣传企业文化、企业规范、政策制度的企业基础课程。

3.2.2 培训课程开发的要素

企业培训课程开发的要素包括课程目标、课程内容、课程教材、课程模式、培训策略、课程评价、学习者、培训师、课程时间及课程空间等。但在界定及选择上又有所不同，这主要是由企业培训课程的独特性决定的。

1．课程目标

课程目标是企业培训课程要实现的具体要求，是学习者通过一定阶段的学习，在知识、技能、态度等方面所要达到的程度。课程目标主要为学习者提供学习的方向和在学习过程中各阶段应达到的标准。课程目标是课程设置的灵魂，课程目标设置的合理性直接关系着企业培训课程开发与实施的成败，很大程度上影响着企业培训的实际效果。它通常由企业的发展目标及员工的具体需求共同决定。课程目标是通过联系课程内容，以特定的行为术语来进行表述的，这些往往属于认知范围。例如，识记、了解、熟悉、掌握等认知指标。

2．课程内容

课程内容是以实现课程目标为出发点去选择并组合相关资源。课程内容的选择应与企业的政策和计划目标保持一致。课程内容的设置比较灵活、多样。它可以是学科领域中的概念、原理、方法和技能技巧，也可以是工作过程、程序、步骤、规范和标准等。课程内容的组织应注意课程内容范围和顺序的明确性。

3．课程教材

课程教材是将学习的内容呈现给学习者的载体，培训管理人员应精心选择。课程教材的形式多种多样，有教学大纲、报刊上的相关论文与案例，以及与课程内容相关的音像资料、参考读物、学习指导、辅导教材等。在培训课程开发的实际过程中，可以根据培训内容和学习者的特点选择不同类型的教材或综合运用多种类型的教材。判断教材优劣的主要标准在于教材内容丰富性、科学性、针对性、实用性及可操作性。

4．课程模式

课程模式主要是指课程的执行方式，是学习活动的安排及教学方法的选择，旨在促进学习者的认知发展、行为特征及态度发生变化，从而促进其综合素质的全面提高。合理的课程模式能有效地展现课程内容，能够激发学习者的学习动机，提高学习效率。

5．培训策略

培训策略是指在培训过程中，为了完成特定的目标，培训师对培训程序的选择和培训资源的利用。它与培训活动密切相关，是培训活动的一个组成部分。在培训工作中，培训师常常运用的培训策略是"判断—指令—评价"，具体内容如图 3-1 所示。

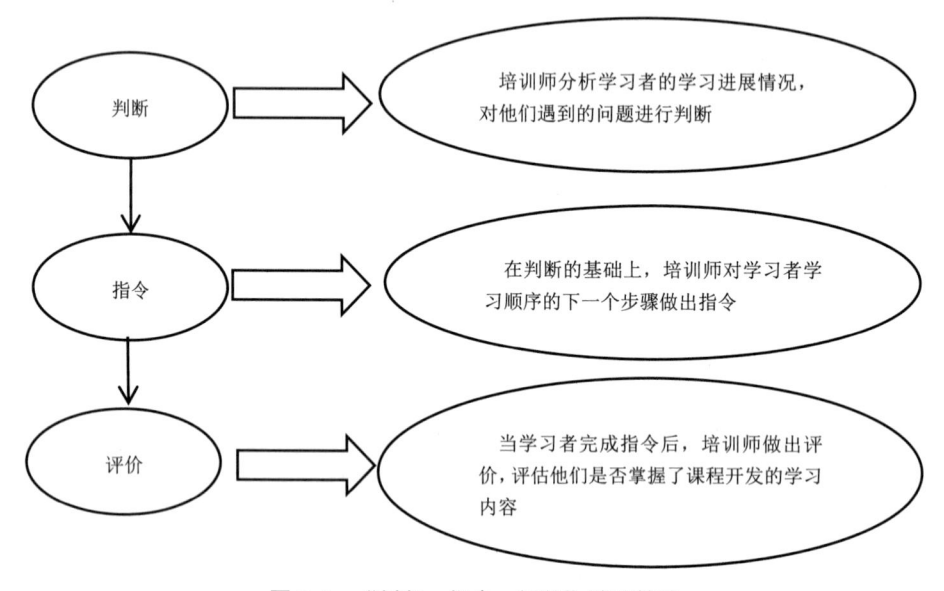

```
判断 ──▶ 培训师分析学习者的学习进展情况，对他们遇到的问题进行判断
 │
 ▼
指令 ──▶ 在判断的基础上，培训师对学习者学习顺序的下一个步骤做出指令
 │
 ▼
评价 ──▶ 当学习者完成指令后，培训师做出评价，评估他们是否掌握了课程开发的学习内容
```

图 3-1 "判断—指令—评价"培训策略

6．课程评价

课程评价主要是对课程目标、实施过程及实施效果的评价，是用来评估学习者对培训内容掌握的广度和深度，以及课程目标完成程度的。培训课程的评价方法有定性评价和定量评价两类。在实际工作中，培训师应将评价的重点放在定量的测评上，衡量学习者可以观察到的行为。例如，在报告学习者的学习状况时，常常用 A、B、C、D 来表明学习者所获得的某种成就。

7．学习者

企业培训课程主要是按照学习者的学习需求进行开发的，因此在培训课程开发前，需要对学习者的学习背景、工作岗位特点及所需要的知识、态度和能力进行调查与分析。

8．培训师

在现代企业培训中，培训师的作用及地位越来越突出，因此企业培训师的选择十分重要。不同的培训师有不同的教学特点、培训风格及能力专长，有的培训师是企业中高层管理者，有丰富的实战经验；有的培训师是大学的教授，有丰富的理论知识和框架结构；有的培训师的培训技巧和引导技巧好，善于运用教学方法将复杂的理论讲得很简单，很容易被学习者吸收和掌握。因此，企业要根据课程目标、内容和学习对象特征来选择培训师。

9．课程时间

课程时间设计的合理与否对培训效果有很大的影响。培训课程应当在计划好的时间内完成目标。因此，课程开发者要科学配置有限的课程时间，培训师要使学习者在整个课程执行期间积极地参与培训活动，以提高培训时间的利用率。

10．课程空间

课程空间在这里主要是指培训的场地。培训场地的选择、场地的大小、舒适度、布置等，对营造良好的学习环境具有十分重要的意义。

3.2.3　培训课程设计的原则

1．战略性原则

企业培训的目的之一是通过培训让员工适应企业未来的发展方向。因此，企业培训课程的设计及开发应具备一定的前瞻性和战略性，能够创造性地将企业的未来发展目标很好地融入企业培训课程中，让员工在课程学习中潜移默化地体会及把握企业的发展动向。

2．目标导向性原则

课程的选择与培训目标应保持一致。课程需要连续性的政策和计划目标避免课程计划的分散，以保证培训课程的整体性。

3．符合企业和学习者的需求原则

根据课程设计的本质特征，培训课程设计应该符合企业和学习者的需求，这是培训课程设计的基本依据。培训课程设计不同于学科课程设计，培训课程设计应以学习者的需要、兴趣、能力及过去的经验作为课程要素决策的基础。

4．尊重成人认知规律原则

符合成人认知规律是培训课程设计的主要原则。企业培训课程的学习者都是成人，成人的学习方式与未成年人相比差异很大，因此培训课程教学内容的编排、教学模式与方法的选择、课程的配备、教材的准备等方面应从成人的学习特点出发，形成符合成人的合作学习方式。

5. 实践性原则

培训课程开发应从企业生产经营的现实角度出发，紧紧围绕企业的需求设计。在进行课程设计时，企业应总结在实际工作中遇到的典型问题、常见问题，并尽量给出解决这类问题的方法，尽量多向学习者提供面向日常工作的实际操作流程和评价标准。

6. 协调性原则

培训教学是一个涉及方方面面的大系统，因此在进行课程设计时，企业应该做好以下两个方面的协调工作：课程开发必须在企业计划框架内并立足于弥补企业层面课程缺失的基础上，谋求企业层面课程和部门层面课程协调一致；在协调课程开发过程中企业高层领导、部门领导、培训师、学习者之间的冲突与抗衡时，企业应避免将培训课程变为个人本位的课程。

3.2.4 培训课程设计的常用模型

1. ISD 模型

ISD（Instructional System Design）模型，即教学系统设计模型。它是一种以传播理论、学习理论、教学理论为基础，运用系统理论的观点和知识，分析教学中的问题和需求并从中找出最佳答案的理论和方法。采用 ISD 模型开发培训课程的流程，如图 3-2 所示。

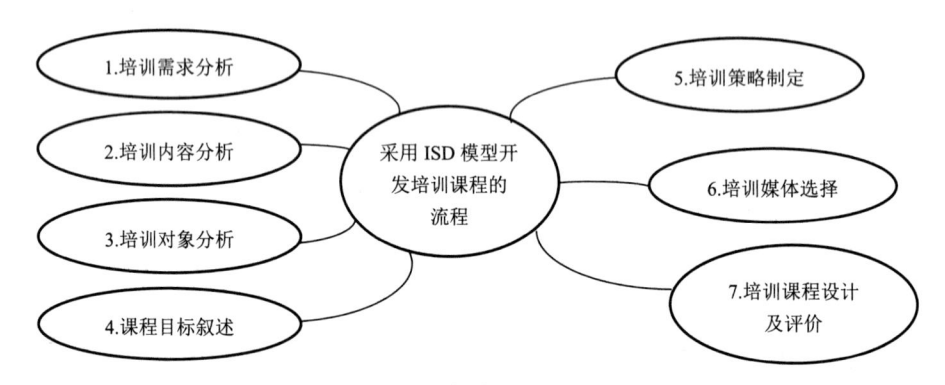

图 3-2 采用 ISD 模型开发培训课程的流程

2. ADDIE 模型

ADDIE 模型是从 ISD 模型衍生出来的，是一个企业培训课程开发领域经典的理论模型，当前的培训课程开发模型大多是 ADDIE 模型的变种。它包括五个步骤：分析（Analysis）、设计（Design）、开发（Development）、实施（Implementation）、评估（Evaluation）。采用 ADDIE 模型开发培训课程的流程如图 3-3 所示。

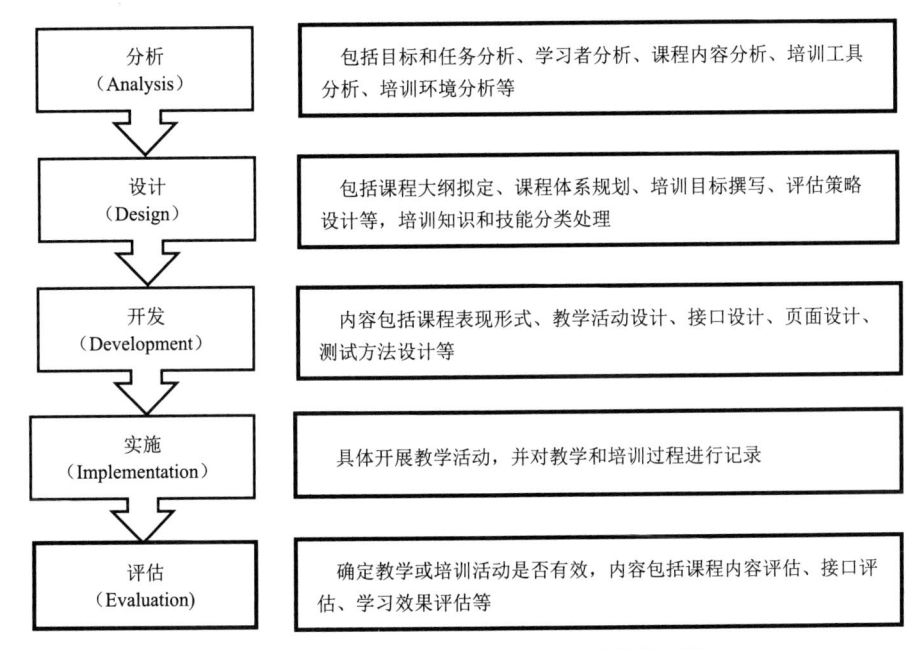

```
┌─────────────┐      ┌──────────────────────────────────────────┐
│   分析      │      │ 包括目标和任务分析、学习者分析、课程内容分析、培训工具 │
│ (Analysis)  │─────▶│ 分析、培训环境分析等                        │
└─────────────┘      └──────────────────────────────────────────┘
       ▼
┌─────────────┐      ┌──────────────────────────────────────────┐
│   设计      │      │ 包括课程大纲拟定、课程体系规划、培训目标撰写、评估策略 │
│  (Design)   │─────▶│ 设计等，培训知识和技能分类处理               │
└─────────────┘      └──────────────────────────────────────────┘
       ▼
┌─────────────┐      ┌──────────────────────────────────────────┐
│   开发      │      │ 内容包括课程表现形式、教学活动设计、接口设计、页面设计、│
│(Development)│─────▶│ 测试方法设计等                             │
└─────────────┘      └──────────────────────────────────────────┘
       ▼
┌─────────────┐      ┌──────────────────────────────────────────┐
│   实施      │      │ 具体开展教学活动，并对教学和培训过程进行记录   │
│(Implementation)│──▶│                                          │
└─────────────┘      └──────────────────────────────────────────┘
       ▼
┌─────────────┐      ┌──────────────────────────────────────────┐
│   评估      │      │ 确定教学或培训活动是否有效，内容包括课程内容评估、接口评 │
│(Evaluation) │─────▶│ 估、学习效果评估等                         │
└─────────────┘      └──────────────────────────────────────────┘
```

图 3-3　采用 ADDIE 模型开发培训课程的流程

3．HPT 模型

HPT（Human Performance Technology）模型是运用行为心理学、教学系统设计、组织开发和人力资源管理等多种学科的理论，通过确定绩效差距，设计有效益和效率的干预措施，以获取所期望的人员绩效。HPT 模型将问题的关键放在"人"这个元素上，体现了如何提高绩效的过程。它包括五个环节：绩效分析、原因分析、干预选择与设计、干预实施与变革、评价。采用 HPT 模型开发培训课程的流程如图 3-4 所示。

```
┌────────┐    ┌────────┐    ┌──────────────┐    ┌──────────────┐
│绩效分析│───▶│原因分析│───▶│ 干预选择与设计 │───▶│ 干预实施与变革 │
└────────┘    └────────┘    └──────────────┘    └──────────────┘
     ▲            ▲              ▲                    │
     │            │              │                    │
     │            │         ┌────────┐                │
     └────────────┴─────────│  评价  │◀───────────────┘
                            └────────┘
```

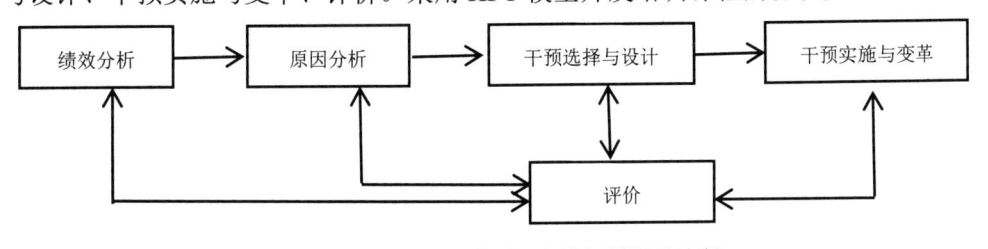

图 3-4　采用 HPT 模型开发培训课程的流程

3.2.5　培训课程开发的流程

1．确定培训课程目的

确定课程开发的目的是说明员工要进行培训的原因。只有明确了培训课程的目的，才能确定课程的目标、范围、对象和内容。

2．进行培训需求分析

培训需求分析是课程设计者开发培训课程的第一步。进行培训需求分析的目的是以满足组织和组织成员的需要为出发点，从组织环境、个人和职务各个层面上进行分析，从而判断组织和个人是否存在培训需求及存在哪些培训需求。

企业在进行课程需求分析时，可以采用以下三种方法。

（1）引导归纳法：归纳学习者、学习者直接上级和学习者主管上级的意见和建议。

（2）学习者素质分析法：通过设计系列问题进行测试，分析测试结果，判断学习者的受训内容重点。

（3）经验分析法：借鉴外部机构的经验和组织自身的经验，对学习者行为进行观察和分析，最终找到学习者受训的重点。

3．确定授课目标

授课目标是制定课程大纲的依据，授课目标根据环境的需求确定，它提供了学习的方向和要达到的程度。授课目标的表达可以引用 ABCD 法，即 Audience（培训对象）、Behavior（行为）、Condition（环境）、Degree（程度），也就是"在什么样的环境下表现出什么样的行为可以达到什么样的水平"。

在制定授课目标时，培训师要考虑课程类型、课程的具体内容、课时长度、学习者的理解与操作能力。此外，不同课程内容的授课目标描述的侧重点应不同。例如，理论与知识类，侧重记忆、理解、简单应用、综合应用、创新应用；技能类，侧重理解、模仿、简单应用、熟练应用；观念态度类，侧重转变、接受、行为转化、内化为价值观。

4．进行课程整体设计

课程整体设计是针对某一专题或某一类人的培训需求所开发的课程架构。进行课程整体设计的任务包括确定费用、划分课程单元、策划内容、安排课程进度，以及选定培训场所等。其中，策划内容是培训课程设计的关键。

5．进行课程单元设计

课程单元设计是在进行课程整体设计的基础上，具体确定每个单元的授课内容、授课方法和授课材料的过程。课程单元设计的优劣直接影响培训效果的好坏和学习者对培训课程的评价。在培训开展过程中，作为相对独立的课程单元不应在时间上被分割开，如图 3-5 所示。

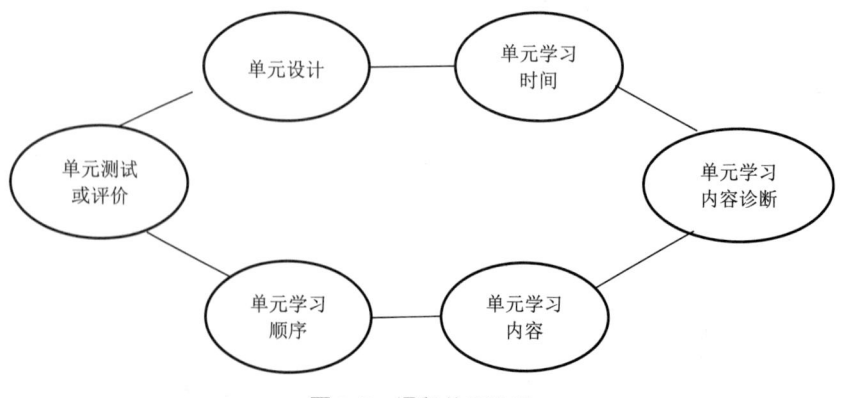

图 3-5　课程单元设计

6．进行课程辅助工具设计

课程辅助工具设计是培训管理者或培训师在培训中使用的辅助学习工具和在培训课程结束后发给学习者的辅助学习工具，以帮助学习者更好地记住和掌握所学的内容。

课程辅助工具主要有黑板、夹板、投影仪、幻灯机、录像机、讲义、图片、产品说明书、操作手册、员工手册等。

1）注意事项

（1）课前培训师应精心准备相关的辅助学习工具。

（2）培训师选择适当的时机使用这些辅助学习工具，以便取得最佳的效果。

（3）按时间顺序排列辅助学习工具，必要时标注序号或页码。

（4）避免辅助学习工具干扰受训者的注意力，培训师用完之后应立即收起来。

（5）运用辅助学习工具的数量要有度，并非越多越好，避免适得其反。

（6）培训讲义应留有空白，以便受训者有空间做课程笔记。

（7）培训师必须熟练操作投影机、幻灯机等辅助仪器，并确保其无故障。

2）板书要领

培训师在使用黑（白）板时，最好不要边说边写。因为学习者可能听不清楚培训师在说什么。

3）视觉教具使用注意事项

视觉教具通常是指投影仪、电视机、录像机、幻灯机、悬挂式放映机等。在使用视觉教具时，培训师应注意以下几个方面：不要过度使用视觉教具；一个视觉教具强调一个关键点；后使用视觉教具图形；注意颜色的搭配；多使用图表资料；图片或图表要使人容易看懂；不使用不必要的视觉教具等。

7．阶段性评价与修订

在完成课程的单元设计和课程辅助工具设计后，企业需要对需求分析、课程目标、整体设计和单元设计进行阶段性评价和修订，以便为课程培训的实施奠定基础。

8．实施培训课程

即使设计好的培训课程，也并不意味着培训就能成功。如果在培训实施阶段缺乏适当的准备工作，就难以达成培训目标。培训实施阶段的准备工作主要包括培训方法的选择、培训场所的选定、培训技巧的利用，以及适当地进行课程控制等方面。在实施培训过程中，培训师掌握必要的培训技巧有利于达到事半功倍的效果。

9．做课程总体评价

培训课程评价是培训师在课程实施完毕后对课程全过程进行的总结和判断，重点在于确定培训效果是否达到预期的目标，以及学习者对培训效果的满意程度。它与培训课程评估有一些交叉的地方，但是培训课程评估不能简单地等同于培训效果评价。

3.2.6 培训师的选择

1. 培训师的分类

培训师可以划分成以下四种类型。

1）学院派培训师

学院派培训师拥有扎实的专业知识，丰富的授课经验，但由于职业因素，学院派培训师更侧重于理论讲解。学院派培训师多数没有在企业的实战经验，在不断推出专业理论时，容易忽视理论和企业实际的结合，授课时给企业带来的往往是理论上的收获，实际操作有待加强。因此，对那些希望通过短期培训解决实际问题的企业而言，要慎重选择学院派培训师。

2）实战派培训师

实战派培训师在企业担任过或正在担任管理职务。他们以其丰富的实战经验与娴熟的授课技巧赢得企业和员工的好评，目前是较受欢迎的培训师。但在培训市场中混杂着一些伪实战派培训师，这些人刻意模仿一些优秀培训师的风格来授课，一般是某些著名培训师的助理或者学生。由于他们与著名培训师相处的时间久了，经过专门的包装与推广也能上台授课。但其实他们的实战经验较为缺乏，专业知识程度也有待提高。实战派培训师虽然能够帮助企业解决实际问题，但是要认真辨别真假。

3）技巧型培训师

技巧型培训师是指培训师的功底、表达技巧、控场能力和气氛烘托，都十分有经验，从形象气质到台风礼仪，做得都很到位，课程生动幽默风趣，能够获得学习者的认可。此类培训师往往能够抓住学习者的心理，讲学习者愿意听的内容，在课程过后的培训课程评价中学习者也常常会给予较高的测评分数。但是如果培训师只注意"如何讲得精彩"，而没有传授足够的知识与技能，那么企业所要求的培训效果的转化也势必成为一句空话。因此，技巧型培训师虽然受欢迎，但是要注重培训课程中的知识技能转化技巧。

4）效果型培训师

效果型培训师是指培训师的实践经验丰富，见解独到，能够把自己多年的经验得失与大家分享，既有理论，又有解决问题的方法和工具，课程内容实用性、实效性、可操作性较强，有步骤、有方法、案例多、练习多，能够帮助学习者针对企业实际情况解决突出问题，实操性强，又能提升到理论高度。培训师能够吸引学习者紧跟自己的思路走，所授知识也能被学习者吸收且用于企业的工作实践。

2. 培训师所具备的能力

（1）深厚的理论知识，过硬的教学经验和实战经验。

（2）沟通能力。

（3）良好的表达和演绎能力。

（4）应变能力。

（5）激励他人的能力。

（6）诊断问题并找出解决方法的能力。
（7）学习能力。

3．培训师的选择

培训师主要有两大来源：企业外聘和企业内部开发。培训管理人员应根据企业的实际情况，确定适当的企业内部和企业外部培训师的比例，尽量做到内外搭配、相互学习、相互促进。

1）选择合适的企业外部培训师

优秀的培训师能够充分诠释课程的内容，能够让培训效果大大增加；反之，平庸的培训师能够把原本精彩的内容讲述得如同嚼蜡，让人不感兴趣。因此，选择一个优秀的培训师至关重要。

培训管理人员甄选培训师应注意如下事项：在选择培训师时，重点关注培训师的授课内容、授课方式、授课风格等是否能满足企业实际的培训需求；要考量咨询企业及培训师的服务项目，要去咨询企业实地考察，尽可能地降低风险，慎重选择。

2）培养企业内部培训师

（1）企业内部培训师选拔流程。

① 培训部门做工作动员。

② 各个部门上报有资格的培训师候选人名单，培训部门对候选人进行筛选。

③ 培训部门负责对培训师团队进行培训技能方面的培训。

④ 企业高层管理机构或高层管理者对培训合格后的人员进行培训师的资格认定。

⑤ 人力资源部门将培训师资格归档并录入个人的人事资料，从而成为绩效考核、晋升、薪酬评定等方面的依据。

（2）企业内部培训师的管理。因为企业内部培训师基本上都是兼职的，所以企业应该采用较为独特的方法来管理培训师团队。

① 对于本职工作，由培训师所在的部门进行管理，人力资源培训部门必须对其负责，并与其所在部门及管理者沟通，保证其本职工作顺利圆满地完成。

② 对兼职的企业内部培训师，人力资源培训部门要及时、经常地给予他们适当的指导和监督。

③ 保持培训师实施培训的相对独立性，但需要及时陪伴、指导和监督。

④ 在课程开发、教材编写、培训活动的策划上，人力资源培训部门要尽量保证培训师基于本部门的实际情况相对独立地操作。人力资源培训部门要支持和鼓励培训师根据实际情况进行培训，在必要时给予帮助。

⑤ 人力资源培训部门要把各个部门的培训师的培训开发课程纳入培训计划中，予以统筹安排。比如，需要加以推广的课程，就需要考虑扩大受训对象。

⑥ 在具体的培训实施过程中，人力资源培训部门要帮助培训师，以便于指导和监督培训的过程和质量。

⑦ 培训的跟踪与评价，应由人力资源培训部门承担。

3.3 培训经费的预算和使用

3.3.1 培训经费的预算管理

培训经费在企业中被称为职工教育经费,是企业为了保证职工习得岗位技能和提高素质水平而从工资总额中提取的一定比例的费用。

1. 预算编制的时间

培训经费预算编制工作一般在每年的第四季度启动,与人力资源年度计划、培训计划编制工作同步进行,通常需要 3 个月左右的时间完成需求调查和预算编制评审,培训部门需要在 12 月底前完成培训经费预算编制工作,在下发年度培训计划时要将培训经费预算一并下发。

2. 预算编制的方法

1)按计提总额分解预算法

以职工教育经费计提总额作为参考,按照企业管控模式、法人主体、业务发展阶段、员工培训的特点来预算企业和下级单位的预算比例及费用余额。

2)按人头费用标准预算法

以往年数据作为参考,以不同人员层次及数量、不同部门类型作为依据确定人均培训经费额度,加权得出部门预算总额度,在本额度范围内由部门进行培训计划及预算的最终制订。

3)按人员类别计提预算法

在考虑企业业务特点及培训关注重点的基础上确定所划分的人员,如管理人员、专业技术人员、国内营销人员、技能工人、海外营销人员等的经费投入比例。在进行培训预算编制时,将其作为参考,如在制造业企业,一线操作技能工人的培训费用在培训预算中占较大比例,而一家互联网企业会分拨较大比例的培训费用来培养技术开发人员。

4)按参考线预算法

以历年职工教育经费决算结果作为参考,企业制订出各类人员、培训项目的预算参考线,各个部门依据企业制订的预算参考线编制出各自部门的经费预算。例如,根据历年经验,有些企业规定:中基层管理人员外聘培训师培训单天费用不超过 1.5 万元;中层管理人员外聘培训师单天费用不超过 2 万元;新入职技能工人外聘培训师费用单天不超过 1 万元等。

5)按培训项目重要度逐级评审法

在以各个部门提交的培训项目重要度作为参考,综合考虑业务发展重点、新业务、培训对象紧急程度等因素的基础上编制经费预算,对重要程度低,但是又需要投入大量培训费用的项目进行削减。

3.3.2 编制培训费用预算方案

1．编制培训费用预算方案前的准备工作

（1）收集员工需要参加企业外部培训的资料。这类资料包括适应性培训、岗位培训、继续教育等方面，以及每个需要培训的员工预计发生的学费、资料费、参观考察费等。

（2）预计各项费用。企业拟举办的各种类型的培训班，预估其培训场地、聘请讲师、购买教材所产生的费用。

（3）培训器材的购置。培训部门收齐各个部门的培训计划后，通过分析、过滤编制企业的培训计划费用，上交部门主管及企业管理层审批。审批后的费用，按标准严格执行，一个季度回顾一次费用的使用情况，根据需要对培训项目做相应的调整。

（4）了解培训成本的使用信息。若要确定培训的经济效益，就要了解培训成本的使用信息。

2．计算培训成本

1）利用资源需求模型计算培训成本

资源需求模型是一种可用来比较各种可选择的培训项目成本的方法，该模型对培训不同阶段（根据培训项目的设计、实施、需求评估、开发和评估）所需的设备、设施、人员和材料的成本进行比较。利用资源需求模型有助于明确不同培训项目成本的总体差异，同时培训的不同阶段所发生的成本可用于各个项目之间的比较。

2）利用会计方法计算培训成本

一般有七种成本来源需要计算，包括项目开发或购买成本、向培训师和受训者提供材料的成本、设备和硬件成本、设施成本、交通及住宿成本、培训师及辅助人员工资，以及受训者因参加培训而损失的生产成本（或当受训者接受培训时代替他们工作的临时工的人工成本）。这种方法还可以明确在什么时候会发生这些成本。

3．确定培训收益

为确定培训潜在的收益，企业必须回顾一下做培训的初始原因。例如，培训的实施可能是降低生产成本或者额外成本，或者增加重复购买量。下面的方法可用来确定培训收益。

（1）运用技术、研究及实践来证实与特定培训计划有关的收益。

（2）在组织大规模投入资源之前进行实验性培训，评价一小部分受访者所获得的收益。

（3）通过对成功的工作者进行观察，企业确定成功的工作者与不成功的工作者的绩效差别。

4．确定培训收费金额

有的培训项目需要确定培训收费金额。培训收费金额的确定方法有以下三种：第一种是上级拨款，实报实销，这种方法不需要培训单位缴纳培训费，培训中心（或机构）无须核算成本，上级单位按年度或半年度实际发生的金额足额拨款。但此法没有激励作用，易发生浪费。第二种是上级核算一个收费标准，培训单位依照每人平均培训费用进行缴纳。但该方法的收费标准比较模糊，培训单位经济核算程度不高。第三种是按照市场化原则精确计算培训成本来确定培训收费金额。

3.3.3 编制培训费用预算方案的注意事项

每年培训部门必须就编制的预算向企业管理者做简报，简报内容要扎实、明确，这样才能获得企业管理者对预算的支持。因此，简报一般包含培训目标、培训计划和财务分析报告。

（1）企业应根据企业发展或经营目标设计培训计划，按照各个部门的需求来安排培训，协助各个部门达成工作目标。

（2）培训计划应详细列出各项费用，尤其是培训人员的薪资福利费用、执行培训计划的运作费用及训练设施、设备、工具等购买费用。

（3）预计可能的成本节省、浪费减少、利润增加，即产量、效率、品质的提高所产生的效益。

3.4 培训计划的实施

3.4.1 培训前的组织与实施

在培训开始实施之前，培训组织人员需要做好以下各方面的准备工作，以保证培训课程顺利进行。

1. 确认培训时间

培训具体时间的确定，一般以不影响正常的业务开展为前提，原则上培训时间长度一般以白天不超过 8 小时，晚上不超过 3 小时为宜。新员工应安排上岗前的集中培训，时间为一周至十天，甚至两个月。一般员工可根据培训对象的能力、经验来确定培训期限。

2. 确定培训场所

对培训师和学习者来说，选择合适的培训场所是十分重要的。在选择培训场所时，我们要遵循一个原则，即保证培训实施的过程不受任何干扰。在具体选择培训场地时，我们应考虑以下三个方面的因素。

（1）培训场所的空间。培训场所的空间要足够大，能够容纳全部学习者并配有相关设施。一般来说，每位学习者至少需要 2~3 平方米的活动空间，按照这个标准，一个 50 平方米的房间大约容纳 22 位学习者。

（2）培训场所的配套设施。培训场所的电子设备、音响等条件应当符合培训的要求。

（3）培训场所的整体环境。培训场所的室内环境和气氛会影响学习者的情绪，进而影响培训效果。因此，在布置培训场所时，应尽量采用明亮的颜色。培训场所的温度、噪声、通风、光线等条件应良好。

> **相关链接**
>
> 培训场所管理自查清单
>
> 做完培训场所的布置后,需要全面自查一番。自查清单可以列出以下问题,找出需要进一步改善的地方。
> (1)经过布置后的培训教室感觉舒适吗?是不是太拥挤?
> (2)培训讲台的空间是否足够宽敞以便于培训师做演讲和演示?
> (3)座位安置便于讨论、做练习、做游戏和演示吗?
> (4)教室内的音响效果如何?影响教学吗?
> (5)所预留的工作空间够大吗?
> (6)教室里需要开空调吗?设置多少温度合适?
> (7)培训期间,如果出现停电等意外情况是否有应急措施?
> (8)培训中途休息期间是否准备了足够的点心、饮料等?
>
> 资料来源:孙宗虎,姚小凤. 员工培训管理实务手册[M]. 北京:人民邮电出版社,2017.

3．确定培训师

培训组织人员应根据培训课程要求、培训师的专业性,以及授课经验等因素选择合适的培训师。选择和确定培训师需要经过缜密的企业内部决策。

4．发送培训开课通知

在通常情况下,企业培训组织人员可以以发送备忘录、E-mail 或者正式公文的形式通知相关人员参加培训。初次发送通知的时间应视情况而定。可以提前 10 日左右发出培训通知,以便相关部门或人员做好必要的准备工作。然后,在培训开课前的 1~2 日内,培训组织人员应向相关人员发送提示通知。培训通知书的主要内容包括:培训日期、培训时间安排、培训目的、培训方式、培训内容简要介绍、培训对象、预期培训效果、支持事项和注意事项等。

5．培训设备准备

培训组织人员应根据培训课程的要求准备培训设备,并对培训设备进行调试和检查,以保证其正常运行。最好准备一套备用电源和设备,以防在培训过程中出现断电、设备损坏等情况。

6．培训现场布置

培训现场可用多种不同的方式加以布置,主要考虑的因素是必须满足培训效果的要求且使受训者感到舒服,使受训者与受训者、受训者与培训师之间能够很好地互动交流,即培训现场的布置形式要比较灵活。在一般情况下,培训现场的布置形式主要包括圆桌式、U 字式和平行式三种。

7．相关资料准备

培训前应准备的相关资料一般包括培训教材、培训课程资料、活动资料,以及设备检查、考勤签到、培训过程记录表单等。

3.4.2 培训中的组织与实施

培训过程中的组织与实施包括学习者签到纪律管理、培训课程导入管理、培训师跟踪管理。

1. 学习者签到纪律管理

学习者到达培训现场，首先需要填写签到表，以便培训组织人员统计学习者的出勤情况，如表 3-2 所示。

表 3-2　培训签到表

培训课程名称			培训课程名称		
学习者名单	签名	时间	学习者名单	签名	时间

学习者的纪律不仅会影响培训师上课的情绪，还会影响其他学习者上课的情绪。因此，培训组织人员需要对此进行有效的管理。

（1）学习者应该提前到达培训现场，不迟到、不早退、不在课堂上随便出入，若中途离开培训现场，应该向培训师或培训组织人员说明情况。

（2）学习者到达培训现场后，必须在培训签到表上签名表示出勤，严禁其他学习者代签。一经发现，代签学习者和被代签学习者均按旷工处理。

（3）学习者在培训现场着装应整洁大方，不得穿奇装异服，女性不得穿紧、露、透的服装。

（4）学习者应服从培训师的管理，不能随意扰乱课堂秩序，违反者将被取消听课权利，并给予严重警告。

（5）在培训现场禁止一切不文明的言谈举止，不得大声说笑。

（6）在培训过程中应关闭手机或将手机调至震动状态。

（7）保持培训现场环境卫生，严禁随地吐痰、乱扔纸屑和其他杂物等陋习。

（8）参加企业外部培训的员工在外代表着企业形象，应该按照本企业员工的行为规范要求自己，不得有损企业名誉，否则企业将根据后果的影响程度进行相关处罚。

2. 培训课程导入管理

培训课堂教学的开端是课程教学中的导入环节。一个好的课程导入将会激发学习者的学习热情，起到事半功倍的效果。常用的课程导入方法包括随意交谈法、温故知新法、看图提示法、创设问题法、多媒体导入法。培训师在使用这些方法时，要注意合理过渡，并且能够激发学习者学习的热情，每次导入要合时、合情、合理。具体表现为：培训师要熟悉教材，把握教材中的转折点；培训师要熟悉学习者的个性；培师要充分利用多媒体技术或现代化教学手段；培训师的语言要有趣味，有一定的艺术魅力，能够引人入胜。

3．培训师跟踪管理

培训师跟踪管理主要是指企业内部提供一名或几名人员协助培训师进行课堂教学及课堂管理工作，具体做好以下三项工作：

（1）协助工作包括培训过程中的一切事务性工作，如讲义文件的下发、回收，培训设施的调换准备、人员分组、数据统计分析等。

（2）在培训过程中出现冷场情形时，协助人员应带头参与活动，与培训师进行互动，活跃培训与学习氛围。

（3）培训师在授课过程中遇到特殊的情况，如培训中出现对立情绪、骚动、尴尬场面时，协助人员要通过转变培训方式、与受训者沟通、相互探讨交流等方式进行调节。

3.4.3　培训后的组织与实施

培训实施后，培训组织人员将培训实施报告、考勤记录等上报给学习者所属职能培训负责人及部门经理，并抄送企业人力资源部以备案，然后进行培训评估和跟进；对培训中使用的课件及其他有价值的资料进行存档管理。

第4章
培训成果评估和转化

引导案例

沃尔格林企业对药剂员的培训成果评估

药店的药剂员经常需要接待顾客,并给医生打电话询问药品的配方,然后向顾客提供治疗该病的同类药而不一定是品牌药。如果两者药效相同,便可以为顾客节省开销。沃尔格林为新药剂员专门开发了一项培训课程,以取代以往新药剂员在药剂师那里接受在职培训的做法。这项新培训包括20个小时的课堂培训和20个小时的岗位实习。该企业拥有几千家药店,因此在人员培训方面投入了大量的时间与资金。为此,企业决定要对培训项目进行一次评估。

评估对象由参加过该培训项目和没有参加过该培训的药剂员组成。有关新雇员绩效状况的调查被送到每个负责主管药剂员的药剂师手中。其中,有些问题是关于药剂员向药店内计算机输入病人和药品数据的速度,以及药店多长时间能向顾客提供一种可替代性的同种药。在对两组药剂员进行比较后,结果表明经过正规培训的人比那些只受过传统在职培训的人工作效率要高,可为药剂师节约更多的时间。那些经过正规培训的药剂员所在的店年销售额要比那些只有受过在职培训的药剂员所在的药店高出9500美元。

资料来源:(美)约翰·U.培根(John U. Bacon). 连锁药店之王——沃尔格林的百年赢利传奇[M]. 魏青江,译. 北京:高等教育出版社,2005.

思考

沃尔格林对员工培训成果评估是从哪些方面开展的?

学习目标

1. 掌握柯氏四级、菲利普斯等培训成果评估模型;
2. 熟悉常用的培训成果评估工具;
3. 了解促进培训成果转化的途径;

4. 掌握培训成果评估流程；
5. 了解影响培训成果转化的因素；
6. 掌握培训成果评估方法；
7. 了解培训成果评估及培训效果转化的基本概念；
8. 了解培训成果评估收集信息、分析数据及常用的研究设计方法；
9. 了解撰写培训成果评估报告的注意事项。

学习导航

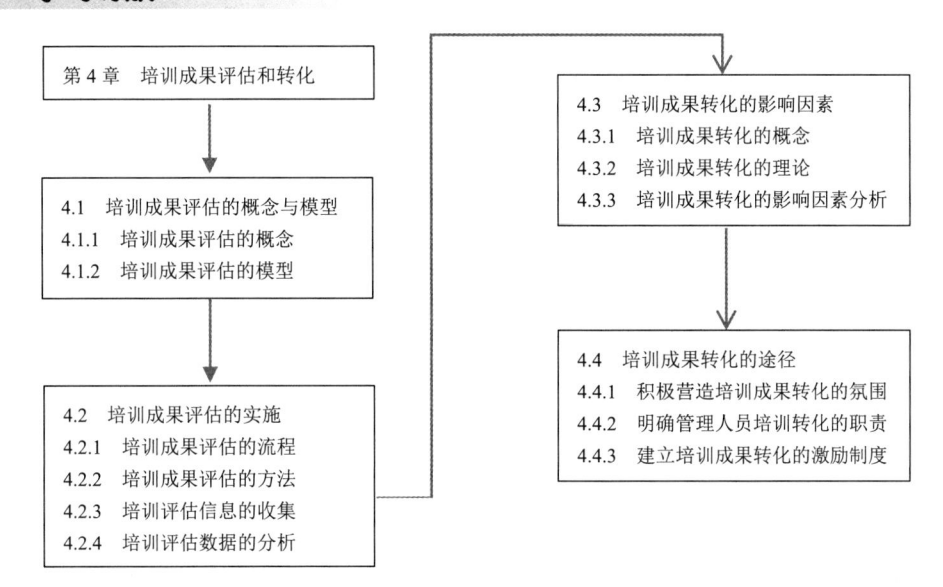

```
第4章  培训成果评估和转化
         │
         ▼
4.1  培训成果评估的概念与模型
4.1.1  培训成果评估的概念
4.1.2  培训成果评估的模型
         │
         ▼
4.2  培训成果评估的实施
4.2.1  培训成果评估的流程
4.2.2  培训成果评估的方法
4.2.3  培训评估信息的收集
4.2.4  培训评估数据的分析
         │
         ▼
4.3  培训成果转化的影响因素
4.3.1  培训成果转化的概念
4.3.2  培训成果转化的理论
4.3.3  培训成果转化的影响因素分析
         │
         ▼
4.4  培训成果转化的途径
4.4.1  积极营造培训成果转化的氛围
4.4.2  明确管理人员培训转化的职责
4.4.3  建立培训成果转化的激励制度
```

21 世纪是知识经济时代，许多企业都在转变生产经营模式，向注重技术进步、科学管理、人才成长的集约化经营方式转变。员工培训作为人力资源开发和职工素质提升的重要手段，越来越受到企业的重视。同时，如何检验培训成果，保障培训企业和管理的有效性，实事求是地开展培训效果评估，成为现代企业培训管理的重要研究课题。

4.1　培训成果评估的概念与模型

4.1.1　培训成果评估的概念

培训成果是指企业和受训员工从培训中获得的收益。对受训员工而言，培训带给他们的收益就是学到了各种新知识和技能，提高了自己的工作绩效并获得担任未来更高岗位职务的能力；对企业而言，在培训中获得的收益可能包括销售收入的上升及顾客满意度水平的提高。

培训成果评估是指根据培训目标和相关要求，系统地搜集有关培训开发项目的描述性和评判性信息，运用科学的理论、方法和程序系统考察培训主体和培训过程及实际效果的过程。

培训成果评估的目的在于帮助企业在选择、调查各种培训活动及判断其质量和价值的时候做出明智的决策。培训成果评估是一个完整的培训流程的最后环节。它既是整个培训活动实施成效的评价和总结，又为下一个培训活动、培训需求的确定和培训项目的调整提供重要的依据。

培训成果评估包括以下几方面内容。

（1）对受训者的学习成果进行评估：一是培训后的各项测试；二是培训后受训者的工作态度、工作方法和工作业绩的改善程度。

（2）对培训组织管理进行评估：包括培训时间安排、培训现场环境布置、培训器材设施等。

（3）对培训师进行评估：具体培训项目有课程内容设计、授课形式、培训方式方法及语言表达等。

（4）对培训成果的效益评估：主要是预算执行情况、投入产出比、培训取得的经济效益和社会效益等。

4.1.2 培训成果评估的模型

1. 柯氏四级评估模型

柯氏四级评估模型是由著名学者柯克帕特里克于 1959 年提出的，也是目前应用广泛的培训效果评估模型。该模型将培训评估划分了四个层次：反应层、学习层、行为层和结果层。这四个层次评估中的前两个层次主要是对培训过程进行评估，而后两个层次主要是对培训结果进行评估。

柯氏四级评估模型与适用方法如表 4-1 所示。

表 4-1 柯氏四级评估模型与适用方法

评估层次	评估内容	实施方法	优势	劣势	改进策略
反应层	受训者在多大程度上认可培训	问卷调查、小组讨论、四分法（极好、好、一般、差）、五分法（极好、很好、好、一般、差）	容易开展，是基本的评估方式	会出现以偏概全、主观性强、不够理智的现象	强调评价的目的，要求受训者配合；将课程评价与培训师评价分开；结合使用问卷、面谈、座谈等方式
学习层	在培训中学到了什么原理、事实和概念	要求运用所学的知识解答试题；进行现场操作；对于专业性岗位课程，要求受训者提出改善方案并执行	对受训者有压力，使他们更认真地学习；对培训师有压力，使他们更负责、更精心地准备培训课程和培训内容	压力大，可能使报名不太踊跃；评估之前可能让受训者知晓一些事情	针对不同的培训课程采用不同的评估方法

续表

评估层次	评估内容	实施方法	优势	劣势	改进策略
行为层	受训者的工作行为因为培训而改变了吗	观察，主管、同事、下属、客户的评价，受训者自我评价，这些评价需要借助一些评估表	可以直接反映培训课程的效果；使高层领导看到培训效果，支持培训；培训师可以获得受训者的支持	耗费时间和精力；问卷比较难设计；需要占用相关人员较多的时间，不易得到配合；员工行为易受其他因素的影响	选择合适的课程进行行为评估；选择合适的评估时间；充分利用专业培训师和咨询企业的力量
结果层	培训的结果是什么，成本或流动率是否有所降低	通过一些企业指标衡量，如事故率、次品率、生产率、员工流动率，以及客户投诉率	详细的、令人信服的调查数据，打消高层主管对培训的疑虑，把有限的培训费用投到最能为企业创造经济效益的课程上来	需要时间，在短期内很难得出结果；对这个层面的评估，缺乏技术和经验；简单的对比数字意义不大	必须取得管理层的合作，拿到培训以前的相关数据；分辨哪些结果与要评估的课程有关系，并分析在多大程度上有关系

（资料来源：周正勇，周彪.员工培训管理实操——从新手到高手[M]. 北京：中国铁道出版社，2014.）

2．考夫曼五级评估模型

考夫曼（Kaufman）扩展了柯氏四级评估模型。他认为培训前各种资源是培训成功的关键，应该在柯氏四级评估模型的基础上再加上一个层次的评估，培训效果不仅对企业本身有益，而且对企业所处的环境产生影响。因此，他加上了第五个层次，即评估社会和顾客的反应。该评估模型超越了单个企业的范畴，重视培训的正外部因素，其目的是评估培训项目给社会带来的价值，这在一定程度上与目前所强调的企业社会责任相吻合。考夫曼五级评估模型如表4-2所示。

表4-2 考夫曼五级评估模型

层 次	标 准	具 体 解 释
1a	培训可行性	人力、财力和物力资源投入的质量和可获取性
1b	反应	方法、手段和过程的可接受程度和熟练度
2	获得	个体和小群体技能与胜任力
3	应用	企业内个体效用和小群体（产品）效用
4	企业产出	对企业的贡献和回报
5	社会产出	社会和顾客的反应、结果和回报

（资料来源：徐庆文，裴春霞，培训与开发[M]. 济南：山东人民出版社，2004.）

由于企业身份的转变，社会要求企业承担的社会责任也在增加。新的培训要求会从企业变革，特别是从技术变革或工艺变革的过程中衍生出来，培训活动也随之展开。对于这类培训有效性评估的关键是不再从单个企业的角度进行评估，而是立足于社会,从而分析评估所获得的培训成果,即培训评估的焦点为考夫曼五级评估模型中的社会产出。

3. CIRO 评估模型

CIRO 评估模型是由沃尔(Warr)、伯德(Bird)和雷克汉姆(Rackham)等人在 1970 年创建的。CIRO 模型的四个字母分别代表模型中的四项评估活动,即情境评估(Context Evaluation)、投入评估(Input Evaluation)、反应评估(Reaction Evaluation)、结果评估(Outcome Evaluation),如表 4-3 所示。该模型属于过程性评估模型,它强调培训效果评估应贯穿于整个培训工作流程,要与培训工作同步发展。

表 4-3 CIRO 评估模型

层次	标准	内容
1	情境评估	确认培训的重要性
2	投入评估	确定培训的可能性
3	反应评估	提高培训的有效性
4	结果评估	检验培训的结果

情境评估是指获取和使用当前情境的信息来明确培训需求和培训目标。这种评估实际上是做培训需求分析。在这个过程中,需要评估三种目标,即最终目标(通过培训,企业可以克服或消除特别薄弱的地方)、中间目标(员工工作行为的改变)和直接目标(为达到中间目标,员工必须获取的新知识、技能和态度)。情境评估是要收集企业绩效的信息,评估这些信息,从而确定培训需求,在此基础上设定三个层次的目标。

投入评估是指获取和使用可能的培训资源来确定培训方法。这些资源包括内部资源和外部资源,其中财务预算和管理要求可能限制了目标的选择。

反应评估是指获取和使用受训者的反应以提高培训的过程。这个评估过程的典型特征是参与者的主观评价,参与者的主观评价非常重要,但是评价质量的好坏在某种条件下依赖于信息收集的方法是否具有系统性和客观性。

结果评估是指收集和使用培训结果的信息。该评估被认为是评估中最重要的一个部分。它包括四个阶段:界定趋势目标;选择或构建这些目标的测量方法;在合适的时间进行测量;根据评估结果改善以后的评估。

4. CIPP 评估模型

CIPP 评估模型是由高尔文于 1983 年在教育领域研究成果的基础上提出的。它包括四种评估,即情境评估(Context Evaluation)、投入评估(Input Evaluation)、过程评估(Process Evaluation)和成果评估(Product Evaluation),它与 CIRO 模型的不同之处在于:一是过程评估认为应该监控可能的失败来源或者给预先的决策提供信息,为培训评估做准备;二是成果评估中除了要对培训目标结果进行测量和解释,还包括对预定目标和非预定目标进行衡量和解释,这个层次的评估既可以发生在培训之中,又可以发生在培训之外。CIPP 评估模型,如表 4-4 所示。

表 4-4　CIPP 评估模型

层　　次	标　　准	内　　容
1	情境评估	确定培训需求、机会和目标
2	投入评估	评估培训资源和培训项目
3	过程评估	培训方案的监督、控制及反馈
4	成果评估	衡量培训目标达到的程度

（资料来源：金延平. 人员培训与开发[M]. 大连：东北财经出版社，2016.）

情境评估是指界定相关环境、识别需求和机会、诊断具体问题，需求分析是情境评估的一个例子。

投入评估可以提供如何最佳使用资源去有效实施培训的信息。这个方面的评估有助于制订培训项目计划和培训设计的一般策略，通过投入评估的结果可以形成培训方案，如关于制度、预算、时间安排、建议书和程序等方面的内容。

过程评估可以反馈给负责培训实施的人员，它可以监控可能的失败来源或者为预先的决策提供信息，从而帮助决策者在众多培训方案中选出最具成效的培训方案。

成果评估，即对培训是否达到预期目标进行评估，具体包括评估受训者的满意度、知识和技能的增加情况、行为的改善情况，以及个人和企业绩效的提高情况等。

总之，情境评估有助于形成目标，投入评估帮助计划培训项目，过程评估引导培训实施，成果评估有助于回顾决策。

5．菲利普斯 ROI 过程模型

1996 年，菲利普斯（Phillips）在柯氏四级评估模型的基础上进行改进，增加了投资回报率（Return on Investment，ROI）作为评估的第五层次。这是一个较为宽泛的概念，包含培训项目的成本和效益相比后所得出的实际价值。该模型是目前比较常用的培训成果评估模型。菲利普斯 ROI 过程模型如表 4-5 所示。

表 4-5　菲利普斯 ROI 过程模型

层　　次	标　　准	评　估　内　容
1	反应和既定的活动	评估受训者对培训项目的满意度及培训项目计划的实施情况
2	学习	评估受训者在技能、知识或观念方面的变化
3	工作应用	评估受训者工作行为的变化及对培训知识的确切应用
4	业务结果	评估受训者运用培训知识后对企业业绩的影响情况
5	投资回报率	评估培训项目给企业带来的货币价值与培训项目的成本比较情况

（资料来源：金延平. 人员培训与开发[M]. 大连：东北财经大学出版社，2016.）

第一层级：反应和既定的活动。它评估的是受训者的满意度及培训项目计划的实施情况。企业通过课堂反馈、抽查受训者的课堂笔记及同受训者的交谈等途径了解受训者对培训活动的反应，从而确定他们对培训内容是否感兴趣，培训方式是否合适和培训中的知识与技能在工作中是否有用等。在检查满意度时，需要注意的是良好的意见反馈并不一定代表受训者学到了新的技能和知识，即受训者积极的反应并不能说明培训已经取得了成功。

第二层级：学习。它评估的是受训者是否真正学到了知识。企业可以利用测试、技能实践、角色扮演、情景模拟、小组评估等方法检验受训者在培训中所学的内容，评估受训者知识、技能和观念的变化。尽管测试可以使培训管理人员了解到受训者对所学内容的掌握程度，但对这些内容在今后工作中的应用情况，培训管理人员仍不得而知。

第三层级：工作应用。它评估的是受训者工作行为的变化及对培训知识的确切应用。企业可以利用许多跟踪方法测量受训者应用新技能的频率，从而判断受训者是否将培训所得的知识应用到工作中。需要注意的是，尽管这一层级对评估培训知识的运用是否成功至关重要，但这仍然无法保证培训会对企业产生积极的影响，因此必须对其进行审慎、客观的评价。

第四层级：业务结果。它评估的是受训者运用培训知识后对企业业绩的影响情况。评估标准包括产量、质量、成本、时间和客户满意度。对培训结果的评估主要是测量培训的效益性，也就是衡量培训成本是否合算，利润是否高于成本。企业可以使用成本收益评估法对培训效益进行评估。培训的效益包括培训工作给企业带来的经济效益和培训的社会效益两类。培训的社会效益显而易见，但是难以量化。培训的经济效益可以用节约成本和产出增量来衡量。在对培训收益进行评估时，培训管理人员不能忘了评估培训给企业带来的间接收益。培训的成本包括培训管理人员和受训者的薪酬、培训部门的管理费和一般管理费等。

第五层级：投资回报率。它评估的是培训项目给企业带来的货币价值与培训项目成本比较情况。只有在第五级评估结束后整个评估过程才算完成。投资回报率的计算公式为：

$$投资回报率（ROI）= 培训净收益/培训成本 \times 100\%$$

其中，培训净收益等于培训项目收益减去培训项目成本。虽然目前还没有普遍的认可标准，但有许多企业对培训项目的投资回报率建立了最低要求或最低预期资本回收率，该比例数值通常高于其他类型投资所要求的百分比。

4.2 培训成果评估的实施

培训成果评估在实施过程中按照有序的评估流程推进，评估者选择合适的培训评估方法，收集全面真实的培训效果信息，从而对培训效果做出科学、合理的评价。

4.2.1 培训成果评估的流程

科学的培训成果评估对了解培训投入产出的效果，界定培训项目对企业的贡献，验证员工培训所做出的成绩非常重要。目前，企业培训存在的最大问题是无法保证有限的培训投入产生理想的培训成果。

遵循已制定的培训成果评估流程是顺利有效地进行培训评估活动的关键。一般来说，有效的培训评估应该包括以下几个基本步骤。

1．做出评估决定

不是每次培训都需要评估。在做出评估决定之前，评估者必须开展以下工作。

1）评估的可行性分析

评估的可行性分析是指在培训项目评估之前，评估者收集培训项目及其评估的有关信息，对其进行详细分析，从而得出评估是否可行的结论。

可行性分析包括两个方面：一方面是决定是否要对该培训项目进行评估；另一方面是了解培训项目实施的情况，为以后的评估设计奠定基础。

2）明确评估目的

在评估培训效果之前，一定要搞清楚评估的目的所在，这样才能为评估的开展指明方向和提供标准。评估的目的与管理者的需要相关，其基本目的是要满足管理者的需要。但管理者的需要是多方面的，他可能需要了解有关培训方案的情况。例如，培训项目是否有利于增进企业员工的绩效，培训项目是否能进一步改进；也可能需要就继续还是终止，继续推广还是限制培训方案一事做出决策。只有结合管理者的意图，明确与之相适应的评估目的，才能使评估报告有意义。

3）选择评估者

在选择评估者时，既要考虑评估培训项目的特点、评估内容及培训评估的目的，也要考虑评估者自身所具有的优势和弱点，以及企业的评估能力。

评估者主要分为内部评估者和外部评估者。内部评估者的优势在于对培训项目的具体内容、运作过程、注意事项及项目提出的原因和意义等方面比较了解，有利于获得全面信息及敏感信息，把握问题的关键，但内部评估者容易受内部关系的妨碍。外部评估者大多来自研究机构或专门的评估咨询企业，比较熟悉各种评估技术与方法，评估操作比较熟练，对评估过程中遇到的技术难题有较强的处理能力，而且外部评估者对培训中存在问题的反映比较客观，但评估费用比较高。

2．制订培训评估方案

确定完培训评估目标后，接下来的工作就是制订培训评估方案。在制订培训评估方案的过程中，需要明确以下几点：培训评估的目的；评估的培训项目；培训评估的可行性分析；培训评估的价值分析；培训评估的时间和地点；培训评估人员的确定；培训评估的方法；培训评估的标准；培训评估的推进步骤；培训评估的工作与配合；培训评估的频率；培训评估的报告形式与反馈。

培训评估报告的核心内容是选择培训评估的方法、评估的设计、评估的策略。评估策略是重中之重，要回答谁来评估、在什么时候评估和在什么地方评估的问题。

3．实施培训评估方案

确定培训评估方案后，就可以开展具体的评估工作了。培训评估实施的关键在于搜集培训对象的数据与资料。搜集数据常见的做法包括向受训者发放咨询表或者问卷，与受训者进行座谈，对受训者进行观察等。

搜集完相关数据后，就要开始对相关数据进行整理和分析，以及对分析结果进行解释。数据整理过程主要是依据数据类别，将同一类的数据放在一起，为以后的统计、分析做准备。数据分析方法的选择决定了数据本身的特性。数据分析的方法有很多种，如集中趋势分析、离中趋势分析、相关趋势分析等，主要分为定性方法和定量方法两大类。

4. 撰写评估报告

1）撰写初稿

从开始撰写评估报告初稿到向上级呈报报告期间要完成以下工作：起草报告初稿、修改完善初稿；召开相关人员共同参加的评估会议（相关人员包括培训项目的管理者、实施者、项目顾问、受训员工、受训员工的直接领导或下属等）；共同讨论评估报告的真实性和结论的合理性，确保评估报告的客观性；根据评估会议收集的各方面意见修改评估报告；向上级呈报评估报告。

2）在撰写评估报告时需要注意的问题

（1）要用辩证的眼光来分析问题。

（2）要考虑到培训评估者本人可能存在的偏见。

（3）要考虑到培训的短期效果的真实性和长期影响。

3）培训效果评估报告的内容

（1）培训背景说明。

（2）培训概况说明。

（3）培训评估的实施说明。

（4）培训评估信息的陈述或以图表表示。

（5）培训评估信息的分析。

（6）培训评估结果与培训目标的比较。

（7）培训项目计划调整或是否实施的建议。

5. 反馈和宣传评估结果

培训评估的目的是促进企业发展。因此，要把培训评估的结果与相关人员进行沟通和反馈。涉及的相关人员包括以下几类。

（1）培训部门的工作人员：培训部门的工作人员在得到反馈意见的基础上对培训项目进行改进，精益求精，提高培训水平。

（2）管理层：管理层对培训工作的支持与否、培训项目资金投入的多少等直接影响培训效果。

（3）受训员工：受训员工明确自己的培训效果有助于受训员工取长补短，不断提高其工作绩效。

（4）受训员工的直接领导：受训员工的直接领导可以通过培训评估结果，直接了解其下属的培训情况，以便指导下属。同时，受训员工的直接领导可以将培训评估结果作为对受训员工考核的参考依据。

反馈评估结果并进行一定的成果宣传是必要的。对培训成果进行分析，并明确沟通原因，然后选择反馈和宣传对象，撰写一定形式的报告，通过媒介进行沟通和宣传。对反馈和宣传过程中的相关意见要及时分析，以便进一步分析培训成果及改进反馈和宣传方式。具体流程见图4-1。

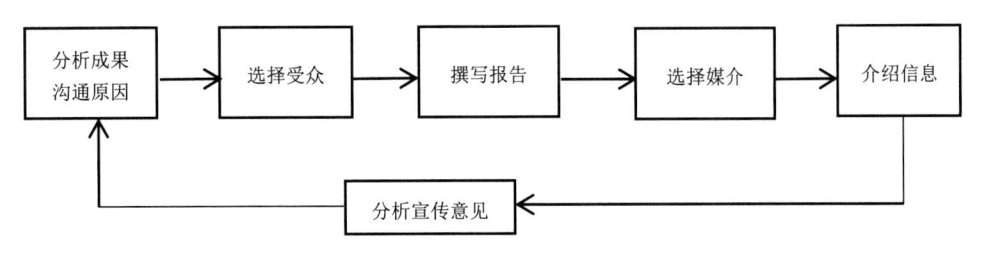

```
分析成果      选择受众      撰写报告      选择媒介      介绍信息
沟通原因  →            →            →            →
   ↑
   └──────── 分析宣传意见 ←──────────┘
```

图 4-1　培训评估结果沟通与宣传模型

（资料来源：杰克．菲利普斯．培训评估与衡量手册[M]．3 版．南京：南京大学出版社，2001．）

4.2.2　培训成果评估的方法

培训成果评估的方法包括定性评估法和定量评估法两类。

1．定性评估法

目前，大多数企业在对培训成果进行评估时，采取的均为定性评估法。它是指评估者在调查研究和了解培训实际情况的基础上，以自己的经验和相关标准作为衡量依据，从而评价培训效果的好坏。

定性评估方法综合性较强，所需的数据资料较少，考虑较为周全，评估经验可以作为参考依据，因此它简单易行。但是评估者的主观因素、理论水平和实践经验对此方法得出的培训成果评估的影响较大。

定性评估方法有很多种，企业较常用的方法包括以下几种。

1）观察法

观察法是指评估者在培训结束后亲自到培训对象所在工作岗位，通过观察或录像的方式记录受训员工的工作表现和工作业绩，再与其培训前的表现和工作业绩进行比较，得出培训效果的方法。这种方法耗时长，一般只是针对一些投资较大、培训效果对企业发展影响较大的培训项目。培训观察记录表是使用这种方法的过程中必不可少的工具，如表 4-6 所示。

表 4-6　培训观察记录表

培训课程		培训日期	
观察对象		评估者	
观察到的现象		培训前	
		培训后	
观察结论			
其他特殊情况			

2）讨论法

讨论法就是把所有受训员工集中到一起开讨论会。在讨论会上，每个受训员工都要说明这次培训给自己带来了什么收获，自己是如何把培训所学知识迁移到实际工作中的，以及是否需要后续的培训等问题，从而获得关于培训成果的相关信息。

这种方法一般是在培训结束后展开的，也可以通过让受训员工写培训总结或培训感谢来代替。

3）问卷调查法

问卷调查法是指借助预先设计好的问卷，在培训课程结束时请调查对象填写，以此来了解相关信息的方法。这种方法的关键是依据调查对象和调查目的设计一份有效合理的问卷。

4）测试法

测试法是指一种通过比较受训者在培训开始和结束时所做的相同测试题的分数来衡量培训成果的方法。如果受训者在培训结束时所得的测试成绩高于在培训开始时所得的成绩，则表示这次培训的确给受训者带来了好的收益，使其获得了新的知识和技能。

这种方法是企业培训采用较多的方法。它简单易行，而且成本较低。但是企业采用这种方法难以确定员工对所学到的技能和知识在实际工作中的应用情况。

2．定量评估法

定量评估法是指一种在数据计量处理理论的指导下，利用统计方法或者数学模型对所获取的精确的、全面的数据进行分析整理，从而对培训成果进行评估的方法。

使用定量评估法的前提是要有完整的统计数据和先进的计算手段，使用这种方法得到的结果通常较为科学、可靠。在实际生活中，受主观因素的影响，对培训中的很多因素都无法使用工具测量，获取有关数据的成本比较高。对企业而言，花费较大的成本来使用这种方法进行评估并不值得。因此，定量评估方法的使用频率并不高。

定量评估的方法有很多种，包括投入-产出法、机会成本法、边际分析法、假设检验法等。其中，应用最广的就是投入-产出法。

投入-产出法是通过计算培训项目的培训收益或投资回报率来判断培训项目的经济收益的定量评估方法。

培训项目的经济效益是指通过培训获得的总收益减去总成本之后得到的净收益，培训收益越高，培训项目的经济效果越好；反之，培训收益越低，培训项目的经济效果越差。如果培训项目的预期收益是负数的，那么企业一般不会开展这样的培训项目。培训收益的计算公式如下：

$$培训收益 = (E2 - E1) \times N \times T - C$$

其中，$E2$（$E1$）表示培训后（前）每位受训员工的年效益；N 表示参加培训的总人数；T 表示培训效益可持续的年限；C 表示培训成本。

培训的投资回报率是指用于培训的每单位投资所获取的收益，投资回报率越高，培训成本越好；反之，则越差。

若计算出来的 ROI 小于 1，则表明培训收益小于培训成本，说明此次培训没有收到预期的效果或者企业存在的问题不是培训所能解决的。

该方法实施的条件是受训员工的年效益是可以量化的。对那些年效益无法量化的受训员工，该方法就很难操作。在培训中涉及的典型成本和收益如表 4-7 所示。

表 4-7　培训中涉及的典型成本和收益

典型的成本	典型的收益
培训师的工资和时间	产量的增加
受训者的工资和时间	错误和事故的减少
培训资料	员工流动率降低
与培训师和受训者相关的费用，如交通费等	更少的监督需要
设备与设施成本	运用新知识的能力提高
生产率的损失	态度的改变

（资料来源：罗伯特. 马希斯，约翰. 杰克逊. 人力资源管理[M]. 13 版. 赵曙明，周路路，译.北京：电子工业出版社，2014:173.）

4.2.3　培训评估信息的收集

1. 培训评估所需的数据信息

在开展培训成果评估时，必须依据各种数据信息，通常培训评估所需要的数据信息包括硬性数据信息和软性数据信息两类。其中，硬性数据是指那些客观的、理性的、无争论的事实和数据。硬性数据大多来源于相关员工或者员工所在的企业在工作和业务上的产出、产品和工作的质量、发生的各类成本，以及消耗的时间等四类数据。硬性数据一般具有以下特点：它是定量化的数据，容易测量；它是衡量企业绩效的常用标准，比较客观；比较容易转化为货币价值；衡量管理业绩的可信度较高。

培训效果有时有一定的滞后性，因此硬性数据的结果需要经过一段时间后才能表现出来。另外，企业还需要借助软性数据进行培训成果评估。软性数据通常包括企业氛围，员工的满意度、新技能、工作习惯、发展及创造性几个方面。它一般具有以下特点：有时难以量化，相对来说不容易测量；作为绩效测评的指标，可信度较差；在多数情况下是主观性的；不容易转化为货币价值；一般是行为导向的。

2. 培训成果信息收集方法

培训成果常见的信息收集方法主要有四种：观察法、访谈法、问卷调查法、测验法。

（1）使用观察法收集培训成果信息主要分为三个阶段，即事前、事中、事后。使用这种方法要求观察人员必须深入受训者的工作现场，亲身考察或体验他们在实际管理中表现出来的业绩和水平，从而获得一些直观、具体而真实的信息。

（2）通过访谈法收集培训成果信息，一般是在培训项目开展前和培训项目开展后进行的。在培训项目进行过程中进行面谈访问，一方面，会影响培训项目的正常进行，另一方面，如果面谈访问足够广，包括了企业内部的决策者，就有助于了解企业高层对培训成果的期望。

（3）通过问卷调查法收集培训成果信息，主要是在培训前、培训中和培训后进行的。其中，在培训项目开始前，培训管理者通过发放培训需求问卷搜集相关数据并做培训需求分析，而培训需求问卷基本包含了事前培训评估信息的内容，因此培训前的信息收集应该由培训管理者负责。培训中的问卷调查要突出重点，简要明确，问卷题项不能过多,以免导致受训员工的抵触情绪,造成培训项目进行中的障碍。培训后的问卷调查应根据培训项目和受训对象进行调整和设计。如果是简单的培训,则不必进行专门的问卷调查。

（4）通过测验可以收集培训成果的信息。测验的主要目的是了解受训员工已掌握的知识,检查受训员工完成任务的质量。测验包括书面测验和操作测验两种类型。通过对测验的数据分析、统计和总结得出的数据,可以为培训评估提供第一手资料。

各种培训成果信息收集方法所收集的内容及其优缺点,如表4-8所示。

表4-8 各种培训成果信息收集方法所收集的内容及其优缺点

收集方法	内 容	优 点	缺 点
观察法	观察培训企业准备工作、培训实施场地、受训者参加情况、受训者反应情况,观察培训后在一段时间内受训者的变化	不会给人带来威胁;是用于测量工作行为改变的极好途径	可能打扰当事人;可能造成回应性的反应;可能不可靠;需要接受过专业训练的观察者
访谈法	访问受训者、访问培训实施者、访问培训企业者、访问受训者领导和下属	灵活;可以实现双向沟通,以确保对问题的解释和澄清;可以对问题进行深入的追踪调查	成本较高;非常耗费时间;有面对面的交流障碍;引发的反应在很大程度上是回应性的
问卷调查法	调查培训需求、培训企业、培训内容及形式、培训师、培训效果	单位成本较低;资料编码直接;回收的资料便于分析处理;可避免访谈人员的偏见	数据的准确性可能不高;问卷回收率可能较低;不具有灵活性;问卷受到调查对象文化水平的限制;设计和测试较为耗时
测验法	测验受训者掌握知识和操作技能的程度	购买成本低;容易计分;可迅速批改;可大面积采样	可能带来威胁感;也许与工作绩效不相关;可能有文化带来的偏差;对常用模型的依赖可能歪曲个人绩效

4.2.4 培训评估数据的分析

在培训评估中可以采用统计方法对评估数据信息进行汇总、整理和分析。

（1）频率分布。例如,对测验结果进行频率分布,从数据的集中趋势（多数项目被组合在一起）及差异度（数据的离散程度）来判断培训效果高低。

（2）集中趋势。常用中数、中位数和众数表示。中数就是一组数字的算术平均数。中位数就是按照从小到大排列数据,处在当中的那个数。众数就是发生频率最高的那个数。

（3）差异度。就是各个量数之间的差异程度,可以用标准差、方差来表示。

（4）相关系数。研究两个变量是否有相关性,可以使用SPSS进行分析。

（5）假设检验。要求评估者通过定量分析确定培训成果是否显著,从而选择接受或者拒绝。

当然，在分析数据之前要审查数据的一致性和准确性。只有数据本身具有相当的可靠性，数据的分析和解释才会可靠。另外，尽量使用最简单的统计方法，不要超过从数据中获得所需结论的必要限度。

4.3 培训成果转化的影响因素

4.3.1 培训成果转化的概念

鲍德温和福特认为培训成果转化是受训者将培训中获得的知识及技能推广到实际的工作中，并且始终保持这种状态的过程。卜罗德也指出培训成果转化是指受训者将培训中的所学有效且持续地运用于工作中。泰勒将工作中的培训成果转化定义为受训者将培训后获得的知识及技能有效地运用到工作中，使培训项目发挥最大价值的过程。培训成果转化强调的是在承认培训取得成果的基础上，将培训成果应用到工作中。

除了以上国外学者对培训成果转化的论述，近几年国内外学者对这一概念也做了进一步的研究和论述。

董克用认为培训成果转化是指受训者将在培训中所学到的知识和技能运用到实际工作中的过程。这一过程非常重要，因为只有受训者把培训内容运用到实际工作中，培训的价值才能得到体现，否则培训投资对企业来说就是一种浪费。

徐芳在总结了国外学者对培训成果转化的论述后，提出了自己对这一概念的定义，认为培训成果转化就是指受训者持续并有效地将培训内容（知识、技能、态度和行为）运用于实际工作中，使培训收益体现最大价值的过程。

尽管学者对培训成果转化的论述在字面上有些差别，但是究其本质可以发现，培训成果转化的含义具有以下共同特征：受训者在培训后重新回到工作中，应当获得知识、技能等方面的提升和转变；受训者在培训中获得的成果要应用到实际工作中才能真正获得价值；无论工作情景与培训模拟情景是否一样，培训成果的应用都需要一定时间；培训成果的转化有助于企业的发展与进步。

4.3.2 培训成果转化的理论

与培训成果转化相关的理论有四种，分别是同因素理论、激励推广理论、认知转化理论和 U 型转化理论。

1. 同因素理论

同因素理论认为，培训成果转化只有在受训者执行的工作与培训中所学的内容完全相同时才会发生。培训成果能否达到最大限度的转化取决于任务、材料和学习环境与工作环境的相似性。学习环境与工作环境的相似性通常有两个衡量尺度：心理逼真与物理环境逼真。心理逼真是指受训者对培训中的任务与实际工作中的任务给以同等重视的程度。物理环境逼真是指培训过程中的各项条件与实际工作中的相同程度。同因素理论特别关注"转化力"的发生，但它并没有告诉我们，若学习环境与培训环境不相同时，应该如何进行转化。

2. 激励推广理论

激励推广理论认为，培训成果转化的关键是区分重要特征和一般性原则的培训，要明确这些一般原则的适用范围。激励推广理论强调"远程转化力"，即当工作环境与培训环境有差异时，受训者具备在工作环境中应用学习成果的能力。只要针对工作中的一般原则进行培训，培训中的环境和工作中的环境可以不相似。

3. 认知转化理论

认知转化理论是一种以信息加工模型为基础的理论，对信息的储存及恢复是关键因素。该理论认为，培训成果能否转化取决于受训者恢复所学技能的能力。因此，可以向受训者提供有意义的材料和策略，增加受训者将实际工作中遇到的问题与所学技能结合的机会，从而提高培训成果转化的可能性。同时，向受训者提供对所学技能进行编码记忆的方法，这样受训者就可以轻而易举地恢复这些能力，最后对受训者的学习状况进行监控和反馈。

4. U型转化理论

奥托·夏莫的《U型理论》在一定程度上揭示了领导者"做什么"和"如何做"的真相，通过拓展思维、打开心灵和转变意志，从根本上完善领导者的意志、心智模式和行为。

培训成果转化的内容包括：态度类培训的关键在于转变人们的意志，只有从意志的本源处转变，才能有效地调整其心智模式，进而改变具体的行为，最终取得预期的结果。这个过程与《U型理论》提供的"内在三器"不谋而合，通过拓展思维、打开心灵和转变意志，进而重塑意志、重构心智模式、重组行为；同时，"内在阻力三声"也为以上过程的实施起到了重要的提示作用。

> **相关链接**
>
> **培训成果转化七步法**
>
> 要想实现学习者态度的转化，可以尝试通过下列七个步骤进行操作，分别是知、止、定、静、安、虑、得。
>
> 1）知（感知现有的行为）
>
> 方法：让学习者在纸上描述出自己的管理行为，并进行客观性的修正。
>
> 关键点：在学习者初步完成行为描述之后，给他们一段"安静时间"对自己的描述进行客观性的修正。
>
> 2）止（开放整体视角）
>
> 方法：让学习者尝试分别从他人、团队和企业的视角，对所描述的行为进行修正。
>
> 关键点：引导学习者进一步放下"以自我为中心"的原有理念，通过视角的转变感知自己注意力的转向变化。
>
> 3）定（连接意志源头）
>
> 方法：让学习者将注意力重新转回到自己身上，与内心连接。

关键点：通过冥想音乐的辅助，引导学习者放下原有的想法，与自己的内心连接，使他们看到内心深处的真正渴望。

4）静（呈现自然流现）

方法：让学习者充分感受到当下的自我，并将内心的渴望写下来。

关键点：引导学习者全情投入当下，用心感受内心的觉知和渴望，然后自然地记录下来。

5）安（接纳生成意志）

方法：让学习者阅读自己内心的渴望，如有异议，可进行反复修改，直到认可为止。

关键点：此环节要做充分，不可一带而过，一定要确保学习者能够真正接纳生成的意志。

6）虑（结晶新的模式）

方法：让学习者在明确内心渴望的基础上，写出行事的指导原则和思路。

关键点：引导学习者澄清内心渴望，确保制定的行事原则与内心渴望一致。

7）得（收获全新行为）

方法：让学习者列出符合内心渴望的具体行为，并付诸实践。

关键点：保证学习者列出的具体行为，能够符合行事原则，更重要的是能够体现出内心的真正渴求。

资料来源：凌宇航. 如何用 U 型理论促进培训效果转化[J]. 杭州金融研修学院学报，2016(06):57-59.

4.3.3 培训成果转化的影响因素分析

1. 受训者的个人特征

受训者的个人特征对培训的影响不仅发生在培训过程中，而且还发生在培训转化的过程中。其中，性格特征、转化动机、个人能力和自我效能感等个人特征是影响培训效果转化的重要因素。

1）性格特征

在培训过程中，培训师发现，接受相同培训的受训者的培训成果是不同的，即使培训成果相差无几，但是不同受训者对所获取的培训知识和技能的运用程度也是不尽相同的。在外部条件一致的情况下，受训者的性格特征会直接影响整个培训过程的效果和培训成果的转化。研究结果表明，性格内向的受训者无论是否觉察迁移环境的支持性，他们都要比性格外向者更倾向于应用培训知识。

2）转化动机

转化动机是受训者通过培训活动学习到新的知识和技能，并且将其运用到实际工作中，进而提高工作绩效的动机。各种研究表明，转化动机与受训者在培训中知识或技能的获得、行为的改变等密切相关。如果受训者感知到下列 4 种情况，那么他们会更加有动力在培训中努力表现自己。

（1）努力能够带来培训中的好表现。

（2）培训中的好表现能够促使工作绩效的提高。

（3）工作中的高绩效有助于受训者获得期望的工作成果，并且避免不期望的结果。

（4）培训中的良好表现会与受训者的职业生涯发展有密切联系。

3）个人能力

受训者的个人能力是指受训者本身具有的能力，具体是指受训者能够顺利完成工作并且在培训项目内容中学习到该技能的能力。人的能力包括认知能力、阅读能力和写作能力等。其中，人的认知能力最为重要。个人的认知能力包括3个维度：语言理解能力、定量分析能力和推理能力。语言理解能力是指一个人理解和运用书面及口头表达的能力；定量分析能力是指一个人解决数学问题的速度和准确度；推理能力是指一个人找到解决问题方法的能力。认知能力对成功完成所有任务都有影响，并且任务越复杂，认知能力对成功完成工作任务的重要性就越高。同时，认知能力还会影响受训者在培训项目中的学习能力。

另外，培训项目的学习和绩效的转化会受到阅读能力不足的阻碍。如果受训者无法使用培训过程中所使用的材料，那么受训者的学习效果不仅不会提高，反而可能下降。因此，受训者的工作绩效也不会得到提高。

受训者的个人能力与学习能力紧密相关，特别是面对有挑战的学习和工作时，学习能力高的人能够主动地寻找运用培训所学的机会，从而提高工作绩效。

4）自我效能感

自我效能感是一种人对自己的主观判断，通常是指人们对自己能否成功地完成一件事情的主观感受。自我效能的心理作用表现为受训者在执行任务前，他们会先倾向于评估自己的能力水平，然后他们会根据自我效能感来决定要付出的努力程度和持续时间。研究表明，自我效能感与培训成果、培训后行为转变、知识和技能的保持、培训后的绩效有正相关的关系。

2．培训项目的设计

培训项目设计是指对培训中所采用的培训内容、培训方法和培训媒介等做出选择和计划。培训内容主要与培训要获得的成果相关，培训方法必须适用于不同知识结构和不同知识水平的培训类别。培训媒介一方面是与培训内容和培训方法相匹配，另一方面可以提高培训的效率和及时性。在培训项目设计中，应重点考虑以下三个问题。

1）营造良好的培训环境

营造良好的培训环境是提升培训成果的前提。强化对员工的培训是一种长期性、持续性的系统工程，其目的是培养能适应并推动企业可持续发展的高素质人才，因而企业创造有利于员工学习的良好环境是先导。企业应该意识到为参加培训的员工提供软件、硬件一流的学习条件是有必要的，有好的培训环境，受训员工的学习效果也能得到提升。此外，在营造培训环境中，要运用学习原理帮助受训员工获得所期望获得的东西。例如，认知心理学提供了帮助企业有效地界定培训情境的概念框架，从而帮助它们掌握做好工作所需的认知模式及技能。

2）应用培训成果转化理论

应用培训成果转化理论来设计培训项目，可以提高培训内容与工作的关联性。不同的培训成果转化理论适用于不同的培训内容和培训对象，从而提升培训成果的转化效果。例如，基层员工的技能培训可以采用同因素理论，按照工作环境设计培训环境；中层员工或者中层管理者的管理技能开发培训设计应该采用激励推广理论或认知转化理论来设计培训环境和培训内容。

3）采用自我管理战略

自我管理战略是指培训项目可以让受训者在培训过程中准备好自行管理新的技能和行为方式并应用到工作中。现代管理学之父彼得·德鲁克明确提出"自我管理"，即了解自身的长处、优势所在；懂得自己的行为方式；了解自己的价值观、归属；了解自己应该贡献什么；擅长处理人际关系；制定在工作中运用新技能和采取新行为的目标；在工作中应用所学技能；自我监督所学技能在工作中的运用等。在培训项目设计中，"自我管理"思想的体现即让受训者对新技能的自我管理做好准备并且将所学到的知识和技能运用到实际工作中。研究表明，应用自我管理战略的受训者的转化行为和技能水平高于没有使用自我管理战略的受训者的转化行为和技能水平。

3．工作环境

除了受训者的性格特征和培训项目的设计，工作环境同样会影响培训成果的转化。培训成果能否顺利转化与工作环境密切相关，因此营造良好的工作环境对培训成果转化非常重要，包括转化环境、管理者的支持、同事的支持、运用所学能力的机会和技术支持。

1）转化环境

转化环境是指受训者对能够促进或者阻碍培训技能或行为应用的工作环境特征的感觉，包括企业战略目标和企业文化两类。

（1）企业战略目标。企业战略目标是对企业战略经营活动预期取得的主要成果的期望值，是企业整体发展的根本方向，也是企业对未来发展的设想。其中，人力资源培训与开展战略是企业战略目标的重要组成部分。培训的主要目的是对人才素质进行培训，以及对培训成果进行转化。人力资源素质的提高能够促进企业生产水平的提高，同时能够减少人员流动或者员工技能落后造成的成本开支。因此，符合人力资源的培训及评估受训者培训成果的部门的战略目标才是合理的，才能够保证企业的成长和持续发展。

（2）企业文化。积极向上的企业文化可以促进受训者培训成果的转化。企业文化的一种重要表现形式就是企业学习氛围，它从侧面体现企业的价值观和精神，并以潜移默化的方式影响员工的思想和行为。在学习氛围浓厚的企业中，管理者重视企业的可持续发展，关注员工的进步与提高，随时随地对员工进行指导，把下属的进步看作对自己工作的肯定；在这种企业的领导下，员工的上进心强，能够抓住一切可以利用的机会学习提高，并乐于将所学习的知识和技能运用到工作中。

企业文化的形成实际是企业内部动力机制的建立，它不仅引导着员工朝着企业既定的目标前进，又作为激励机制的隐藏部分，将企业的价值观逐步渗透到员工的思想中去，产生一种强大的凝聚力，激励员工将培训成果进行转化，提高其工作绩效，进而达到个人目标与企业目标的统一。

2）管理者的支持

美国培训专家雷蒙德·A.诺伊（Raymound A.Noe）认为，管理者对培训的支持度越高，越有助于培训成果迁移。这里所说的"管理者"指的是企业中各个级别的管理者，既包括最高层次的管理者，也包括中层管理人员和一线的基层管理者。管理者能够对受训员工的培训活动提供不同程度的支持，管理者提供的支持越多，培训成果转化程度就越高。

管理者提供基本的支持水平是承认培训项目的重要性，组织员工参加培训；而能够提供最高水平的支持是管理者作为培训师对员工进行培训，这样能够促进培训成果实现最大限度的转化。另外，管理者可以为受训者提供实践的机会和平台，使得受训者能够把所获得的技能应用到实际工作中，进而提高其个人工作绩效，从而达到培训的最终目的。

为了确保工作环境能够强化受训者进行成果转化，管理者需要做好下列4个方面工作。

（1）为受训者在参与培训项目之前运用新技术或者采取某些行为提供必要的材料、时间，与工作有关的信息及其他方面的工作帮助。

（2）当受训者在工作中运用培训内容时，管理者及时鼓励他。

（3）鼓励工作团队中的每位成员在培训内容对工作有帮助的情况下，通过提供反馈和分析培训经验来共同使用新技术。

（4）为受训者在工作中应用新技能或者采取新行为提供时间和机会。

为了确保培训成果转化，企业应该安排专门的时间向受训者的领导解释培训的目的，并且告诉他们企业鼓励员工参加培训，为受训者提供实际练习的机会，强化培训内容的应用，对受训者进行追踪，以及评价受训者在将培训内容运用于实际工作中取得的进展。

3）同事的支持

同事的支持主要是指来自参加过培训的同事的支持。同事之间的相互支持不仅是培养良好人际关系的基础，还可以创造良好的学习和成功转化氛围，促进培训成果的转化。在受训者之间建立支持网络，可以帮助受训者强化培训成果转化。支持网络是指由两个或两个以上的受训者自愿组成的，愿意面对面讨论所学技能在工作中应用的一个小群体。除了面对面的交流，还可以利用互联网、电子邮件等进行沟通交流，分享在实际工作中成功运用培训所学的知识和技能的案例。另外，还可以讨论如何争取在运用培训中所学技能的必需资源，或者如何消除对培训成果转化产生不良影响的环境干扰因素。

4）运用所学能力的机会

运用所学能力的机会，是企业为受训者提供或者受训者主动寻找机会，实践培训中学到的新知识、技能和行为方式。这种机会受到工作环境和受训员工动机两个方面的影响。受训者应用在培训中所学技能的途径之一，是被安排从事需要运用所学技能的工作。受训者的上级管理者通常在安排这种工作时起着关键作用。运用所学能力的机会还会被受训者寻找应用机会的积极性所左右。如果企业提供了一定的实践机会，但受训者并不积极地利用,那么培训成果只是停留在个人内化的阶段,并不能够实质性地促进企业的发展。

运用所学能力的机会包括应用的广度、活动程度和任务类型等要素。应用的广度是指可用于工作中的培训内容的数量;活动程度是指在工作中应用培训内容的次数或频率;任务类型是指在工作中执行受训内容的难度或重要性。与那些在工作中很少有机会使用培训内容的人相比,那些有较多机会应用所学内容的受训者能够更长久地保留所学内容。

5) 技术支持

技术支持是提高培训成果转化率的重要保障。一个好的培训项目,如果没有匹配的资源和技术,员工获得技能也无法施展。即便企业提供了良好的平台和机会,但没有到位的技术支持,员工也无法在实际工作中应用培训所学到的知识和技能。

培训成果转化的技术支持主要包括电子操作支持系统与计算机辅助教学系统。电子操作支持系统是一种能够为员工提供技能培训、员工所需信息及专家建议的计算机应用软件系统。一旦在操作过程中出现设备故障,员工可以通过电子操作支持系统很快地诊断出问题并接受系统的指导,以便对机器进行修理。

4.4 培训成果转化的途径

4.4.1 积极营造培训成果转化的氛围

员工参加培训取得一定成效仅仅是整个培训管理系统的"所学"阶段,回到工作岗位后是否可以快速进入"所用"阶段,实现培训成果的有效转化,需要有良好的转化氛围。这种氛围包括领导的重视、班组的支持、运用技能的机会,以及一定的激励措施等。因此,企业要积极营造"学技能用技能"的良好氛围,鼓励员工将培训的"所学"转为"所用",真正体现培训应有的价值。

1. 创建发展型的企业文化

创建发展型的企业文化的主要目的是创造一个鼓励自我改变的环境,培育这种环境的方法是鼓励员工开展认知自我和重新塑造自我的活动,这将会给个人带来彻底的改变,并且很难再回到原来的状态。

创建发展型的企业文化的另一个目的是鼓励持续的成长和发展。持续的成长和发展需要应对许多不同的环境和事件,是一个不断延伸的过程,其结果是个人能力和绩效的不断提升,并且满足企业的需要。同时,企业的竞争力会得到提升,避免了在生命周期中的成熟期停滞不前和衰退期急剧下滑的情况。

总之,创建发展型的企业文化的关键在于培育一种高度重视员工成长和发展的环境。这种文化提倡企业要创造条件去鼓励和奖励员工的个人成长和发展。此外,发展型的企业还需要有倡导这种理念的管理者,能够认可、赞赏员工的自我成长和发展对企业的贡献和价值。这也是企业对员工的一种承诺,有利于提升员工的责任感和忠诚度。

2. 建立相互尊重和信任的工作关系

若要营造有利于培训成果转化的氛围,就要增进与员工的工作关系,即相互尊重和信任的工作关系。相互尊重的基础是管理者和员工之间的伙伴关系,双方在共同合作完成既定目标的过程中表现出的相互尊重、相互信任、双向沟通、没有任何偏见和顾虑。

建立相互尊重和信任的工作关系是一个相互的过程。就其本质而言,管理者和员工都能从中获得好处。管理者了解员工,接受员工的独特性,并且亲自参与到员工的工作中,这样可以建立起高层次的信任,也增强了员工的自尊心和自信心。他们更加愿意进行培训成果的转化。在这种工作关系中,员工将积极地学习新的知识和技能,并运用到工作中,提高绩效水平,以满足企业发展的需要。

3. 建立学习型企业

学习型企业是指企业持续转化培训成果,更好地管理和运用知识以帮助企业获得成功,使企业员工能够在工作中学习并利用技术来实现学习和生产的最大化。学习型企业很多的重要特征都非常有助于培训成果的转化。首先,学习型企业需要建立起鼓励和奖励个人及团队学习的工作氛围。这种氛围的特点包括鼓励创造性的学习、成功和失败都被看作学习机会、员工都希望提高绩效水平、积极开展可以让员工改进工作的学习活动并随着环境变化而不断调整、保持良好的学习氛围。学习是一个提升能力的过程,学习就是要建立一种能力,能够去创造以前不能创造的东西。学习型企业的主要假设就是如果个人的学习从量变产生质变,那么企业的业绩将会得到提高。

学习型企业需要员工有学习的积极性和主动性,更需要企业中有鼓励支持学习和共享知识成果的文化氛围,并且员工要对他人参加培训及在培训结束后应用培训所得于实际工作中持理解和鼓励的态度。在现代经济中,企业能否在全球竞争中立于不败之地,并保持领先的优势地位,取决于企业员工的学习能力。学习型企业的建立,强调培训活动不仅要关注员工层面的学习,而且要关注整个团队和企业层面的学习。只有全体员工都有学习和培训意识、有共享和创造的理念、适宜接受新事物、适应组织内外部环境的变化,企业培训成果的转化才能得到鼎力的支持。

4.4.2 明确管理人员培训转化的职责

培训转化是培训活动中的重要组成部分。为此,企业的领导者和管理者首先要深化对培训转化的认识,转变"培训转化不重要"的培训理念,围绕企业的发展目标,把培训转化与组织发展的战略要求紧密结合起来。获得企业高层领导的支持和参与,是培训转化活动顺利进行的前提,也是培训成果有效转化的基础。另外,培训转化不仅仅是企业培训管理部门和相关人员的职责，而且是"全员"行动。因此，要明确关键人员的职责和作用，从而圆满、成功地完成培训转化计划。关键人员主要有以下几类：一是企业领导者，他们是企业总体发展目标的领航者，是企业的掌门人，赢得企业领导者对培训活动的支持至关重要。二是培训总监、培训经理、培训主管等企业培训部门的相关人员，他们是企业培训活动的设计者、组织者和实施者。根据企业的发展战略和目标，组织编制和实施人力资源培训规划，协调企业各部门、各类人员的工作，为企业的战略和人力资源管理提供保障是培训主管人员的职责所在。三是企业其他各部门主管人员，大力支持与全力配合人力资源部门的培训项目、共同参与培训管理部门的培训规划也是其他管理部门应尽的义务。四是企业全体员工，尤其是培训对象，更是培训成果转化的直接责任人。要让员工认识到他们所学的新技能与组织发展之间的关系，通过激励、奖惩等方式来督促员工应用培训所得并产生效益。

4.4.3　建立培训成果转化的激励制度

需要制定相应的培训成果转化工作激励制度，对员工及其直接主管进行组织管理。培训转化激励制度，使员工清楚自己参加培训后，应该如何使用培训技能，对自己的职位变动和薪酬待遇会有什么影响；使员工明确在培训之后具体应用学到的知识技能，能够极大地促进培训转化的成果。没有健全的培训制度约束和保证，培训是很难得出成果的。

1．加强对直线经理的培训和指导

使直线经理具备强烈人力资源开发的意识，承担起培训成果转化"第一责任人"的重任，要有"带队伍"的意识和能力。这对直线经理的素质要求较高，但也是提高整个企业的管理水平和人力资源管理水平的必由之路。具体落实到培训转化过程中，直线经理需要担负起的责任有：与员工进行职业生涯发展方面的沟通，共同设定职业发展目标，进而做培训需求分析，参与设计培训项目，与员工沟通培训目的，设定绩效目标，在员工参加培训后就培训内容进行沟通，在员工应用培训所学的新知识和新技术时给予必要的帮助，对员工的积极行为及时予以认可和表扬。

2．重视对员工职业生涯发展规划的设计与调适

通过岗位任职资格制度的建立和运行，企业为员工提供职业生涯发展的跑道，确立职业发展的标准，明确职业生涯发展的目标。配合岗位任职资格标准，就可以设计与开发出一整套培训课程体系。这样的培训课程体系对提高培训的有效性和针对性是非常有用的。此外，还可以根据实际情况建立员工职业生涯发展指导中心，为员工进行职业选择与调适，为设计职业生涯规划和评估职业生涯发展情况等活动提供分析工具和咨询建议。

> **相关链接**
>
> ### 宝洁的内部提拔制
>
> 宝洁企业采用内部提拔制。在宝洁，除了律师、医生等职务，大部分高级经理都是从新人做起的。95%以上的宝洁管理层都是从应届大学毕业生培养起来的。宝洁的历任 CEO 都是从初进企业时的一级经理开始做起的。他们是随着宝洁企业的成长而成长的。这种自豪感和主人翁意识可以很好地保持企业的凝聚力。
>
> 除维系员工的归属感、激发员工的工作热情之外，内部选拔还可以有效地避免外部招聘所带来的"企业政治"（不同背景的小集团）增多的风险，有利于维护企业文化的纯洁，从而减少因企业核心价值观受到冲击而造成企业经营上动荡的风险。
>
> 内部提拔制使员工真切感受到培训成果转化与个人利益之间的关系，使员工产生内部激励，激发了员工转化培训成果的动力，是企业用人方式的一个自然选择。但在宝洁，这种自然选择已经超越一般选择，成为宝洁企业文化的一个显著表现形式，是宝洁用人制度的核心，也是宝洁取得竞争优势的一个重要源泉。
>
> 资料来源：裴训. 宝洁人才从内部选拔[M]. 企业文化，2016.05:20-20.

3. 构建有效的奖惩机制

要使员工主动积极地进行培训成果转化，还应从动机问题上加以考虑，如薪资、晋升等方面的因素能够影响员工的动机水平。员工拥有的知识、技能的提高与薪资直接挂钩，能够调动员工进行培训成果转化的积极性，使其积极创造条件，主动寻求各类相关人员的配合，从而促进成果顺利转化。

培训成果的转化与员工的职业生涯规划相结合，能够调动员工的主动性和积极性，特别是针对晋升进行的培训开发活动，提高员工的技能使员工能够适应高一级的工作岗位，员工因而具有进行成果转化的内在动力。

4. 积极发挥培训管理部门的督导与推动作用

一是管理者要充分了解下属所参加的培训项目和内容，把促进培训转化的有关事项发给员工；二是鼓励和引导员工将在工作中遇到的工作难题带到培训过程中，作为实践练习材料或者将其列入行动改进计划；三是与培训师交流、分享在培训中收集到的员工反馈信息，并引起足够的重视；四是要求培训师在课堂中安排课后作业，让员工与他们的上级领导共同完成一份"行动改进计划书"。

为确保员工回到工作岗位上能够不断地应用新的学习技能，在培训结束后，培训组织者要依据员工的学习成绩和培训后的行动计划，与员工的直线管理者一起对员工的实际工作表现进行跟踪和监督，分析原因，及时提供辅导服务，积极地推进培训成果转化。

第 5 章
培训方法

引导案例

华为公司的"全员导师制"

华为公司高层很早就意识到，很多优秀老员工的经验并没有很好地普及全公司，而很多经验不足的新员工希望能得到一位导师的悉心教导。假如每位员工都能用心分享自己的宝贵经验，大家互相学习、互相砥砺，无疑会出现教学相长、共同进步的好结果。只从思想上动员或者组织一两次内部经验交流会，无法让员工转变工作态度。只有健全合理的制度，才能让大家敞开胸怀、相互学习。华为的"全员导师制"就是在这种背景下诞生的。

华为导师实行轮流制，有时一年一轮，表现优异者将获得优先晋升的机会。这意味着包括销售、客服、行政、后勤等部门在内的所有华为员工都有机会担任导师。导师以"一对一"的方式对新进华为的员工进行指导培训让新人培训更加有针对性与实战性，不再留下培训"死角"。每名华为导师必须同时具备出色的业绩与高度认同华为文化两个基本条件，而且每位导师最多只能带两名新员工。导师不仅在业务上要发扬"传帮带"的传统，而且在思想上和生活上对新员工有指导和照顾的义务。公司从物质上加强对导师的激励，对每位担任导师的华为员工增发每月300元的导师补助，并且定期评选优秀导师，奖励500元。华为导师都是从优秀员工中选拔出来的，只看能力，不论资历，能上能下。新员工如果表现出众，就会被破格提拔，成为工龄更长的老员工的导师。华为导师对自己培养的徒弟负有连带责任。如果徒弟犯了错误，导师也会被连带追责，甚至降职。"全员导师制"与所有华为员工的升职挂钩，没担任过导师的员工不会被提拔为干部，而不愿继续担任导师者将丧失晋升的资格。

（资料来源：陈伟. 阿里巴巴人力资源管理[M]. 苏州：古吴轩出版社，2017.08.）

思考

华为公司的"全员导师制"有哪些经验可以借鉴？

学习目标

1. 掌握不同类型的培训方法及其优缺点；

2. 掌握培训的主要类型和方式；
3. 掌握培训外包的概念和管理流程；
4. 了解各类培训方法的适用范围。

学习导航

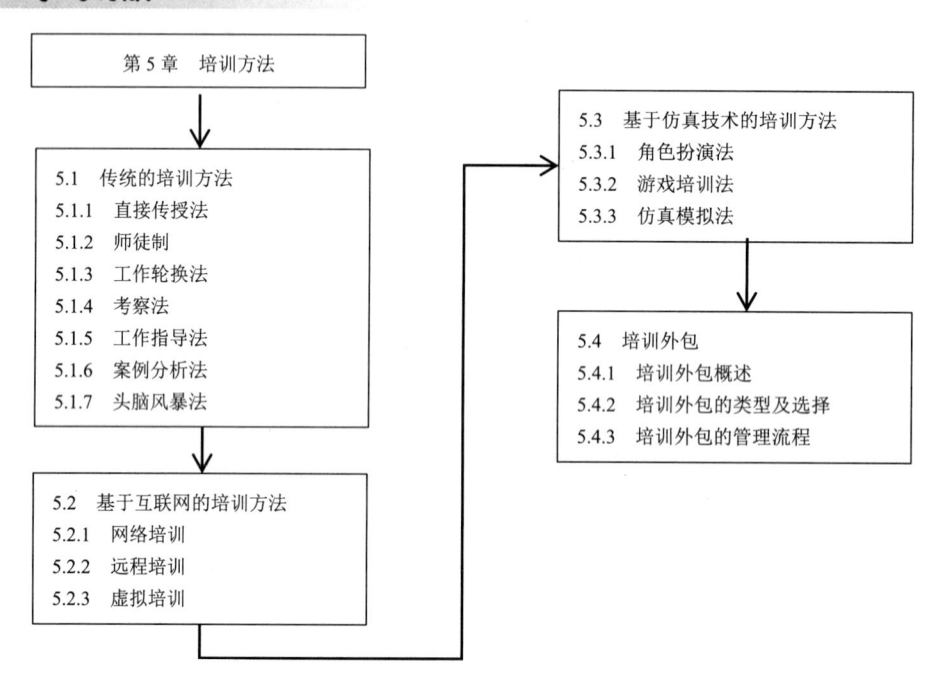

第 5 章　培训方法

5.1　传统的培训方法
5.1.1　直接传授法
5.1.2　师徒制
5.1.3　工作轮换法
5.1.4　考察法
5.1.5　工作指导法
5.1.6　案例分析法
5.1.7　头脑风暴法

5.2　基于互联网的培训方法
5.2.1　网络培训
5.2.2　远程培训
5.2.3　虚拟培训

5.3　基于仿真技术的培训方法
5.3.1　角色扮演法
5.3.2　游戏培训法
5.3.3　仿真模拟法

5.4　培训外包
5.4.1　培训外包概述
5.4.2　培训外包的类型及选择
5.4.3　培训外包的管理流程

5.1　传统的培训方法

5.1.1　直接传授法

直接传授法是一种常用的培训方法，是培训师以面对面的方式讲授相关领域知识的培训方法。直接传授法分为课堂讲授法、专题讲座法、研讨法三类。

课堂讲授法是培训师按照提前准备好的讲稿系统地向受训者传授知识的方法。课堂讲授法适用于知识培训，特别适用于各类员工对专业知识、前沿理论的系统了解。培训师授课水平高低是培训成败的关键。课堂讲授法根据授课类型分为灌输式、启发式和画龙点睛式 3 种。

专题讲座法是针对某一个专题知识进行专门培训的方法，一般只安排一次培训。专题讲座法适用于管理人员或技术人员了解专业技术发展方向，以及当前热点问题等。

研讨法是围绕特定的任务、专题或者过程进行独立思考、判断评价问题能力及表达能力的培训方法。研讨法分为以培训师为中心的研讨和以受训者为中心的研讨两类。以培训师为中心的研讨，由培训师引导受训者回答问题，最后做总结；以受训者为中心的研讨，由培训师提出问题，受训者独立提出解决办法；不规定任务的研讨，受训者就某个议题进行自由讨论。

直接传授法的优缺点,如表 5-1 所示。

表 5-1 直接传授法的优缺点

培训类型	优　点	缺　点
课堂讲授法	培训内容多,知识系统全面;有利于大量培养人才;对培训环境要求不高;有利于培训师的发挥;受训者可利用教室环境相互沟通;受训者可以向培训师请教疑难问题;受训者的培训费用较低	由于讲授内容多,受训者可能会出现难以完全消化吸收的情况;单向传授不利于教学双方互动;不能满足受训者的个性需求;培训师的授课水平直接影响培训效果,容易导致理论与实践相脱节;传授方式较为枯燥单一
专题讲座法	不占用大量时间,形式比较灵活;可随时满足员工在某个方面的培训需求;讲授内容集中于某个专题,培训对象易于加深理解	内容可能不具备较好的系统性
研讨法	可以充分发挥受训者的积极主动性;受训者的参与感觉较高;受训者可以充分利用自己的实际工作经验;培训师可以针对不同水平的受训者进行有针对性的培训	对培训师的要求较高;受训者的水平会影响研讨效果;对任务的设计要求较高

5.1.2 师徒制

1. 师徒制与导师制的关系

师徒制是一种传统的在职培训方式。兼顾课堂培训和在职培训,常用于培训如机械师、电工等技术类或手工艺类员工。最初的师徒制没有固定的培训方法和程序,新员工只是从观察和体验中学习技能,见效缓慢,适合于生产规模小、技术复杂、操作方法应变性强的企业。

传统的师徒制由一名经验丰富的员工作为师傅,同时带一名或者几名新员工(徒弟),指导方式可分为示范、实践和评估三个操作步骤。师傅先给徒弟做个标准示范,徒弟自行学习领悟一段时间之后,师傅再来确认徒弟是否掌握基本知识,通过让徒弟自行演示这个过程的每个步骤,并在演示过程中着重强调关键工作环节和安全事项,最后师傅要为徒弟提供一次实践这个过程的机会,直到师傅认为徒弟已经完全准确且安全地完成该项工作为止,否则徒弟需要不断地重复操作训练。总之,师傅通过检查徒弟的学习成果,决定下一次的示范。

新型师徒制又称导师制,是指企业中富有经验、管理技能良好的资深管理者帮助辅导新员工或者骨干员工。

导师制作为传统师徒制的现代化版本,既是师徒制在应用领域中的扩展,也是师徒制在指导范围上的扩展,指导的内容更加广泛,不局限于知识、技能,还包括行为、态度等方面。导师制通过培养符合企业发展要求的人才,营造良好的工作学习氛围,帮助员工发挥其最大的潜能,一方面为企业储备后续发展的人力资源需求,另一方面避免人才的无序流动,降低人才招聘的成本;还可以促进员工与员工之间的沟通和交流，有利于构建学习型组织，从而发挥团队的竞争优势。

2. 师徒制的基本形式与实施要点

师徒制可分为学徒培训和技工学校培训两种形式。学徒培训是将课堂教学与在职培训相结合，培训期主要依据所需技艺的不同而变化。技工学校培训主要培训工作中所需掌握的技能，帮助员工摆脱边工作边学习的压力。

师傅在讲解过程中必须做到：着重强调关键操作步骤；传授操作应遵守的原则和技巧；讲清楚需要规避的问题和错误行为。

师徒制培训需要注意以下几点：师傅应具有较强的沟通和指导能力，以及宽广的胸怀，做到知而不瞒。徒弟应做到虚心向学、不耻下问，与师傅积极沟通，建立友好的合作关系。企业不仅需要根据徒弟个人特质选择合适的师傅，而且应对师傅的指导给予及时的肯定和必要的奖励。

3. 师徒制的优缺点

师徒制的优点：新员工可以带薪学习。由于有些培训花费时间较长，甚至可能持续几年，这对新员工很关键。若师傅因退休、辞退、调动和升职等因素离开现有工作岗位，徒弟可以及时填补该职位空缺，避免因长时间的职位空缺而造成低工作效率和高培训成本的情况。师徒制培训能增进培训者和受训者的关系，有助于工作的开展和营造积极的组织氛围，从而提高工作效率。

师徒制的不足之处在于：有些师傅深受"带会徒弟饿死师傅"的传统消极观念影响，在传授过程中有所保留，影响徒弟技能掌握程度。随着新技术和新管理方法的推广，受训者的技能可能会被机器替代，导致他们面临失业困境。

5.1.3 工作轮换法

工作轮换又称轮岗，是指根据工作要求安排新员工在特定时期内（通常是 1~2 年）不断变换工作岗位，以丰富其工作经验。早期出现在日本的工作轮换主要是为了培养家族企业的继承人，如今很多企业采用工作轮换法培养新员工或者未来企业管理者，帮助他们扩展专业知识和技能水平，使他们更快地了解企业情况，更好地了解与认同企业文化。

1. 工作轮换法的类型

工作轮换法主要包括三种类型：新员工巡回轮换；培养"全能"员工轮换；培养管理骨干轮换。

新员工巡回轮换是让新员工通过工作轮换增强其适应性和提高对企业文化等的认知水平，有助于确定他们的正式工作岗位，达到"人岗匹配"的目的。培养"全能"员工轮换，是企业安排员工从事各种不同的工作，使其掌握更多的技能，开发潜能，以适应复杂多变的经营环境。培养管理骨干轮换，是管理精英在不同部门之间的横向移动，可以更全面地了解企业的业务，提升其分析判断全局性问题的能力，有助于满足企业的长远发展要求。

2. 工作调动与工作轮换的区别

工作调动和工作轮换的相似之处是工作出现变动。但两者本质上仍不同，工作调动是一种人员配置的方法，而工作轮换是一种培训方式。二者时间界限也不同，工作调动时间不定，往往是长期的；工作轮换通常是短期的，有时间界限。此外，工作调动通常针对某个员工且临时性较强，而工作轮换通常是几个或一批员工，有计划安排的。

3. 工作轮换法的优缺点

工作轮换法的优点在于：能够丰富受训者的工作经历，通过从事不同工作，更清楚地了解自身的专长或兴趣，找到适合的岗位，满足其自身的职业选择倾向和职业生涯发展需要，更好地激发出其潜力和工作积极性，增强对企业文化和制度的认同感；有助于打破各部门之间的界限，帮助受训者熟悉其他部门工作，增强各部门之间的沟通与交流，有助于形成较强的凝聚力；工作轮换法可以带动企业内部员工流动，提高各部门之间的信息交流水平，激发企业活力，从而带动整个企业的工作效率提高。

工作轮换法存在一些不足之处：由于工作轮换期限不长，通常是 1~2 年，员工所学不精，会影响到整个部门或小组的工作效率和工作质量；他们在轮岗过程中对所在部门或岗位归属感不强，可能出现消极怠工、敷衍了事的情况。

4. 工作轮换法的实施要点

企业在实行工作轮换时应注意做到以下三点：第一，必须做好工作分析，明确哪些岗位之间可以互相轮换，一般是先从同一岗位类别中的其他岗位开始，再考虑不同岗位类别之间的工作轮换；第二，要充分发挥工作轮换的优点，如为新员工安排工作轮换前，应充分考虑他们的能力、需求和兴趣等，选择适合他们的岗位，有利于提高新员工的工作积极性和获得对企业的归属感；第三，工作轮换的时间长短应取决于员工个人的学习能力和培训效果，而不是规定具体的期限。工作轮换法只适用于小部分员工，因人而换，不能盲目随意换岗，减少不必要的损失。

5.1.4 考察法

考察法又称实地调查法，通常是为配合培训课程的教学活动同步进行，安排学习者亲自去工作现场参观访问并进行讲解，将课堂搬到企业的办公现场，让受训者从形象具体的工作任务中开阔视野，更好地理解课堂上学习的知识，强化自己的技能水平，对观察能力的培养有一定的积极作用，改善培训效果。考察法作为一种以直接观察、研究为特点的行之有效的培训方法被广泛应用于各大公司或者机构。

1. 考察法的实施要点

为防止考察法流于形式，影响培训效果，需要采用相应的条件确保考察活动有目的、有组织地进行。要想考察法切实可行，应满足以下四点要求。

（1）一定要明确考察目的，并与培训目的保持一致。员工可以通过考察从中获得培训课程上无法获取的知识和技能，进一步深化理论知识，并将理论与实际相结合。无目的地考察不仅达不到理想的培训效果，而且会增加培训成本开支，浪费人力、时间等。

（2）培训对象的选择要恰当，培训受时间等很多因素的影响，因此选择具代表性的企业作为对象才能收到明显的培训效果。只有经过比较和分析后所确定的对象才具有代表性，否则收不到培训效果和利益。

（3）指导要及时，考察并非简单盲目地参观。在考察前，需要向员工考察目的、意义和注意事项等；在考察过程中，需要向考察企业员工做必要的说明和指导；考察结束后还应及时地将考察过程中获取的信息整理成资料，并撰写考察心得，从而更好地发挥考察的作用。

（4）对考察结果做出明确评价。由于个体观察和感知能力的差异，对被考察对象的反应会有所不同。为让员工对客观事物有更深层次的认识和理解，在考察结束之后可以组织员工座谈讨论，鼓励自由交换意见，分享各自收获，还可以请专家对员工提出的问题给予解答，从而达到考察效益最大化的目的。

2. 考察法的优缺点

考察法的优点：有较强的实践性，很多知识的操作性强，难以在课堂上演示，理论联系实际的培训方式可以让受训者获得更为直观、真实、鲜明的感知，从而达到更好的培训效果。

考察法的缺点：应该制订详细的培训计划，明确培训目的，否则培训可能沦为形式主义，并不能达到预期的培训效果；通过观察得到的原始资料难度较大，受训者更注重考察结果，而对观察到的问题及疑惑谈论较少；被考察对象选择受培训经费和课时条件所限，应就近为宜。

5.1.5 工作指导法

工作指导法又称实习法、教练法，是由一位有经验的主管人员在工作过程中对员工进行业务培训。工作指导法不仅是关于知识或技能的训练，而且是一种态度训练，注重激发员工的潜能，让员工通过实习能充分认识自我，在理清自身状态和情绪时能及时调整心态，以最佳状态去改进并提高绩效水平。

指导者的主要职责：指导员工制订工作计划，包括为什么做、做什么、如何做、如何做好及预测这样做的结果是什么，帮助员工提高工作绩效水平，并对员工实行激励措施；针对员工的工作计划，指出其中遗漏的关键点；反馈员工的意见和培训结果。其目的是通过集中、有效的培训方式帮助员工提高技能水平、减少工作失误、提高工作效率，其本质是培训、指导和激励员工。

1. 适用范围

工作指导法一般适用于下列员工：主动追求高效率和想达到高绩效水平的员工；主观上急于改变现状，但缺乏明确目标和手段的员工；遭受各种工作压力的员工。

2. 工作指导法的实施步骤

工作指导法的实施步骤可分为准备阶段、实施阶段和强化阶段三个阶段。

1）准备阶段

指导者与学习者（受训者）要取得充分的联系和沟通，建立融洽的合作关系，培养信任默契度；事先明确双方的期望，建立基本规则；分配好双方的工作和任务。

2）实施阶段

实施阶段是关键的一环。指导者可以通过精巧细致的培训策略和富有个人魅力的人际交流技巧，向学习者提问并学会倾听，了解其意图、动机，并及时向学习者提供反馈结果和意见，如有必要还可以与学习者分享个人经历。

3）强化阶段

在实施现场指导后，指导者需要通过强化阶段巩固培训效果。指导者可以明确表达希望学习者做出具体行动的意愿，并给予其关于提高绩效的建议。比如，提供新的学习方法，帮助学习者更快掌握理论知识和技能，同时要允许他们自行决定选择合适的方法来实习；不定时检查工作进展情况，并提供情感支持与鼓励，指导者的鼓励有助于学习者设立有效的目标，从而更好地追求个人理想。

3. 注意事项

在工作指导过程中，指导者必须具备倾听、提问、辨别和反馈四种能力。人的内心活动大多是由语言表达和肢体等非语言形式表达出来的，这就需要指导者有敏锐的洞察力和善于倾听学习者的心声。指导者的提问要尽量避免带有主观意向，在采用中立方式的同时，还需要具备巧妙启发和提问的能力。指导者辨别能力不仅是为了解学习者意图和动机，更为重要的是帮助学习者在实习过程中表现自然，还原真我。指导者在明确学习者的态度和动机之后，需要及时对他们的行为做出相应的反馈，这种反馈必须是客观的且富有建设性的意见。

4. 工作指导法的优缺点

工作指导法的优点：工作指导法不仅可以帮助学习者提升技能水平，而且对指导者有很大的帮助。指导者需要为学习者营造一个良好的工作环境，帮助学习者理清自己的状态和情绪，让他们在一个轻松愉快的环境中工作，并在员工面对问题时提供及时帮助，为他们分析当前形势和未来发展趋势，从而为其指出正确的方向。其一，指导者通过帮助学习者调整心态、认清目标，避免他们失去信心，一个满怀信心的员工会发挥巨大的潜能做好本职工作，为组织带来绩效成果。其二，指导过程是一个双向交流的过程，指导者需要向学习者提供必要的反馈，通过沟通帮助学习者了解自身不足之处，并可以共同制定出解决问题的对策。其三，指导者在指导别人的同时，不仅完善了自己的专业知识和技能，而且锻炼了自身的人际沟通能力和管理能力，从而达到双赢的效果。

工作指导法的缺点：工作指导法不仅要求指导者工作经验丰富，而且对学习者的个人素质和品质提出较高要求，否则容易发展成小团体，不利于构建良性的企业文化氛围；在分配学习者之前，指导者应考察清楚双方的性格特征，做到关系融洽。如果指导者对受训者有诸多不满，关系不融洽，就达不到预期的培训效果。

5.1.6 案例分析法

案例分析法是指为参加培训的员工提供关于如何解决棘手问题的书面描述（即案例），让员工就案例进行分析和评价，并提出一系列解决方案的培训方法。案例分析法最初是美国哈佛商学院用来培养工商管理专业硕士的，后来广泛应用于管理人员的培训，其目的是训练管理人员的决策能力，帮助他们学习如何在紧急情况下处理各类事务。

案例分析法中的案例通常分为两类：一类是描述性评价，主要是对问题解决全过程的描述，不论成功或者失败，这类分析都属于事后分析，由此提出"亡羊补牢"的建议；另一类是分析决策型，只介绍待解决的问题，由学习者独立分析并提出对策。这两类案例研究均能帮助管理人员分析决策和解决问题的能力。

采用案例分析法，首先是选择合适的案例；其次对背景和内容进行说明，一般采用书面、投影或短片形式展示给学习者；然后根据学习者的年龄、学历和职位等因素将其划分为若干小组（通常4~8人），每个学习者尽量在性格、经历、知识和技能上有所不同，保持多样化。他们不得中途退出，在分析过程中培训师可以给予及时指导；最后需要对分析结果进行客观点评与剖析。

案例分析法的优点有很多，比如划分为若干小组进行讨论，集中性较强，学习者参与度高，很好地发挥他们的主动性；案例分析鼓励学习者独立思考，发表个人见解，通过小组讨论共同探讨问题的解决方案，不仅培养个人独立思考问题的能力，而且可以让小组成员明白团队合作的重要性，增强组织凝聚力。案例分析法生动具体，直观易学，可以快速地培养学习者积极参与和主动学习等良好的习惯。

但是，案例分析法对案例质量的要求较高且数量有限，不能满足每个实际问题都有对应的案例进行培训分析。此外，培训师需要花费大量时间准备案例，他们的素养关系到案例选择是否具有针对性，以及在掌控整个分析进度时是否能调动受训者的积极性。

5.1.7 头脑风暴法

头脑风暴法又称智力激荡法，最初是由美国创造学家奥斯本提出的，用于激发人创造性思维的方法。这种培训方法要求由5~10名具有较强的研究能力和专业知识的人才进行集体讨论，让他们在轻松愉悦的环境中畅所欲言，自由交流各自观点与构想，其他成员在此过程中可以激发出创意或灵感，进而产生出更多的想法与理念，充分发挥每个成员的优势，利用集体智慧和创造性的思维方式找到解决问题的有效办法。

> **相关链接**
>
> **头脑风暴法的实施要点**
>
> （1）头脑风暴法的培训对象是管理者、决策者、技术员工，一般员工等，其目的是激发他们的创新性思维，培养员工的创新能力，并获得创造性构想或者管理理念。

（2）具体的讨论议题根据具体的培训对象和企业发展的需要来确定，如选择在实际工作中急需解决的问题作为议题。

（3）议题要详细，若出现的问题较大或较为复杂，需要将其细化成几个小部分，然后从员工最关心的点开始讨论。

（4）在讨论之前可以将议题告知员工，如有必要还可附上相关说明帮助他们更好地理解并沿正确的方向思考所要讨论的问题，从而尽可能地收集较为全面的资料。

资料来源：郭京生，潘立. 人员培训与开发[M]. 北京：清华大学出版社，北京交通大学出版社，2015.

在实际工作中，头脑风暴法为受训员工提供了轻松平等的氛围，他们可以自由发表意见，有助于调动受训员工的积极性，由此激发其他员工的创意和灵感，达到互相启发的目的。头脑风暴法有利于加深受训员工对问题理解的程度，从而更好地帮助员工解决实际工作中遇到的困难。

培训师主要起引导的作用。培训师不善于引导可能使讨论漫无边际，因此头脑风暴法对培训师的要求较高；讨论的议题能否解决也会受到受训员工的能力限制，并不一定能得出最佳的解决方案；议题的选择难度较大，在一场讨论中未必能将所有的问题考虑周全，也不是所有议题都适合用来讨论；不论是讨论前的准备阶段还是讨论过程中的实施阶段，都需要培训师花费大量的时间。

5.2 基于互联网的培训方法

基于互联网的培训是一种采用计算机和通信技术来组织、交换信息和进行互动的学习过程。这种应用新兴技术的培训具备三个特点：第一，以技术为培训手段，早期使用电视机等视听设备进行培训，如今更多地采用互联网、计算机等新兴技术；第二，跨边界培训，新兴培训技术主要通过信息技术提供声音、图片和视频等方式将两个或多个学习点连接起来，跨越了传统的面对面培训的边界，互联网的连接使得培训与教育成为无边界资源，无形中增加了学习者的培训机会和受教育机会；第三，以学习者自主学习为主，基于互联网的培训为学习者提供了相关视频和网址等，学习者可以自行搜索和获取有用信息，培训弹性较大，不拘泥于固定的学习时间和场所。

由于新兴培训技术与方法复杂且成本较高，企业会结合新培训技术的特点，同时考虑培训目标、可利用资源及学习者的特质等因素择优选择培训方法。基于互联网的培训通常在以下情况下使用：企业有充足的资金来研发某项技术；员工分布在不同地域；员工积极接受新兴培训方式；员工的工作时间与传统的培训日程安排有冲突等。

首先，在以互联网为代表的知识经济时代，各种知识、信息和技能等更新速度不断加快，人们在持续学习不断更新和优化知识结构、提高专业技能、培育创新意识和能力的同时，寻求自主选择路径，员工个性化需求不断增多。其次，网络资源极度丰富，获取成本低，培训内容多元化且培训需求逐步从"集中化"转向"碎片化"，这就要求培训内容要"精"，即培训需求越分散，越需要聚焦于培训需求点，并将其具体化。此外，互联网打破了时空的距离，加快了信息的传播速度，提高了劳动生产力，并不断给包括企业培训与开发在内的人力资源管理各项职能带来冲击。因此，企业积极适应互联网时代的机遇和挑战已成为企业培训与开发的新发展趋势。下文主要介绍三种类型基于互联网的培训方法，分别为网络培训、远程培训、虚拟培训。

5.2.1 网络培训

网络培训是一种通过公司的网站向员工传递、展示培训内容的培训方式。网络作为一种快捷方便的通信工具，应用十分广泛，网络培训已成为当前普遍流行的发展趋势。培训师将培训课程设计好存储在培训网站上，各地学习者可随时通过网络浏览器进入该培训网站进行自主式学习。学习者可以结合自身情况灵活地选择学习进度、学习时间和学习地点、学习内容等，具有很强的灵活性。

1. 网络培训的类型

计算机设备是通过调制解调器、电话电缆线、传输线路和因特网实现的相互连接。基于互联网的网络培训可分为基于因特网的培训和基于组织内部网的培训两种类型。

（1）基于因特网的培训

基于因特网的培训可分为以下五种类型：第一，一般性的沟通和交流，培训师和学习者可以借助因特网进行交流，也就是网上聊天，培训师可以在网上发布课程和作业等内容，学习者可以向培训师提出问题等；第二，检索在线资料，主要是借助超文本标志语言和万维网的通用程序语言建立一个网上图书馆，方便学习者获取培训辅助资料；第三，培训需求分析，培训师在网上进行培训需求分析、管理在线培训报名等，对学习者实施测验，然后将结果反馈给学习者；第四，传播以计算机为平台的培训项目，主要借助文件传输协议，经过授权的学习者可随时从网上下载培训课程等；第五，传播多媒体信息，多媒体信息交流具有实时、可互动等优点，将声音与画面相结合，使得培训更生动。

（2）基于组织内部网的培训

基于组织内部网的培训是通过组织内部网络平台培训，利用因特网和万维网、工具软件，以及网络传输协议来搜寻、管理、创造和传递信息，一般适用于大型跨国企业或组织。

基于组织内部网的培训具有以下几点优势：培训信息都储存在一个固定网址上，组织可以根据接收端的培训需求选择性地传送培训内容；网络培训可以实时更新培训内容，提高员工对培训项目的接受程度；大大地降低了培训的差旅费用；可以自动记录员工的培训表现以便日后的培训管理；受训员工不仅可以接受培训信息，还可拓展性地学习相关知识；培训师和受训员工可以实时实施与接受培训内容；受训员工在培训过程中可以实现信息和想法的共享。

基于组织内部网的培训仍存在一定的局限性：基于组织内部网的培训采用了多媒体形式，音像文件占用内存很大。这就对内部网络传输能力提出较高的要求；基于组织内部网的培训可能会使用多种相互之间不兼容的浏览器软件界面，通常用来创建培训内容的不同授权程序包也有可能不兼容；由于网络培训通常在非工作时间自定进度，占用私人休闲时间，且得不到任何补偿，受训员工难以正常完成培训，达不到预期的培训效果。

2. 网络培训的优缺点

与传统的培训方式相比，网络培训有着较为明显的优越性：首先，网络培训可以大大降低培训费用，无须将各地学习者集中到同一地方接受培训，可以节省大量的差旅费等费用，也无须租场地作为培训地点，学习者只需要通过浏览器进行学习；其次，网络培训课程内容可以及时且低成本地更新，通过网络，培训师可以直接在网络上对课程内容进行修改，操作简单，并提高学习者对培训的接受程度；第三，学习者可根据自身情况选择空余时间接受培训，灵活地选择学习进度，无须中断工作进度；第四，网络培训的课程内容与传统培训内容相比，更为丰富有趣味性，带有声音、图片和影音等功能，使培训不再枯燥无味，可以调动学习者的学习积极性，有助于构建学习型组织，促进企业的良性发展；第五，学习者可以跳过已经熟悉的课程内容，不必浪费时间，自由灵活地选择培训内容；第六，便于实现培训项目信息和创意的共享。

但网络培训仍存在一定的缺陷：培训课程内容只是普适性的，无法针对每个学习者制订合适的培训方案；某些培训内容不适合于网络培训，特别是人机交流技能的培训；需要向学习者收取一定的费用。

5.2.2 远程培训

远程培训是指一种通过多媒体设备和计算机使分散在不同地域的学习者能实现同步学习的培训方式。远程培训经常用到的技术手段包括可视会议系统、ISDN 或者 ADSL 接入，利用现代化技术将声音、图像传递到各个教学地点，学习者通常会在各地专门的培训教室中接受外地培训师的培训。远程培训适用于员工分散在不同地域的公司，课堂上通过会议视频或专业讲座进行授课，课堂外通过课程网、电子邮件等进行沟通，主要向他们提供有关新产品、政策、程序方面的信息。

1. 远程培训的优势

与传统的培训方法相比，远程培训具有如下优势：

（1）跨地域性。远程培训突破了地域的限制，利用现代信息技术，使不同地区的有培训需求的学习者能够同时进行学习、沟通，共享培训资源，超越了空间的限制。

（2）远程培训通常采用多种技术让学习者能够进行多向的沟通。他们不仅可以从网上下载培训课程内容，还能通过聊天室与其他学习者进行沟通，把各自的观念、问题与大家分享，互相交流学习经验和心得，进一步发挥跨地域的优势。

（3）便捷性。为企业节省差旅费等培训费用，降低培训成本，员工不用花费大量的出差时间就可以接受各种培训。

（4）及时性和同步性。远程培训广泛应用于规模较大的跨国公司，使全球各地的员工能够迅速地接触和掌握与工作相关的新信息和新技术。

2. 远程培训的缺点

远程培训的缺点在于培训师和学习者之间缺乏沟通。学习者只是一味地接受培训师所讲内容，无法与培训师产生互动，对不理解之处只能自行思考，无法得到培训师的指点，不能产生良好的沟通效果。学习者要具备较高的自觉性，积极主动接受培训，否则达不到预期的培训效果。此外，学习者在培训前要做好相关准备工作，如提前了解培训内容，这样远程培训可以帮助学习者很好地理解课程内容。

5.2.3 虚拟培训

虚拟现实（Virtual Reality，VR）是指利用虚拟现实技术生成实时的、具有三维效果的人工虚拟环境，使学习者有更强的代入感。他们可以通过运用某些设备接收和响应虚拟环境的各种感官刺激而进入其中，并根据自身需要使用多种交互设备（头盔、特殊眼镜等）来驾驭该环境以及用于操作的物体，从而增加学习者获得感性知识和实际经验。

1. 虚拟现实的含义

虚拟现实是一种基于计算机图形学的多视点、实时动态的三维环境。这个环境既是现实世界的真实再现，也是超越现实的虚构世界。操作者可以通过人的视、听、触觉等多种感官，直接以人的自然技能和思维方式与所投入的环境交互。在操作过程中，人是以一种实时数据源的形式沉浸在虚拟环境中的行为主体，而不只是窗口外部的观察者。虚拟技术主要适用于诸如军事人员、飞行员、汽车驾驶员、医务工作者、体育运动员等专业人才的培训，通过专业设备刺激学习者的多重感觉，让他们产生身临其境的感觉。

2. 虚拟培训的基本特征

与传统的培训基地或者培训设施相比，在虚拟现实技术支持下的虚拟培训环境有如下特征：

（1）仿真性。虚拟出来的情景与现实工作的环境无太大差异，学习者操作方式相同，有助于增强训练效果和强化记忆。

（2）安全性。在虚拟环境中的操作无须承担现实风险且不浪费任何资源，为学习者提供检验各种假设的机会。

（3）超时空性。将过去世界、现在世界、未来世界、微观世界和宏观世界等拥有的物体有机结合起来。

（4）自主性。在虚拟培训中，学习者能够自主地选择或组合虚拟培训场地或者设施，并通过重复训练不断巩固培训效果。

虚拟培训仍存在不足，如在设备或设计上出现的偏差可能使学习者的感知被扭曲，如空间感失真、触觉的反馈不佳等，可能会出现某些模拟病症状，如恶心、眩晕等，使得学习者回到现实场景时难以适应。

> **相关链接**
>
> **新课堂新生态**
>
> 科大讯飞华南有限公司的方蜀君在广东珠海市金湾区做业务推广，竟然成了一次推动教育均衡化的实践。2016年以来，他陆续选择珠海市金湾区地处偏远的海澄小学、三灶中学、小林中学与红旗中学等普通中小学校作为业务试点，推广科大讯飞推出的"智慧课堂""智学网"等智能化教学系统。短短两年的时间，师生们的高度参与、系统应用的常态化与逐步显现的教学成果都让他收获"意外的惊喜"。
>
> 借助"智慧课堂"等信息化系统，学生们同步参与课堂提问，老师一体备课，真正实现了教学"减负"与"增效"。科大讯飞"智慧课堂"系统核心是将教材多媒体化，以平板电脑设备为载体进行呈现、传播。新系统给老师带来巨大的变化。即使是刚入职的老师通过使用素材库和数据库，也能很快抓住关键，高效备课。"海澄小学校长胡宏娟认为，与信息技术的深度融合能真正帮助教学实现"减负"与"增效"。新系统逆推动老师去思考课堂该怎么去改变，怎样利用这些设备增强教学表现力，更好地去吸引学生，这可以提升老师的教学能力。
>
> 三灶中学、红旗中学试点使用了科大讯飞开发的人工智能教学系统"智学网"。据介绍，这套系统最受欢迎的功能是"智慧组卷"与"智能阅卷"。"智慧组卷"能在几分钟内生成模拟试卷，还可以根据日常教学大数据选择易错题、重点难点等内容组卷，帮助老师快速提高命题组卷效率；"智能阅卷"可将答好的试卷扫描上传，实现智能批改；根据不同的学习基础与特点，这套系统还能向学生自动推送个性化的知识薄弱点习题，帮助学生查漏补缺。
>
> 资料来源：喻剑. 新课堂，新生态[N]. 经济日报，2018-02-22(011).

5.3 基于仿真技术的培训方法

5.3.1 角色扮演法

角色扮演是指在一个模拟的工作环境中，受训者未经过预先演习，根据规定扮演某种角色，可以是经理、秘书、会计等工作中经常打交道的人，按照实际工作要求模拟性地处理该角色必须承担的事务，将该角色的个性特征、思想观念和行为以自己的方式表现出来。角色扮演的关键问题是排除员工的心理障碍，让其认识到角色扮演的重要意义，帮助其减轻心理压力，从而有利于提高他们的工作技能或者养成良好的工作习惯。角色扮演法是一种典型的模拟训练方法，主要用于培训人际关系、实际操作人员和开发管理人才，也可用于访谈、决策、管理技能等的培训，通过为员工模拟一个类似真实的情景，将可能会遇到的问题或者情景预演一遍，帮助他们在今后的实际工作中提高工作效率，也可以避免某些问题的出现。

1. 角色扮演法的类型

（1）单练法。一人扮演两个角色，自演自评。
（2）一对一法。一人扮演角色，另一个人评价。
（3）小组法。三人以上为一组进行角色扮演。
（4）观察法。深入地观察扮演者行为。
（5）分组演练法。全体成员分成几个小组，选取若干个观察者和扮演者。
（6）交换法。观察者和扮演者互换角色。

2. 角色扮演法的特征

（1）创设模拟情景。情景的创设是进行角色扮演的前提条件，缺乏情景的角色扮演法是不成功的。
（2）扮演是一种手段，而非目的。
（3）注重受训员工的亲身体验，角色扮演活动使受训者体验不同的角色，不停留于表面认知水平，而是通过体验生成新的认知。

3. 角色扮演法的两个基本阶段

角色扮演在实际操作中可分为准备和实施两个阶段。

（1）准备阶段，应做到如下六点事项：根据培训需求确定培训主题；设定角色；设定模拟条件（如确定模拟时间、地点及背景道具等）；将扮演者分组（五人一组最佳）；每组制订商业谈判计划表；摄影师进行测试和布景试验。

（2）实施阶段，包括六项内容：讲解培训方法的名称、内容及预期达到的目标；在正式扮演之前做些活动调节一下紧张的气氛；确定各个角色的担任者及其承担的具体任务；根据分配好的角色实际扮演；扮演结束后，观察者应针对各个扮演者存在的问题进行分析与评论；根据观察者给出的反馈重新扮演或重播录像带，对扮演者出现的问题予以确认。

4. 角色扮演法的优缺点

角色扮演法在实现培训目标上有诸多优势：受训员工参与性强，有利于增强员工与培训师之间的互动交流，充分发挥其自主性，培训变被动为主动，激发受训员工的热情，提高员工参与培训的积极性；在特定的环境下模拟角色有助于受训员工很好地理解和训练工作技能；角色扮演有助于受训员工全面客观地认识自我，并通过后期指导对其出现的工作问题进行改正，从而提高受训员工的观察能力和解决问题能力；在模拟的工作环境中，受训员工可以很快地熟悉所处环境，了解自己应承担的责任与义务，掌握必备技能，尽快适应实际工作岗位的各种要求。

角色扮演法存在一定的局限性：对观察者的要求较高，是否有效果主要取决于观察者的水平；如果扮演的角色不被受训员工所认可或拒绝，扮演内容和难度让其难以接受，可能导致培训效果差；角色扮演未必能一次性成功，如果失败就可能挫伤受训员工的工作积极性。

5.3.2 游戏培训法

游戏培训法是一种通过游戏方式帮助员工开发管理技能的培训方式。综合管理学、心理学等不同内容，要求员工对收集到的信息进行分析并做出决策；由培训师制定游戏规则，两个及两个以上参与者在模拟情境中进行竞争和对抗式游戏以达到预期目标。常见的游戏类型有创新类游戏、团队协作游戏、领导力游戏、沟通游戏，以及市场竞争模拟、经营决策模拟等。目前，游戏培训法广泛应用于企业员工培训中，尤其是用来培训企业中高层次的管理人员。

1．游戏培训法的特征

（1）以小组形式进行，需要小组成员通力合作才能取得最终胜利，从而提高他们的领导才能和团队精神。

（2）成员需要综合运用各门学科的理论知识与原则对游戏中遇到的问题进行合理分析与决策。

（3）游戏培训法通常将利润最大化作为目标。

（4）通常以计算机技术为基础来设计游戏，增加了游戏的趣味性。

2．游戏培训法的注意事项

（1）游戏只是一种用来培训员工，达到培训目标而使用的辅助方法，游戏设计应符合培训目标和内容需要。

（2）培训者应慎重考虑在培训的哪个阶段进行何种游戏。

（3）培训者应明确自身在游戏中担任何种角色。例如，作为组织者，需要把控整个游戏进程；作为观察者，要注重观察团体及个人的行为，并在游戏结束之后对其进行评价与总结。

（4）培训者应充分了解游戏规则和游戏目的等，并根据培训目标和内容选择合适的游戏，保证游戏顺利进行。

3．游戏培训法的优缺点

游戏的趣味性和竞争性等优点，可以激发参与者的兴趣和主动性，因此在人力资源管理开发中运用较为广泛。游戏培训法的优点如下：小组形式可以培养受训者的团队合作精神，提高他们的协作能力，极大地增强企业内部凝聚力；受训者在游戏过程中可以充分发挥想象力，将所学知识与游戏中的复杂模拟情景相结合，加深对知识的理解和记忆能力，从而提升实际解决问题的能力；游戏具有竞争性，可以刺激受训者积极主动学习。

游戏培训法的不足之处：该培训方法的关键在于设计管理游戏，对准备工作要求高，如游戏设计、胜负评分等；游戏与现实有较大的区别，可能将现实简单化，在现实工作中可能遇到意想不到的其他问题或困难；游戏的设计与操作均耗时较长，游戏设计和实施费用较高，步骤烦琐，难度较高；商业游戏中的决策者制定决策时会受到条件限制，在一定程度上会影响决策者创新能力的发挥。

5.3.3 仿真模拟法

仿真模拟是假设某一特定的工作情境,由受训者或团队扮演各种特定角色,如上司、下属或同级职位,让他们根据特定的工作情境和工作任务做出及时反应,并分析、决策和运作的过程。

仿真模拟法主要是为提高工作效率,侧重于培训实际操作能力和反应敏捷度,基于实际工作情况,将资源、约束条件和工作过程模拟化,受训者在模拟环境中参与工作,对特定行为和技能进行反复操作,不断地提升解决问题的能力,为胜任实际工作岗位奠定坚实的基础。

1. 仿真模拟的两种基本形式

1)模拟设备

模拟设备又称人机模拟,由受训者和机器共同参与模拟训练,主要针对受训者使用某种设备所用到的技能进行模拟训练。由于这种模拟培训不在实际工作岗位上进行,受训者不用担心出现工作失误,可以通过反复练习进行反馈和自我改正。

此种方法适用于培训飞行员和一线生产工人。培训飞行员可以使用模拟飞行器;对于一线生产工人,可以提供生产线供其模拟。模拟设备既能使受训者学到操作技能,又可避免在实际工作中出现工作失误、培训成本过高及劳动生产率降低等问题。

2)模拟情景

人工模拟类似于角色扮演,根据实际工作环境和培训需求,模拟一个类似的工作情景,让受训者在这样的现实环境中规划未来职业发展路径,全面地理解未来职业岗位要求和行业规范,有助于全面地提升受训者的职业素养。情景模拟主要适用于人际关系、沟通能力和管理技能等的培训。

2. 仿真模拟的优缺点

仿真模拟的优点:仿真模拟通过提供同真实情况相接近的工作环境,培训过程更直观、真实,还可以让受训者提前熟知未来岗位环境,有利于他们更快地融入新的工作环境中;有效地避免实际工作中因操作不当或决策失误等造成的损失和风险;受训者不必担心因失误造成不良的后果,果断做出决策,在模拟过程中会遇到各类问题并及时解决,在实际操作时会更有信心处理好;模拟培训可以增进各个受训者之间的交流与合作,有助于提高人际交往能力;在实施仿真模拟时会使用虚拟现实技术,在为受训者提供三维空间培训体验的同时,降低了培训成本。

仿真模拟的缺点:模拟设备的开发费用昂贵,对设备的仿真程度要求高且随着工作环境信息的变化需要不断更新,难度较大;模拟训练情况与实际工作情况之间仍存在一定的差距,其解决方式在实际操作时未必能起作用;该模拟培训需要投入大量时间和费用;培训师需要熟练掌握模拟中的各项技能。

> **相关链接**
>
> **仿真培训，低成本打开大市场**
>
> 戴上 VR（虚拟现实）眼镜，眼前是淡蓝色背景的手术室，向右看，各种医疗仪器设备闪动数字；向左看，虚拟病人躺在手术台上，再往前走一步，五脏六腑清晰可见，拿起医疗器械，就可以给这位病人模拟打入麻药。手拿模拟焊枪，眼睛盯着显示器，可以看到随着模拟焊枪移动，两块铁板被焊接到一起，焊点不合格的地方，显示器就有提示，重新再来，不消耗一根焊料。
>
> 通过自主创新，武汉科码软件有限公司（简称科码公司）把虚拟现实技术，应用到高危险、高消耗的行业的仿真培训方面。2007 年，科码公司创立，通过模拟仿真电力工人操作环境，实现了电力技术工人的培训，也挖到"第一桶金"。很快，公司触摸到成长的"天花板"。一次偶然机会，港口起重机操作模拟器进入公司的视野。全国各港口培训起重技术工人都在使用这种进口设备，一套需要 1000 多万元。"如果能将价格大幅降下来，自然就会取得市场话语权。"科码公司总经理颜槐回忆说。公司找到武汉理工大学物流学院副教授王国贤。他是新加坡国立大学机械工程博士，对港口物流颇有研究。2011 年，王国贤和同事们开始着手研发。不到一年时间，第一台国产港口起重机模拟训练机问世，成本控制在 200 万元以内。经过反复试验，起重机模拟训练机质量提高到与进口设备同步的水平。公司就用这套设备在各个港口进行"进口替代"，定价 238 万元。2013 年，公司开发焊接工人仿真培训模拟系统。一年后，电焊仿真模拟器实现"进口替代"，价格只有进口产品价格的三分之一，很快赢得订单。利用虚拟现实技术，该公司研发已经进入汽车美容、旅游、医疗等领域的仿真培训，从进口替代发展到原创产品，满足市场需求。
>
> 资料来源：方珞. 仿真培训，低成本打开大市场[N]. 湖北日报，2017-08-14(007).

5.4 培训外包

5.4.1 培训外包概述

1. 培训外包的定义

哈默尔和普拉哈拉德在《企业的核心竞争力》一文中首次提出"外包"（Outsourcing）的概念，其核心理念是"做自己做得最好的，其余的让别人去做"。培训外包主要是一种基于外部竞争激烈和内部资源有限性，企业通常需要保留优势业务，而将其余业务委托给更具成本和专业优势的机构，从而增强企业竞争力的管理模式。

陈丽绣将培训外包定义为：将一部分或全部之教育训练相关活动与作业项目，转由外部专家来执行，以提升员工的知识、技能，满足企业内部需求及达成企业绩效。陈丹红认为："培训外包模式是企业将人员培训的部分或全部职能交给第三方专业的培训机构，让其承担员工培训职能的管理模式。它是一个共赢性质的员工培养方式。"

林勋亮认为:"培训外包是企业把全部培训工作或者部分培训工作交由有能力、有资源的专业培训公司完成,企业只需要提供相应的需求与资金,辅助其完成培训工作,而把项目上的事务性工作全部委托给外包培训公司承担。"李巧兰将培训外包定义为:企业为了提高自身的核心竞争力,集中做好主业,把培训的部分或全部活动,以招投标和合同制的方式委托给专业的培训服务商来完成,同时对培训活动进行全程监控,并对培训成果进行评估,以达到培训预期目标的培训运作方式。

本书认为培训外包作为人力资源外包的一个重要组成部分,是指企业根据实际培训需求,以招投标或合同制方式委托给专门培训机构,让培训机构专家负责企业培训与开发项目,如设计培训计划、制订培训方案、培训课程设计、培训师的选择、安排培训现场、监控整个培训活动过程,并且进行培训成果评估,以达到企业培训目标的培训运作方式。将培训项目外包给专业机构,有助于降低培训成本、明晰责任、专业化程度不断提升,以及实现利益最大化。此外,培训外包还有利于企业投入更多的精力和集中资源在优势业务上,增强了企业的核心竞争力。

2. 培训外包的优势

培训外包的最初目的是在全球范围内实现培训资源的有效配置,降低培训成本。随着信息技术的快速发展,培训外包已成为企业人力资源管理的重要选择及发展趋势。它具有以下优势。

1) 节约培训成本

企业的经营目的是实现利益最大化和成本最低化。培训外包有利于降低成本和实现高附加值。一方面,企业人力资源部门可以减少课程设计与开发的资金成本,培训外包可以通过分阶段付费的方式,增加企业的现金流量;另一方面,外包服务商通过合并服务项目、流程再设计、管理自动化,以及规模经济可以向不同的企业同时提供服务,降低培训成本。

2) 专注企业核心业务,提升核心竞争力

培训外包是企业保持精干业务的必要选择。市场竞争激烈,企业需要在获得短期目标的实现和保持长期核心竞争力两者之间取得平衡。资源有限性,企业需要将部分非核心业务通过外包方式完成,从而可以集中资源投入到核心增值业务上,不断巩固和提升企业核心竞争力。

3) 外包培训机构更具专业性和灵活性,增强企业活力

外包培训机构因其广泛的交流机会和专业的培训知识体系受到企业的普遍认可。培训并非企业的核心职能,而外包培训机构的核心竞争力就是其专业化程度。该机构熟练掌握专业新技术,包括各领域的专业知识、技能,以及培训等新技术,可以辅助企业达到培训目标。

4) 突破传统管理模式限制,给员工带来全新的思想

企业在发展过程中都会进入瓶颈期,专业化的培训外包机构通过其专业化水平和新技术的熟练应用,在培训员工时会引入新的管理理念,开阔员工的视野,培养他们的创新意识和能力,从而为企业注入新的活力,推动企业不断改进创新,帮助企业渡过瓶颈期。

5）培训外包具有战略导向性

战略导向主要是指为企业树立明确的目标和方向，建立一些以顾客（企业）为中心，满足企业发展需要的培训方案并不断加以改进培训项目。

6）注重以顾客（企业）为中心

培训外包侧重于学习和评估培训的有效性，根据顾客（企业）需要提供培训，并且在顾客（企业）需要的基础上决定何时及如何提供培训。

7）无污染，低消耗，不受地域限制

培训外包是将培训项目外包给专业的外部培训机构，运用的是知识和技能，不会产生废弃物，非常环保。即使企业和外包培训机构相距甚远，也不会带来不便。

8）培训外包结果难以量化评估

培训外包机构主要针对员工的知识和技能进行培训，帮助其巩固专业知识和技能，从而更好地为企业服务。因此，培训外包的结果不是一种实物，而是员工自身具备的知识和技能上的提升，至于其培训效果如何，难以准确地量化评估。

> **相关链接**
>
> **2019移动学习十个发展趋势**
>
> （1）自带设备。
> （2）移动优先设计在学习内容开发中扮演越来越重要的角色。
> （3）移动应用快速兴起，越来越多的公司使用移动学习方式开展培训。
> （4）视频内容为王，语音交互为翼。
> （5）游戏化的广泛采用。
> （6）基于位置的技术、人工智能和机器学习带来更好的个性化体验。
> （7）线下学习成为在线学习的一部分。
> （8）移动微测验正在兴起，以帮助知识巩固。
> （9）移动指导将成为员工培训的必备项目。
> （10）增强现实和虚拟现实让移动学习的绩效支持功能更强。
>
> 资料来源：殷丙山，郑勤华. 移动学习促进学习型社会建设发展战略研究[J]. 中国教育网络，2019.05.

5.4.2 培训外包的类型及选择

企业决定采用培训外包决策后，选择不同的培训外包内容或范围对企业培训外包的类型选择起着决定性的作用。这不仅关系到企业培训外包的成效，而且对规避企业培训外包的风险有着巨大的影响。

1．培训外包的类型

（1）根据培训外包程度，培训外包可分为完全外包和部分外包两种类型。完全外包是指企业将培训职能的全部内容（制订培训计划、办理报到注册、提供后勤支持、设计课程内容、选择讲师、确定时间、实施培训、进行设施管理及学习者评价等）都外包给培训机构去完成，企业内部人力资源管理部门不再履行此项职能，而只是作为联络者、协助者和企业的代表身份参与。完全外包有利于打破企业内部原有的管理及资源分配格局，尽可能消除人为因素的影响，并可以通过利用培训机构的专业化服务增强培训效果。这就提高了对外部服务环境的要求，企业在选择外部服务机构需要对培训机构进行深入的调研，做出正确的抉择。

部分外包是指企业根据自身实际需要，选择特定的几项培训业务外包给培训机构，剩余部分由企业人力资源部自行完成，有利于企业根据自身的客观情况、培训需求、企业优势等采取更为合适的外包模式，从而达到效益与成本的平衡，其难点在于选择合适的培训外包内容。大多数企业实行部分外包方式，根据其培训需求分析结果和培训计划确定培训内容，然后选择针对该培训需求内容选择合适的专业培训机构完成培训。

（2）根据培训需求内容，培训外包可分为主题式外包和年度式外包两种类型。主题式外包是指外包培训机构根据企业发展需求，围绕培训目标，并结合企业发展的实际情况，为企业提供个性化的培训解决方案。年度式外包是外包培训机构根据培训需求分析，综合企业经营发展战略和人力资源管理战略计划，拟定培训战略规划和年度培训计划。

2. 培训外包的选择依据

企业在选择培训外包类型时，主要受到组织外部和内部因素的影响，具体表现如下：

1）外部因素

外部因素主要包括企业所在行业的行业现状、外包培训机构的规模和专业化程度。行业现状包括所处行业类型和人力资源现状等。如果是劳动密集型企业，针对车间工人的培训则可采取完全外包；技术密集型企业可采用部分外包。

外包培训机构的规模和专业化程度是企业培训外包的重要选择依据。若企业对培训机构的资质和服务质量没有十分的把握，或者对其专业化方向和程度需要考证时，则可考虑部分外包形式，或者将培训项目的全部或部分工作交给服务商开展。同时，企业可以结合对培训效果的评价决定是否再开展更多的外包内容。

2）内部因素

企业的内部因素包括受训员工数量、企业发展阶段和培训资源现状三类。

（1）受训员工数量。完全外包不适合大中型企业，主要原因在于受训员工规模较大且复杂程度高。若采用全面培训外包，对外部培训机构系统管理能力要求较高，同时企业内部员工的沟通、协调工作量也会增大，不具备可行性。对小型企业来说，培训活动简单，完全外包培训工作相对容易。因此，目前实行完全培训外包的主要是小型企业。

（2）企业发展阶段。企业在生命周期的不同阶段呈现出不同的矛盾和特点，面临的内外部环境、企业战略和企业的核心竞争力也可能会发生变化，因此在企业每个生命周期阶段的培训外包决策也会有所不同。

第一阶段，初创期。企业所掌握的资源有限，很难在培训上加大投入，培训主管大都由创业者担任，此阶段的企业培训通常采用师带徒方式。如果企业能找到满足其培训需求的外部培训机构且费用合理，就可实行部分外包，使企业主管可以将集中精力投入到企业发展和经营战略上。

第二阶段，成长期。企业的规模和资金都在扩大，但仍未形成独特的优势，为提升企业核心竞争力和业务发展，企业需要选择完全外包或部分外包方式进行人员培训，增强企业发展原动力。

第三阶段，成熟期。企业管理制度等均逐步完善，培训不再是人力资源管理的重点。为了匹配企业的发展战略，培训外包的标准和目也在相应改变。此阶段，企业对创新型人才和管理人才需求较高，此时可实行部分外包。

第四阶段，衰退期。企业战略管理的核心是寻求企业重整和再造，使企业获得新生，大规模全面培训减少，外包培训机构的高效率和专业化可以解决企业培训效率降低的难题，最好是采取部分外包，如将培训内容外包出去，而将培训计划制订、物资设备管理，以及报到注册等基础性工作留给企业内部人员去完成。

（3）培训资源现状。对影响企业战略发展的人力资源管理项目通常不采取外包或只用部分外包，而事务性的工作模块则采取整体外包，专业化的项目模块如招聘、人力资源信息系统开发应用、员工培训、薪酬管理等根据企业的需要进行专项外包或综合外包。

5.4.3 培训外包的管理流程

扬布拉德和格雷从外包流程角度提出了人力资源外包管理的建议，主要有五个阶段：外包决策、选择供应商、管理外包转移、管理供应商关系、监督评估供应商绩效。本书综合国内外对外包流程的研究结果和培训外包的特点，得出四项规范化流程。

1．做培训外包需求分析，起草培训外包项目计划书

培训外包需求分析是培训外包项目的出发点和依据，其科学性与准确性直接决定了培训外包项目的合理性和有效性。因此，必须从各方面综合考虑，在实现企业培训效果最大化的同时，尽可能地节约培训成本。

关于培训外包需求分析，本书采用三层次分析法，即从组织、任务、员工角度出发进行外包需求分析。在完成培训需求分析之后，采用成本-收益分析及决策模型作为培训外包的决策工具，同时结合培训外包的优势与风险，全方位权衡以做出科学有效的外包决策。

在做出培训外包决定之后，企业应当起草一份培训外包项目计划书。在培训外包项目计划书中应具体说明所需培训的目标、类型、内容、对象及持续时间等内容。如果培训外包项目计划书不完善，企业就很难找到能提供适应本企业需求的外包培训机构。

2．选择外包培训机构

目前，大多数企业选择外包培训活动，其原因在于可以找到符合企业发展需要、

提供增值服务的培训机构并与之签订合同。这些专业的培训机构可分为以下几种：

1）在国内有很高知名度的专业培训公司

这类公司有稳定的客户群，引进国际成熟且知名的课程体系，并由培训专家做了本土化的调整及整合，能够为客户量身定做个性化的课程且对所在行业有较深刻的认识，专业性强，有权威性。

2）国际知名培训咨询公司的分公司或派驻机构

这类公司有一定的品牌效应。虽然是本土化的培训师，但是费用相对较高且"水土不服"现象较为严重，与企业文化氛围不相适应。

3）以知名大学为依托的培训公司

该类培训公司权威性较强，但理论重于实践，更多地强调理念，培训师缺少行业经验，实务操作性差。

4）"自主研发课程"的培训公司

价格低廉，但其课程大多是通过各种渠道获得的信息拼凑而成的，信度不高，实用性不强。

5）单纯的培训中介

纯粹的业务拓展机构，搜寻需要培训的企业并为其安排培训师。这类公司课前培训师与企业的交流和培训效果跟踪反馈都做不到位，低投入低产出。

6）潜能开发类培训公司

这类培训比较适合于精神层面，对提升团队精神和自我超越比较有效，只能解决企业中比较初级的问题，适合于新员工培训，不能满足中高层管理人员的深度培训需求。

随着培训外包的发展，各类培训机构层出不穷且良莠不齐。因此，企业应综合考虑培训机构声望、财务状况、培训经验、价值观等各项标准，择优选取。

3. 签订培训外包协议

为确保培训外包的有效性，企业必须与培训外包机构签订详细的外包合同，是降低培训外包风险必要的法律手段，从而确保企业利益不受损失。当协议达成一致时，双方会形成委托代理关系。风险存在的客观性必然要求企业建立监督机制，并在合同中明确各方的责任和义务，以降低外包机构不合作等风险。此外，企业可根据培训的实施阶段按期交付培训费用，有利于降低培训外包机构服务能力风险。

4. 监督培训外包项目

企业与培训机构之间可能存在着信息不对称，企业必须加强监督、密切配合，可以通过定期召开会议、双方项目主管保持密切联系等方式来加强双方的沟通，协助培训机构及时分析情况并不断做出改进。另外，企业需要建立一种监控有关培训外包项目质量和时间进度的机制，定期对服务费、成本及培训计划的质量等项目进行跟踪监控，以确保培训计划达到预期效果。企业还可以通过建立一种双方事先约定的定期报告制度，对不合格绩效实施处罚，以此监控培训机构的绩效。

第6章
通用性培训

引导案例

海尔：四部曲打造合格新员工

新员工离职率居高不下是不少企业的通病，而海尔每年招录上千名大学生，离职率却一直很低。海尔大学培训部主管王峰认为："关键在于新员工培训四部曲。"

（1）使员工端正心态。这第一步很重要。海尔首先会肯定待遇和条件，让新人把"心"放下，做到心里有"底"。接下来，举行新老大学生见面会，使新员工尽快客观地了解海尔。同时，人力中心、文化中心的主管领导会出席见面会，与新人面对面地沟通，解决他们心中的疑问，不回避海尔存在的问题，并鼓励他们发现，提出问题。让新员工真正把心态端平放稳，认识到没有问题的企业是不存在的，企业就是在发现和解决问题的过程中发展的。

（2）使员工把心里话说出来。海尔给新员工每人都发了"合理化建议卡"，员工有什么想法，无论制度、管理，还是工作、生活等任何方面都可以提出来。对合理化的建议，海尔会立即采纳并实行，对建议人还有一定的物质和精神奖励；而对不适用的建议也给予积极回应。因为这会让员工知道自己的想法已经被考虑过，他们会有被尊重的感觉，更敢于说出自己心里的话。

（3）使员工把归属感"养"起来。敢于说话是一件喜事，但那仅是"对立式"地提出问题，有了问题可能就会产生不满、失落情绪，这其实并没有在观念上把问题当成自己的"家务事"，这时海尔就帮助员工转变思想，培养员工的归属感。

（4）使员工把职业心树起来。当一个员工真正认同并融入企业当中后，就该引导员工树立职业心，让他们知道怎样去创造和实现自身的价值。海尔对新员工的培训除了开始的导入培训，还有拆机实习、部门实习、市场实习等一系列的培训，海尔花费近一年的时间全面地培训新员工，其目的就是让员工真正成为海尔躯体上的一个健康的细胞，与海尔同呼吸、共命运。

资料来源：http://www.sohu.com/a/227054894_174221

思考：

根据海尔的做法，分析新员工培训主要的目的是什么。

学习目标

1. 了解人力资源管理部门的培训职能；
2. 掌握新员工入职培训的内容和方法；
3. 掌握企业文化培训的概念和内容；
4. 了解人才后备库培训的内容和策略；
5. 掌握高层次人才战略培训方法和策略。

学习导航

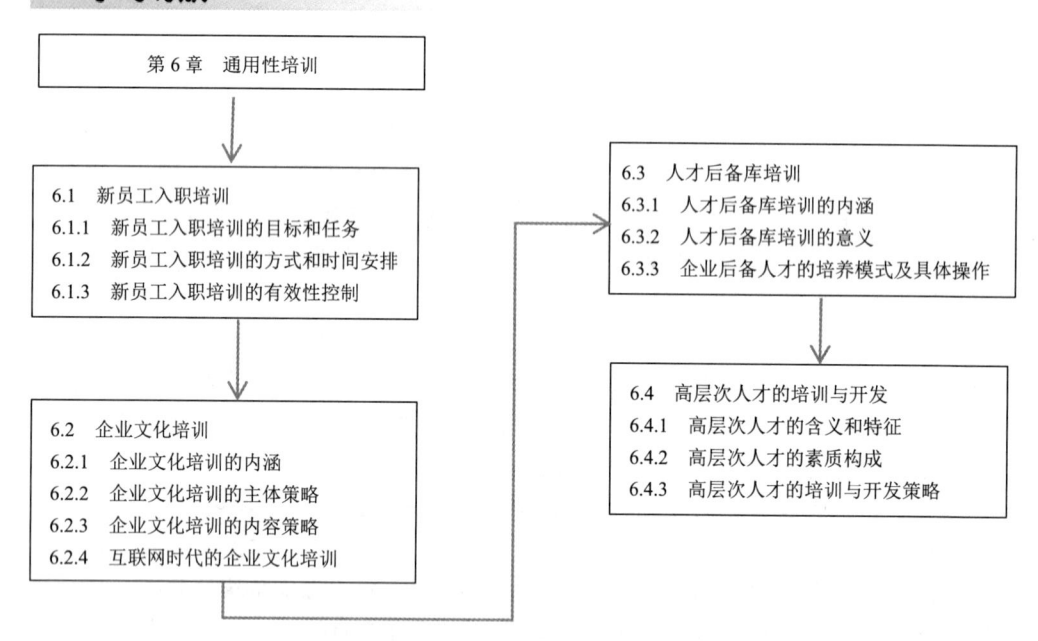

```
第 6 章  通用性培训
    │
    ├── 6.1  新员工入职培训
    │    6.1.1  新员工入职培训的目标和任务
    │    6.1.2  新员工入职培训的方式和时间安排
    │    6.1.3  新员工入职培训的有效性控制
    │
    ├── 6.2  企业文化培训
    │    6.2.1  企业文化培训的内涵
    │    6.2.2  企业文化培训的主体策略
    │    6.2.3  企业文化培训的内容策略
    │    6.2.4  互联网时代的企业文化培训
    │
    ├── 6.3  人才后备库培训
    │    6.3.1  人才后备库培训的内涵
    │    6.3.2  人才后备库培训的意义
    │    6.3.3  企业后备人才的培养模式及具体操作
    │
    └── 6.4  高层次人才的培训与开发
         6.4.1  高层次人才的含义和特征
         6.4.2  高层次人才的素质构成
         6.4.3  高层次人才的培训与开发策略
```

通用能力是指不同职业群体中体现出来的工作胜任能力，适用于企业全体员工的具有共性的技能和知识要求，是所有员工都应当具备的、重要的、基本的能力和才干，是企业内部对员工行为的要求，体现企业公认的行为方式。通用性培训，就是对企业员工通用能力的培训，一般由人力资源管理部门负责。本书从新员工培训、企业文化培训、人才库后备培训、高层次人才的培训与开发等方面分别论述。

6.1 新员工入职培训

为了使新员工尽快地融入新的工作环境，快速成为企业的合格员工，熟悉并遵从新的工作规则和程序，接纳并融入企业文化，构建优秀团队，赢得企业持续竞争优势，企业必须对新员工进行专门系统的入职培训。研究如何设计和实施新员工入职培训，对企业有着重要的实践意义。

6.1.1 新员工入职培训的目标和任务

1. 新员工入职培训的目标

新员工在入职时，都带有原先工作或学习氛围的痕迹，受原先习惯和制度的影响，而这些习惯和制度与新企业的要求可能是不一致的，因此企业必须对新员工进行入职培训，以使其尽快地适应和融入新的工作环境，正确地定位自己的角色，进而充分发挥才能，为企业发展做出贡献。对新员工来说，他们关心自己的工作环境如何，自己的发展空间如何，企业承诺兑现情况如何，企业的运行规则如何等问题，急切地需要有人介绍和导引，进而会对如何在企业内部工作和交往有一些感受和评价，乃至会考虑这家企业是否值得为其长期效力。因此，新员工入职培训具有典型的员工导向或定位作用，对企业和新员工双方都是非常必要的。

新员工入职培训的总体目标是帮助新员工尽快完成组织社会化，如图6-1所示。社会化是指个体获得团体所认同的社会行为，从而适应团体生活的过程，而组织社会化是指新员工为了适应所在企业的价值体系、组织目标和行为规范而调整自己态度和行为的学习过程。具体来说，新员工的组织社会化就是新员工逐渐转化为企业有效成员的过程，包括为有效完成工作做好心理准备、熟悉和认同企业准则，以及融入团队建立工作关系等三个方面的内容。从实现过程来看，组织社会化可以分为面对和接受组织现实、澄清角色、在组织背景中定位自己、查找成功社会化的路标四个阶段。

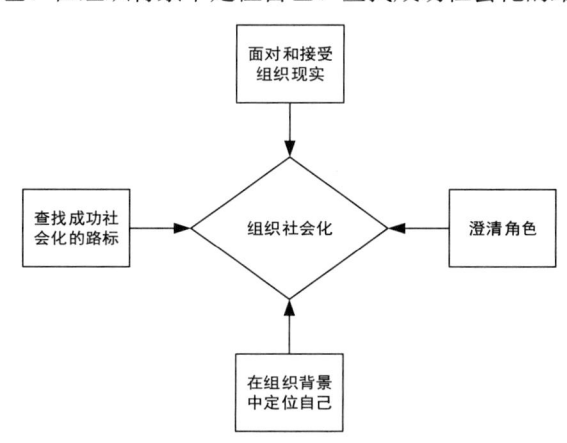

图 6-1 新员工入职培训的总体目标

2. 新员工入职培训的任务

新员工入职培训的任务，如图6-2所示。

1）企业文化培训

企业文化是企业的灵魂，是推动企业发展的活力源泉。新员工必须真正了解和认同企业文化，才能真正成为企业一员，尽心尽力。因此，新员工入职培训必须把介绍企业文化作为培训的重要内容，培养新员工对企业的认同感和归属感。新员工尤其是刚毕业的本科生和研究生，社会经验很少，是比较容易接受企业文化的最好时机，企业应该抓住时机，将企业的使命、愿景、宗旨、价值观和经营理念全面灌输给新员工，使其在工作中秉持企业的使命和宗旨，追求企业的愿景和价值观。企业文化培训的具体内容将在下节论述，此处不再赘述。

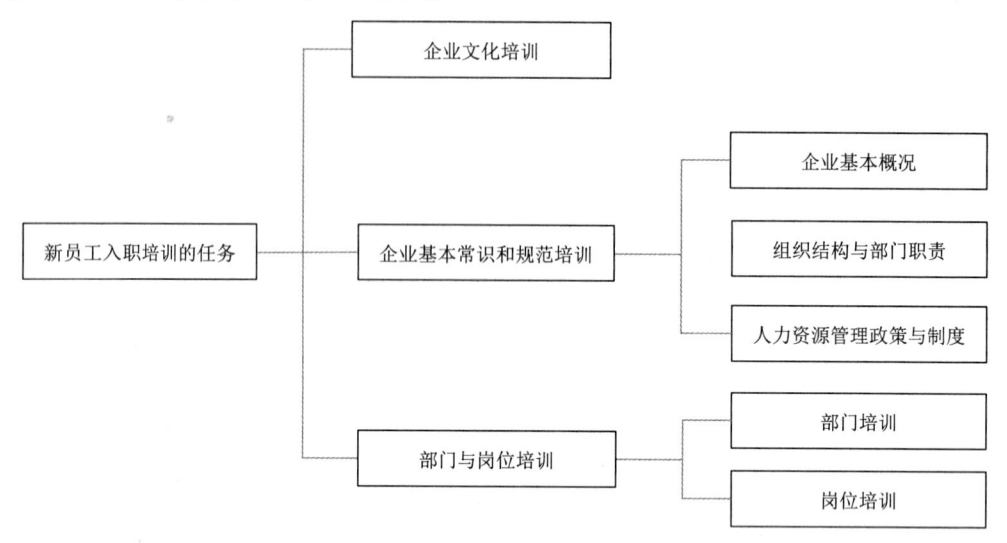

图 6-2　新员工入职培训的任务

2）企业基本常识和规范培训

企业基本常识和规范培训是企业向新员工介绍企业的基本情况和相关的规章制度，如图 6-3 所示。

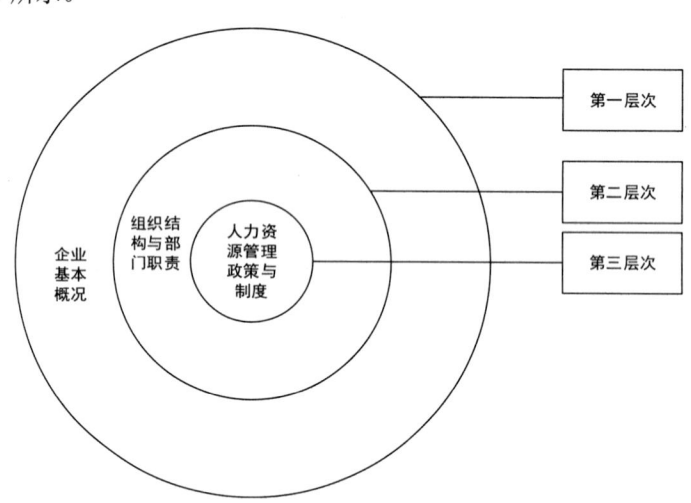

图 6-3　企业基本常识和规范培训

（1）企业基本概况。新员工入职培训应该向新员工简要介绍企业的创办和发展历程，一些重要人物、关键事件，让新员工对本企业的历史有所了解，还要向新员工介绍企业的社会意义、对社会的贡献等，以产生使命感和自豪感。说明企业的性质、经营范围、经营理念、注册资本及利税等情况，向新员工介绍企业的发展规划和战略目标，帮助新员工明确企业的经营竞争目标以带动新员工参与进来，共同为企业目标奋斗。介绍企业的市场定位、目标顾客、竞争环境，让新员工了解公司的主要产品的种类及性能、价格、市场销售情况、市场同类产品及竞争对手等。

（2）组织结构与部门职责。企业要向新员工详细介绍企业内部的组织结构、管理系统，各部门之间的服务协调网络及流程、运行规则，有关部门的处理反馈机制等在企业中工作和交往的基本常识。可以利用组织结构图与各部门工作职责书使新员工明确在企业中部门设置情况及纵横关系、进行信息沟通、提交建议的渠道，以使新员工了解和熟悉各个部门的职能，各部门的职责与权利，以便在今后工作中能准确地与各个有关部门建立联系，以及遇到问题应该找哪一个部门解决，并随时能够就工作中的问题提出建议或申诉，以使其更快地理解和适应新的工作环境和管理制度，建立良好的人际关系，增进团队意识与合作精神。

（3）人力资源管理政策与制度。人力资源管理的相关制度规定是新员工在企业中工作必须非常清楚的，关系密切的制度环境，应该在入职培训时进行重点讲解并确认新员工全部理解。具体内容包括有关工资、奖金、津贴、福利构成与计算的方法，绩效考核、晋升的有关规定，以及琐碎而详细的劳动纪律、上下班打卡时间、请假规定、报销制度、安全和工伤制度、保密制度等规章制度。人力资源部门应负责将上述制度印制成册，发放给新员工人手一册，采取课堂学习或培训者讲解的方式进行。

3）部门与岗位培训

员工入职培训的落脚点应该在于尽快胜任岗位工作，必须让员工熟悉、适应工作岗位及其环境、明确工作权利和职责、遵守新的工作程序和要求，从而尽快胜任工作，创造优秀的业绩。

（1）部门培训。部门培训由新员工所在部门主管负责，主要向新员工介绍部门结构和上下级关系、部门权力和职责、运行管理规范及薪酬构成、福利待遇等内容，重点培训新员工基本工作规范和专业知识技能、工作程序和方法、关键绩效指标的认定和考核等。部门培训成功的关键在于新员工与部门主管、同事之间的良性互动，主管必须创造环境和条件，使新员工无障碍地顺畅交流和迅速融入。新员工是否能建立深层的组织承诺，提高工作满意度，减少离职倾向都与部门培训有关。有研究表明，新员工认为与同事、直接上级管理人员，以及高层之间的互动对他们的帮助最大。直接上级主管在新员工培训过程中既是信息的来源，又是新员工的向导，根据新员工岗位工作特性，决定其是否接受相关部门交叉培训。如若需要，应引导相关部门开展培训。培训内容包括介绍其部门主要职责、与本部门联系事项、部门之间工作配合要求等。

（2）岗位培训。岗位培训主要包括岗位知识培训、岗位技能培训和岗位职业道德培训三个方面，如图6-4所示。

岗位知识培训主要介绍与岗位工作有关的基本知识，主要涉及职位说明书的相关内容，包括工作名称、编号、地点、环境、任务、职责权限、上下级关系、薪资水平等等，这些是新员工在岗位上的基本依据，必须清晰明确地向新员工说明。

岗位技能培训主要是根据岗位工作标准对新员工技能的基本要求进行培训。这是提升新员工实际操作能力和适应能力的基本训练，可以使新员工快速掌握工作技能，是岗位培训的主要内容。

岗位职业道德培训是对职业活动紧密联系的符合职业特点所要求的道德准则、道德情操与道德品质的培训。它既是对新员工在职业活动中行为的要求，又是职业对社会所负的道德责任与义务。不同的岗位所要求的职业道德有所不同，但都是作为合格员工所必须具备的，在新员工入职培训时应该给予高度的重视和详细的讲解。

图 6-4 岗位培训

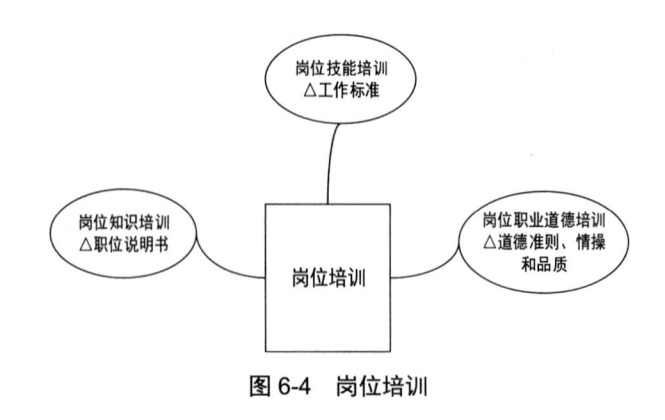

6.1.2 新员工入职培训的方式和时间安排

从培训的目标出发，为取得新员工入职培训的真正实效，企业应该对新员工入职培训进行专门的系统化设计，许多企业简单随意地入职培训难以实现入职培训的功能，难以达到培训的预期目标。

1．培训方式

从培训方式来看，根据许多企业的成功经验，下列几种培训方式是常用的且富有成效的，如图 6-5 所示。

（1）邀请企业各部门主管进行公开课或专题报告。
（2）人力资源部门组织新员工开展案例教学或团队训练。
（3）组织新员工与主管及老员工的研讨交流。
（4）邀请优秀员工汇报、讲解和示范。
（5）与直线主管一起对重点培养对象进行个别辅导。
（6）组织对企业厂区和部门进行集体参观。
（7）与专业培训公司合作开展拓展训练以培养团队合作精神。

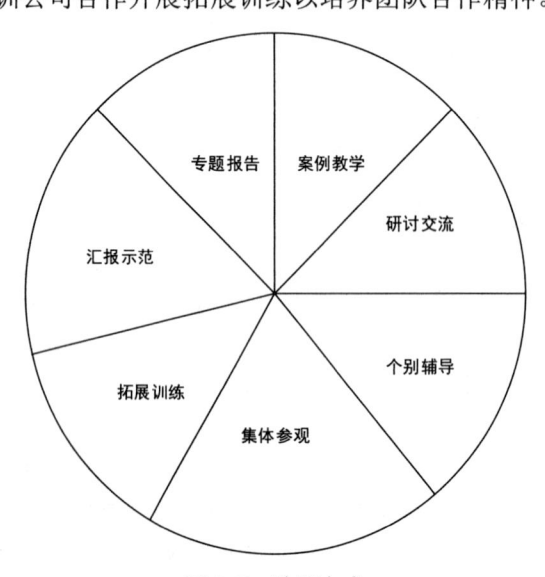

图 6-5 培训方式

上述方式都可以根据企业实际情况灵活应用于新员工入职培训实践中，并可以更多地采用多种方式综合应用的培训策略，以提高培训的实效。

2．培训的时间和周期

不同企业对新员工入职培训的时间和周期，根据企业和新员工的特点不同，有着不同的计划与安排，往往有较大的差异，不能一概而论。通常，新员工入职培训应该安排在新员工报到之初，也就是办理完入职手续之后，就应该开展入职培训工作。一般新员工报到第一天，上午办理注册、登记、考勤、就餐、班车等基本事项，然后到所在部门与老员工认识并熟悉工作场所，下午就可以开始入职培训。

对新员工入职培训持续的时间，即周期的安排，应根据企业的不同而有所不同，一般是一天到一周不等。比如，英特尔新员工培训的时间周期一般为5天，联想"入模子"培训的时间周期为3天，丰田汽车美国公司的新员工培训时间周期一般为4天。安排新员工入职培训周期的总体原则应该是既能完成培训任务和目标，又不拖沓冗余，影响正常工作。每个企业应该根据行业、企业、新员工的特点，合理安排培训周期，不要拘泥于固定的时间限制。

6.1.3 新员工入职培训的有效性控制

为确保新员工入职培训取得切实的效果，应该对事前、事中、事后的整个培训过程进行有效的控制。从控制论的角度来说，在培训开始之前，企业需要系统化地设计新员工培训的内容和计划。在培训进行过程中，要实时对培训进行跟踪。在培训结束后，要及时进行总结和反馈，有利于新员工入职培训的切实改进。具体可以从下列几方面对新员工入职培训的有效性进行控制，如图6-6所示。

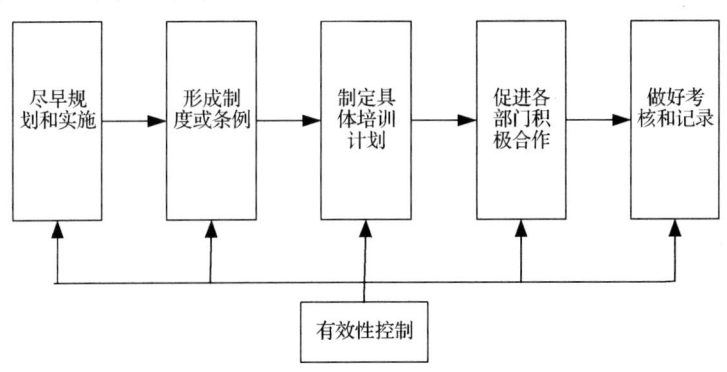

图6-6 新员工入职培训的有效性控制

1．尽早规划和实施

企业应在新员工入职之前应提早进行规划和安排，在新员工报到之后尽早开展培训，不宜久拖不决，否则新员工会因无所适从而产生持续的焦虑。事实上，有不少企业为了形成规模效应，往往等待新员工积累到一定数量才一起开展培训。这样做可以节约培训成本，但对长期未接受新员工入职培训的员工的工作开展会非常不利，因此切不可耽搁时间过长。

2．形成制度或条例

为了提高新员工入职培训效率,降低管理成本,企业必须依据新员工管理的系列制度,制定专门的新员工入职培训的管理制度和条例,以便有计划地实施。

3．制订具体培训计划

企业应将新员工入职培训作为一项常规工作,由人力资源管理部门制订具体的培训计划,负责新员工入职培训的整体组织和具体协调工作,将相关的人员、时间、地点、流程、预算等事项都落实到位。

4．促进各部门积极合作

新员工入职培训涉及多个部门,人力资源管理部门需要积极联合相关部门通力合作,明确各部门的职责,并做好沟通协调工作,确保各部门任务顺利完成。

5．做好考核和记录

在培训过程中必然会伴随着各种意外和突发事件,对此必须采取有效的控制手段,进行详细完整的记录,以作为评价和改进的依据。同时,对新员工入职培训的效果如何,还需要进行必要的评估与测试,以实际评估新员工的理解和掌握程度,进而分析判断现有的新员工培训(上岗引导)是否满足企业和新员工的需求,并找到有效的方法,加以改进。

6.2 企业文化培训

6.2.1 企业文化培训的内涵

关于企业文化的定义很多,本书不再列举,也不做讨论与比较。从管理的角度来说,企业文化是一个企业最核心的价值观念和发展理念,以及由此延伸形成的一系列思想和行为规范,对企业发展具有强烈的导向和规范作用,是凝聚和激励员工的根本精神源泉。优秀的企业文化对提高和改善企业的管理能力和发展水平、挖掘员工潜能、促进技术创新和形成企业核心竞争力具有重要作用,对企业员工进行企业文化培训是企业管理的一项重要工作。

企业文化培训是指企业根据企业发展需要,通过多种渠道向员工呈现、扩散、推广自身价值主张和精神追求等信息的过程,是企业提升综合竞争力的关键途径。企业文化培训体系建设,既需要保障企业文化的培育和形成,也需要为企业文化传承、发扬提供资源、环境与技术支撑。企业文化培训从培训的主体、受众、对象、渠道、效果之间的内在作用关系入手,着重探索如何通过企业文化来激励和开发人力资源的素质和活力,促进企业内各子系统、各要素之间相互作用和相互联系,以提高企业运作效率。企业文化培训主体是企业文化培训的实施者,包括企业高管和相关部门,承担企业文化培训活动的规划、监管和执行职能。企业文化培训的内容主要是企业核心价值观、经营理念等内涵层面的内容,以及标识、口号、产品、服务等外显层面的内容。

渠道主要包括企业刊物、网站、文体活动等。它们是企业文化培训活动的载体、连接培训各环节的纽带。受众是企业文化培训的目标对象，包括企业各级和各类员工。企业文化培训的内涵，如表6-1所示。

表6-1 企业文化培训的内涵

培训主体	培训内容	培训渠道	培训受众
企业高管和相关部门	核心价值观、经营理念等以及标识、口号、产品、服务等外显层面的内容	企业刊物、网站、文体活动等	企业各级、各类员工

6.2.2 企业文化培训的主体策略

企业文化培训主体是培训行为的主导者，是培训活动开始的初始环节，控制整个培训过程，对培训的成败具有重大的影响。

企业文化的培训主体主要有以下三种类型：企业领导者和高级管理层主导着企业文化的发展方向，是核心价值理念形成的主要因素；中层管理者和人力资源管理部门负责企业文化培训工作的具体执行，他们首先需要精准理解和把握企业高层的意图，然后根据各自部门的实际情况，制定适合本部门的文化培训策略；企业骨干员工对企业文化有着深刻的理解和认同，也是企业文化培训的主体。在企业文化培训中，培训主体控制着培训的进程，决定着培训效果。因此，培训主体的完善是提高企业文化培训效率的关键。

1. 增强企业高层对企业文化培训的重视程度

企业文化培训必须从企业高层入手，从顶层提升企业文化培训能力。企业领导者和高级管理层为了推动企业的发展和整体规划，必须着重考虑企业文化的价值和作用，探索建立适合本企业发展，独具特色的企业文化，并不遗余力以正式的手段向全体员工进行培训与推广。

2. 提高对中层管理者对企业文化培训的认同度

企业文化培训能否取得实效的关键取决于中层管理者是否认同并坚定推行企业文化，因此企业必须把企业中层管理者作为企业文化培训的重点对象，首先使他们了解企业文化内涵的实质，进而通过他们向全体员工推广和传播企业文化。

3. 提高企业人力资源管理部门的培训水平

人力资源管理部门是企业文化培训的具体负责和牵头部门，其能力和水平高低直接影响企业文化培训的效果，因此企业必须加强人力资源管理部门建设，促使其掌握方法，抓住时机，配合企业战略，借势营销，使企业文化培训更深、更广。

4. 发挥骨干员工在企业文化培训中的作用

企业应特别重视对骨干员工企业文化的培训。他们在企业中对其他员工具有强烈的示范和引领作用，要对他们进行定期培训，定期考核，使之充分了解企业文化。同时，对积极参加企业文化培训和传播的骨干员工进行物质精神方面的奖励，使更多的人加入企业文化培训进程中。对员工中的意见领袖充分加以利用，使之为有利的企业文化培训所用，充分重视员工的反馈，赋予员工话语权，及时将员工的意见传达给领导层。

6.2.3 企业文化培训的内容策略

1. 企业文化培训中的信息

狄尔和肯尼迪在《企业文化——现代企业精神支柱》中将企业文化的内容分为五个方面。

（1）企业环境。根据企业所在系统的不同，企业环境可以分为宏观环境和产业环境两个部分。企业宏观环境包括自然环境、政治环境、经济环境、社会环境和技术环境五个方面。产业环境包括供应商、竞争者、顾客、监管部门和利益集团。

（2）价值观。价值观是企业的核心和基石。企业价值观不是凭空而来，是企业长期实践经验的概括。

（3）英雄人物。英雄人物是企业文化的人格化，是企业价值观的化身，是员工模仿的典范。

（4）习俗和仪式。习俗和仪式是企业文化的外在表现，属于非正规的企业教化。

（5）文化网络。文化网络是指公司内部传递信息的非正式渠道，通常在公司内部以逸闻轶事、故事、猜测等形式传播消息。企业要根据所处的具体环境，选择既独具特色，又贴合实际的企业文化进行重点建设和培训。将企业文化的实质浓缩为员工可以直接明了认识清楚的价值观体系，将企业价值观人格化为企业英雄人物，以使其可以更好地认可与传播。

2. 开发并充分利用企业文化培训渠道

企业文化培训渠道是指企业文化从培训主体到达客体所要经过的各种渠道，企业文化的培训离不开培训渠道，疏通培训渠道，对企业文化培训具有至关重要的作用。企业文化培训的渠道很多，可以总结为十个方面，即象征物、制度、宣传媒体、活动、组织结构、故事、仪式、沟通英雄人物与故事、领导者、同事，如图6-7所示。企业应该加强管理者与员工之间的深度交流，通过人际交往传播企业文化，有意识地灵活利用员工交往的非正式渠道，支持员工个人之间的文化网络建设。

根据企业文化在企业组织系统中培训的途径不同，可以将企业文化培训分为正式培训渠道和非正式培训渠道两种类型。正式培训渠道通过各企业之间正式的组织结构来运行，企业文化的信息来自官方，准确性和可信度较高。非正式培训渠道是通过企业以外的培训途径进行的，培训的信息主要出自各个成员之间各自的需求，是基于企业成员社交需要而发展的培训模式，通常以小道消息的形式培训，准确性无法保证。企业应该充分利用正式和非正式培训渠道，经常举办正式和非正式的聚会活动，建立良好的企业文化培训环境，使员工在轻松的工作环境中，充分认识企业文化的实质。

象征物	制度	宣传媒体	活动
组织结构	故事	仪式	
沟通英雄人物与故事	领导者	同事	

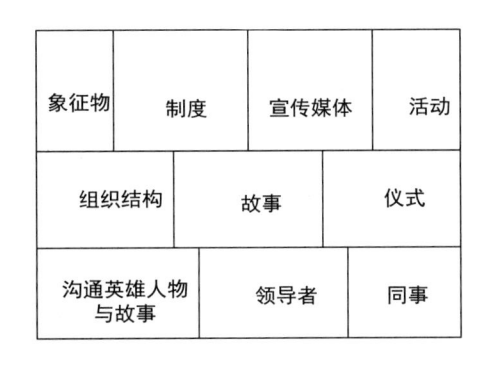

图 6-7　企业文化培训渠道分析

3. 提高企业文化培训效果

培训效果是指通过不同的培训渠道，企业文化培训最终所产生的有效结果，即培训活动在很大程度上实现了企业培训主体的意图或目的，是检验培训行为是否有效的关键环节。根据程度不同，培训效果可分为三个层面：认知层面、态度层面及行为层面，即为企业员工所认知、认同，影响其态度或行为的结果。企业文化培训效果是培训的最终环节，为达到有益于企业发展的企业文化培训效果，需要各方的共同努力。培训主体应当在培训的源头上做好把关，保证所培训的内容真正符合企业文化精神。针对不同受众利用多种渠道进行培训，使其达到最佳效果，如企业内部培训的内刊、仪式等。

6.2.4　互联网时代的企业文化培训

互联网的快速普及是现代企业发展最重要的时代背景，企业文化培训也必须考虑如何与互联网结合在一起，利用互联网有效地提升员工对企业愿景、宗旨、价值观念的认知、认同和实践力，以互联网的工作方式来凝聚发展共识，消除企业内部分歧，激励和引导员工将个人价值和行为取向与企业整体价值和行为取向相统一。互联网推动了企业组织的扁平化和网络化，企业文化培训必须结合这些变化，培养企业员工与网络化组织和管理相适应的价值观，营造有利于资源共享和员工积极性发挥的企业文化氛围。

互联网时代思维的特质就是突破与超越，企业文化的建设过程，从形式和内容，从建设主体到建设过程、传播方式，都要求不断打破传统企业文化建设的固有规则、大胆革新。企业文化一般可以从物质、制度、精神三个层面来构建。在互联网时代，这三个层面的构建应该采取新的方法并提出新的要求。

物质层面是企业文化最外层的表现，是可以被人们直接感知的可视和有形部分，可以称为企业理念的物化。在互联网时代，企业应该更广泛地应用网络手段为载体，扩大企业文化对员工影响，可以在企业网站、内部办公网络及各种网络平台上积极展示企业精神面貌、品牌形象、人文关怀等，使员工经常熏陶在企业文化氛围中，潜移默化地理解和接受企业精神，并自觉实践。

制度层面是企业文化得以健康发展，有效地落实保障，企业文化体系中的每个理念，都必须在制度规范和支撑下才可落实。科学有效、系统完整的制度设计对企业文化的构建和发展（见图6-8），对员工思想和行为的引导、激励和约束具有重要作用。在互联网时代，企业制度更加规范、透明和开放。员工很容易将本企业和其他企业进行类比，员工对企业制度有意见，可以有更多的建议渠道，因此企业应更加慎重对待涉及物质、制度、精神层面的设定，要贴切地体现企业文化中的核心理念和价值观。

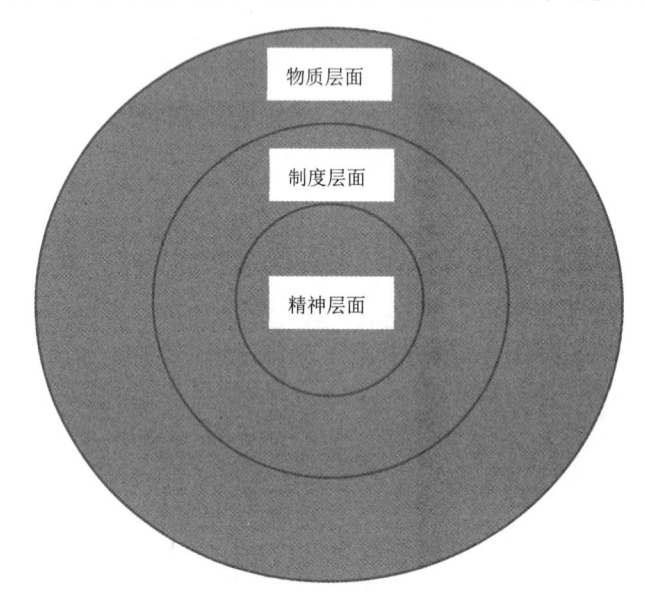

图6-8 企业文化建设的层次

精神层面的构建是企业文化建设的最高层次，是对企业发展的使命、愿景的规划。在互联网时代，企业倡导和追求的核心价值观会更快捷和深入地被员工理解和感知，企业是否真正忠实于自己的文化，在每个方面都可以体现出来，员工和社会都在冷静观察。因此，企业必须时时刻刻都做到言行一致，维护企业声誉，坚定员工信心。

相关链接

光大集团的"四梁八柱"体系

2019年8月18日，光大集团正式发布了"四梁八柱"企业文化理念体系。

- 企业愿景：建设具有全球竞争力的世界一流金融控股集团
- 文化主旨：家园文化，阳光文化，崇商文化，担当文化
- 企业精神：中国光大，光大中国
- 核心价值观：有情怀/有质量，有特色/有创新，有底线/有口碑，有活力/有责任
- 企业理念：光明正大，守正创新
- 企业使命：中国光大，让生活更美好

资料来源：https://xian.qq.com/a/20190819/002940.htm.

6.3 人才后备库培训

6.3.1 人才后备库培训的内涵

企业发展离不开人才，人才是企业持续发展的原动力，企业必须不断加强人才队伍建设，保持人才队伍的持续竞争力。这就需要特别关注企业人才后备库的建设和培训，这也是企业培训与开发的重要工作之一。

维持并培训合理的后备人才是企业人力资源管理、培训与开发工作的重要组成部分。后备人才是企业为了适应未来发展变化，维持企业人才活力而专门储备的具有一定潜力、能快速替代和胜任企业中某些关键岗位的人员。后备人才一般应符合以下条件：具有较强的成就动机，渴望为企业发展做出更大的贡献；潜力较大，绩效良好，职业规划符合企业发展需求；列入企业人才培养计划，有计划地参加相关培训与开发，拥有接替岗位的素质和能力；人际关系良好，得到领导和同事的支持和认可。近年来，不少企业在快速发展的过程中，面临人才的短缺问题，尤其是人才流动加速的情况下，某些关键人才的离职，给企业发展带来严重的影响，因此许多企业意识到人才储备和培养问题的重要性，开始提前规划、确定和持续追踪关键岗位的高潜能人才，对他们进行持续关注和重点培养。

6.3.2 人才后备库培训的意义

人才后备库培训对企业健康和长远发展具有重要的意义。

1. 设置和培训后备人才的机制促进了企业人才观念和用人机制的转变

企业对人才的尊重和重视不仅体现在关键岗位的现职人员和对后备人才的态度方面，而且体现了企业对人才的真正渴望和爱护。企业只重视现职者，这是一种实用和战术的做法；对后备人才的培养是一种理念和战略的导向，对企业吸引和利用人才具有更强大的作用。为了确定后备人才，企业需要更深刻地分析和归纳关键岗位人才的资质，即胜任特征，确定可以成为后备人才的标准，然后在企业内外进行选拔，这是一个非常严谨的工作，选拔的是现在不完全胜任的，但经过培养后可以胜任的人才。对后备人才的培养，企业要将企业发展需要和员工个人职业规划结合在一起，既要满足企业发展对人才的需求，又要给这些后备人才更多的发展路径和空间，否则长时间的后备会消磨人的意志，造成职业倦怠，也是人才的极大浪费。后备人才培养的最终目标是实现企业与后备人才的双赢。同时，企业用心关爱和尊重的良好工作环境，有力的团队合作，充裕的资源支持，科学的薪酬体系和激励体系，丰富的深造机会都是后备人才培训必不可少的条件，这些都需要企业用人机制的相应转变。

2. 高素质的后备人才可以减少关键岗位人事变动所带来的损失

在关键岗位因各种原因出现人事危机时，如果没有后备人才的及时顶替，可能会给企业带来严重的甚至灾难性的影响。例如，企业研发或销售团队带头人的突然离职，可能会造成研发成果工作的瘫痪，而后备人才的及时接替，可以避免这种情况的发生。同时，充足的人才后备可以减少企业的人力资源支出。关键岗位人才的流失，需要企业尽快找到人才接替。如果从外部招聘，时间无法保证，费用又比较高，就会大幅增加企业的人力成本。而后备人才的存在，不仅会使岗位损失降到最低，而且会极大地减少企业再招聘和培训的费用，为企业节省人力资源费用。

3．充足的人才后备可以提高企业工作效率

关键岗位的价值是难以取代的，而关键岗位能否发挥其全部价值，取决于其任职者是否胜任和其工作状态如何。后备人才的存在，可以从几个方面改善工作效率，进而提升企业核心竞争力。首先，对于关键岗位的现职者，后备人才的存在对他们会产生两个方面的作用：一方面是激励，如果工作不得力，那随时会有人顶替上来，因此现职者必须努力工作，当然，后备人才可以成为他们的有力助手，使他们工作更轻松和出色；另一方面，许多企业规定，没有合适的继任者，就不能晋升，后备人才的存在使他们后顾无忧，自己只要足够优秀，就可以有更广阔的发展空间。因此，后备人才的存在会激励现职者改善工作绩效。对后备人才来说，进入后备队伍就是企业对他们价值和能力的认可，要想在多个后备人才中脱颖而出，必须做出优异表现，才能在机会出现时，受到青睐，因此后备人才必须积极进取。总之，后备人才的设立和培训，对提高企业工作效率有显著的作用。

6.3.3 企业后备人才的培养模式及具体操作

企业后备人才的培养有多种模式。目前，常见的主要有管理培训生计划、接替规划、人才加速储备库计划三种模式，如表6-2所示。

表6-2 后备人才培养模式

培养方式	目标人群	特　点	优　势
管理培训生计划	高校本科生和研究生	进行独特的职业路径规划，采取系统、专门的培养和管理方法	人才忠诚度高，可以快速提升管理能力
接替计划	企业内的高潜质员工	严格筛选和持续跟踪，有步骤的轮岗和内部提升	有效储备和匹配人力资源；避免外部招聘的弊端和风险
人才加速储备库计划	高级岗位的后备管理人才	富有挑战性的工作和特派任务，提供最好的学习机会和曝光度	更快捷、更精确、更公平地选拔人才

1．管理培训生计划

管理培训生计划是许多大型企业所看重和采取的人才培养方式，是指企业在进行人才招聘时，有意选拔一些具有管理潜能的员工（主要是高校本科生和研究生），对他们进行独特的职业路径规划，采取系统、专门的培养和管理方法，促使其快速地提升管理能力，进而逐渐进入企业管理层的员工培训计划。管理培训生计划比较适合大批培养新人，经过长期的培训与开发，管理培训生对企业的忠诚度非常高，是主要的后备人才培养模式。许多著名的企业每年都组织规模庞大的校园招聘，在应届大学毕业生中挑选管理培训生，作为企业后备管理人才培养的第一梯队。

管理培训生一般都有较长周期的培养计划培养管理培训生的管理能力，而后备人才为他们确定相应的职能方向，并逐渐安排进入相应的管理类岗位。为满足企业经营发展的整体需求，企业每年都会批量招聘、集中培养，强调企业文化全面的熏陶和塑造，培养出适合企业未来发展需要的管理人才。管理培训生的挑选一般不会设置太多的专业和学历方面的限制，涉及职能部门十分多，一般管理性职能部门都可以采用；但对学生的综合素质比较看重，必须是富于学习精神、敢于创新、有培养价值的人才会入选。管理培训生进入企业后，一般都会有企业指定的教练专门指导，在教练指导下，企业会对管理培训生进行职业生涯指导，专案管理、系统化的培训、参与不同部门的工作轮调，向既有专业知识和管理技巧，又拥有丰富实践经验的管理人才方向发展。

2．企业接替规划

企业接替规划，是指企业对那些有可能接替中高层管理职位的高潜质员工进行严格筛选和持续跟踪，进而进行专门的培训与开发，通过按部就班地轮岗和内部提升，逐步安排其接替企业重要管理岗位的后备人才培养模式。

企业接替规划可以为企业贡献多个方面的管理与经营价值。许多成功的企业实践表明，致力于长期发展的企业都是以自主培养后备人才并采取内部选拔晋升为主。企业接替规划的有效实施，可以有效地为企业未来发展对人力资源的需要进行储备和匹配，可以最大限度地为企业重要管理岗位提供大批有资格、有能力的候选人，使企业的发展不会因重要岗位缺乏合适人才而受到影响。企业接替规划可以系统有效地提升企业人力资源的整体素质，减少企业关键岗位人员的动荡，保持企业人力资源的竞争力，避免外部招聘的弊端和风险。企业会为进入企业接替规划的员工进行更详细和优质的职业生涯规划，会为其设立更高的职业目标，这有助于企业吸引和保留更好的人才。

为了成功地实施接替规划，企业需要明确企业的整体经营战略，并从以下几个方面系统地推进。

（1）确定企业中高层关键管理岗位能力素质模型。能力素质是个体的一种潜在特质。它与一个人在工作中或某一情境中所表现出与绩效关联的、有效的或高绩效的行为，有着明显的因果关系。简单地说，它可以预测一个人在一般情况下和在一个持续的、特定的时期内的行为方式和思维方式。能力素质模型通常包括三类能力：通用能力、可转移的能力、独特的能力，如图6-9所示。这些行为和技能必须是可衡量的、可观察的、可指导的，并对员工的个人绩效，以及企业的成功产生关键的影响。能力素质模型不仅是企业对参与企业接替规划人员培训与开发的目标和标准，而且应该明确管理和领导技能要比专业技术能力更为重要。

```
        独特的能力
       可转移的能力
        通用能力
```

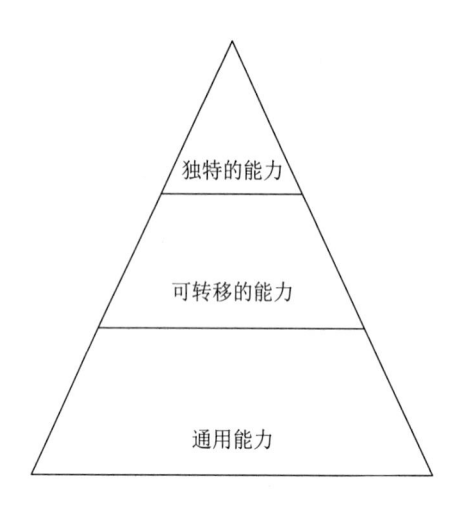

图 6-9　能力素质模型

（2）对参与接替规划的人员进行素质测评，进而分析培训与开发需求。对需要规划接替人员的关键岗位，在确定其能力素质模型之后，要以其为标准对拟接替人员进行素质测评，发现差距，进而确定培训与开发计划。在此过程中，会淘汰一些能力和品行不符合要求的人员。为此，企业应该与专家合作建立一套系统评估、筛选高潜力候选人的动态选拔和鉴别的制度、标准和程序，对经过初次选拔的员工，应在后期进行不定时的再评估和再调整，以便始终保持优秀的后备人才队伍。

（3）实施高潜力员工能力发展计划。针对参与接替规划的人员的自身特点，企业应该开展有针对性的培训与开发以确保其随时可以胜任接替岗位。企业应投入充足的资源，以保障培训与开发计划顺利开展，并对培训与开发计划的集中化与个性化特点给予充分的重视。通常，企业应在管理理念与管理技能培训方面予以更多的关注，包括领导力、团队建设、财务管理、沟通与谈判能力等方面应该是重点开展培训的科目。此外，企业接替规划不是人力资源管理部门可以独立胜任的工作，必须得到企业高层领导关键岗位现职者的高度关注和大力支持，才有可能顺利开展，企业要经常创造条件安排学习者参与岗位模拟和经营实践项目，接受和完成全面的管理挑战。

3．人才加速储备库计划

人才加速储备库计划是由全球著名的人力资源咨询机构——DDI 公司最新推出的企业后备管理人才培养模式，侧重培养高级岗位的后备管理人才。人才加速储备库计划的主要特点是为高管职位提供一批高素质的后备人才，而这些人才并不是专门为某一个具体的职位培养的。也就是说，这些人才培养的适用范围是比较广泛的。只要高管职位有空缺，他们都可以第一时间胜任。加速的含义是指储备库成员的进步加速前进，企业通过富有挑战性的工作和特派任务，为员工提供最好的学习机会和曝光度。与其他方法相比，人才加速储备库在帮助企业挖掘和发展高潜力人才方面具有更多的优势。

快捷、精确、公平的选拔人才，既可以大幅减少文案工作和管理时间，又可以让合适的人选在合适的时间就职于合适的岗位，还具备很好的诚信度和透明度。创造出多样化人才加速储备库计划，与企业商业计划、商业战略的联系更加紧密，着重培养能带领企业突破现状、开辟未来的领导人。参加人才加速储备库计划的人员更具发展性、参与性和弹性。因为企业会为员工的变革与成长提供更强有力的支持，精确地分析员工的个人发展需求，更专注于卓越管理能力和知识的培养。员工可以自行决定是否要加入人才加速储备库，在自身发展规划的制订与执行上拥有更多的话语权，并充分考虑工作和生活之间可能发生的冲突，给予员工更多的自主权。人才加速储备库计划非常开放，各类员工都有机会参加，不仅企业内部成长起来的子弟兵科研人员参加，而且从外部聘来的中高级管理人才可以参加。人才加速储备库计划向他们提供平等的极具挑战性的工作和必要的支持，使之能得到技能和职责方面的成长，逐步向顶尖人才攀登。

人才加速储备库计划，已经在日本日产、英国BP、美国花旗等许多世界著名的跨国公司进行了成功的实践。通常，企业可以通过设立领导力加速力中心来负责实施人才加速储备库计划，并按岗位分析、模拟测试、观察和评估、反馈和评估报告等四个步骤，对候选人员的现有综合能力与岗位所需要的实际能力进行全面对比，进而确定具体的培训与开发计划。具体实施人才加速储备库计划，需要结合特定的企业运行条件，特别要求企业具有较大的规模和一定的组织结构环境条件等。刚开始应用人才加速储备库计划的企业，可以自由选取灵活的实施方式，或者对人才加速储备库计划进行适当简化，然后随着企业经营的发展逐步建立更全面的系统。

> **相关链接**
>
> **京东的2N原则**
>
> 两件事情在京东是不可以做的，所有加入京东的人都知道。
>
> 第一个事情：京东只允许每个人带原单位的一个人加入京东，如果带的人多，也欢迎，那必须去别的部门。京东鼓励一个人来，因为很多公司是一个部门来一个"头"，带了很多原公司的人。等这个"头"走的时候，发现这些人都走了。这样是非常可怕的，他们走的时候，企业损失也很大。
>
> 第二个事情：京东给所有管理人员一年的时间，找到可以替代你的京东认可的人员，如果找不到，第二年新的业务也不会给你，加薪也不会给你。如果两年之内还是找不到，你不能随便指定一个人，京东还要调查。如果找不到，京东请你走，必须离职。
>
> 第一个事情是避免公司帮派情绪的产生，第二个是确保公司必须有人员备份，不会因为一个高管人员的离职使业务瘫痪。
>
> 资料来源：http://www.sohu.com/a/162934158_99956262

6.4 高层次人才的战略培训与开发

6.4.1 高层次人才的含义和特征

1. 高层次人才的含义

高层次人才是企业人才队伍中的高级和尖端人才，具有高超的专业能力或业务知识与经验，是稀缺和珍贵的人才，对企业的发展贡献很大，企业应给予他们最多的关怀，并做战略性培训与开发。高层次人才之所以重要，是因为他们是某一专业或某一领域的权威，拥有最尖端的知识和技术，对所在领域的发展方向具有前瞻性的认识。高层次人才具有很强的管理能力和创新能力，企业中的高层次管理人才是企业新思想、新理念的倡导者，高层次技术人才是企业新技术、新方法的发明者，往往能引领某一领域的发展方向，甚至是新领域、新学科的开拓者，对企业生产和管理的进步产生巨大的促进作用。对高层次人才进行战略性培训，发挥高层次人才在企业发展中的引领作用，是企业发展战略的内在要求，是推动企业发展的必经之路。

高层次人才作用的发挥，既离不开自身的勤奋和努力，也离不开团队和平台的合作。高层次人才不仅自身是某个领域有建树的专家，在团队管理和工作背景下，而且是其团队的核心和灵魂，能够带领团队做出优秀的绩效。换个角度来说，如果一位专家自身很优秀，但凝聚和管理团队的能力很差，团队的绩效不能令人满意，那么他与企业发展战略所要求的高层次人才有距离。因此，高层次人才除了自身具有优秀的素质，还必须具有优秀的团队工作能力、识人用人能力、领导激励能力等管理能力。

2. 高层次人才的主要特征

如图 6-10 所示，高层次人才的主要特征可归纳为两个方面：一方面是内在的个体性特征；另一方面是外在的群体性特征。

```
内在的个体性特征          外在的群体性特征
 ○智力特征                ○稀缺性
 ○心理品格                ○流动性
 ○人格特质                ○集群性
```

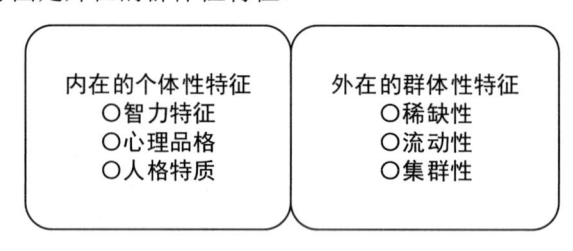

图 6-10　高层次人才的主要特征

（1）内在的个体性特征。内在的个体性特征是指高层次人才自身发展所必须具备的内在的智力特征、心理品格及人格特质等，这些特征是判断一个人才是否能取得卓越成就，成为高层次人才的基本条件。通常，高层次人才必须具有较高的智力水平和极强的专业素养，扎实广博的基础知识，符合前沿的知识结构和开放严谨的思维方法。他们的身份往往是某一专业平台或学术组织的知名专家或者顾问，能站在时代发展和变革的前沿，具有很强的预见和创新能力。高层次人才往往具有坚忍不拔、拼搏进取的心理品格，遇到困难敢于迎难而上，意志力极强；高层次人才大多具有创造性的人格特质和高成就导向，善于打破常规，发现和解决新问题，并把持续实现新的目标作为内在动力。

（2）外在的群体性特征。外在的群体性特征是指高层次人才作为一个群体从宏观角度呈现出来的整体性特点。这些整体性特点包括稀缺性、流动性、集群性等。稀缺性是指高层次人才在人才队伍中是非常稀缺和难得的，既需要自身有很高的天赋，又需要后天有良好的教育，成长的过程存在很多的风险，正所谓"千军易得，一将难求"。高层次人才是在全世界范围内，国家和企业争相抢夺的对象。流动性和稀缺性相关，正因为非常稀缺而争夺异常激烈，因此高层次人才的选择余地很多，具有较大的流动自由度。例如，高层次人才对一个地方的平台和环境不满意，很容易流动到其他地方。因此，企业对高层次人才的服务要格外尽心尽力，要从工作、生活、心理各个方面都使其顺心如意。高层次人才往往具有集群性的特征，也就是说，在某一时间、某一组织会集中吸引和培养出一大批高层次人才，尤其是技术水平、研究水平或业务水平顶尖的单位，高层次人才的聚集度就越高。这是人才互相促进和激发的良好生态的体现。

6.4.2 高层次人才的素质构成

根据"冰山模型"，可以从五个层面分析高层次人才的素质构成，如表6-3所示。

表6-3 高层次人才的素质构成

序 号	素质构成	主 要 特 点
1	知识	前沿且多元化
2	技能	能够创出实效，可以把理论构想变成现实
3	自我概念	对事业充满热情，以积极的心理状态全身心投入自己的工作
4	个性心理特征	开辟创新的愿望和能力强，自我评价高、决策能力强
5	动机	高成就导向

1. 知识

知识是高层次人才的首要素质，是其区别于普通人才的主要特征。高层次人才所掌握的知识体系是前沿且多元化的，不仅掌握其专业的精深的理论和方法，而且熟悉相关领域的知识结构和前沿进展，其知识的广度和深度都非常重要。如果高层次人才掌握的知识不够深入，就无法在专业领域做出更大的突破；如果高层次人才掌握的知识不够宽广，就无法做出创新性的贡献。目前，最有可能产生创新的领域就是各个不同学科交叉共进的领域。高层次人才必须具有全球化的视野，与国际顶尖专家经常沟通交流，了解和把握本领域的最新发展方向。

2. 技能

高层次人才必须熟练掌握专业的相关技能，不仅包括学术研究的方法和技能，而且包括带领团队、指导学生，以及管理沟通的技能。专业技能因专业领域不同而差异较大，但基本要求都是能够创出实效的，而不能是纸上谈兵，必须可以把理论构想变成现实，而在此过程中的操作技巧是必须掌握的。尤其对企业管理领域的前沿理论和方法，高层次人才不仅要理解其理论精髓，而且要掌握实际推行的技巧。而这些技巧的掌握往往比理论知识的学习更复杂，需要结合本企业的实际情况用更多的时间去摸索。对团队领导和人际沟通等方面的技巧，通常是高层次人才比较欠缺和忽略的，而这些能力和技巧在现在越来越依靠协同攻关取得成果的时代显得格外重要，尤其与不同专业和文化的团队合作，其合作和沟通技巧是能否获得默契和深度合作的关键因素。

3. 自我概念

自我概念是一个人对自身存在的体验。它包括一个人通过经验、反省和他人的反馈，逐步加深对自身的了解。自我概念是一个有机的认知机构，由态度、情感、信仰和价值观等组成，贯穿整个经验和行动，并把个体表现出来的各种特定习惯、能力、思想、观点等组织起来。高层次人才总是对自己的事业充满热情，自身的职业和兴趣结合得非常紧密，因而能够以积极的心理状态全身心投入自己的工作。高层次人才通常要求具有严谨的治学、治业态度，对待工作一丝不苟，对周围的事务保持细心的关注，善于发现环境中细小的变化并做出调整。

4. 个性心理特征

个性心理特征是一个人相对稳定的思想和情绪方式，是其内部和外部可以测量的特质。高层次人才的个性心理特征具有某些共通的特点。通常，高层次人才开辟创新的愿望和能力非常强烈，自我评价高、自我感觉好，决策判断能力较强，处事果断，指导和监督别人的能力强。高层次人才对才智和自我实现，以及对事业成功的追求动机比较强烈，这些特征对高层次人才能否取得事业的成功关系较大，而对物质金钱的追求、工作经验等与高层次人才的成长和成就关系不大。同时，高层次人才对事物发展的洞察能力和判断能力比较强，保障了其事业航程的顺利前进。

5. 动机

动机是由一种目标或对象所引导、激发和维持的个体活动的内在心理过程或内部动力，使人们产生一种内在驱动力，使之朝着所期望的目标前进。高层次人才通常具有高成就导向，正是这种高成就导向使科技人员的主观努力能够发挥到极致，最终实现自身的迅速成长。高层次人才动机的影响因素，既包括自身的需求，也包括外在企业的导向。从企业角度看，企业应该更深刻地观察高层次人才的动机源泉，以合适的方式激发他们探索前沿的未知领域，努力获得新的发现和成就。

6.4.3 高层次人才的培训与开发策略

1. 高层次人才培训与开发需要把握的关键点

高层次人才是一种高端的人才资源，其成长和开发既遵循一般的人才成长规律，又有其独特的特点，可以从开发内在价值、提供环境支持、遵循成长规律和充分实践锻炼几个方面促进高层次人才发展。

（1）高层次人才的成才意愿是其价值的源泉。高层次人才的成长首先需要其自身必须有强烈的成长意愿，追求自我超越，又具备较大的成长潜力，还具备成为高层次人才的基本条件。只有充分激发人才个体的内在意愿和潜能，才能使个体的人才价值得到充分实现，个体才能勇于完成对自我的超越，从而达到一个新的高度。

（2）外部环境支撑是高层次人才成长的有效保障。企业能否为高层次人才成长创建良好的平台和动力机制，配备高效默契的合作团队，帮助他们实现自我成长目标，也是高层次人才成长的必要条件。通常，高效的激励机制，活跃的讨论氛围，优质的发展平台，和谐默契的人际关系更能有效地支撑高层次人才的成长。根据高层次人才集群性的特点，理想的工作团队和合作者会形成相互影响、相互促进的文化氛围，对双方产生强烈的"共生效应"，高层次人才所处的人文环境，尤其是其密切合作的工作伙伴对其能否取得成就非常重要。另外，高层次人才在成长和开发过程中，与同行顶级专家的交流合作和优越的物质条件包括仪器、设备、实验室等是非常重要的，这些条件的缺乏会阻碍其成长。

（3）探索和遵循高层次人才成长的基本准则。对于一般的人才资源而言，高层次人才的成长过程周期较长，一般可分为启蒙、成长、成熟和实现四个阶段。启蒙阶段是高层次人才开始受到基础的普及教育，而其已显示出强烈的兴趣和惊人的天赋，被父母和老师发现并开始重点培养；成长阶段是高层次人才接受专业的训练，掌握完整的知识体系，不断地提升自己专业能力，在其专业领域打下良好基础的阶段；成熟阶段是高层次人才已经达到本领域的高端和前沿水平，取得一系列成就并赢得广泛知名度，被业界所熟知和认可的阶段；实现阶段是高层次人才取得自己重大的原创成果，建立自己的理论体系，为理论和实践领域做出重大贡献的阶段。企业必须清楚本企业的高层次人才现在处于什么阶段，最需要的条件和保障，应该提出的目标和要求，在符合人才成长规律的前提下，既能促进人才的成长，又使其最大限度地为企业做出贡献。

（4）合理使用是高层次人才实现价值的现实途径。高层次人才的价值最终落脚在使用上，必须对其大胆使用，提供舞台，充分信任和授权，才能真正激发高层次人才活力，施展其能力，为解决企业难题提出创造性的方案，为企业创造意想不到的价值。企业需要做到对高层次人才可能面临失败采取非常宽容的态度。因为越是尖端和前沿的问题，没有先例和经验可循，失败的可能性是非常高的，企业必须有敢为天下先的精神，愿意为科研领域开辟无人区付出成本，高层次人才就不会有后顾之忧，尽情探索，最后才有可能取得别人无法企及的成就，而企业会因此获得科技的制高点，成为企业获取和维持竞争优势的原动力。

2．高层次人才的培训与开发具体策略

高层次人才的培训与开发具体策略，如图 6-11 所示。

1）塑造人才发展环境

挖掘现有资源优化人才集聚机制。良好的人才环境是人才尤其是高层次人才开发的重要前提和基本保障。良好的工作环境是人才发展环境塑造的重要内容，构建自由、公平、竞争的制度环境是实现高层次人才自身价值的重要基础和前提条件。为吸引、留住、使用和发展人才，企业应当加快从"学历本位"机制向"以人（人才）为本"机制转变，坚决打破当前存在的隐性规则，切实改善人才发展的制度环境，促进人才资源的优化配置，真正实现人尽其才、才尽其用的用人机制。在具体工作中，注重因时制宜、因地制宜地整合和挖掘现有资源，大力推进产学研合作平台建设，积极探索和推广柔性的人才联盟形式。企业采取智力外包、智力兼职和人才租赁等柔性引才方式，加强与高等学校、科研院所、专业技术机构之间的横向合作，提高企业的引才效用和人才开发水平。企业应当注重依托不断创新的文化资源以促进企业的人才集聚，加强文化建设以提升企业魅力，增强人才对企业文化的认同感，形成多元参与、兼收并蓄的企业氛围，通过企业文化形象、精神面貌和富有活力的体制机制培养和吸引人才。

```
                    ┌── 塑造人才发展环境，优化人才集聚机制
                    │
高层次人才培训与 ────┼── 加强顶层人才制度建设
开发的具体策略      │
                    │                        ┌── 实现人才战略转型
                    │                        │
                    └── 优化人才开发工作机制 ─┼── 创新高层次人才政策评估机制
                                             │
                                             └── 营造可持续的人才培养环境
```

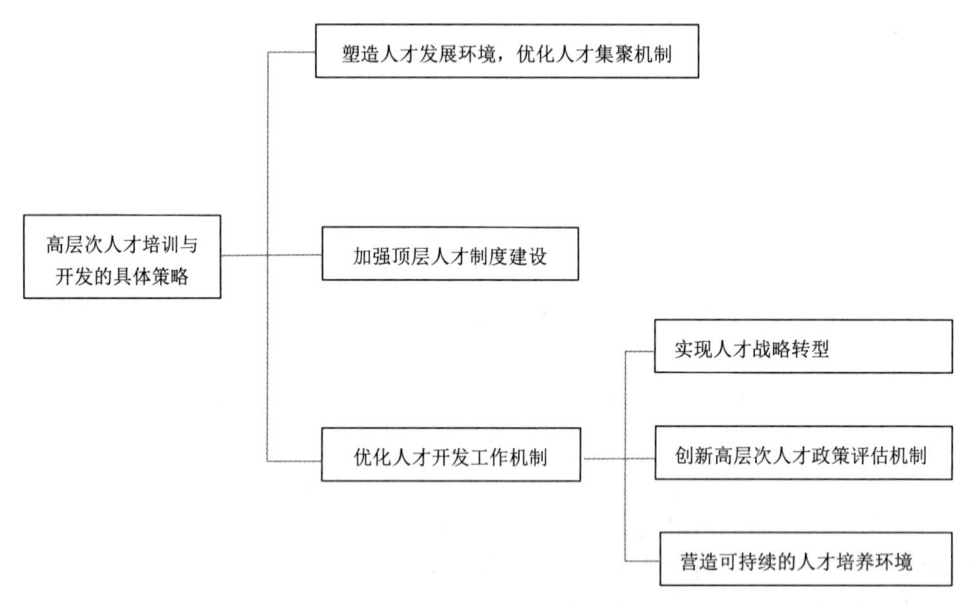

图 6-11　高层次人才培训与开发的具体策略

2）加强顶层人才制度建设

目前，我国企业的高层次人才制度普遍缺乏全局性、系统性、前瞻性和灵活性，缺乏对高层次人才的吸引力和培养能力。未来企业的人才开发工作尤其是面向高层次人才开发的政策设计应当转变思维方式，树立国际视野和开放性思维，通过国际视野和开放的方式去发掘、吸引、培养、使用和发展国内外能够为企业所用的高层次人才。

制定和出台专门的高层次人才基本制度是培养和吸引高层次人才的制度保障和重要基础。与此同时，高层次人才开发工作是一项长期的系统工程，涉及企业工作的方方面面。在制定高层次人才基本制度的同时，企业必须加强其他相关的配套制度建设，形成对企业高层次人才开发工作的统筹指导格局，从而确保企业高层次人才管理的体系化、结构化、规范化和科学化。企业在制定面向高层次人才的规章制度和实施细则时，应当强调人才政策制定的国际适应性，注重人才开发工作与国际接轨，优化、调整，甚至废除那些不适应国际接轨要求的现行制度和政策。

3）优化人才开发工作机制

构建高层次人才开发的长效机制。目前，我国企业高层次人才开发工作存在的碎片化、同质化和偏向性等问题，企业应当加强部门之间的统筹指导与综合协调，优化和完善现行人才尤其是高层次人才开发工作机制。

（1）实现人才战略转型，强化自主培养为主、引进为辅。引进和自主培养两种方式之间存在着严重的不对等性。目前，我国许多企业的高层次人才开发工作过度依赖人才引进，而弱化了对高层次人才的自主培养。从长期来看，这种偏向性的战略举措并不可持续。特别是那些核心的高层次人才无法通过经济激励或权力激励引进，即使是强行引进，也很可能出现"水土不服"而难以发挥预期的作用。因此，未来我国企业的高层次人才开发工作应当适应市场与发展需要，实现由引进和自主培养并举向以

自主培养为主而引进为辅的战略转型。在现阶段，企业在继续推进海外优秀人才引进的同时，逐步强化对企业内高层次人才的自主培养，加强企业内部人才与引进人才之间的梯度配置与知识迁移，不断地提高自主培养人才的核心竞争力。

（2）创新高层次人才政策与项目计划评估机制，建立和完善高层次人才政策与项目计划的效果评价体系。人才政策与项目计划的效果评估是人才管理的重要环节。高层次人才政策与项目计划的实施效果，不仅事关企业高层次人才开发的进程，而且是企业决定调整、修正或废止现行高层次人才政策与项目计划的重要依据。高层次人才政策有赖于借助系统有效的评估方法进行科学的评价，构建面向高层次人才的政策与项目计划的效果评价体系。与此同时，企业要注重因时而异、因地而异、因人而异，不断创新人才政策与项目计划效果评估的手段和方法。

（3）改进贡献激励机制，营造可持续的人才培养环境。目前，我国企业针对高层次人才的激励措施主要是以经济激励和权力激励为主。这种事后性的激励机制容易导致高层次人才激励的物质化和行政化。这种制度环境中的"行政本位"价值取向，很可能会限制高层次人才作用的发挥。因此，改进现有的高层次人才激励机制，突出高层次人才激励的前瞻性和对未来潜在人才的培养，注重完善和应用人才市场机制，促进人才资源的优化配置，实现人尽其才、才尽其用的用人机制。

第7章
专业性培训

引导案例

培育人才

就企业经营而言，重要的首先是寻求人才、培育人才。当松下电器公司规模很小时，创始人松下幸之助就常常对员工们说："如果有人问'你们那儿是做什么的'，就请你们回答'松下电器公司是培育人才的。我们公司生产电器产品，但在出产品之前，首先培育出人才。'"生产优质的产品是公司的使命，为此必须培育出与之相适应的人才，有了人才自然就能生产出优质的产品。那么，怎样培育人才呢？首先，企业应该具有坚定的使命观和经营观念。其次，要经常将经营观念和使命观传播给员工。从个人的人情角度来说，不应过多地提醒别人、申斥别人，倘若有可能就应尽量避免这类事。最后，就是要敢于大胆地分派工作，并让担任了工作的人能够在自己的责任和权限范围之内自主地进行工作。培育人才，归根结底就是培育出懂经营的人，培育出能够用经营意识去从事任何一项细小工作的人。培育人才并不是只培育能干工作、技术精湛的人就可以了。本领和技能的确很重要，企业不能没有这方面的人才，这是很自然的事情。然而，理想的状态是，这些人作为一个人也好，作为一个社会人也好，同样都应该是一个优秀的人。

资料来源：松下幸之助的演讲词《培育人才》。

思考

松下电器公司的培训理念对你有哪些启示和借鉴之处？

学习目标

1. 了解岗位基本技能培训；
2. 掌握专业人员的业务培训；
3. 掌握转岗培训和晋升培训。

学习导航

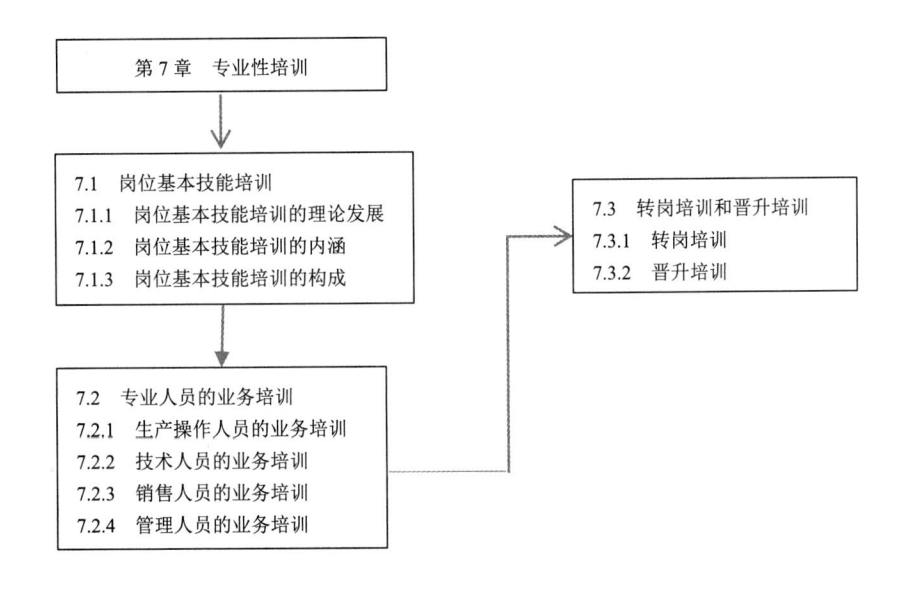

```
第 7 章  专业性培训
    │
    ▼
7.1  岗位基本技能培训
  7.1.1  岗位基本技能培训的理论发展
  7.1.2  岗位基本技能培训的内涵
  7.1.3  岗位基本技能培训的构成
    │
    ▼
7.2  专业人员的业务培训          →   7.3  转岗培训和晋升培训
  7.2.1  生产操作人员的业务培训        7.3.1  转岗培训
  7.2.2  技术人员的业务培训            7.3.2  晋升培训
  7.2.3  销售人员的业务培训
  7.2.4  管理人员的业务培训
```

7.1 岗位基本技能培训

7.1.1 岗位基本技能培训的理论发展

基本技能培训，又称通用培训，是指在提供这种培训之外的许多企业都能适用的培训，即员工在一个企业所接受的培训也适用于该企业之外的其他企业。通用培训理论最早由美国著名经济学家加里·贝克尔于 1964 年提出。他认为教育和培训在形成人力资本的过程中起到了重要作用，并将培训划分为通用培训和专业培训两类。他提出"通用培训（一般培训）在提供这种培训之外的许多企业都是有用的"。他详细地论述了通用培训中的受益者的受益依据及通用培训费用的支付问题，并以美国军队的通用培训为案例，阐释了他所提出的重要主张。通用培训理论提出后随即在美国企业培训中产生了一定的影响。譬如，他在《人力资本：特别是关于教育的理论与经验分析》中就详细地讨论了通用培训（一般培训）和专业培训（特殊培训）。然而，此时人们对通用培训理论的阐释，还只是基于人力资本投资的一般性分析，即主要与专业培训相区分，并主要从通用培训和员工的边际生产力关系的角度，从通用培训与企业收益方面，分析了企业是否愿意进行该形式的人力资本投资及进行该项投资的条件。

当信息不对称理论快速兴起后，通用技能被相应机构进行认证的问题成为学者关注的焦点。卡兹和兹德曼曾认为，为减少劳动力市场上的信息不对称，应该通过有关部门认证通用技能和培训，并以此来提高雇员的流动性。莱温斯坦和斯普雷泽认为，培训企业也许会专门利用信息的不对称性来培训通用技能。在判断员工的能力方面，奥特发现企业可以通过一些免费的方式进行通用技能培训。

李作战、赖家良在《企业一般培训研究最新动态述评》中以贝克尔的《人力资本》

为基础，分别从我国企业培训状况、一般培训的经学研究和一般培训相关效应研究三个角度进行述评。他们认为，我国企业培训的特点主要表现在以下三个方面：企业对培训越来越重视；不同性质的企业对员工培训变化大；受训员工特征和培训内容变化不大。他们从一般培训与员工忠诚度、满意度、学习效率和工资效应四个方面进行了述评研究。

我国学者已经关注基于人力资本的通用培训研究。他们在对通用培训进行理论分析的同时，不断地深化对贝克尔通用培训理论的认识，但这种研究趋势在经济学或人力资源管理领域比较广泛。

7.1.2 岗位基本技能培训的内涵

岗位通用技能又称岗位基本技能或岗位基本能力，不同的学者从不同的角度对岗位通用技能进行了界定。

1. 国际观点

国际劳工组织指出，职业通用能力是个体获得和保持工作、在工作中进步，以及应对工作生活中出现的变化的能力。

英国原教育与就业部把职业通用能力解释为获得和保持工作的能力，进一步讲，职业通用能力是在劳动力市场内通过充分的就业机会实现潜能的自信。

学者梅耶认为职业通用能力是有效地参与新型工作模式和新型工作组织所不可或缺的，在知识和技能有效运用到工作场所中扮演了重要的角色。职业通用能力是指适用于各种职业和行业、而不是特定职业和行业的一些普遍性能力。学者奥福特认为，职业通用能力不是一种特定的工作能力，而是在横切面上与所有行业相关，在纵向上与所有职位相关的能力。安德森和马歇尔认为："职业通用能力的首要特点是可转移性。职业通用能力是指具有转移价值的认知的、情感的、动作技能等方面的能力。职业通用能力可以划分为可转移的技能和使这种转移成为可能的技能或使能技术。可转移的技能是指可应用于不同的情境里的知识和技能。使能技术是指促使将这些技能应用于新的情境的能力。"

2. 国内观点

姜大源将通用能力定义为："当职业岗位发生变更或者劳动组织发生变更时，个体不会因为原有专门知识和技能的老化而束手无策，而是能在已变化的环境中积极寻求自己新的坐标起点，进而获得新的知识和技能，这种善于在发展中主动应对的定位能力是一种更高层次的能力，常被称为职业通用能力。"

陈智武认为："职业通用能力是指任何行业、职业都需要的具有普遍适用性且在职业活动中起支配和主导作用的技能。它是人们职业生涯中除岗位专业能力之外的基本能力。它适用于各种职业，具备良好的通用能力，可使学生适应就业的需要，在已变化的环境中获得新的职业技能和知识。它是伴随人终身的可持续发展的能力，是职业能力的重要组成部分。"

总之，岗位通用技能是指在不同职业群体中体现出来的，具有共性的技能和知识要求,是超越某个具体职业和行业特定知识和技能的,一切职业活动从业者应当共同具备重要的、基本的能力和才干。岗位通用能力的特征如表 7-1 所示。

表 7-1 岗位通用能力的特征

特 征	内 涵
可迁移性	这种通用能力是随着环境的变化而变化的,实现从原有的环境中向新的环境迁移
普遍适用性	通用能力可以让员工在任何新的环境中发挥作用,帮助员工获得新的职业技能和知识
持久性	通用能力一旦具备就会永久贯穿于其职业生涯
价值性	职业通用能力是职业适应性的一种体现,也是人力资源价值的体现
复合性	通用能力是人力资源综合品质的体现,而不是单一的某一技能
难以模仿性	通用能力是一种隐性的、内化的综合品质,不易被模仿

7.1.3 岗位基本技能培训的构成

1. 三元说

1972 年,德国联邦劳动力市场与职业研究所所长梅腾斯将基本能力分为三个方面:第一,专业核心能力是指从事各种专业都必须具有的基础能力;第二,方法核心能力是指具备从事职业活动所需要的工作方法和学习方法;第三,社会核心能力是指个体从事职业活动所需要的行动能力。人的行动能力由三个方面内容组成:事物意义上的行动能力,如解决问题、做出决定、开发方案;社会意义上的行动能力,如合作能力、解决冲突、协商能力;价值意义上的行动能力,如道德观和价值取向、积极进取的精神、创新精神、学习自觉性。

冈萨雷斯和瓦格纳等学者认为职业通用能力不是针对某一具体主题的,而是普遍适用的,分为三类:基本技能、人际关系技能、系统性技能。基本技能包括分析和归纳的能力、组织和计划的能力、基础性的知识、有关职业化的知识、口头和书面的沟通能力、第二外语的掌握、基本的计算机知识、信息管理技能、问题解决能力、决策制定能力;人际关系技能包括批评和自我批评的能力、团队协作能力、人际关系技能、与跨学科团队协作的能力、与其他领域的专家交流的能力、能够理解多样性和多元文化、能够在国际环境中工作、道德责任;系统性技能包括运用知识的能力、研究能力、学习能力、适应能力、产生新想法的能力、领导力、理解别国的文化和风俗习惯、自主工作的能力、项目设计和管理的能力、主动性和企业家精神、对品质的关注、成就动机、职业生涯的自我管理。

卡恩斯认为职业通用能力应包括三个方面:第一,基本技能,主要包括文学修养、计算能力、沟通能力、数字的运用、信息技术的运用、解决问题能力、理解能力;第二,交际能力,与他人合作的能力、顾客服务技能、现代语言;第三,个人品性,有学习的意愿、持续学习的能力、适应及利用变化的能力、不断改善学习和绩效、个人职业生涯管理能力。

汪泽认为,职业通用能力就其构成来看,可分为基础技能、个体管理技能和团队工作技能等三个部分:基础技能是个体就业和进一步发展必需的、具有基础性的能力,包括沟通能力、信息管理能力、数理运算能力、思考和解决问题能力等；个体管理技能是指促进个体潜力发挥，有利于个体在就业过程中不断成长的技能、态度和行为，包括显示积极态度和行为的能力、适应变化、不断学习、安全工作等方面；团队工作技能包括与他人合作、积极参与项目小组等方面的能力。

2. 六能力说

斯宾塞认为职业通用能力应该包括六个方面如表 7-2 所示。

表 7-2 职业通用能力构成要素

维 度	构 成 要 素
成果和行动	结果导向、主动性、准确性和品质、关注秩序、信息搜索
乐于助人和服务意识	人际关系理解（跨文化的敏感性等）、顾客导向等
影响力	组织意识、关系建立等
管理方面	职权的使用、果断、团队和合作（激励他人、冲突解决、团队管理等）、团队领导能力
认知力	分析思维、概念思维等
个人效率	自律、自信、灵活性、组织责任等

3. 梅耶七能力说

著名学者梅耶通过对离校学生、用人单位的调查，提出了离校学生进入工作场所必需的通用能力，后被称为梅耶七能力说。这七种能力分别是收集、分析、组织信息的能力；思想和信息的交流能力；计划和组织的能力；与其他人或团队合作的能力；数学思想和方法的使用；解决问题的能力；技术的运用。除此之外，梅耶还界定了个人表现的三个等级层面：第一层，能够按照说明完成任务；第二层，能够采用合适的方法和资源达到期望的目标；第三层，使用创造性的新方法完成特定的结果和改进原有的结果。

> **相关链接**
>
> **19 项能力理论**
>
> 马维尔等学者认为，一个完整的职业通用能力体系，应该包括 19 项职业通用能力。这些能力分别是决策制定能力、成果交付能力、创造性思维、顾客中心、系统理解、变化适应、绩效改善、理解不同文化、外语能力、领导能力、理解组织文化、谈判能力、计划能力、目标设定能力、价值增值能力、自信、商业敏感度、倾听能力、书面表达能力。

4. 八项通用能力

根据我国的实际情况和职业技能开发的需要，结合国际经验，我国组织制定了八项通用能力，见表 7-3。

表 7-3　八项通用能力

名　　称	解　　释
交流表达能力	通过口头或者书面语言形式，以及其他适当形式，准确清晰表达主体意图，与他人进行双向或者多向信息传递，以达到相互了解、沟通和影响的能力
数字运算能力	运用数学工具，获取、采集、理解和运算数字符号信息，以解决实际工作中的问题的能力
革新创新能力	在前人发现或者发明的基础上，通过自身的努力，创造性地提出新的发现、发明或者改进方案的能力
自我提高能力	在学习和工作中自我归纳、总结，找出自己的强项和弱项，扬长避短，不断自我加以调整改进的能力
与人合作能力	在实际工作中，充分理解团队目标、组织结构、个人职责，在此基础上与他人相互协调配合、互相帮助的能力
解决问题能力	在工作中把理论、思想、方案、认识转化为操作或工作过程和行为，最终解决实际问题、实现工作目标的能力
信息处理能力	运用计算机技术处理各种形式的信息资源的能力
外语应用能力	在工作和交往活动中实际运用外国语言的能力

7.2　专业人员的业务培训

7.2.1　生产操作人员的业务培训

生产部门是企业产生核心竞争力的重要部门之一。生产操作人员是企业人力资源的重要组成部分，也是企业持续健康运营的基石。生产操作人员的综合素质、操作技能、工作态度、价值观念都会直接或间接地影响企业的产品和服务质量。因此，加强企业生产人员的培训力度，提升企业生产操作人员的素养，特别是技术人员的综合素质、操作技能，是企业在今后发展必须高度重视的一项工作。

技能型人力资源是企业生产经营一线具有较扎实的专业理论知识、精湛的操作技能，能解决生产经营过程中较为复杂的技术难题，并能传师授艺的技术工人。他们是人力资源队伍的重要组成部分，是各产业大军的优秀代表，是技术工人队伍的核心骨干，是实施人才强国战略的重要组成部分，是推动技术创新和实现科技成果转化不可或缺的重要力量。

1. 生产操作人员培训需求分析

生产操作人员的培训务必科学、高效，符合企业发展阶段和生产操作需求，确保培训内容有的放矢。要了解企业生产操作人员的培训需求，可以采用多种方式，从三个层面（组织层面、岗位层面和个人层面）进行需求调查。

首先，组织分析。生产操作人员的培训需求分析要从组织层面开始着手。企业的发展方向和发展战略是企业生产操作人员培训的核心依据，全面地了解企业长期、中期和短期发展目标。企业战略对企业生产人员培训需求的影响主要表现在对培训类型、培训数量、培训资金、培训时间等方面的影响。通过深入分析企业目标，了解企业生产规划和生产任务，明确企业的生产人员需求和供给之间的数量、质量和结构差距。在组织目标分析的基础上，还要对组织培训资源进行分析，了解企业是否拥有可以对生产操作人员进行培训的人力资源、财力资源、物质资源和其他培训资源。另外，人力资源部门还要分析企业的组织文化、组织氛围、组织结构是否适合生产人员的培训工作开展。

其次，岗位分析。岗位分析是按照企业岗位工作标准和能力标准，对企业生产操作岗位需要具备的知识、技能、能力等进行分析，确定企业生产操作岗位人员的需求内容和需求结构，以帮助生产操作人员胜任本岗位的工作要求。岗位分析一般包括四个步骤：根据组织的经营目标和部门职责选择有针对性的工作岗位；根据工作岗位说明书列出核心任务及需要的知识、技能和能力清单；确认工作任务和能力要求；制定培训任务分析表。

最后，生产操作人员的个人分析。生产操作人员的个人分析是对生产操作人员现有的工作能力、工作态度与达到业绩标准的素质要求进行比较分析，以确认两者之间是否存在差距。每个生产操作人员，都要明确个人现状与目标之间的差距。由于员工个体之间的多样性和差异性，生产操作人员的直接上级有责任将每个员工的差距详细记录，为后续的培训活动提供参考依据。

上述三个层面的培训需求分析不是孤立进行的，而是有先后顺序的，三者之间相互支撑、相互联系。企业不能仅从一个层面单独进行分析，而要从三个层面进行立体分析，综合考量。

2. 生产操作人员培训课程设置

生产操作人员的培训目标是培训活动使生产操作人员了解和掌握企业在生产操作方面的质量手册、现场管理制度、设备保养制度、安全生产制度等各项规章制度，增长生产操作人员的专业知识，加强安全意识和成本意识的培训，提高生产操作人员的工作技能、综合素质和工作态度，确保企业的生产质量、生产进度按计划进行，为实现企业的生产目标做出贡献。

生产操作人员的培训一般包括以下内容：生产操作人员在相关生产操作领域的知识培训；生产操作人员在操作过程中的技巧与能力培训；生产操作人员的态度培训；生产操作人员的管理技能培训，如领导力的提升、会议管理、有效沟通、有效授权、执行力的提升等；知识类培训，如企业文化、规章制度、压力与情绪管理、目标管理、安全生产等。

生产操作人员培训课程要根据企业发展阶段和战略目标进行设置，并结合企业生产操作人员的培训需求与培训目标，综合考虑。

3. 生产操作人员培训计划的制订与实施

生产操作人员培训计划一般包括八项内容：培训目标、培训时间与培训地点、培训内容与培训课程、培训负责人与培训讲师、培训对象、培训教材及相关工具、培训形式与培训方法、培训预算。

生产操作人员培训时间的确定务必慎重、仔细，否则会造成培训资源浪费和培训效果不佳。生产操作人员的培训时间一般选在以下节点：生产淡季；大批新生产操作人员上岗；产品质量下降；引进新的生产流水线或新技术；当企业生产的产品及技术标准发生变更时；其他需要实施培训的情况。

生产操作人员培训方法要结合培训内容和企业发展实际情况，采用多元化的培训方法。常见的培训方法包括课堂讲授法、现场演示法、工作指导法、技术讨论法、多媒体培训法。每种培训方法的适用范围不同。例如，课堂讲授法适用于生产技术原理、生产知识、标准、质量要求、操作技巧、生产操作人员心态及职业素养培训等；现场演示法适用于生产过程中具体的操作技巧与操作规范的展示。

生产操作人员培训计划实施需要制订一张培训实施计划表。培训实施计划表主要包括培训课程的时间、进度安排、培训地点及培训师的选择。在制订完生产人员培训实施计划表后，人力资源部门要提前发布培训通知，以方便参加培训的生产操作人员做培训前的准备。在生产操作人员培训过程中，人力资源部门需要做好培训保障工作，协助培训师开展培训工作，同时还要做好培训记录，包括学习者的出勤情况、学习态度、课堂气氛等。某公司生产人员培训实施计划表，如表7-4所示。

表7-4　某公司生产人员培训实施计划表

时间		地点	事项	主讲人	设施设备
第一天	8:30—11:30	三楼会议室	学习者集合 生产总监致辞 企业文化讲解	生产总监 人力资源经理	多媒体
	13:30—15:30	三楼会议室	行业技术标准 质量管理讲解	技术部经理	教材录像
第二天	8:30—11:30	生产车间	现场管理讲解 操作标准与技巧讲解	车间主任	—

4．生产操作人员培训效果的评估

对生产操作人员培训效果的评估可以通过反应、学习、行为、结果四个层次进行。评估内容一般围绕以下四个方面：对培训师进行评估；对培训课程内容进行评估；对培训组织实施工作进行评估；对学习者的直接效果和间接效果进行评估，如知识、工作技能、工作态度、生产效率、生产成本等。

反应评估是生产操作人员培训的初级、基本、普遍、主观的评估。反应评估是指培训课程实施过程中和结束后，学习者对培训活动的主观感受和满意程度。评估内容一般围绕培训内容、培训师、培训方法、培训材料、培训设施、培训组织等。反应评估一般要对培训项目进行总体评估，然后进行分项评估。调查问卷法是常用的评估方法，除此之外，还可以使用面谈法、观察法等方法。反应评估简便易行，但主观性太强。

学习评估是对生产操作人员学习效果的度量，即通过对学习者的测试来衡量学习者对所学知识、原理、技术、实施和技能的掌握程度。这是一项非常重要的评估指标。主要评估同课程内容相关的知识、技能和态度。学习评估的目的主要是衡量学习者的学习效能。常用的评估方法包括测验问卷、实地操作、现场观察、小组研讨。

行为评估主要是衡量培训是否给生产操作人员的行为带来改变。生产操作人员接受培训后，是否在实际工作中应用了培训所学的知识和技能，并使与岗位任务有关的行为发生了哪些良性的变化、可以观察到的变化。这种良性的行为变化越大，说明培训效果越明显。行为评估主要通过对学习者的观察、车间主任的评价、客户的评价、同事的评价等方式收集相关信息。常用的方法包括观察法、访谈法、调查问卷法、360度评估法。行为评估一般在生产操作人员培训结束后3个月或半年进行。

结果评估主要是通过分析生产操作人员培训对企业生产经营成果具有哪些贡献来评估培训的效果。结果评估通过对生产操作质量、数量、安全、成本、利润、投资回报率等指标进行考查,并与培训前的指标和标准进行对比,判断本次培训活动的最终效果。结果评估主要是评估企业生产操作方面的业绩是否得到改善,即培训是否改善了企业的生产绩效。结果评估常用的方法包括对比法、专家评估法、趋势分析法等。结果评估一般在生产操作人员培训结束后半年或一年进行。

7.2.2 技术人员的业务培训

技术人员的业务培训是指对技术人员进行知识更新、补充、拓展和提高。其主要任务是使技术人员结合本职工作不断地学习新理论知识、新技术、新信息。其目的是提高技术人员的自主创新能力和工作效率,培养技术人员的归属感,以提高企业核心竞争力。

1. 技术人员培训需求分析

技术人员培训需求分析是通过分析技术人员的理想工作绩效与实际工作绩效之间的差距,进一步找出企业及技术人员在知识、技术和能力方面的差距,从而为企业技术人员培训活动提供依据。技术人员培训需求分析要确定的绩效差距包括两种类型:一类是目前已经存在的绩效差距;另一类是前瞻性的绩效差距。绩效差距确认一般包括四个环节:明确技术人员目前的知识、技术和能力水平;分析技术人员理想的知识、技术和能力标准或模型;对技术人员的理想和现实的知识、技术和能力水平进行比较分析;最终确认两者之间的差距。技术人员培训需求分析具有较强的专业性,需要具有专业技术背景的人员参与分析。在对技术人员培训需求进行分析时,需要技术人员、技术主管、技术经理、技术总监、人力资源经理及外聘的咨询顾问等人深度参与。

技术人员培训需求分析需要从组织层面、技术岗位层面和个人层面进行分析。技术人员在组织层面的分析要从企业战略和企业资源分析,根据企业的长远发展战略和年度发展重点,确定企业对技术人员素质的要求。技术岗位层面分析可以从岗位说明书和绩效考核资料两个渠道进行。根据企业技术人员岗位说明书和绩效考核资料等相关内部文件,以了解技术人员的主要工作职责和绩效评价标准,对技术人员的工作态度、专业技能、专业知识进行全面分析,从而明确技术岗位的培训需求。技术人员的个人能力和个人发展需求也是培训需求信息的重要来源,需要深入了解。在综合分析的基础上,技术人员培训需求分析最终可形成书面的《技术人员培训需求分析报告》。技术人员培训需求分析报告包括目前技术人员的技术差距、需要掌握的新技术、企业发展对技术的新要求、建议培训课程等。

2. 技术人员培训内容

由于行业差异较大,不同类型行业的技术人员培训对象会有较大的差别。技术人员是指能够完成特定技术任务的人员,也就是已经掌握了特定技术的专业基础理论和基本技能,可以从事该技术领域工作的人员。技术人员一般包括从事产品研发设计、技术管理、设备维护、产品售后服务等工作的技术人员。

技术人员培训不同于其他类型的人员培训,具有以下特点:培训的战略意义重大,当前技术变化非常迅速,作为公司核心竞争力的技术人员需要及时跟踪最新技术发展方向,甚至是引导和探索新技术的发展趋势,对公司的发展战略具有非常大的影响。技术人员的培训内容专业性较强,主要是针对公司业务,而且层次较深,需要专业、专门的人员对培训内容进行分析和筛选;培训方法的特殊性,由于培训内容的专业性,技术人员培训的方法具有较强的特殊性,不同行业的技术培训方法具有明显的行业特色,需要精准选择合适的培训方法。

技术人员培训以提高技术人员的技术水平和职业素质、培养具有创新性的技术人才、确保企业在相关技术领域内掌握前沿技术、提升企业的技术核心竞争力为目的。

技术人员的培训内容主要包括以下内容:企业品牌形象建设;产品开发;新技术研究与学习;工程、工艺流程改善与管理;品质管理;竞争性产品研究与新产品策略等。不同层次技术人员的培训内容有所不同。某企业技术人员培训内容,如表7-5所示。

表7-5 某企业技术人员培训内容

知识模块	知识模块划分	课程名称
企业知识	企业的经营历史、宗旨、规划和发展前景	企业发展简史
	企业内部的组织结构、权力系统	企业组织与权力系统简明教程
	企业的规章制度	企业规章制度手册解读
	企业的文化、价值观	企业文化与价值观概述
产品知识	产品的名称、性能与优缺点	企业产品基础知识
	产品销售状况、目标顾客,以及与其他企业产品相比较的优势、价格	企业产品市场知识导论
知识产权知识	国家知识产权基本知识	知识产权法律基础知识入门
		知识产权管理体系要点简介
	企业知识产权管理	企业知识产权归属管理
		企业知识产权的许可与转让管理
	企业知识产权战略规划	企业研发知识产权战略规划
	专利权管理	企业专利管理基本知识入门
		技术标准与基本专利
专业技术知识	技术研发过程的质量知识	前期产品质量策划知识
	产品设计与开发知识	可靠性设计与实验管理知识
		产品系统设计要求分析知识
		产品功能设计与分析知识
		组件设计与分析知识
		设计验证与评审知识
		设计失败模式和后果分析知识
	测试知识	测试规划和准备知识
		运行测试和评价知识

3. 技术人员培训方法

常用的技术人员培训方法主要包括以下几种。

1）自学

自学是一种技术人员必须具备的学习方法，任何其他形式的培训方法都离不开自学方法的配合和支持。自学是技术人员不断地提高自身知识储备和技术水平的重要方法。自学既适用于技术人员的岗前培训，也适用于在岗培训。自学具有许多的优点，如费用低，学习者自主性强，不影响工作，可以因材施教，培训的针对性强。自学的缺点也很明显，如学习效果差别较大，对学习者的要求较高，无法按企业的计划如期开展。

2）专题讲座

专题讲座和课堂讲授的形式相差不大，但内容上具有较大的差别。专题讲座每次只围绕一个专题，比较适合技术人员了解本专业或相关专业的技术发展方向或未来发展趋势。专题讲座不需要占用大量的时间，形式比较多样，地点要求不高，可以针对不同类型的技术人员进行专题培训，技术人员易于理解，培训针对性比较强。但专题讲座的系统性不强。

3）学术交流

鼓励技术人员与国内外技术先进的公司、科研机构和高校进行学术交流是一种有效的培训方法。学术交流包括"走出去"和"请进来"两种方式。"走出去"是指企业的技术人员通过参加学术交流会、研讨班、技术合作等多种形式开展学术交流。"请进来"是将国内外一流高校和科研机构的专业技术研究人员请到企业，与企业的技术人员一起讨论、工作，也可以在国外设立研究机构的方法，聘请一流的研究专家作为企业研究机构的技术顾问。

除了上述方法，企业还可以采用课堂讲授、工作指导、安全研讨、认证培训等培训方法。

7.2.3 销售人员的业务培训

当今社会正经历着以数字和网络化为主要特征的信息技术革命，以大数据、云计算为代表的新兴信息技术对消费的需求、产品价格、营销管理和从事销售工作的人而言，都将产生颠覆性的影响。

销售人员作为企业的核心人力资源，他们的素质和销售技能将对企业发展至关重要。销售人员是市场的开拓者，是企业利润的直接实现者，销售人员的工作态度、知识水平和职业素质对企业的利润水平和市场竞争力具有重要的影响。企业要想在日益严峻的经营过程中不断发展，就需要有一支强大的销售团队，这样就能为企业长期的发展奠定良好的基础，进而使企业在激烈的竞争中能够不断的成长。面对信息技术迅速发展产生的巨大挑战，企业必须加大对销售人员的培训以适应日益严峻的挑战。对从事销售工作的人员来说，正因为数字经济对社会的影响和人们的思维、企业的生产等方式的改变，甚至每个人的生活、行为等方式的变化，也对销售工作产生了很大的影响。企业和销售人员都需要思考如何适应现在的社会和未来的发展。

1. 销售人员培训需求分析

销售人员的工作任务就是全面地了解客户需求并想方设法满足客户需求。每个企业的产品和服务都不一样，面对的客户也不同，对销售人员的素质、技能等方面的要求也不同。企业要从自身层面来分析销售人员的任职资格和胜任要求。销售人员需要从个人层面分析自己需要提升的能力和素质。

企业层面的需求分析可以从组织环境、客户、企业自身和竞争对手四个角度进行分析。组织环境主要包括企业所面临的政治、经济、技术、社会、法律等宏观环境和行业发展状况等中观环境对销售人员培训需求的影响。客户分析主要是分析本企业目标客户的基本情况、定位、产品和服务需求对销售人员培训需求的影响。企业自身分析主要是分析企业产品和服务、企业文化、企业组织结构、企业销售渠道、业务策略等对销售人员培训需求的影响。竞争对手分析主要分析竞争对手和潜在竞争对手的行业地位、产品和服务、销售情况等对销售人员培训需求的影响。

个人层面的分析可以从知识、能力、态度和绩效四个层面进行分析。知识层面主要包括产品知识、专业知识等方面的分析。能力分析主要包括人际交往能力、市场分析能力、灵活应变能力、团队合作能力和心理素质等方面的分析。态度分析主要包括工作认识、工作责任心、个人信用、团队合作意识、客户意识等方面。绩效分析主要对销售人员个人的目前工作绩效与理想绩效之间的差距进行对比分析，找出销售人员需要改进的空间。

根据企业层面和个人层面销售人员培训需求分析信息，结合企业销售人员培训管理制度、企业绩效考核标准、企业销售任务和培训目标，企业人力资源部门撰写书面的《销售人员培训需求分析报告》。

2. 销售人员培训内容

根据《销售人员培训需求分析报告》、公司培训发展规划和年度培训目标，确定销售人员的培训内容。企业销售人员的培训计划内容，常因工作的需要及销售人员已具备的才能而有所差异。销售人员的培训内容一般包括以下几个方面：企业基本情况介绍（企业发展史、企业文化、组织结构、营销策略等）；企业产品的有关知识（产品的用途、结构、品质、工艺、包装、价格、维护及修理办法等）；有关产品销售的基础知识；有关销售的技巧性知识；有关销售市场的知识；有关行政工作的知识；有关顾客类型的知识。其中，销售人员的专业技能培训是销售人员培训的重点内容。

销售人员的专业技能培训，一般围绕市场、产品、人三个方面展开。市场是指公司提供的产品和服务所处的市场信息及主要竞争对手的信息，通过专业技能培训，销售人员可以了解本公司产品的市场占有率，以及在行业中所处位置，竞争对手的产品和服务的优缺点和使用情况。产品是指销售人员所推销的产品，通过专业技能培训，销售人员能够全面、快速、准确了解和熟悉所销售商品的相关知识、使用特点、优缺点及适用客户。人是指客户，通过专业技能培训，销售人员能准确把握不同类型客户的基本情况、心理状况、产品需求，并在此基础上进行深入沟通，吸引客户关注并购买企业的产品和服务。

上述内容不是全部都需要培训，而是由公司的销售部门、人力资源部门和分管销售的高层管理人员综合考量后确定的。培训既要考虑到销售人员培训的系统性、一贯性，又要考虑销售人员培训的层次性和科学性，形成符合企业实际需要的销售人员培训体系。

销售人员培训课程是对培训内容的具体化，一般可以从以下几个层次设置培训课程。

（1）知识培训。知识培训主要包括市场营销理论知识、销售产品或服务所属行业的专业知识、企业知识、产品知识等。

（2）销售能力培训。销售能力培训主要围绕销售人员的沟通能力、表达能力等展开培训。销售人员的销售能力要结合产品的用途、产品特点和效用进行培训，良好的沟通能力是销售人员必备的能力。销售人员要面对的群体主要是客户，而客户在面对销售人员推销产品的过程中，会问各种问题，当然都是与产品有关的，如这款产品的性能如何、这款产品跟市场上同类产品相比有什么不同、这款产品是否耐用等。在对销售人员进行培训时，除了传统的PPT讲解，还可以通过现场互动加产品体验的方式让销售人员更近距离熟知产品的知识和性能，并进行现场模拟，培训师扮演客户，销售人员扮演推销员，"客户"可以向销售人员提出各种问题，销售人员根据"客户"提出的问题进行现场解答。只有接近于实战的培训，才更接地气，销售人员才能对产品有更深入的了解。

（3）工作态度培训。工作态度培训主要围绕如何更好地服务于客户、团队协作精神展开培训。销售人员每天都要面对各种形形色色的客户，有些客户有时候很傲慢，有些客户有时候很无礼、刁蛮……面对这些难搞的客户，销售人员如果没有非常强大的心理素质，那是很难应对的。每个销售人员的性格都不同，工作中的责任心也是必不可少的，保持冷静的头脑不自乱阵脚，微笑和自信让销售人员在推销产品过程中更有魅力，持久的耐力让不可能变为可能。在对销售人员进行培训时，可以通过有意识培养销售人员某些方面的素质来达到更好地服务客户的目的，如微笑服务的训练、忍耐力的训练等。另外，团队协作方面的培训是工作态度培训的重要方面，可以通过拓展培训的方式来培养销售人员团队协作的精神。

（4）销售技巧培训。销售技巧培训主要围绕销售过程中技巧的运用展开培训。销售技巧培训的培训师，最好是在销售一线做销售比较突出的销售人员或者月度、季度、年度销售冠军来做销售技巧培训较为适宜。优秀的销售人员分享其销售过程中的技巧，让其他销售人员能够尽快掌握一些入门的销售技巧，以提高销售人员的推销水平。除了请优秀销售人员分享销售技巧，销售部门负责人也可以成为销售人员销售技巧培训的培训师。

3．销售人员培训方法

销售人员培训方法分为线下培训方法和线上培训方法两类。

线下培训方法需要考虑销售人员是否有空余时间。在组织销售人员线下培训时，可以分批次进行培训，时间和地点最好事先与销售人员进行充分的沟通，争取一个合适的时间，组织销售人员进行集中培训。销售人员的线下培训，培训次数和培训时间不宜太多、太长，以免耽误销售人员的宝贵时间。常用的线下培训方法包括课堂讲授法、专题讲座法、角色扮演法、情景模拟法、案例分析法、现场指导法、行动学习法等。对比较重要的专业技能类培训，建议集中时段进行系统性的培训，按月度培训计划安排。销售人员集中在一起，更有利于讨论和解决平时遇到的问题。如果不能全员进行整时段的培训，那么可以分批培训，每个项目或者每个团队抽调一部分人，轮流进行培训。这样，既能进行培训，也能保证工作的顺利开展。

线上培训主要利用互联网和虚拟技术进行培训。线上培训可以让销售人员自由安排，一方面不占有销售人员宝贵的时间，另一方面能达到培训的目的。线上培训有网络商学院、微课、培训视频等方式，销售人员只要在家里用空余时间观看相关培训视频即可。为了达到最佳的培训效果，除了要求销售人员完成培训课时，还要通过现场考试的方式修得学分，或者要求销售人员写学习总结。如果条件允许，就可以组织销售人员进行面对面交流和研讨，针对培训视频的内容进行广泛的讨论。

线上培训方法主要包括 E-Learning、翻转课堂、慕课等。E-Learning 主要用于通用类销售管理技能，如销售人员的时间管理、情绪修炼、职业化、会议管理、心态等。通用类课程可以选用网上学习，销售人员可以根据自己的时间安排自主选择，但培训人员要设定相应的目标，进行课程时间的设定和推进。

总之，在数字经济时代，企业应根据销售人员的碎片化时间特点，充分应用移动互联网、大数据、云计算等现代信息技术，系统设计销售人员的培训体系，既要善于利用分散化、碎片化培训解决单个销售问题、临时问题，又要利用整块时间解决系统性培训。线下加线上联动，解决培训占用太多工作时间的问题，对多种形式的培训应灵活把握。

销售人员培训方法的选择要考虑企业规模和企业实际情况。大型企业一般建立专门的培训部门，编制专业的培训计划，制作专业的培训教材和培训工具，即主要依靠企业本身资源和力量进行培训，以企业外部资源为辅助。小型企业由于经济实力等现实原因，主要依靠企业外部资源组织培训，内部培训大多以师带徒（现场示范与指导）的培训方法为主，同时鼓励员工采用一些简单易行的自我学习方法。

4．销售人员培训评估

销售人员培训效果的评估可以使用测试法、访谈法、观察法、关键事件法、问卷调查法等多种方法。销售人员培训评估内容大致可以归纳为对培训师资、培训内容、培训组织、培训效果四个维度的评估，如表 7-6 所示。

表 7-6 销售人员培训评估内容

评 估 维 度	评 估 内 容
培训师资评估	主要针对销售人员培训师的专业知识、授课技巧、培训课程的合理性和科学性、培训过程的控制等方面进行评估
培训内容评估	主要针对销售人员培训内容设计的针对性、科学性、有效性、合理性、前沿性等方面进行评估
培训组织评估	主要针对销售人员培训组织者的工作情况进行评估，如培训需求调查、培训时间安排、培训场所选择、培训住宿便利性、培训过程是否顺利等方面
培训效果评估	主要是对销售人员培训效果的评估，主要包括销售人员对培训内容的掌握程度，销售人员对培训内容、培训师、培训组织的反应，销售人员在销售过程中的销售行为、销售技巧和谈判技巧的提升，销售人员销售业绩的变化等

7.2.4 管理人员的业务培训

管理人员的素质水平和能力水平是影响企业管理效率的重要因素。任何一个成功的企业都有一支高水平的管理人员队伍。由于经济社会环境的变化和企业发展阶段的差异,管理人员队伍的素质和能力的提升是一个持续的、无止境的过程。

管理人员是指在组织中行使管理职能、指挥或协调他人完成具体任务的人,其工作绩效的好坏直接关系着组织的成败兴衰。按不同的分类标准划分,管理人员可以分为很多种类型。按管理层次划分,管理人员可分为高层管理人员、中层管理人员和基层管理人员三类。按管理工作的领域及专业不同划分,管理人员可以分为直线管理人员和职能管理人员两类。直线管理人员是指负责管理整个组织或组织中某个事业部全部活动的管理者;职能管理人员仅负责管理组织中某一类活动(或职能),如财务管理人员、人力资源管理人员、营销管理人员。管理人员的业务培训是指企业为了自身的长远发展,培训和挖掘各类管理人员的管理潜力并提高他们的管理水平,鼓励他们坚持学习和开发,从而能够适应工作环境的发展和变化。

不同类型的管理人员的工作任务和职责要求各异,培训需求、培训内容和培训方法也会有较大的差别。

1. 管理人员培训需求分析

不同级别的管理人员的培训需求分析不同。

基层管理人员是指在企业生产、销售、研发等生产经营活动第一线执行管理职能的管理者。基层管理人员是负责企业实际工作的管理者,他们最接近一线员工,是联系一线人员和中层管理人员的纽带。基层管理人员的培训需求分析主要是基于岗位要求和个人能力之间的差距进行分析,找准基层管理人员的培训需求。基层管理人员的培训需求分析可以从沟通技巧、个人影响力、问题分析与解决能力、组织感知能力、领导潜能、压力承受力、人才的培养与发展、团队管理等方面进行调查。基层管理人员培训需求分析可以采用调查问卷、个人访谈、集体访谈等方法进行调查。

中层管理人员是以企业的经营战略、方针、计划为基础实现其目的的人员,而且是高层管理人员的后备力量,因此他们是企业管理人员培训的重点人群。高层管理人员是指对整个组织的管理负有全面责任的人,他们的主要职责是制定组织的总目标、总战略,掌握组织的大致方针,并评价整个组织的绩效。企业高层管理人员的作用主要是参与重大决策和全盘负责某个部门,兼有参谋和主管双重身份。

中高层管理人员培训需求分析可以从组织分析、岗位分析和个人分析分别展开。组织分析主要是从企业所处的宏观环境出发,分析企业未来的经营战略目标对中层管理人员的需求,确保中高层管理人员的培训活动能有效地提升他们的管理能力,满足企业长远发展目标和发展战略。工作说明书和任职资格条件是中高层管理人员的培训需求岗位分析的重要资料,需要认真分析。个人层面的需求分析主要从个人特征、个人能力、职业生涯规划等方面进行分析,了解中层管理人员的性别结构、年龄结构、知识结构、专业结构、性格特征、管理风格、能力结构、生涯通道等方面的信息。常用的方法主要包括访谈法、讨论法、考察法、问卷调查法等。

2. 管理人员培训内容

管理工作错综复杂，管理人员需要的各种技能举不胜举。美国哈佛大学商学院教授罗伯特·卡茨提出了管理技能模型，对不同层次管理人员的能力进行了区分。罗伯特·卡茨在美国《哈佛商业评论》杂志发表了《高效管理者的三大技能》一文，首次提出不同层次的管理人员应具有的技能要求是不同的，各级管理人员具有不同的最优能力组合。罗伯特·卡茨提出的不同层次领导者的能力要求，如表 7-7 所示。

表 7-7 罗伯特·卡茨提出的不同层次领导者的能力要求

人员类型	技术技能	人际技能	理念技能
高层管理人员	17.9	39.4	42.7
中层管理人员	22.8	42.4	34.8
基层管理人员	50.3	37.7	12.0

从表 7-7 可以看出，基层管理人员的培训重点是技术技能培训，中层管理人员的培训重点是人际技能和理念技能培训，高层管理人员培训内容侧重于人际技能和理念技能。

技术技能包括应用专门知识或技能的能力。所有工作都需要一些专门的才能，专业技术人员的技术技能最受关注，他们通过正规教育掌握专门技术技能，但许多人的技术技能是在工作中形成的。对于基层管理者来说，技术技能是十分重要的，他们要直接处理员工所从事的工作。

人际技能是指独自一个人或在群体中与人共事理解别人、激励别人的能力。许多人在技术上是出色的，但在人际技能方面却有些欠缺。例如，他们可能不善于倾听，不善于理解别人的需要，或者在处理冲突时有一定的困难。由于管理者是通过别人来做事的，必须具有良好的人际技能，才能实现有效的沟通、激励和授权。各个层次的管理者都必须具备人际技能。

理念技能是管理者对复杂情况分析和诊断、进行抽象和概念化的技能。例如，决策需要管理者看准问题，找出可以改正问题的替代方案并评价这些方案，选择一项最好的方案。理念技能是高级经理人员最迫切需要的技能，实质上是一种战略思考及执行的能力。管理者可能在技术和人际技能方面很出色，但若不能理性地加工和解释信息，那么同样会失败。

具体来说，高层管理人员培训目的主要是提高高层管理人员的全局观、知识结构、理念与管理能力、领导力等。高层管理人员培训内容如表 7-8 所示。

表 7-8 高层管理人员培训内容

培训项目	培训内容
企业环境	世界和国内经济、政治、技术、社会发展形势，企业经营环境分析，行业发展研究，相关法律法规及政策学习
企业战略发展研究	企业的机遇与挑战，企业核心竞争力研究，企业发展战略完善和调整
企业现代管理技术	人力资源管理，生产管理，财务管理，质量管理，信息管理
领导力	团队管理，目标管理，员工激励，有效沟通，冲突管理，员工潜能开发

续表

培 训 项 目	培 训 内 容
创新意识培养	创新思维训练，思维方式
个人修养	成功的管理者，自信力，商务礼仪

中层管理人员培训目的主要是提高其管理能力与业务能力。中层管理人员培训内容如表 7-9 所示。

表 7-9　中层管理人员培训内容

培 训 项 目	培 训 内 容
企业环境分析	企业战略、企业目标、企业组织结构与决策流程
业务管理能力	专业技术知识、目标管理、项目管理、时间管理、会议管理、组织管理、冲突管理、生涯管理
领导力	沟通技巧、授权技巧、激励技巧、指导和培养下属、高效领导力
团队管理	学习型组织、定编定员管理、团队合作与管理

基层管理人员培训目的主要是提高其管理能力与实际工作技能。基层管理人员培训内容如表 7-10 所示。

表 7-10　基层管理人员培训内容

培 训 项 目	培 训 内 容
角色认知	管理知识、角色定位、素质要求
管理技能培训	计划、组织、指挥、协调、控制、沟通、培训、激励、绩效管理、安全管理、团队建设、人员调配、员工指导
管理实务培训	工作计划编制与控制、成本控制、质量管理

3．管理人员培训方法

培训对象、培训内容、培训目的都会影响管理人员培训方法的选择。管理人员常用的培训方法主要包括以下几种。

（1）直接传授型培训方法。比较常见的培训方法包括讲授法、专题讲座法和研讨法三类。这类方法主要适用于管理人员的知识类培训。管理人员比较系统地掌握管理学相关知识，了解管理学的前沿理论。

（2）工作指导法是由有经验的直接主管人员在工作岗位上对受训者进行培训的方法。受训者与直接主管人员一起工作。直接主管人员的主要任务是指导受训者如何做好管理工作，提出具体的管理建议，并对受训者进行有效的激励。

（3）工作轮换法是指受训的管理人员在受训期间在不同的管理岗位之间转换，使受训者获得不同岗位工作经验的培训方法。例如，企业组织受训的管理人员在财务、生产、销售、人力资源管理等部门实际参与工作，了解各个部门的业务流程和业务难点，丰富受训者的工作经验，加强部门与部门之间的合作。

（4）初级董事会或特别委员会法。初级董事会制度是美国克拉克公司于 1923 年创立，后来被推广和使用。初级董事会是指一种通过请中层管理受训者组成一个初级董事会，并让他们对整个公司的政策提出建议，为他们提供分析公司问题的方法。

（5）案例分析法依据一定的培训目的，把实际工作中真实发生的场景加以典型化处理，形成供受训者思考分析和决定的案例，通过独立研究和相互讨论的方式，提高受训者提出问题、分析问题和解决问题的能力。案例分析一般分为两种类型：一种是描述评价型案例，根据案例背景，描述案例涉及相关管理过程和管理问题，并对案例中的解决方法进行分析和评价，这是属于"马后炮"或"亡羊补牢"式的建议；另一种是决策分析型案例，案例只提出问题，由受训者根据案例背景，分析并提出对策建议。

（6）敏感性训练法又称 T 小组法，简称 ST（Sensitivity Training）法或者实验室训练。敏感性训练法是美国行为科学家布雷德福等人首创的一种训练方法。其目的是提高受训者对自己行为和他人行为的洞察力，了解自己在他人心目中的"形象"，感受与周围人群的相互关系和作用，学习与他人的沟通方式，发展和提高在各种情况下的应变能力，在群体活动中采取建设性的行为。

（7）角色扮演法是在一个模拟仿真的工作情境中，让受训者处于模拟的日常工作环境之中，并按照拟定岗位的工作权利和工作责任，模拟处理工作事务的一种培训方法。这种培训方法比较适用于基层管理人员和中层管理人员的培训，能较好地帮助受训者处理人际关系的能力。这种培训方法有很多的优点。例如，受训者参与性比较强，受训者与培训师之间的互动较多，受训者之间需要进行交流和沟通，可以达到相互配合和相互学习的效果。当然，角色扮演法也存在一些缺点，如有些受训者参与意识不强，会影响培训效果。

除上述常用的培训方法外，企业还可以针对不同类型、不同层次的管理人员，选择有针对性的培训方法。例如，高级研习班、研讨会、报告会、自学、企业之间的交流、热点案例研究、MBA、EMBA、出国考察、业务进修等形式。

4．管理人员培训评估

管理人员培训评估一般按四个层次进行。

（1）反应层面。收集受训者对培训内容、培训师资、培训方法、培训设施、培训组织等方面的反应情况，进行综合评价。管理人员反应层面的培训评估通常有调查问卷法和访谈法两类。

（2）学习层面。主要评估受训者通过培训掌握了哪些管理知识和管理理论，以及这些理论知识是如何应用到实际管理工作中的。管理人员学习层面的培训评估一般以笔试的形式开展，如测试受训者的理论知识。在实际培训工作中，企业大多采用考试的方式，根据培训内容，事先设计出测试试卷，在培训结束后进行测试。

（3）行为层面。主要评估受训者在培训后，管理行为是否发生了改变，是否将培训过程中所学的管理知识和管理技能应用到实际工作中。行为层面的评估，往往需要在培训前后各进行一次评估，通过比较培训前后的管理行为变化，来评价培训效果。

（4）结果层面。受训管理人员的培训效果评估不同于其他类型的人员，受训者的培训效果受较多因素的影响。例如，受训者的特点、培训内容、管理者的支持、同事支持、政策支持、新技能使用机会等，而且受训者的绩效指标除受培训效果影响外，还受经济社会等宏观环境因素的影响。因此，受训者的培训结果层面的评估大多用定性指标和过程指标进行考核。如果需要使用定量指标进行考核，就需要认真考虑定量指标的科学性和适用性。

7.3 转岗培训和晋升培训

转岗培训和晋升培训，既是企业培训体系中的重要组成部分，也是两类相对比较特殊的培训，有必要进行专门分析。

7.3.1 转岗培训

1. 转岗培训的概念

转岗培训是指企业主动或被动对组织内的业务、机构、人员进行调整、整合和优化而导致部分员工需要转换工作岗位，为了保证转岗人员掌握新岗位技术、业务知识和工作技能，取得新岗位上岗资格所进行的培训。转岗培训的对象一般是公司具有一定的工作经历和实践经验的员工，但新的工作岗位与原工作岗位差别较大，员工需要进行全面的培训，以掌握新的工作岗位所要求的知识、技能等。

2. 转岗培训的目的

转岗培训对企业的可持续发展具有非常重要的影响和作用。转岗培训可以合理优化企业各类人员组成，达到工作岗位和人力资源的有效匹配，满足企业业务发展的需要，保证企业正常高效运转。确保企业转岗人员熟悉新岗位的基本工作内容，掌握新岗位的基本工作技能与方法，为上岗后顺利进入工作状态奠定基础。提高企业生产服务过程中的安全系数，避免生产服务过程中人员、设备出现事故，消除安全隐患。

转岗培训是企业坚持以人为本、以员工为核心的重要举措和表现，可以有效地提升员工忠诚度和满意度。转岗培训是企业优化人力资源配置，提高劳动效率的必然举措，事关企业可持续发展的大局，企业必须切实抓紧抓好。做好转岗培训是满足企业人力资源的需求，保障企业持续发展的重要举措，相关培训开发人员要以高度的责任感、使命感和饱满的工作热情，积极主动地做好转岗培训。转岗培训是员工谋求全面发展，掌握更多的技能，积极参与企业竞争的重要机遇。员工只有真正从思想上接受、行动上努力、学习上自觉，积极主动参加转岗培训，转岗培训的目的才可能达到。只要宣传和引导工作扎实，培训者与受训者双方思想认识到位，就能为转岗培训奠定良好的思想基础。

3. 转岗培训要求

确保转岗培训计划具有针对性。各企业实际情况不尽相同，在制订转岗培训计划前应对企业进行认真的调查研究。例如，调查本单位转岗人员的思想动态、文化水平、技能水平和岗位分布状况等，并在调查研究的基础上依据相关人员职业能力培训规范，以受训人员技能达到生产一线岗位能力要求为目标，突出标准化作业和实际操作能力培养，坚持业务素质与职业素养并重，使其达到培训规范相应职种和相应等级知识、能力的要求，制订出有针对性可操作的培训计划。培训计划分为两种：一种是共性内容的培训计划，如安全素质、职业道德、企业文化、规章制度等；另一种是分工种分岗位的培训计划，由培训开发部门按人数多少和技能要求分别制订培训计划并组织实施。

统筹兼顾，择优选取培训师与培训教材。转岗培训具有时间短、要求高、重实效的特点，培训效果好不好，转岗人员一上岗便见分晓。培训师一定要按照"实际、实用、实效"的原则，使转岗培训满足针对性强、时间紧凑、知识实用和技能必备的要求。"名师出高徒"，培训质量好不好，选好培训师很重要。培训教材的选编要从转岗培训的实际需要出发，做到三个结合，即现成统编教材与本单位自编"案例教材"相结合，理论知识教材与实际操作教材相结合，专业技术规范教材与法律法规、职业道德教材相结合。

科学设计转岗培训流程。转岗培训环节主要包括学、比、考、鉴。学是指企业组织转岗员工参加培训学习，其内容主要有本岗位所需知识、基本作业技能等，学习方式为课堂学习与技能操作相结合，并视岗位不同而有所侧重。比是指操作比武，对转岗到新岗位的员工来说，实际操作是培训学习的最终目的，经过一定时间的培训后，按同工种组织操作比武，其优点是巩固学习效果，同时考核其是否达到转岗的基本要求。考是指培训学习结束时，对学习者进行书面理论考试，考试的内容侧重于操作岗位必备的基础知识。学习者只有比、考成绩合格才能获得转岗培训合格证书。鉴是指对培训合格人员，按照职业资格初级工等级标准，进行等级鉴定，培训不合格或鉴定不合格人员不能进入新的岗位工作。这种模式使转岗人员有一定的危机感和紧迫感，有效地提高了培训质量与效果。

4．转岗培训的程序

因机构调整或业务发展需要，或者为符合员工能力和发展意向需要转岗，需要遵循一定的程序完成转岗培训。转岗培训程序，如表 7-11 所示。

1）员工转岗申请

（1）员工根据个人的实际情况提交员工《转岗申请》，详细描述转岗员工的基本信息，重点描述转岗的原因、个人工作评价、建议调整的新岗位等内容提交人力资源部审批。

（2）人力资源部根据公司岗位需要，同时结合员工的个人能力和员工的个人意向，建议转岗培训。

（3）若员工未能胜任现在的岗位，结合公司发展的需要，重新再培训，培训后经过考核，考试通过再上岗。

表 7-11 转岗培训程序

流程	负责部门	职责
转岗申请	转出部门或个人	员工的直接主管根据员工具体的条件并征求本人意见后提出建议,填写《转岗培训申请表》。
确定转换岗位	人力资源部门	人力资源部门与有关部门协商决定。
确定培训内容、培训计划预算	转入部门/人力资源部门	培训内容根据员工将要从事的岗位的具体要求确定,培训方式则根据培训内容和受训人数等因素确定,制定《转岗培训计划表》。
转岗培训实施	转入部门/人力资源部门	侧重岗位专业知识、技能、管理实务的培训,人力资源部门监督实施。
考试考核鉴定	转入部门/人力资源部门	转岗培训结束,转入部门直接主管给出考核鉴定。
正式转岗	转入部门/人力资源部门	考核合格,人力资源部门办理正式转岗手续

2）转入部门领导审核

（1）审核岗位需求,做好接受转入员工面谈。

（2）制订转岗培训计划和费用预算,并安排专人指导和考核。

（3）确定转岗培训的内容、培训方式和考核方式。

3）人力资源部门

（1）对转出部门提交的转岗申请进行核实,与转出部门进行沟通,是否批准转岗培训申请。

（2）待转岗培训申请批准后,在确定转换岗位之前,由人力资源部门负责该员工各项人事关系的管理。

（3）结合公司岗位设置和人员调整情况,人力资源部门与其他部门沟通研究后确定转换岗位。

（4）人力资源部门协助转入部门实施转岗培训,进行转岗培训效果鉴定,考核合格后,由人力资源部门办理转岗手续。

7.3.2 晋升培训

1. 晋升培训的概念

晋升培训是企业针对各级各类拟晋升人才或后备人才进行的,旨在使其达到更高一级岗位要求的培训开发活动。它的意义在于当某个领导岗位出现空缺时,能够挑选到满意的候选人随时补充岗位空缺。在晋升过程中,培训体系是不可或缺的,不论是专业职级还是管理职级,都会有一些必修课程和选修课程。同时,高层次以上专业通道的晋升基本都有授课的硬性要求。

2. 晋升培训的特点

1) 以员工发展规划为依据

现在越来越多的企业认识到,要想保持员工的稳定性,调动员工的积极性,提高人力资源的利用效率,必须在企业发展战略和个人发展规划的基础上建立相互支持、共同进步、共同实现的人企共同发展机制。员工发展规划会对员工个人职业生涯活动中的一系列可能的发展趋势做出设想和规划,可以为员工指明路径和方法,提供帮助和支持。员工发展规划既要考虑企业发展的需要,也要考虑员工个人能力、工作兴趣、生涯发展路径等方面的因素。企业晋升培训以员工发展规划为依据,不但可以提高员工参与培训的积极性,确保晋升培训效果,而且可以提升员工对企业的忠诚度和满意度。

2) 培训时间长、内容广

从较低的岗位晋升到高一级的岗位,需要在专业知识、岗位技能、工作能力、人际沟通等方面有较大程度的提升。因此,晋升培训需要的时间相对较长,培训的内容也较为广泛。晋升培训的时间不仅包括集中培训或正式培训的时间,而且包括为晋升高一级岗位在日常工作中的现场指导培训、自主学习等非正式培训时间。培训内容不但包括硬性培训内容,如培训考核要达到相应级别或分数,而且包括软性培训内容,如工作态度的转变、对工作岗位的认知等方面。

3) 多种培训方法并用

由于晋升培训的特殊性,晋升培训方法较为多元化;由于晋升培训内容的广泛性,不同培训内容需要采用不同的培训方法。培训方法由培训目的、培训目标、培训对象、培训内容和培训经费及其他条件决定。例如,理论知识教育可以选择课堂讲授法、项目指导法、演示法、参观法;解决问题能力方面的培训可以选择案例分析法、文件筐法、课题研究法、商务游戏法;创造性方面的培训可以采用头脑风暴法、形象训练法等价变换的思考方法;态度、价值观及陶冶情操教育可以选择面谈法、集体讨论法、集体决策法、角色扮演法、悟性训练法、管理方格法等。

3. 晋升培训的内容

晋升培训的内容受企业类型、所在行业、等级类别等因素的影响。以部门经理为例,各部门经理的晋升培训内容如表 7-12 所示。

表 7-12　各部门经理的晋升培训内容

岗位类别	培训内容
生产经理	角色定位、主要工作职责、日常工作重点、生产管理运作系统，生产车间环境管理，生产计划管理，行业先进生产技术与流程，生产模式优化与改进，产品质量管理、生产安全管理，生产主管培训与激励，上下级沟通技巧
销售经理	主要工作职责、日常工作重点、市场营销知识、本行业销售专业知识，大客户分析与开发，客户关系管理，客户服务管理，客户信息管理，销售成本的控制，销售数据的整理与分析，销售人员团队建设，销售主管的激励，销售目标分解，销售区域开发与管理，销售主管培训管理，广告与宣传策略，促销活动策划、卖点分析，成功人士经验，销售主管心态，销售主管自我减压
人力资源经理	主要工作流程和职责，工作难点与重点，人力资源法律法规知识，人力成本管理，劳资关系管理，职业生涯规划管理方法，离职面谈技巧，卓越领导力，如何辅导和培养下属，商务礼仪，创新思维顶级训练，沟通技巧
技术经理	晋升岗位任职资格、日常工作重点，技术规范、行业先进技术、设备更新换代，先进技术的引进与开发，技术创新，企业流程再造技术主管的管理、技术人员团队建设、技术主管的培训与激励，上下级沟通技巧
财务经理	晋升岗位任职资格，工作难点与重点控制，财务管理类知识，预算编制与管理技巧，现金流管理与控制，纳税筹划实务，经营核算与盈亏分析，企业赊销与风险控制，有效授权，团队建设与管理，时间管理，压力与情绪管理

4．晋升培训的程序

（1）第一步：岗位任务分析。人力资源部门应对空缺岗位进行深入分析，包括空缺岗位的核心职责，以核心职责分解出主要任务，通过对任务分析，提炼专业知识、管理技能、个人特质三个维度的主要内容与核心要点。

（2）第二步：胜任力模型构建和分析。根据空缺岗位的职责要素，构建空缺岗位的胜任力模型，胜任力模型分析将作为岗位胜任力评估的核心，同时是在培训过程中对每个学习者观察评估的要点。

（3）第三步：目标岗位差距分析。完成工作任务岗位任务分析与胜任力模型构建后，对拟晋升人员的角色转变进行对比分析，寻找拟晋升人员与空缺岗位之间的差距，从目标承担、管理能力、团队建设、沟通、责任等方面，进行比较分析，寻找两者之间的差距，提炼出具体的培养要求。

（4）第四步：制定培训策略。按照成人学习 721 法则：70%的知识都是通过实践与经验总结出来的；20%的知识是通过反馈与交流获得的；只有 10%的知识是通过正规培训、课堂授课方式获得的。培训安排分为在岗练习、向他人学习、正式学习三种形式。根据拟晋升人员的实际情况，制定具体的培训策略。

（5）第五步：制定培训规划。培训规划按训前自学、集训、轮岗学习、再集训四个阶段，每个阶段有每个阶段的任务要求、学习方式、输出结果与阶段目标。

（6）第六步：培训实施。人力资源部门负责组织晋升培训实施。人力资源部门根据培训规划中的培训时间、培训内容、培训对象和培训师资，通知培训对象按时参加相应的晋升培训，相关的培训组织管理工作应该由专人负责。

（7）第七步：培训考核。人力资源部门根据培训内容和考核标准进行考核，并将考核结果上报人力资源部门总监，经人力资源部门总监审核通过后，将培训考核结果向全公司通报，并正式发布晋级通知，进入晋级审核审批程序，最终完成晋级流程。

第8章
员工素质开发

> **引导案例**
>
> ### 华为管理者的成长路径
>
> 华为管理者的成长大致遵循"'士兵'（基层员工）——'英雄'（骨干员工）——'班长'（基层管理者）——'将军'（中高层管理者）"的职业发展路径。根据华为公司人才培养工作的实践特点，华为管理者的培养过程划分为三个阶段。
>
> （1）基层历练阶段，基层员工以技术技能开发为主。
>
> "将军是打出来的"。对华为的基层员工，任正非强调"要在自己很狭窄的范围内，干一行、爱一行、专一行，而不鼓励他们从这个岗位跳到另一个岗位"。"士兵"要在本职岗位上不断地提高业务水平和绩效产出。当然，公司允许基层员工在很小的一个层面上有弹性地流动和晋升。
>
> （2）训战结合阶段，成为"班长"后的干部以人际技能开发为主，技术技能开发与概念技能开发为辅，实现管理能力的全面提升。
>
> 后备干部项目管理与经营短训项目（简称"青训班"）重在开发项目管理能力，拉通项目管理的全流程，使受训者从本职岗位的单一视角扩展到项目管理全过程的整体视角，体现了技术技能的开发。一线管理者培训项目（First-Line Manager Leadership Program，FLMP）对基层管理者在团队管理与激励等方面进行团队领导力赋能，实现"士兵"到"将军"的角色转变，有效地开发人际技能。
>
> （3）理论收敛阶段，要想成为真正的"将军"，中高级管理者需要"有大视野，大到天文地理，但更要能放能收"，实现"术"向"道"的转变。
>
> 具体来说，学习者通过干部高级管理研讨班系统研讨，把实践经验总结上升到理论高度，深度发酵。这个过程的重点是概念技能的开发，从组织层面出发，建构战略管理与公司文化管理思维。
>
> 根据上述分析，以重点开发的技能维度和不同培养阶段为坐标轴，可以建立"管理者成长路径模型"。沿此路径，华为的管理者逐步完成从"士兵"到"将军"的进阶。

思考

华为管理者成长路径如何实现了对员工素质和潜能的开发？

学习目标

1. 了解文化开发的内涵；
2. 掌握忠诚度和敬业度的开发策略；
3. 掌握潜能开发的含义和策略；
4. 了解心态开发的含义和方式。

学习导航

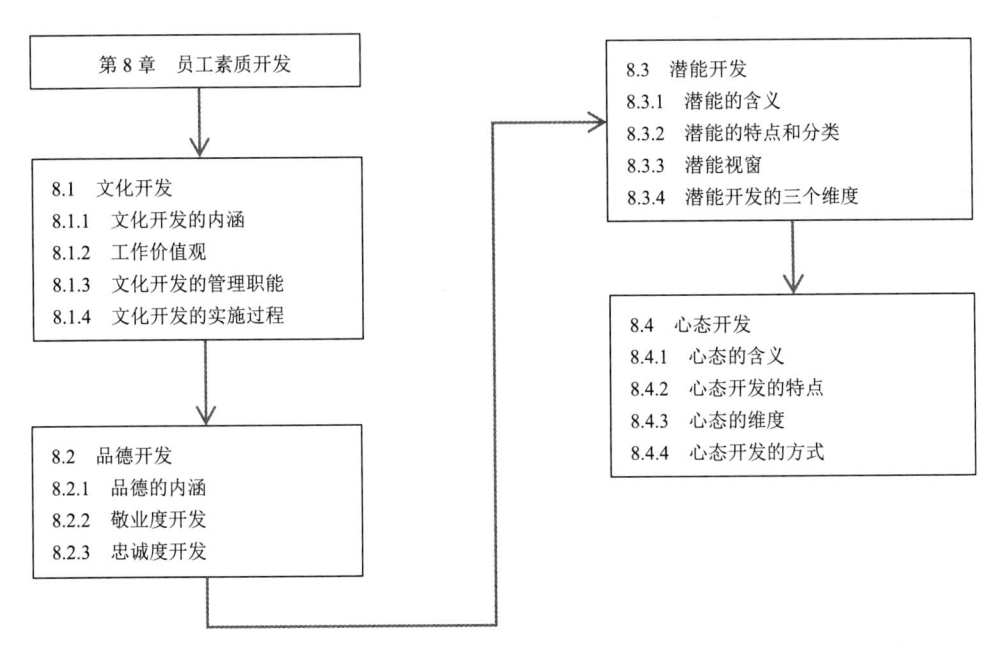

```
第 8 章  员工素质开发
    │
    ▼
8.1  文化开发                          8.3  潜能开发
8.1.1  文化开发的内涵                  8.3.1  潜能的含义
8.1.2  工作价值观                      8.3.2  潜能的特点和分类
8.1.3  文化开发的管理职能              8.3.3  潜能视窗
8.1.4  文化开发的实施过程              8.3.4  潜能开发的三个维度
    │                                      │
    ▼                                      ▼
8.2  品德开发                          8.4  心态开发
8.2.1  品德的内涵                      8.4.1  心态的含义
8.2.2  敬业度开发                      8.4.2  心态开发的特点
8.2.3  忠诚度开发                      8.4.3  心态的维度
                                       8.4.4  心态开发的方式
```

通常，素质可以理解为一个人文化水平的高低，身体的健康程度，以及惯性思维能力和对事物的洞察能力，管理能力和智商、情商层次高低及与职业技能所达级别的综合体现。具体到工作场合，素质是指员工在工作中心理、思想和行为的具体表现，素质的高低是员工绩效的内在决定因素，企业应该有意识、有计划地对员工素质进行开发，以为员工绩效改善提供内在动力。文化、品德、潜能、心态是员工素质的主要内容，本章将从这四个方面讨论如何进行员工素质开发。

8.1 文化开发

8.1.1 文化开发的内涵

文化素质是员工综合素质中重要的组成部分，对其完成工作具有重要的现实意义。目前，许多企业仍将注意力放在对员工进行科学管理方面，对员工的文化开发关注不够。科学管理对企业发展确实起到了巨大的推进作用，使企业走上了规范化、制度化和科学化的道路，极大地提高了生产效率。但是科学管理有自身的局限，即完全忽视了企业文化的作用和员工的心理感受，以及精神追求，使员工内在的文化诉求无法满足，无法使员工真正全身心地投入在工作中，无法获得最大的满意感。文化开发是对员工和企业双方都非常有意义的活动，既可以满足员工对提升文化的需求，又可以激励和开发员工总体素质，改善企业绩效。

相对于科学管理，文化开发具有人文性、个性化、非理性等特点，非常符合现代员工，尤其是"90后"新生代员工的心理需求。文化开发不是完全抛弃科学管理的，与其背道而驰，而是对科学管理的发展和创新，是在管理方式、尺度、途径等方面的软化。文化开发不排斥理性因素，是理性与非理性的融合，是软管理与硬管理的巧妙结合，是以价值观为核心的员工素质开发的核心内容。文化开发是以人为中心理念的体现，以现实的人为出发点，把满足员工的物质和精神生活需要，实现人的全面发展作为企业发展的内在动力，从而保持正确的发展方向，通过塑造共同价值观来促进员工和企业的共同和谐发展。

近年来，很多研究者通过各种方法和手段来研究和测量员工文化及其开发状况如何影响企业的运行效率。结果表明，员工的文化开发在某种条件下可以成为企业持续竞争优势的来源。企业必须认识员工活力和创造力的真正源泉，以及员工与企业的共生关系，都是以共同的文化及价值观为基础的，企业文化建设与员工文化开发是可以同步开展的，互相促进的。文化开发的内涵，如图8-1所示。

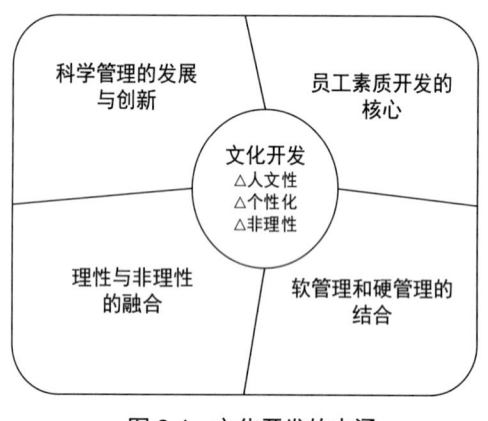

图 8-1 文化开发的内涵

8.1.2 工作价值观

1. 工作价值观的含义

文化建设的核心是价值观的构建和维系。从企业角度来看，培养员工与企业核心价值观一致的工作价值观是员工文化开发的重点。作为员工整体价值观念系统的一部分，工作价值观是指员工对工作的基本认识和态度，它左右着员工对工作中的付出与结果的价值判断，是影响其工作付出和表现的内在因素，与其他价值观念一样，具有稳定性、持久性、不易改变的特点。企业文化的导向对员工工作价值观有着直接而深刻的影响，企业可以基于员工的价值观念开展管理工作，通过企业文化的深入传播来影响和改变员工工作价值观，实现员工文化开发的目的。文化开发将员工个体的价值观作为一个重要前提，充分考虑和尊重员工工作价值观的差异，即从企业立场出发去看待员工忠诚和行为规范问题，又从员工角度出发探索如何构建适应现代员工心理特点的开放包容、公平共享的企业文化氛围。具有高度文化自觉的员工队伍是企业内生的核心竞争力，将文化开发的理念贯穿于企业人力资源管理的每个环节，可以为企业在复杂多变的环境下提供持续不断的动力。

从文化开发的角度看，行为是价值观的外化与体现，人的行为都是在其价值观念的指引下发生的。也就是说，人首先是"观念人"，员工的工作行为就是其工作价值观的体现，员工群体的工作行为则取决于员工群体的工作价值观。因此，文化开发的关键是培育员工群体与企业价值观一致的工作价值观。基于价值观的管理和领导是有效的管理，也是培育员工群体价值观的有效方式。对知识型员工来说，他们的工作非常难以监督控制，其努力程度基本上由其内在工作价值观所决定，因此企业对他们的培训与开发更应强调对其工作价值观的培育，以提高其工作的主观能动性。对员工创新行为来说，受工作价值观的影响更大，而员工的工作价值观多有差异，企业要对员工进行差异化管理，提高员工的创新意识，从而增强员工的创新行为。

2．工作价值观的分类

工作价值观可以从关注评价行为标准和关注需求满足两个维度分析。从关注评价行为标准的角度分析，工作价值观被认为是员工对工作结果重要性的评价标准；从关注需求满足的角度分析，工作价值观被认为是员工在工作中为了满足工作特质或属性需要而追求的目标。在我国的管理情境之下，员工更多的是从评价的视角对待工作中的相关因素与结果，将工作价值观分为舒适与安全、能力与成长、地位与独立三个维度。工作价值观的分类，如表8-1所示。

表8-1　工作价值观的分类

工作价值观	主要追求	工作选择	培训开发
舒适与安全的价值观	工作中的安逸和稳定	不会轻易尝试创新的思路和行为	注重其工作价值观的培养和调整
成长和能力型价值观	专业领域的学习和提升，个人的价值回报	有成就感、崇尚创新、有很多学习机会，工作自主性强的工作	创造灵活宽松的环境，激发和活跃员工的思想
地位与独立型工作价值观	工作的权利、尊重和自主	非常勇于和善于创新，源于个人独特思想、独立完成的创新比较多	提供自主性较强，可以充分发挥其主观能动性的工作

1）舒适与安全的价值观

以舒适与安全为价值观导向的员工，以工作中的安逸和稳定为主要追求，往往缺乏主动性、积极性和创新意识。在需要全神贯注投入精力寻求创意时，这种员工往往会力不从心，无法投入较多的时间与精力，难以取得良好的效果。在工作进展困难时，容易产生负面情绪，甚至引发反生产行为。在创意执行阶段，追求舒适与安全的员工基本上也不愿意为追求新奇而承担风险。即使团队同事产生了创新的想法，在与他们合作执行时会打折扣。对创新意识和行为的产生来说，具有舒适与安全工作价值观的员工不会做出太多的贡献，有时甚至会对创新行为产生显著的负向影响。从工作自主性角度分析，具有舒适与安全价值观的员工，在从事自主性较高的工作时，追求工作的稳定和安全，他们不会轻易尝试创新的思路和行为。工作自主性高，员工受到外部约束少，受自身工作价值观的影响较大，因此对这些岗位上员工的培训与开发应更多地注重其工作价值观的培养和调整。

（2）成长和能力型价值观

以不断成长和能力增值为价值观追求的员工，非常具有创新精神，更注重在工作中能否获得专业领域的学习和提升，经常发现和改进自身不足，同时非常在意个人的价值回报。成长和能力型价值观的员工在选择工作时，更倾向于从事有成就感、崇尚创新、有很多学习机会，工作自主性强的工作。成长和能力型价值观的员工在企业中能够产生更多有益的新思想、新方法、新行为、新成果，因此一个企业拥有成长和能力型价值观的员工越多，其创新的活力就越强，创新行为就越多。从工作自主性的角度来说，成长和能力型价值观越强烈的员工，在工作自主性越高的情况下，越容易表现出创新行为，取得创新成果。工作自主性高，员工就可以依照个人习惯来安排工作方法和进程，在这种灵活宽松的环境下，员工创新的思想容易被激发和活跃起来，成长和能力型价值观更容易实现。

3）地位与独立型工作价值观

崇尚地位与独立的员工，对工作的权利、尊重和自主极为看重，他们希望在工作中取得成就，希望通过事业成就来达成人生理想，同时希望获得更高的社会地位并为社会做出贡献。创新是取得所有一切成果的途径，具有地位与独立型工作价值观的员工，非常勇于和善于创新，而且源于个人独特思想、独立完成的创新也会比较多。他们由创新所获得的回报是其他类型员工所不可比的。与工作自主性结合起来分析，追求地位与独立的员工对工作自主性低的工作基本上是不会考虑的。因为那些与他们的工作价值观不相符，无法实现他们的价值追求。企业在为这些员工分配工作时，必须为其提供自主性较强、可以充分发挥其主观能动性的工作，这样对企业和个人都是最有利的。

8.1.3 文化开发的管理职能

企业对员工进行文化开发，是基于价值观的开发。从管理的职能来看，文化开发使企业对员工的管理职能更容易实现，企业的战略规划更容易达成，文化开发成为企业战略层面的开发活动。企业员工必须对企业价值观产生发自内心的强烈认同，才会将企业的战略规划和目标当作自己的规划和目标，支持企业高层进行的技术、文化、战略与组织结构的变革，自觉自愿，主动积极地接受上级领导和管理。企业的变革往往会带来员工的岗位和习惯的"震荡"，以至于短期利益的受损，以共同的价值观为基础，员工会对这些变化持积极的态度，使企业的变革可以顺利进行下去。文化开发对人的全面发展及其价值实现的推动作用是企业管理价值实现的强大助力，文化开发通过价值观的认同、思想的灌输、风尚的熏陶和感情的互动促进了企业管理水平的提升。经过良好文化开发的员工会增加对企业管理的尊敬与信任程度，在与其主管交往的过程中会更加理智、有韧性，主管的威信和职权会得到加强，企业和部门发展会因此受益。

文化开发的核心在于塑造员工与企业共同的价值观，将企业的价值观逐渐内化为员工的工作价值观，以员工为着力点和出发点的文化开发是企业管理者的重要任务，日常管理和专门的培训与开发使员工价值观和企业价值观逐渐趋同、在此过程中，员工和企业不断取得共同发展。企业管理者必须对企业文化有深刻的认识，价值观坚定而明确，管理效能才能不断提升，员工才会对其信赖和认可，自愿服从其领导，进而支持、学习和宣传企业文化，积极进行自身的文化开发。事实上，企业领导者的个人价值观与企业整体的价值观是互相交融和互相促进的。在对员工进行深入文化开发的过程中，领导价值观、员工价值观和企业价值观逐渐趋向统一，员工深刻认同企业的愿景与目标，清楚自我个人的价值定位、理解企业使命并愿意为之奋斗。

8.1.4 文化开发的实施过程

根据基于价值观的文化开发理论，文化开发的目的是企业领导和员工共同分享一种强烈的、内在化的愿景，文化和价值观的激励，使企业所有成员发挥最大效能，从而实现企业目标。这意味着文化开发是以价值观为基础的管理基本要素，企业领导者行为、企业员工行为和企业的一切活动，都以企业的核心价值观为行动的基本准则。由此，文化开发的实施过程可以分为五个阶段，如图 8-2 所示。

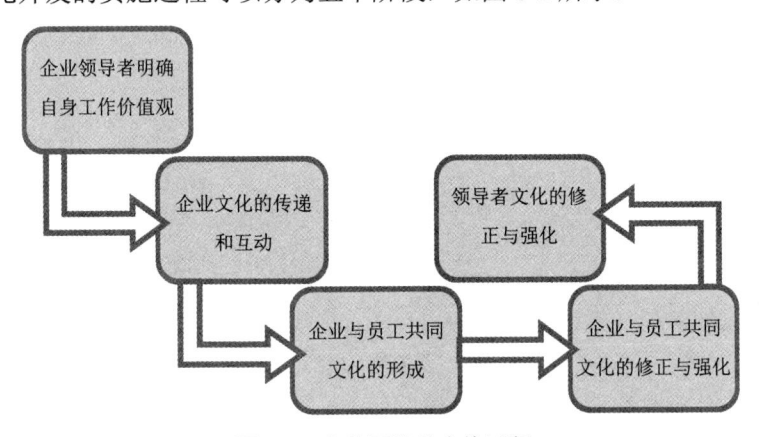

图 8-2 文化开发的实施过程

第一阶段是企业领导者明确自身工作价值观。实际上，它是存在领导者个人内心本质的工作观点，有一个比较广的选择行为方式的范围，包括其对工作的向往、需要、选择、责任和道德义务等内容，以及对这些职业行为的好坏、对错等评价标准。研究表明，企业领导者的价值观对企业价值观的形成具有重要的作用。企业领导者必须拥有成熟、明确的价值观，才能具有强大的生命力，才能将其注入企业运营的方方面面，形成以鲜明价值观为核心的强势企业文化和企业员工的群体意识，产生高度的凝聚力，助推企业蓬勃发展。

第二阶段是企业文化的传播和互动。企业领导者利用其影响力，将其个人价值观上升为企业价值观并传播给所有企业员工。经过文化开发的过程，员工逐渐接受企业文化的价值取向，会与企业领导者和直线主管产生强烈的情感共鸣。应该强调的是，价值观的传递不能采取"口号式"灌输或者在制度上强制执行，而必须通过企业领导者的率先垂范，使下属内生出激励感。

第三阶段是企业与员工共同文化的形成。当企业价值观被企业员工发自内心认同后，企业的员工会主动改变自己的价值观，与企业领导者的价值观及企业价值观保持一致，从而形成共同价值观。这意味着，在动机上，企业员工将个人目标与企业目标高度统一；在情感上，企业员工会激发出对企业高度的信任感、责任感、使命感，企业成员愿意做出自我牺牲与努力，从而使个人绩效与企业绩效同步提升。

第四阶段是企业与员工共同文化的修正与强化。企业文化和价值观并非一成不变，随着企业发展和外部环境的变化，企业和员工共同价值观中会有一些需要修正和调整的部分，需要进行集体总结和修正，而那些需要坚持和强化的，会在与外部环境协同共进的过程中，支撑企业和员工共同目标的实现。也就是说，企业文化和价值观也会在实践过程中受到洗礼和筛选，不合时宜的会被修正，需要坚持的会通过制定战略、制度等手段固化为企业强势文化，深入持久地影响企业员工。

第五阶段是领导者文化的修正与强化。企业领导者的境界是在不断提升的，有些核心的观念会保持不变，有些观念会产生变异。在经营和运作企业时，企业领导者需要根据企业不同发展阶段进行调整。调整的目的是使企业和员工更好地适应竞争要求，满足员工不同层次的需求。调整后的文化和价值观会继续导入企业，并与员工文化和价值观互动，此过程的循环反复就是企业文化和实力不断提升的过程，也是企业对员工产生广泛的、强烈的、持久的激励过程，是员工产生高度的企业认同感，帮助企业应对各种复杂多变环境的过程。

相关链接

京东的能力价值观体系

京东将所有的员工分为五类。

第一类是能力一般的员工，也就是业绩和绩效很一般，得分很低。如果能力一般，价值观得分又很低的情况下，在京东内部称为"废铁"。这样的员工在招聘时一般不被录用，把"废铁"弃掉，要不然没有任何的业绩，价值观与公司不太匹配。

第二类是个人的价值观与公司非常匹配，但是个人的能力绩效不达标。能力一般，价值观匹配度很高，这类人称为"铁"。对待"铁"这类的员工，我们一般会给予至少一次转岗的机会。如果给完机会之后还是不行，当一次转岗或者培训之后绩效仍然达不到要求，公司就要"请他走"。

第三类是大部分的员工，如80%的员工能力和价值观都在90分左右，我们称为"钢"。这是公司核心的员工主体，一般来讲，这是正常的，比较稳定的结构占，80%。

第四类是员工非常强，价值观和公司价值观匹配度非常高，能力也非常好，这类人称为"金子"。稳定的结构，占20%，有可能是技术人员，不一定是管理人员。

第五类是员工能力非常强，业绩非常好，让他做某一个采销非常好，但是他的价值观与公司不匹配，这类人最难对待，各个管理者都不太好定夺。特别是犯错误的时候，怎么办？我们称这类人为"铁锈"。我们第一时间要干掉的就是"铁锈"，比"废铁"还要糟糕。

因为"铁锈"有腐蚀性，能力强。这种人会成为群体的领导，口才很好，又有能力。有一天如果他对公司进行破坏，会造成很大的影响力和杀伤力。对于"铁锈"，不管公司业绩有多大的损失，我们一分钟都不留，宁愿职位空着，宁愿这一块我不做，我也不让"铁锈"在这里。当然，这种人能力强，隐藏性很强，一开始可能发现不了他的价值观与公司有什么重大的不同。不论是工作一年、两年还是更久，我们发现之后都应立即处理掉。

资料来源：http://www.sohu.com/a/223427299_201359

8.2 品德开发

8.2.1 品德的内涵

现代企业竞争本质是人才竞争，而品德是人才素质的基础。品德是道德品质的简称，在我国又称为德行或品行、操行等，是个体依据一定的道德行为准则行动时所表现出来的比较稳定的、一贯的特点和倾向。品德就其实质来说，是一定社会的道德原则和规范在个人思想和行为中的体现。从其对个体的功能来说，如同智力是个体智慧行为的内部调节机制一样，品德是个体社会行为的内部调节机制。

品德对人才的健康成长至关重要，这是中国传统文化里选人用人时非常强调的"德才兼备"的意义。一个人没有才华，当然不能称为人才，但是一个人如果只有才华，没有德行，那么才华越高，本领越大，对企业和社会的损害反而可能越大。因此人才必须既有优秀的才华（即丰富的人力资本），又有高尚的品德（即模范遵守社会基本道德规范，是一个诚实可信的人，又非常认同企业文化，是一个对企业忠诚敬业的好员工）才能为企业和社会做出积极的贡献。因此，品德开发就成为企业对员工，尤其是骨干和关键人才进行培训与开发的重要内容，必须予以高度重视。否则，品德的隐患可能会给企业带来巨大的危机，一旦关键人才因品德问题对企业带来巨大伤害（如泄露商业机密、突然离职、贪污受贿、逆向选择等），企业就将得不偿失。忠诚和敬业是人才品德的集中体现，拥有高忠诚度和敬业度的人才。一般来说，使用风险会非常小，不会给企业带来灾难，因此我们对人才品德开发可以从提高其忠诚度和敬业度入手。

8.2.2 敬业度开发

1. 敬业度的内涵

美国韬睿咨询公司（Towers Perrin）将员工敬业度定义为员工帮助企业发展的意愿和实际付出努力的强弱程度，是衡量员工对公司全身心投入程度和愿意留在公司岗位和努力为公司做出贡献的程度。盖洛普咨询公司将员工敬业度定义为公司给员工创造充分施展其才能的良好的环境，培养员工主人翁责任感和组织归属感，从而实现个人发展和组织成功的双赢，并将组织中的员工根据敬业程度分为敬业、从业和怠工三类。

本书认为敬业度是一种从情感和精力上对工作的专注和投入程度的体现。敬业度高的员工发自内心地喜欢并认同所在的企业和自身的工作,能够全身心地投入本职工作并能从工作中体验幸福感。敬业度高的员工对工作表现出很高的自觉性,他们能够积极主动地投入工作,高效地完成任务并愿意付出额外的努力,并能与同事顺畅交流其想法和感受,在企业内部创造良好的工作氛围,推动同事取得良好的工作绩效,最终推动整个企业的绩效改善。

我们可以从认知、情感和行为三个维度来分析员工敬业度。员工敬业度的内涵如图 8-3 所示。

认知维度是指员工充分知晓自身角色,能够清晰地意识到自己在特定工作情境中的角色和使命;持一种积极正面的态度来对待其所在的公司、同事,以及所从事的工作。

情感维度是指员工在工作环境中对公司投入更多情感,与他人保持密切联系并对他人情绪保持敏感性,希望能在公司长期工作,而并非临时过渡,相信工作有助于实现自我,从而珍视和热爱它,对公司未来发展保持高度关注。

行为维度是指员工在完成工作任务时能保持行动上的高度投入,愿意付出额外的精力,愿意通过自身努力和自我激励实现企业的成功。

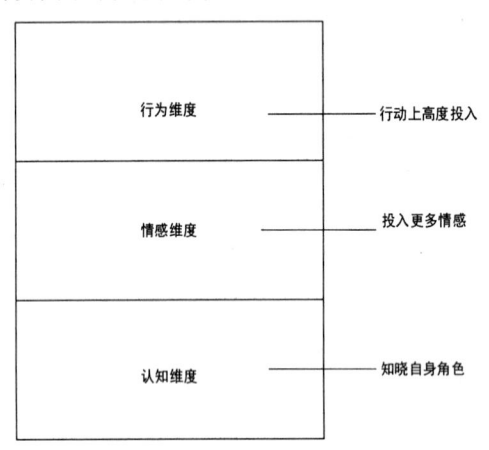

图 8-3 员工敬业度的内涵

2. 员工敬业度的影响因素

员工敬业度实质是一种心理体验,它不是与生俱来的,而是员工个人在与企业和工作交互过程中逐步培育形成的。这个交互过程会受到诸多因素的影响,主要包括组织因素、工作因素和个人因素三类。

(1)组织因素。组织因素是影响员工敬业度的组织方面的因素。组织因素一般包括组织的发展前景或愿景、管理制度、组织文化、工作环境等。员工具体工作的上级支持、同事同级之间的合作、团队和人际关系,组织对员工工作成果的认可都直接影响着员工敬业度。组织内部的沟通文化对员工与组织互动的渠道和效果也有直接影响,影响着敬业度的走向。

(2)工作因素。工作因素是指影响员工敬业度的工作本身的内容、特点等因素,包括工作的丰富性、创造性、公平感和职业发展机会等。对青年员工来说,工作内容的丰富性会更大地激发员工敬业度的提升,而年长的员工会更多地考虑工作与生活的平衡。在目前人才流动加速，信息透明的时代，企业内部的工作层面可持续的职业发展机会，会对员工的敬业度产生良好的激励。

（3）个人因素。个人因素是员工个人的年龄、受教育程度、工作年限、人格特征、心理成熟度、处事态度、人际关系等影响其敬业度的因素。孤立地分析个人特征对敬业度的影响，一般难以提出有针对性提高敬业度的改进措施，如年龄、学历、性格等，都难以取得与敬业度的相关联系。相反，个人的心理成熟度、处世态度、人际关系等与敬业度的关系比较明确，心理越成熟、处世态度越积极、人际关系越良好，其敬业度越高。

3．敬业度的提升策略

企业只有对员工周围的组织因素、工作因素和个人因素进行综合考量和改进，才能有效地提升员工敬业度。敬业度的提升策略，如图 8-4 所示。

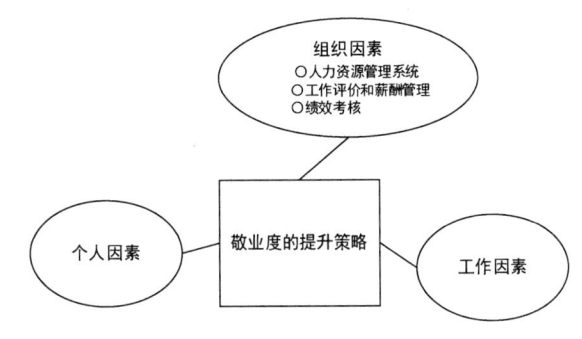

图 8-4　敬业度的提升策略

1）组织因素

组织因素的改进可以在很大程度上提升和改善员工敬业度。企业可以在构建科学健全人力资源管理体系方面采取措施，积极营造创新型、参与型的工作环境，激发员工的工作热情。

（1）人力资源管理系统。企业可以将影响员工敬业度的组织因素融入人力资源管理系统中，采用战略人力资源管理模式，通过平衡计分卡等先进管理工具将人力资源职能活动与企业战略管理过程紧密联系起来，员工充分感受到企业在组织层面采取的提高员工敬业度措施，有效地提高员工的工作热情和工作效率，起到事半功倍的效果。

（2）工作评价和薪酬管理。工作评价决定企业不同岗位之间的薪酬差距，也是影响员工敬业度的关键因素之一，应增加薪酬标准的透明度，企业薪酬计划的制订要考虑市场行情和员工期望，使员工能清楚地知道自己所处的岗位级别、对应薪酬范围以及上下关系。等级区间工资的制定要能够充分反映同级员工的工作能力和敬业程度，以为员工主管部门在了解员工敬业程度状况的基础上对优秀员工进行激励提供依据。员工在制定或调整职业规划时，能够更多地了解各岗位的职能要求和薪酬水平，能够清楚地了解所处岗位等级的上升空间，据此提出更现实的、更可行的未来职业发展方向并制定清晰的职业生涯规划，从而激发工作热情。

（3）绩效考核。企业管理层要鼓励员工积极思考自己的工作目标，并就目标的制定和执行情况与主管进行协商、确认，做好绩效考核的工作。检查工作目标的合理性、挑战性，明确进行绩效考核的目的并不只是考察员工优劣，而是为了激励员工更好地完成后续任务。企业应强调双向反馈，鼓励员工积极向主管进行工作反馈，并且要求主管对反馈做出回应，以达到充分沟通和协调，提升员工敬业度的目的。

2) 工作因素

在现有岗位的基础上进行创新，或者创造具有吸引力的工作岗位，参与能够影响企业决策的工作，满足员工对职业发展的渴望，通常能够激发员工的敬业度。企业可以借助信息技术来搭建互动平台，吸引员工参与到企业创新机制的完善和建设中，全体员工出谋划策，员工可以从专业或非专业角度对各个业务单元的业务难题或瓶颈提出自己独特的见解和创新想法，经过平台团队的评估，不断地挖掘和发现有价值的解决方案。对比较有价值的方案，企业可以聘请相关导师对其进行指导和提高，得到有效且可行性高的完整方案并付诸实践。这种互动与实践方式可以提高解决问题的效率，也让员工体验到不同部门、不同专业的同事看待问题的不同角度，从而拓展工作思维模式。

3) 个人因素

从个人角度来说，企业每位员工拥有的知识结构、技能水平和心态动机都不相同，优秀的企业人力资源管理，应该把每位员工的特点与其岗位的特点进行整合分析，为员工个体量身打造和选择合适匹配的工作岗位，做到有为有位，权责匹配，最大限度地发挥员工的潜力。企业要有意识地提高工作的挑战性。对知识型员工来说，丰富的工作内容和具有挑战性的任务更容易引起他们的兴趣，更容易激发他们的工作动力和斗志，能够从工作中获得满足感和荣誉感，对更好地开展工作有极大的帮助。同时，企业应该给员工更大的发挥空间，充分尊重员工的个人意愿，充分发挥员工的主观能动性，让员工参与工作的设计和决策，更加了解和掌控工作全过程，并且为员工独立完成工作创造宽松、适度的空间。在企业中，复杂的人际关系和负面情绪对员工敬业度的激发会产生非常不利的影响，企业应尽量避免并高度重视员工摩擦和冲突，可以建立常态化的沟通协调机制，以畅通员工与员工之间、员工和领导之间的沟通渠道。

8.2.3 忠诚度开发

1. 员工忠诚的含义

人们对员工忠诚一般有态度论、行为论和综合论三种认识。态度忠诚论认为忠诚是员工对企业态度的体现，可以从员工对企业的认识、情感和行为倾向方面加以考察。行为忠诚论侧重于行为，认为忠诚是员工对企业的一系列行为的体现，尤其强调在关键时刻的表现，所谓"时穷节乃现"。综合论认为忠诚是行为和态度的统一，即员工忠诚意味着员工对企业不仅在思想态度上与企业价值观和理念保持一致，而且在行动上尽其所能为企业做贡献，患难与共，不离不弃。

在现代以信用和自由为特征的市场经济中，企业与员工的关系是一种平等自由交换的契约关系。契约包括显性的劳动合同契约和隐性的心理契约，员工忠诚可以理解为员工在契约规范下对企业价值观和目标的认同，对企业持续投入的态度和行为。目前，员工流动率提高、员工忠诚度下降是企业普遍存在的现象，给企业的发展带来了许多潜在的危机。培育和提升员工的忠诚度，对企业的健康发展具有重要的意义。理论上，企业和员工在谈判地位、信息等方面的不对称性，为了实现员工忠诚，企业必须首先做到企业忠诚，而员工忠诚可以认为是企业忠诚的衍生物。因此，企业要想获得员工忠诚，必须先表现出企业忠诚，即兑现对员工的承诺，促使其价值实现和理性需求满足，否则员工流动在所难免。

2. 员工忠诚度的影响因素

个人因素、企业因素、外部环境因素都会影响到员工忠诚度（见图 8-5）。其中，企业因素是主要的影响因素。

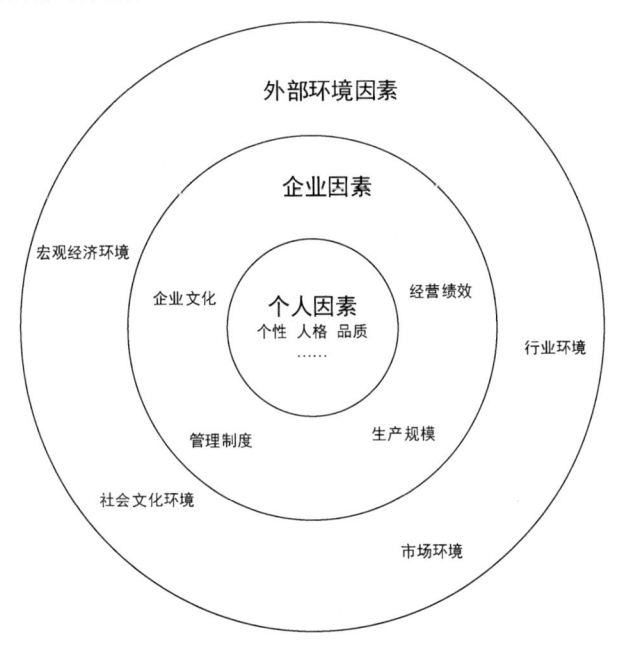

图 8-5　员工忠诚度的影响因素

影响忠诚度的个人因素主要是指员工个性、人格、品质等主观心理因素和在企业工作的满意度、成就感、公平感、安全感等心理感受。员工的职业技能、工作胜任力等客观因素通过影响员工的主观心理和感受来影响其忠诚度。同时，不同资历、职位的员工对企业忠诚度不一样。一般来说，资历越老，职位越高的员工，对企业的忠诚度会越高。另外，研究表明，员工的性别、年龄、学历会对忠诚度也有影响。例如，男员工比女员工的忠诚度更高，因为女员工需要照顾家庭；年龄和工龄越长的员工忠诚度越高；学历越高的忠诚度反而越低，因为高学历者个人追求更高，越不易满足现状，越勇于追求新的机会。

企业因素主要是企业文化、企业各项管理制度，其生产规模和经营绩效等客观物质方面会通过影响员工的收入和感受影响员工忠诚度。员工忠诚度是不能通过强制手段来获得的，企业能做的首先要挑选认同企业文化的员工进入企业，然后企业的不断发展使员工产生更多的获得感，从而提升员工忠诚度。企业领导者的管理风格对员工忠诚度也有显著的影响。管理者越诚信和积极沟通，与下属的关系越和谐稳定，员工对企业的信任和忠诚度越高。

外部环境因素会影响员工忠诚度。这些外部因素包括企业外在的宏观经济环境、社会文化环境、市场环境、行业环境等。在企业外部经济环境很差和企业生存困难时，对员工忠诚度的考验大；宏观经济形势向好，行业快速发展，市场人才需求旺盛，对人才吸引力加大，员工忠诚度也会受到检验。社会文化环境对员工道德伦理的引导方向会影响员工忠诚度。如果社会文化崇尚员工追求个人价值、忠于自我，则不利于员工忠诚度的深入和牢固；如果社会文化倡导忠诚、守信、集体主义，则员工忠诚度的概念也不断深入人心。

3. 获取员工忠诚的策略和途径

员工忠诚对企业发展至关重要。企业必须竭尽全力获取和维持员工高度的忠诚度，具体可以采取以下策略，如图8-6所示。

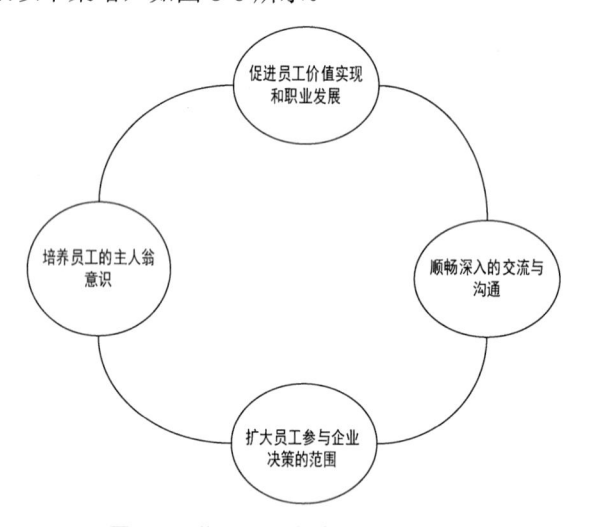

图 8-6　获取员工忠诚的策略和途径

（1）促进员工价值实现和职业发展。企业必须创造有利于员工实现自身价值追求的制度和人文环境，尤其要认真规划员工职业生涯发展方向和策略，设计和改进职业梯队，给员工提供更多的职业发展机会，以满足员工长期发展的需求。在管理过程中，为充分调动员工的积极性，企业要注意把员工个人目标与企业目标、员工个人职业生涯发展与企业发展很好地统一起来，使员工和企业的发展深度融合。当企业能够帮助和指导员工进步和发展时，员工会以忠诚和良好的业绩回报企业。

（2）顺畅深入的交流与沟通。误会和猜疑会严重损害员工忠诚度，而误会和猜疑的产生经常源自缺乏沟通，因此良好的沟通渠道和沟通效果是维持员工忠诚的基本要素。对与员工切身利益密切相关的问题和员工深度关注的问题，企业必须主动且最大限度地分享信息，以展现企业忠诚，获取员工的理解和信任，维持员工忠诚，尤其是在企业发展面临危机时，企业更应如此。沟通的渠道一定要畅通，包括制度化和非制度化的、公开的和私下的，都要充分重视和利用，同时企业管理者要注意沟通技巧，以获得良好的沟通效果。

（3）扩大员工参与企业决策的范围。员工参与是调动员工积极性，提升员工忠诚度和组织归属感，提高企业决策科学性的重要手段，企业必须予以高度重视，不断扩大员工参与企业决策的范围，加深员工的参与程度，并且通过制度化的手段加以固定化和常态化。员工参与本身就是检验员工忠诚度的手段。如果员工不愿意参与或参与积极性不高，就可以判断员工对企业的忠诚度和感情不深，离职的可能性较大，企业必须予以高度重视，未雨绸缪。

（4）培养员工的主人翁意识。员工的主人翁意识是比员工忠诚更深刻地体现员工对企业态度的层面。如果员工拥有强烈的主人翁意识，认为自己是企业的主人，他就会像关心自己发展一样去关心企业的发展，会以主人的心态全身心地投入企业发展中，其忠诚度不言而喻。企业培养员工忠诚度可以从物质和精神两个层面进行。物质层面就是企业与员工分享股权，让员工分享企业的发展成果；精神层面就是企业文化和员工价值观的培育，使员工真正感到企业就是自己的家，为企业的成就感到骄傲，为了企业的发展愿意奉献自己的力量。

8.3 潜能开发

美国富尔顿学院陆哥·赫胥勒教授曾感慨地说，如果让我来总结人类 20 世纪的历史，我将这样写：我们最大的悲剧不是恐怖、地震、连年的战争、甚至不是原子弹投入日本广岛，而是千千万万的人们生活着，然后死去，却从未意识到存在他们自身的人类未开发的潜力。

8.3.1 潜能的含义

潜能在心理学是一个非常复杂的概念，有很多不同的观点，从管理学角度，可以简单地把潜能理解为潜在的、尚未显现的能力。人类的潜能是巨大的，是可以开发和实现的，人们在现实生活中表现出来的能力只是潜能的一小部分。学者经常用"冰山模型"来形象地说明人们看得见的能力和看不见的潜能做对比：水面以上的冰山代表显现出来的能力，只占冰山总体积的一小部分；水面以下的部分代表潜能，占冰山总体积的绝大部分。事实上，将潜能充分开发出来的人是非常罕见的，甚至可以说是没有的。因为潜能是无法确切的计量和测算的，它总是在不断地被激发和被发现，在某些场合表现出来。我们很难说一个人已经开发了他所有的潜能，在新的更大的刺激和及开发的手段面前，人们可能会展现出新的更大的潜能。因此，有很多学者直接认为人的潜能是无限的，但是从务实的角度来看，我们认为有两点认识是非常清楚的：一是每个人的潜能是不一样的、不是固定的，有些人潜能很大，在多个方面都有潜能，而大多数普通人潜能是很有限的，即使经过有效的激励和开发手段也不会有很大的成就；二是人们的潜能是需要激励和开发的，所接受的激励和开发手段不同，所处的环境不同，所表现出来的潜能就会非常不同。因此，对人们潜能开发的理论研究和实践操作非常重要，这既是人力资源作为第一资源价值的体现，又对提高企业长远发展和现实活力与效率有非常关键的作用。

8.3.2 潜能的特点和分类

1. 潜能的特点

（1）潜能来自大脑的协同效应。美国加利福尼亚大学教授罗伯特·奥斯汀研究揭示，人的大脑两半球有着不同的功能：左半球主管计算、语言、逻辑、分析、书写以及其他类似的智力活动；右半球主管与左半球完全不同的智力活动，如想象、色觉、音乐、韵律、幻想以及其他类似活动。奥斯汀还发现，当大脑两半球较"弱"的一边受到激励而与较"强"的一边合作时，其结果是大脑的总能力和效应就大大加强，往往增大5倍、10倍，甚至更大。这种现象可以称为大脑的"协同增大效应"。人有120多亿个脑细胞，本来就有着巨大的潜能，大脑的"协同增大效应"大大地增大了潜能的能量。

（2）人的潜能是进化的产物。人的潜能不能仅从先知或经验的角度来判定，人体及其大脑是物质世界长期发展和进化的产物，因此人的潜能是不断进化的。对个体来说，潜能与个体、环境交往经验积累有关。某一阶段的需要是人的发展原初动力，潜能是使人需要获得满足感的自身可能性，现实是潜能的实现，是该需要的真正满足，接着又产生出新的需要，又开始从需要到潜能和现实的新一轮运动。在一定程度上，可以认为人的一生是个体潜能不断开发的过程。在参加工作之前的受教育阶段，个体的主要任务就是通过不断学习开发个人潜能，探索各种成长的可能性；在参加工作之后，既是潜能发挥的阶段，也是潜能继续开发的过程，企业有责任和义务激发和实现员工的潜能，要在员工潜能开发活动中发挥重要的作用。

（3）潜能是有限和无限的统一。人的潜能既是有限的，也是无限的，是有限和无限的统一。从潜能的开发和使用角度看，潜能是有限和可塑的。因为每个人所处的环境不同，所受到的激励不同，所接受的开发方式不同，所以显现出来的潜能也不同，但它们都是有一定限制的。也就是说，在通常情况下，人们潜能只能发挥出一部分，甚至是一小部分，有很多成就是普通人在通常情况下达不到的。另外，人的寿命是有限的，随着年龄的增长，有些潜能在不断消退，而随着人的衰老和死亡，人的潜能开发也宣告结束，可以说潜能开发是有限的。从潜能开发的可能性来看，人的潜能可以认为是无限的，正是因为人的潜能在短暂一生中不可能完全开发出来，所以可以认为相对于开发来讲，人的潜能是无限的，人们能做的就是尽可能地创造条件，激励和开发更多的潜能，既实现个人价值，又造福社会。

2. 潜能的分类

能力是人的潜能的外化，但潜能与能力并非一一对应的关系，在许多的方面超出了能力的范畴，根据不同的标准，潜能有多种分类方法。潜能的分类，如图8-7所示。

根据潜能的性质不同，潜能可以分为生理潜能和心理潜能两类。

根据潜能的能力类型不同，潜能可以分为智力潜能、专门潜能和创造潜能三类。智力通常认为是符合多种活动要求的某些一般能力的结合，如观察力、记忆力、概括力等。智力潜能是指潜在的一般能力的结合，如潜在观察力、潜在记忆力、潜在概括力等。专门能力是指符合某种专业活动要求的一些特殊能力的结合，如音乐能力、绘画能力，机械能力、教育能力、数学能力等。专门潜能是指这些特殊的潜在能力，如音乐潜能、绘画潜能、机械潜能等。创造力是符合创造活动要求的某些能力的结合，创造潜能是指这种潜在的创造力。

根据潜能指代范围不同，潜能可以分为个体潜能、组织潜能和社会潜能三类。个体潜能是指蕴含于个体中的未发挥出来的能力。组织潜能是从群体功能角度强调组织中人员通过协同互动所可能产生的巨大潜力。社会潜能是指社会层面通过制度、政策和法律所能激发出来的社会成员广泛的潜在创造力和活力。在上述三类潜能中，个体潜能处于核心地位，其他两种潜能的实现依赖于个体潜能的发挥。

生理潜能	心理潜能	性质不同
智力潜能	专门潜能	创造潜能	能力类型不同
个体潜能	组织潜能	社会潜能	指代范围不同

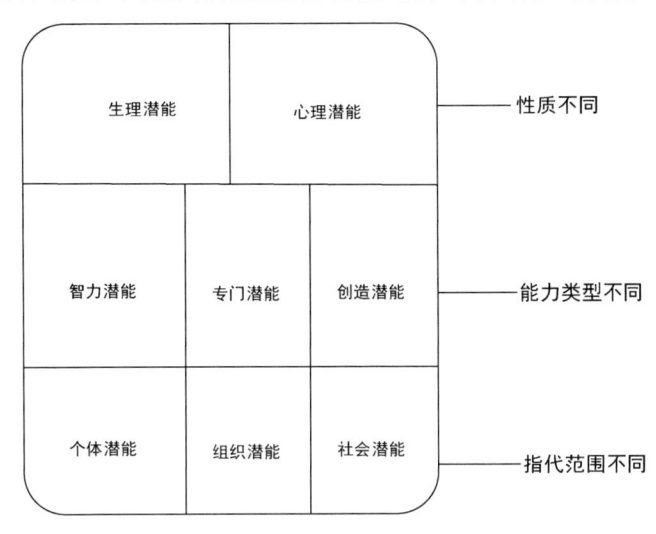

图 8-7　潜能的分类

8.3.3　潜能视窗

参照乔哈里视窗的模式，可以把一个人的潜能按照本人是否知道（意识到）和是否拥有四类潜能：已知，已拥有；已知，未拥有；未知，已拥有；未知，未拥有。潜能视窗如图 8-8 所示。

潜能 1 是已知，已拥有。员工知道自己拥有的能力，但是却没有发挥出来的能力，即"怀才不遇"。例如，员工完全有能力实现 300 万元的销售额，却只实现了 100 万元，或者完全可以在 3 天内完成任务，却用了 7 天的时间。企业对这类员工进行潜能开发的手段主要是激励和实践，也就是企业通过各种管理手段激励员工参与工作实践，使员工的潜能发挥出来。

潜能 2 是已知，未拥有。员工知道自己所欠缺的能力，即"自知之明"。例如，有的员工知道自己在处理困难局面时的沟通和掌控能力不足，有的员工知道自己存在某种思维定式，有的员工知道自己欠缺构建良好人际关系的能力等。对这类潜能，企业主要的开发手段是创造良好的学习条件，帮助员工尽快地学习和掌握这些能力。

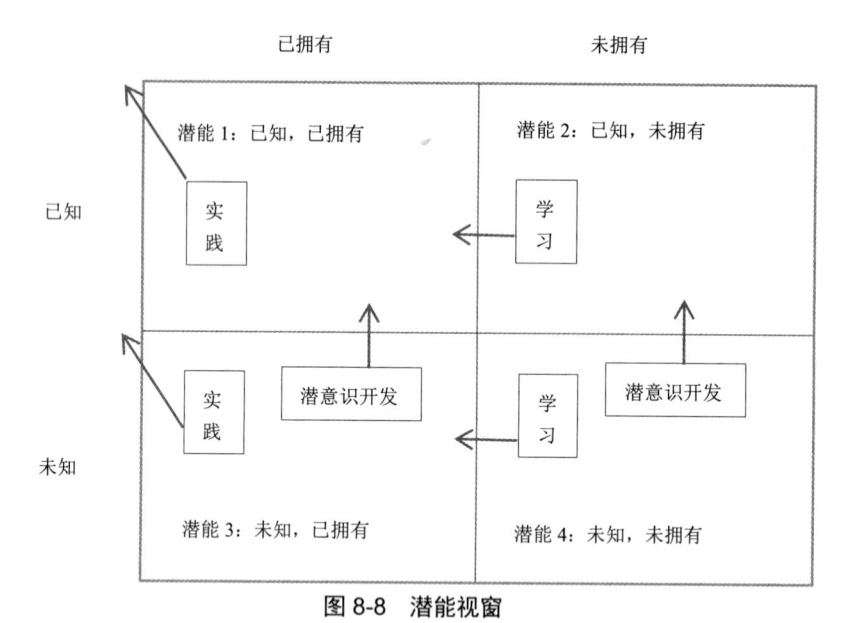

```
                        已拥有              未拥有

              ┌─────────────────┬─────────────────┐
              │ 潜能1：已知，已拥有  │ 潜能2：已知，未拥有  │
              │                 │                 │
         已知 │    ┌─────┐      │    ┌─────┐      │
              │    │ 实  │      │ ←─ │ 学  │      │
              │    │ 践  │      │    │ 习  │      │
              │    └─────┘      │    └─────┘      │
              ├─────────────────┼─────────────────┤
              │        ↑        │         ↑       │
              │ ┌─────┐ ┌─────┐ │  ┌─────┐┌─────┐ │
              │ │ 实  │ │潜意识│ │←─│ 学  ││潜意识│ │
         未知 │ │ 践  │ │开发 │ │  │ 习  ││开发 │ │
              │ └─────┘ └─────┘ │  └─────┘└─────┘ │
              │ 潜能3：未知，已拥有  │ 潜能4：未知，未拥有  │
              └─────────────────┴─────────────────┘
```

图 8-8 潜能视窗

（资料来源：张文贤、陶云武. 员工潜能开发的三维模型[J]. 经济管理，2006.17，61-65.）

潜能 3 是未知，已拥有。员工已经拥有了某种能力，但是自己并未意识到，即"大智若愚"。例如，某些员工已经具备了较好的团队领导才能，在同事心中已经具备了较高的威望，可以成为部门领导的人才，但他自己并没有想当领导的愿望，因此对自己已经拥有的这种潜能并未在意。对于这类潜能，企业有两种做法：一是工作实践的激发，甚至专门创造某种场景，使员工意识到原先被其忽略的能力；二是潜意识开发，增强员工的敏感性，扩大员工的意识域。

潜能 4 是未知，未拥有。员工所欠缺的能力，自己并不知道，即"混沌未化"。对于这类潜能，企业可采用的办法主要有两个方面：一方面，通过实践和学习手段，员工尽快熟悉和掌握所欠缺的能力；另一方面，通过实践和潜意识开发，员工意识到自己是否已经掌握了这些能力，如果员工掌握了这些能力，就要创造环境使其展现出来，促进自己成长和企业发展。

8.3.4 潜能开发的三个维度

从图 8-8 可以看出，通过学习和潜意识开发等两个途径，潜能 1 越来越大，而潜能 2、潜能 3 和潜能 4 的范围越来越小。但潜能 1 终究还是潜能，要把它开发出来需要通过"实践"把潜能变成现实表现出来的能力。因此，实践学习和潜意识开发成了潜能开发的三个维度，如图 8-9 所示。潜能开发的目标就是通过实践、学习、潜意识三个维度的开发，*ABCDEFGH* 所围成的立方体的面积越来越大。

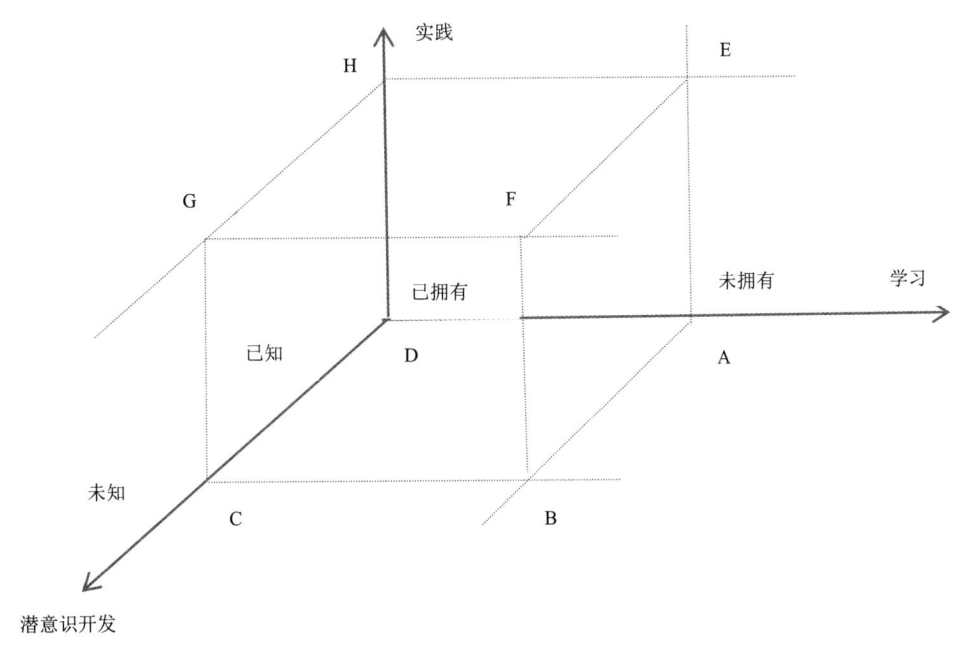

图 8-9 潜能开发的三个维度

(资料来源：张文贤、陶云武. 员工潜能开发的三维模型[J]. 经济管理，2006.17，61-65.)

1. 实践

实践是员工的工作实践或者一种生产实践。工作实践进行潜能开发的主要途径。实践和学习密切相关。从历史角度来看，人类的生产实践历史非常悠久，与人类社会的历史等齐，而学习作为企业的一项专门管理职能，只是在近代才开始出现的。人们在进入企业工作之后，不仅追求经济回报，还渴望自身成长。实践和学习共同促进人们潜能的开发，通过实践、学习、再实践的循环，人和社会的良性循环发展得以实现。因此，教育和生产劳动相结合是实现人的全面发展，也就是实现人自身发展的根本途径。但这里指的实践是一种全面的实践，既包括人对企业和客观世界的认识从无到有的过程，也包括对自身能力的认识不断深化的过程。对离开学校进入企业的员工来说，工作实践与各种形式的学习活动相结合，仍是实现员工全面发展的重要途径，是企业培训与开发理论在员工潜能开发阶段的具体化。

具体来说，实践对潜能的开发有两种方式：一种是将潜能1开发出来，变成现实能力；另一种是将潜能3开发出来，变成现实能力。潜能1和潜能3可以组成一个新的乔哈里视窗，如图8-10所示。

以乔哈里视窗作为分析工具进行潜能开发，对通过实践开发潜能的努力方向进一步做了明确。对已经拥有且自己知道但尚未发挥出来的潜能，可以分为两部分，即自己和别人都知道的公开区的潜能和只是自己知道别人都不知道的隐藏区的潜能。对于这两种潜能，开发的重点应该是后者。因为前者存在外界环境的鼓励和激发，容易变成现实能力，而后者只能完全靠自觉来决定是否付诸现实。在自己已经拥有，但自己并不知道的潜能中，可分为两部分：一部分是自己不知道但别人知道的潜能，可以借助别人的启发和诱导来使自己认识到，从而进行实践开发；另一部分是自己和别人都不知道的潜能，这部分潜能的实现就需要通过经常尝试各种实践，创造更多自我认知的机会来发现这些未知的潜能。

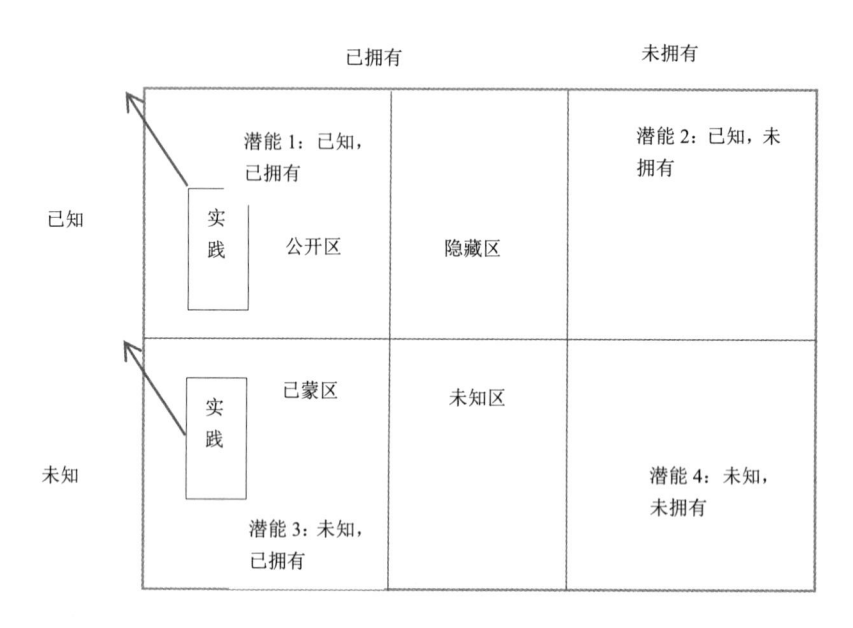

	已拥有	未拥有
已知	潜能1：已知，已拥有 实践 公开区	潜能2：已知，未拥有 隐藏区
未知	已蒙区 实践 潜能3：未知，已拥有	未知区 潜能4：未知，未拥有

图 8-10 潜能开发的乔哈里视窗

（资料来源：张文贤、陶云武. 员工潜能开发的三维模型[J]. 经济管理，2006.17，61-65.）

2．学习

学习是一个终身的过程，也就是目前流行的终身教育所推崇的理念，在学习的诸多方式中，通过实践学习是一种高效率的方式。企业创造良好的学习氛围，提供优越的学习条件，激发员工主动学习、乐于学习的动机，是员工潜能开发的重要手段。目前，许多企业都在进行学习型组织的建设，就是要通过组织运行理念、组织管理方式和组织结构等方面的改进，积极地发现和实现员工潜能，这个过程关键的地方就是学习理念、习惯、方法的革新和学习氛围的营造。学习意味着知识的获取、习惯的养成、视野的开阔、胸怀的广大、信仰的坚定、道德的优化，同时意味着潜能的开发，能力的增强。各种学习效果不是独立的，是互相促进、共同发展的，因此通过学习进行潜能开发是与其他方面的提高和改善同步进行的，经常在不知不觉中，员工的潜能就得到了开发，能力就得到了提升。

从企业角度来讲，企业组织员工进行学习，必然与企业发展的需求有关，这是一种有目的活动。这本身没有问题，但是企业应该意识到，有效的培训一定是在完成现实知识技能学习目标的同时，着力进行员工心理、态度、价值观的提升和转化，使员工积极主动、身心愉悦地投入工作，开发潜能，贡献价值。从潜能开发的乔哈里视窗中可以看到，学习在潜能开发中的作用有两种平行的方式：一种是有意识的学习；另一种是无意识的学习。这两种学习都有助于个体的潜能开发。

3. 潜意识开发

潜意识是指在人类心理活动中，不能认知或没有认知的部分，是人们"已经发生但并未达到意识状态的心理活动过程"。我们无法觉察潜意识，但潜意识所起的作用却是人类生存和进化过程中不可缺少的一部分，它影响人们基本的意识体验，包括我们对自己和他人的看法，判断日常生活中活动的意义，以至于如何做出关乎生死的快速判断和决定。

潜意识开发是人类潜能开发的重要手段。早在20世纪60年代人本主义心理学和"人类潜能运动"的兴起时期，潜意识开发作为重要方面而被重视，超越了仅用于心理治疗的范畴。当时，潜意识开发主要通过各种心理试验扩展人类的意识边界，经过20世纪70年代的发展，20世纪80年代它成为美国心理学界的主流学派。到20世纪90年代，企业界出于寻求方式改进和提高员工绩效，普遍接受了人类潜能原理。

要大脑更聪明，更有智慧，更富于创造性，更符合现实性，就必须给潜意识输送更多的相关信息。对一个追求成功与卓越的人来说，应该不断地学习新的东西，给潜意识输进更多的基本常识、专业知识、成功知识，以及相关的最新信息。为了使潜意识储蓄功能更有效率，可采取一些辅助手段帮助储存。例如，重要的资料重复输入，重复学习，增加记忆功能，建立看得见的信息资料库——分类保存图书、剪报、笔记、日记、现代的电脑硬盘等，以便协助潜意识为创造性思维和其他聪明才智服务。

训练对潜意识的控制能力，使它为我们服务，而不是把我们导向失败。我们珍惜原来潜意识中的积极因素，并不断输入新的有利于积极成功的信息资料，使积极成功心态占据统治地位，成为最具优势的潜意识，甚至成为支配我们行为的直觉习惯和超感。对一切消极失败心态信息进行控制，不要让它们随便进入我们的潜意识中。

开发利用潜意识自动思维创造的智慧功能，帮助解决问题，获得创造性灵感。潜意识蕴藏着我们一生有意无意、感知认知的信息，又能自动地排列组合分类，并产生一些新想法。因此，我们可以给它指令，把我们实现梦想所碰到的难题化成清晰的指令经由意识转到潜意识中，然后放松自己等待它的答案。

相关链接

学习行动教练，释放员工潜能

1）教练的三个原则

教练遵循三个不变的原则，即支持下属实现目标、期待持有问题的人自己解决问题、相信人有无限的潜能。

第一，作为教练，管理者是支持下属成长和合作伙伴的，支持下属实现目标，而不是代替下属达成目标。

第二，教练抱着让持有问题的人解决问题的态度，通过对话，启发被指导者直接找到解决问题的方案，或者让他知道到哪里寻找方案，以及探索解决问题必备的资源、所需提升的能力等。

第三，教练相信人有无限的潜能，相信被指导者有能力、有潜力做好自己的工作。当秉持这样的原则时，对话就会变得更具备双向性、启发性和引导性。

> 2）行动教练的本质
> 　　从行动教练的角度来看，教练就是运用对话模式支持个人实现组织目标的协作过程。
> 　　（1）达成目标。教练是结果导向的，教练型的对话模式就是以未来为导向，用学习型、成长型思维与被指导者探讨当下问题的理想结果，并就如何达成目标进行深入对话。
> 　　（2）支持。当下属汇报工作时，领导不是急于彰显自己、将自己作为解决问题的主力或者马上解决问题，而是在第一时间陪伴员工，信任员工，支持、等待员工自己解决问题。
> 　　（3）协作。协作代表两个人的事，意味着教练和被指导者共同的努力。
> 　　（4）持续。教练是一个持续、反复的过程，不是一次性的事情，需要教练与被指导者开展多次对话，从而促进目标的实现。
>
> 资料来源：https://www.sohu.com/a/191494608_187697

8.4　心态开发

8.4.1　心态的含义

　　近几年，我国有些企业开始重视员工的心态培训与开发。简单来说，心态是指人们的看法、态度，即人们对事物的思维方式与相应的处事态度。从心理学角度看，心态就是人们的心理状态，心理过程是不断变化着的、暂时性的，个性心理特征是稳固的，而心理状态是介于二者之间的，既有暂时性，又有稳固性。心态是心理过程与个性心理特征统一的表现。心态开发是员工培训与开发的重要内容，良好的心态开发，可以鼓舞员工士气，转变员工态度，提高工作效率，从而促进员工和企业目标的共同实现。心态开发在企业的人力资源管理中越来越受到人们的重视，很多企业将心态开发与企业文化建设结合起来，通过心态开发建设和谐的企业文化，培养员工敬业负责、乐于奉献、融洽相处、坦诚互助的心态。

　　目前，我国仍有很多企业对员工的心态开发重视不够，这些企业认为员工的心态是固有而难以改变的，对心态进行培训是徒劳无功的，因此这些将培训与开发重点放在知识技能培训方面。在培训与开发教材中也少有论述心态开发的理论，大多轻描淡写或者一笔带过。

　　心态在心理活动中具有以下特点，如图8-11所示。

　　1）直接现实性

　　人的心理活动的各种现象都是以心理状态的方式存在。也可以说，人的各种具体现实的心理过程与个性心理特征，以及高级神经活动等，总是在一定的、具体现实的心理状态中被包含着或被表现出来。因此，我们在了解自己或他人的心理生活时，直接观察到的便是在一定情境时存在的心理状态，作为了解自己或他人心理活动的指标，心理状态具有明显的直接现实性。

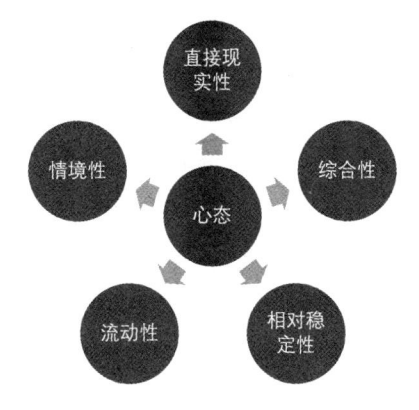

图 8-11 心态的特点

2）综合性

心理状态是个体在一定情境下各种心理活动的复合表现,任何一种心理状态既有各种心理过程的成分,又有个性差异的色彩,还包括许多复合的心理过程,不只是心理过程的简单的拼合,而是由这些心理过程所构成的具有新的特性的复合物。尽管这些成分在不同的心理状态中的地位和作用不一样,但心理状态始终是心理活动的综合反映。

3）相对稳定性

当主体进入或处于某种心理状态时,若没有强度量级的动因起作用并达到改变原心理状态的临界度以上,原来的心理状态就会保持相对稳定。至于某个心理状态能持续多长时间,就要取决于许多可能起作用的相关因素及其力量的组合与对比,其重要的一个因素是在该心理状态下各心理过程或者心理活动的强度。

4）流动性

心理状态不是凝固不变的,而是随时可能由于种种无法避免的内外动因的作用而发生量变和质变。从整体上来看,由于内外部现实的影响构成心理过程的不断变化,使复合的心理状态各部分之间的关系也不断发生变化,一种心理状态会随时被另一种心理状态所替代,而某一种特定的心理状态也会不断发生变化。

5）情境性

心理状态往往与某种情景相关,在很大程度上反映着一定的情景或受到情景的一定影响。心理状态受客体、客体的背景、客体的关系等整个为主体所感知的事物及其环境的制约。

8.4.2 心态开发的特点

心态对员工的行为和绩效会产生很大的影响。例如,怀有积极进取心态的员工会主动迎接挑战,创造意想不到的成就,而自信不足的员工会尽力避免变化,希望保持平稳的业绩。心态开发就是企业要引导员工形成积极的、符合企业价值观的心态,通过对员工心态的关怀、咨询和调整,员工在自我认知、组织承诺、心理意向等方面实现改善进而引发积极行动的过程。

心态开发的主要特点，如图8-12所示。

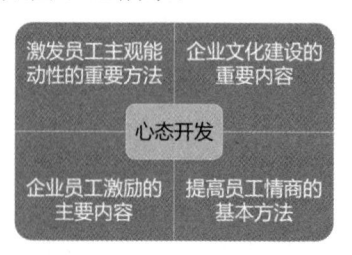

图8-12 心态开发的主要特点

1．心态开发是激发员工主观能动性的重要方法

心态是决定员工技能和工作水平发挥的重要心理因素。因为它决定了员工为工作付出的程度。主观能动性强调员工主动积极、有计划、有选择、创造性地开展工作，必须是在最佳心态下才能做到。

2．心态开发是企业文化建设的重要内容

首先，企业文化建设包含员工良好心态的开发。因为企业文化归根结底是要员工去领会和接受，然后去实现的。如果员工对企业文化的建设持回避、排斥、甚至否定的态度，那么企业文化建设是无法进行的。其次，员工良好心态的培育是企业文化建设的重要内容，企业文化建设的成果体现为员工积极、稳定、乐观心态的养成。最后，企业文化必须根植于员工内心中，才能生生不息，成为企业持续发展的动力源泉。因此，企业文化必须与员工心态深入融合，才能真正发挥作用。

3．心态开发是企业员工激励的主要内容

激励是心态与绩效之间的桥梁，激励程度的不同会导致绩效高低的不同，过强或过弱的激励都对产生高绩效不利。只有适度的激励才能使绩效达到最佳。过强的激励会给员工带来巨大的工作压力，使员工产生紧张、焦虑，心态失衡，影响技能水平的正常发挥，致使绩效下降。过弱的激励不能激发员工的积极性，应有的工作水平也达不到，正常的工作绩效也无法实现。只有适度的激励，才能使员工既有工作动力，又不至于焦虑，以良好的心态完成工作绩效，这样对企业和员工双方都非常有利。

4．心态开发是提高员工情商的基本方法

情商是与智商相对应的概念，主要是指人在情绪、意志、耐受挫折等方面的品质，对个人成功与否及成就大小起着关键作用。人与人之间的情商并无明显的先天差别，与后天的培养息息相关。提高情商是把不能控制情绪的部分变为可以控制情绪，从而增强理解他人及与他人相处的能力。情商越来越多地应用在人力资源管理上。对企业管理者而言，情商是领导力的重要构成部分。情商高的人一般社交能力强，外向而乐观，不易陷入恐惧或伤感，对事业较投入，为人正直，富有同情心，情绪生活较丰富但不逾矩，无论是独处还是与许多人在一起时都能怡然自得。情商可以通过全面系统

的培养得到提高和改变。从情商的角度来看,心态是情商的一种表现,通过心态的开发和调整,可以有效地改善情商,从而改善员工的人际关系和企业氛围,增强企业面临困境时的韧性。

8.4.3 心态的维度

心态可以通过评价性和激活性两个维度进行分析。在评价性维度中,分数越高表述越趋向良好,分数越低表述越趋向恶劣。在激活性维度中,分数越高表示激活性越强,分数越低表示激活性越弱。在评价性和激活性二者形成的直角坐标系中,心态可以划分为四个象限,如图8-13所示。

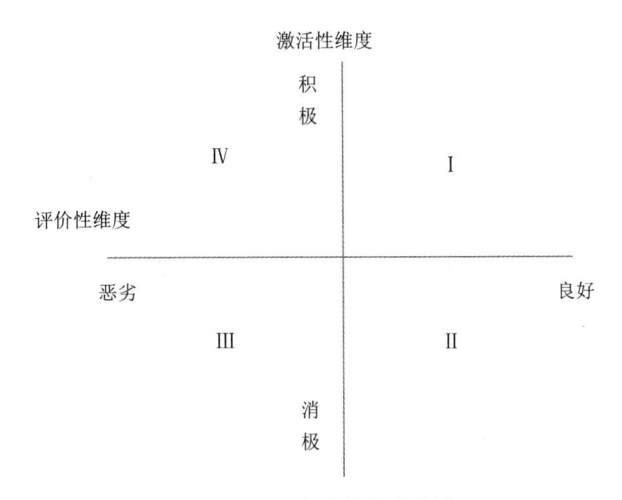

图 8-13 心态的维度划分

(资料来源:刘向阳,何启飞,彭小丰,张程程.心态的结构以及心态调整的途径研究[J]. 科技管理研究,2011.2,167-170.)

1) Ⅰ 良好——积极型

这种心态在评价性和激活性两个维度上的得分都比较高,说明持这种心态的员工自身对工作的态度是比较积极的,对企业行为也能做出正面评价,是四种心态中最好的一种,对员工和企业发展最为有利。有些企业通过良好的心态开发,激发了员工的工作热情、使员工认可企业文化和战略。这就是Ⅰ良好——积极型员工心态的体现,工作热情体现了激活性,认可企业文化体现了评价性。

2) Ⅱ 良好——消极型

这种类型的心态在评价性维度上表现良好(得分高),在激活性维度上却得分低,没有表现出积极的工作行为。例如,有些员工虽然非常认可企业的发展战略,但是认为与自己关系不大,自己只是挣工资的打工仔,随时可能会离开,因此对工作只是抱着完成任务的心理,没有工作激情。

3) Ⅲ 恶劣——消极型

这种类型的心态在评价性维度上表现恶劣(得分低),在激活性维度上也没有表现出激活行为,是最差的一种心态。这种心态出于对企业发展的冷漠,尤其对涉及自身利益的分配的不满，既不认可企业的文化和战略，也不会积极应对工作，抱着过得过且过的心理，尽最低限度的努力应付工作，而把主要的精力用来寻找新的就业机会。

4）Ⅳ恶劣——积极型

这种类型的心态在评价性维度上表现恶劣（得分低），在激活性维度上得分高，有积极的行为表现。这种心态主要是虽然对企业的发展做出负面的评价，但是个人却对企业有着深厚的感情或者自己非常自律，有很高的职业追求，因此还会尽心尽力地完成工作。

8.4.4 心态开发的方式

员工心态存在上述四种类型的差别，可以从认知和情感两个层面来分析原因。员工个体在从认知阶段到情感阶段的意义构建过程中要经过寻求信息、构建信息意义、判断信息价值、使用信息的过程，这一过程会使员工对企业发展产生良好或恶劣的不同评价，进而产生的行为意向也会使个体在激活性维度上有不同的表现，造成员工在两个维度四个象限的不同的心态组合。Ⅰ型良好评价性和积极激活性的心态对企业发展和绩效改善最为有利，对于心态的开发，企业可以通过从Ⅳ型到Ⅰ型、从Ⅲ型到Ⅱ型、从Ⅱ型到Ⅰ型心态的转变来实现心态渐次转变，如图 8-14 所示。根据员工心态在评价性和激活性两个维度上的表现，企业可以从认知、情感、行为三个层次进行员工心态的开发。

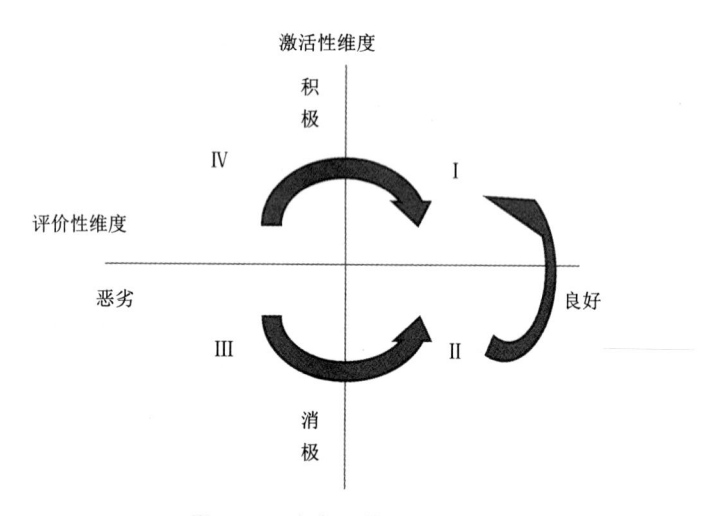

图 8-14 心态调整的路径

（刘向阳，何启飞，彭小丰，张程程. 心态的结构以及心态调整的途径研究[J]. 科技管理研究，2011.2，167-170.）

1. 认知层面的心态开发

在认知层面，角色认知理论提供了企业心态开发的理论依据。首先，企业要对员工有非常清晰而正确的定位。因为企业对员工的定位会影响员工的自我认知，如果企业只是把员工当作实现企业目的的工具，员工就不会对企业有认同感，不会把企业发展和自身发展联系起来，更不会积极承担更多的责任。只有企业把员工放在与企业发展息息相关，甚至是在生死与共的位置上，让员工感到自己是企业的主人时，才会真正对企业产生认同，热情洋溢的投入工作，继而改变自己的心态，在评价性和激活性两个维度都实现提升。其次，企业需要积极采取措施，减少环境不确定性，以满足员工对信息和稳定感的需求，以提升员工心态在评价性维度上的表现。企业在日常管理过程中，必须确保信息的充分、连续和信息渠道的通畅，以减少不确定性，实现员工心态从Ⅳ型到Ⅰ型、从Ⅲ型到Ⅱ型的转变。

2. 情感层面的心态开发

情感层面的心态开发仍然是在评价性维度上的改善。根据员工—组织匹配理论，员工对组织情感承诺的高低取决于员工与企业的目标、价值观匹配程度的高低。企业通过企业文化培训等手段向员工灌输企业的目标和价值观，使员工自觉把个人价值观与企业价值观趋向一致，认同企业的制度和管理行为，建立对企业的心理和情感依赖，使员工心态在评价性维度上有良好的表现。根据期望满足理论，员工期望的满足程度影响着员工情感承诺的高低，企业应该持续关注员工的期望和企业对满足员工期望的付出，尤其关注员工所感知到的满足感并努力提升，才能维持员工在评价性维度上的良好表现。

3. 行为层面的心态开发

在行为层面，企业心态开发的主要任务是实现员工在激活性维度上消极向积极的转变，即从Ⅱ型心态向Ⅰ型心态的转变。Ⅱ型心态与Ⅰ型心态在评价性维度上都有表现良好，只是在激活性维度上表现不同，企业可以根据目标设置理论来探索改进策略。根据目标设置理论，工作动机的主要激励源之一就是为了达到目标而工作，明确的、具体的、有适当困难的、有反馈的目标能够激发员工的工作动机，带来更高的绩效。企业应该根据上述目标设定的要求，给员工设立目标，甚至让员工参与到目标设置过程中，以此来激发员工在激活性维度上的良好表现，实现从Ⅱ型心态到Ⅰ型的转变。

第9章
人才培养开发

引导案例

骁将计划：提升百度储备经理管理能力

随着百度战略转型和业务变革的展开，百度上海分公司的组织管理迎来了巨大的挑战。为了打通业务精英成长为基层管理者的通道，促使学习者对"经理"这一角色有深刻认知，并把握经理岗位所需的关键能力，成为"即刻上任，无缝连接"的储备人才，培训部通过访谈关键人物、搭建经理岗位的胜任力模型和分析经理的实际工作场景，最终制订出提升储备经理管理能力的骁将计划。

骁将计划设置了逻辑严谨、循序渐进的课程体系，包含认识自我、培养团队、解决问题、推动业务四个步骤，主要为了系统导入管理知识，促使学习者转换角色，拓展学习者的管理思维和视野。同时，课程会输出与业务相关的管理方法和工具，从而科学有效地指导学习者在工作中的具体实践。

1）面授与体验相结合

课程教学实践模块主要以面授、案例研讨及角色演练等形式，将理论与案例研讨有机融合，在讨论中激发学习者思考。这种模式能有效地帮助学习者突破固有的思维瓶颈，提升他们对管理角色的认知。

除了面授课程，培训部还为学习者匹配了体验式沙盘。该学习方式通过模拟演练工作中真实的管理场景，拓宽学习者思路，帮助其熟悉管理中的问题解决模式；触发学习者思考，从而培养学习者的管理思维模式。

2）开展学习工作坊

培训部结合实际业务为学习者匹配了相应的学习工作坊，包含"业务分析""风险管理"等主题。学习工作坊运用促动技术引发团队共同思考，通过探讨和实践验证学到的管理知识，形成启发性的策略和解决方案。这种在练中学的方式，能够培养学习者管理团队有效地解决实际问题的能力。而对学习者在工作坊中的研讨成果，培训部在整理编辑后输出了案例及解决方案，为业务部门解决问题提供参考。

3）绘制学习地图

为了进一步帮助学习者将所学理论知识落于实处，指导实际的管理工作，培训部根据经理人日常工作场景和领导力模型，结合课程体系，为学习者设计了一张学习成长地图。

学习成长地图以贴近工作实际为出发点，以任务内容为导向，帮助学习者强化经理岗位体验。该学习成长地图从8个维度着手，拆分能力点并设置相应的任务。学习者每完成一项任务就能够获得相应的学习积分。当学习者完成全部任务之后，基于他们的任务完成情况，培训部会为每个学习者量身定制一份经理人体验报告。

资料来源：https://www.sohu.com/a/209256169_165191

思考

骁将计划如何打通业务精英与基层管理者的成长通道？

学习目标

1. 掌握企业创新人才的开发策略；
2. 掌握企业创业人才的开发策略；
3. 了解企业创造人才能力形成过程；
4. 了解企业后备人才开发管理体系的构建。

学习导航

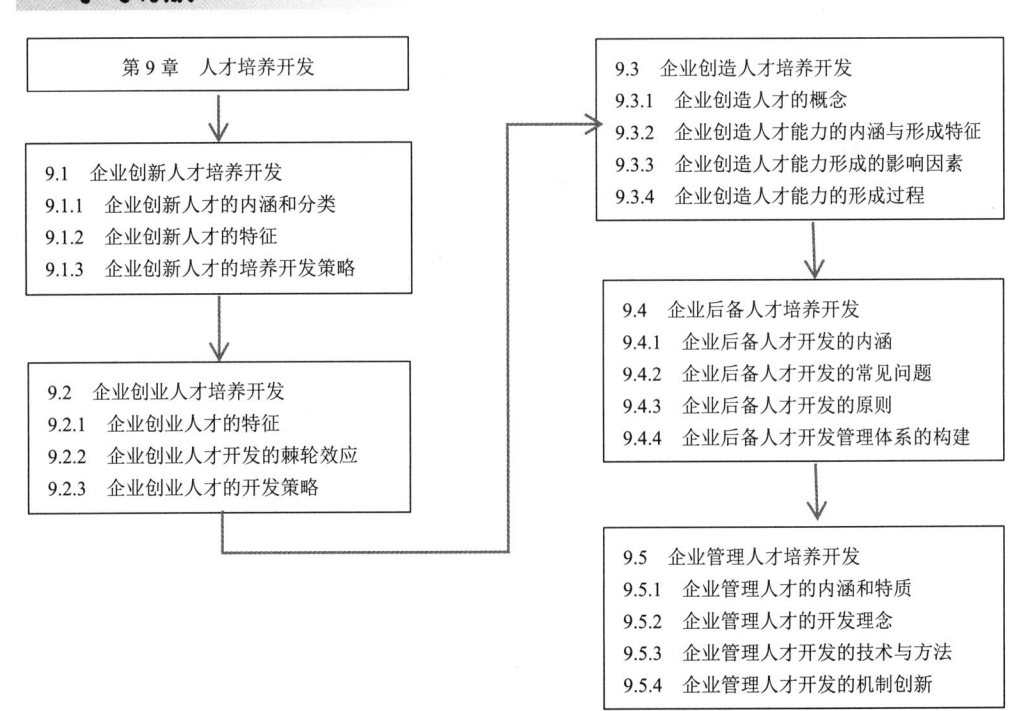

```
第9章　人才培养开发
    │
    ▼
9.1　企业创新人才培养开发
9.1.1　企业创新人才的内涵和分类
9.1.2　企业创新人才的特征
9.1.3　企业创新人才的培养开发策略
    │
    ▼
9.2　企业创业人才培养开发
9.2.1　企业创业人才的特征
9.2.2　企业创业人才开发的棘轮效应
9.2.3　企业创业人才的开发策略
    │
    ▼
9.3　企业创造人才培养开发
9.3.1　企业创造人才的概念
9.3.2　企业创造人才能力的内涵与形成特征
9.3.3　企业创造人才能力形成的影响因素
9.3.4　企业创造人才能力的形成过程
    │
    ▼
9.4　企业后备人才培养开发
9.4.1　企业后备人才开发的内涵
9.4.2　企业后备人才开发的常见问题
9.4.3　企业后备人才开发的原则
9.4.4　企业后备人才开发管理体系的构建
    │
    ▼
9.5　企业管理人才培养开发
9.5.1　企业管理人才的内涵和特质
9.5.2　企业管理人才的开发理念
9.5.3　企业管理人才开发的技术与方法
9.5.4　企业管理人才开发的机制创新
```

本章从人才特质及其在企业中发挥作用的不同，将企业人才总体上分为创新人才、创业人才和创造人才三类，分别对这三类人才的内涵、特征和培养开发策略进行阐述。鉴于企业后备人才和企业管理人才对企业持续发展的重要性，本章还专门对企业后备人才和企业管理人才的培养开发问题进行分析。

9.1 企业创新人才培养开发

不断创新是企业持续发展的保障,而创新来自企业创新人才素质的不断提高和不懈努力,因此企业对创新人才的培训与开发对促进企业发展具有重要的意义。

9.1.1 企业创新人才的内涵和分类

1. 企业创新人才的内涵

企业创新人才是指在企业各个方面的生产和管理活动中,以创新性的思想、魄力、知识和技术推动企业创新和进步的人才。企业创新人才的贡献领域一般集中在企业技术创新、理念创新和文化创新、品牌创新、商业模式创新等方面。企业创新人才除了自身具备较强的创新能力,还必须拥有与企业创新战略一致的共同理念和愿景,具有良好的共享与合作意识,在促进企业创新中实现自身价值。企业创新人才的工作是在一定任务场景中,根据工作发展的需要,凭借其专业领域的知识和经验积累,获取外部信息,敏锐觉察问题,激活知识储备,发现创新机会,并努力通过自身和团队探索,使创业机会变成现实。

2. 企业创新人才的分类

从知识管理视角出发,企业创新人才分为以下四种类型。

(1)知识构思人才。知识构思人才是指能够对企业所处市场环境、产品和技术水平、客户需求等方面知识进行创新分析,提出新战略、新产品、新服务、新工艺构思的人才。这类人才对企业的创新作用主要体现在企业技术创新、品牌创新、理念创新、文化创新、体制创新、管理创新等各种创新的构思阶段。从知识管理的角度看,其价值体现在通过广泛的知识采集与加工、丰富的积累与存储、及时的传播与共享、科学的创新与应用,敏锐地捕捉创新机会,形成有效的创新设想,确立可行创新目标,减少创新风险。

(2)知识生产人才。知识生产人才是能够对各种知识进行综合应用与创新,对新知识、新思想、新产品、新服务进行确认和评价,推动这些创新成为现实,并确保创新生产过程顺利进行的人才。这类人才通过在创新的研发与生产阶段实现知识的激活,使其所掌握的隐性知识转化为显性知识,并快速地进行知识传播与共享,加快了创新出现的速度和频率,降低了创新的风险和成本。

(3)知识商业化人才。知识商业化人才是在企业创新研发的商业化阶段进行策划、协调和推动,将企业在生产、管理、市场、客户等方面的知识转化为各种可操作的技术、可销售的产品及服务,完成知识创新与应用,实现创新商业化利益的人才。

(4)知识协调人才。知识协调人才为知识构思人才、知识生产人才和知识商业化人才提供协调服务,指导、保护和支持创新过程中知识创新与应用的人才。知识协调人才的存在是非常必要的。他们在企业中一般处于较高层次的位置,可以为缺乏经验的创新人才提供指导,为遇到挫折的创新人才提供支持,确保企业创新经费足额到位,指导团队合作与开发等。知识协调人才对企业创新行为非常支持,对创新行为的风险非常理解，善于倾听，乐于助人，他们通过建立企业创新活动的积极评价与反馈机制，保障创新知识与信息的顺畅交流和反馈，对创新方案进行及时调整和修正，保证创新过程的顺利进行。

9.1.2 企业创新人才的特征

1. 坚实的知识体系

创新必须以充足的知识和坚实的知识体系为基础，如果知识功底不够宽厚，知识结构不够合理，想在既定知识体系基础上对面临的问题进行转化和整合，进而形成新的有利于创新发生的知识体系就难以做到。因此，企业创新人才必须拥有合理的知识广度、深度和特质结构，而且学习和分享知识的能力尤为重要。创新人才必须具有较快的知识学习速度、较强的团队学习能力、较强的知识交流能力。

2. 多元的创新思维

创新思维是创新人才的核心素质。创新思维是指以新颖独创的方法解决问题的思维过程，能突破常规思维的界限，以超常规甚至反常规的方法、视角去思考问题，提出与众不同的解决方案，从而产生新颖的、独到的、有经济和社会意义的思维成果。创新思维的本质在于将创新意识的感性愿望提升到理性的探索上，实现创新活动从感性认识到理性思考的飞跃。

3. 坚忍的创新品格

创新品格是推进企业创新人才创新进程的动力之源，是创新精神和创新意识的集中体现。坚忍的创新品格要求企业创新人才在保持独立人格和进取心的同时，具备坚忍执着的创新意志、严谨求实的科学态度。企业创新人才在进行创新活动时要保证研究的严密性和科学性，对创新面临的风险有足够的认识和准备，必须具有坚强的自信心，摆脱不必要的精神束缚，勇于承受失败和挫折，保持充沛的创新动力，以饱满的热情随时应对可能出现的创新挑战。

4. 优秀的创新能力

优秀的创新能力是创新活动得以实现的基本条件，是创新思维和创新品格的外化和体现。优秀的创新能力具体体现在敏锐的观察力、良好的分析力、丰富的想象力、持续学习能力知识的转化运用能力、团队协作能力等方面。具有优秀创新能力的人才善于发现创新过程中出现的各种机会，发现和破解各种创新难题，不断更新知识结构，并高效率地转化为自身能力，不断提高自己的能力素养。

9.1.3 企业创新人才的培养开发策略

企业要探索与创新人才素质体系相适应的培训与开发策略，使各创新人才及其团队作为一个完整系统来发挥作用，在创新实践活动中既具有相对独立的创新功能，又能形成相互联系、相互支持的有机创新整体，发挥要素协同作用。在企业创新人才的培养开发中，不仅要注重必需的知识体系的构建和创新能力的塑造，还应有意识地加强思维能力及方法的训练，推进创新意识和精神等创新品格的形成，同时要特别注重对创新人才成就动机的满足，关注其职业发展通道和空间。企业创新人才开发策略，如图9-1所示。

注重动态创新能力培养 → 构建跨部门创新团队 → 创建知识创新共享平台 → 建立基于知识贡献的绩效管理制度

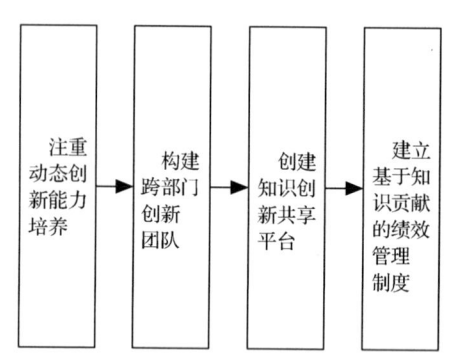

图 9-1　企业创新人才开发策略

1. 注重动态创新能力培养

随着社会的发展，创新越来越具有难以预测、不可组织、无法系统化的特征。这对企业创新人才在知识存量与结构、知识综合与运用、学习与应变能力等方面提出了更高的要求。简而言之，创新人才要具有更高的动态创新能力。动态创新能力就是在变化和不确定性很高的环境中发现创新需求、识别创新机会、整合创新能力、完成创新任务的综合能力。

在高风险的创新环境下，塑造创新人才动态能力，实质上就是不断地拓展和提升其进行创新活动的综合素质，因此创新人才需要动态地调整和配置个体知识和技能，形成多元化知识要素的动态组合。为了不断提供创新性产品和服务，创新人才必须进行持续性的学习和实践，不断地获取、整合和应用各种专业知识和能力进行创造性和开拓性工作。为此，企业创新人才的培养必须系统化地推动创新人才对外部知识资源的获取和内部知识经验的流动分享，同时推动创新人才社会协作技巧技能的发展，实现知识能力重组和潜力开发，以此塑造创新人才具有反应性和适应性的动态创新能力。

2. 构建跨部门创新团队

团队是创新人才工作的基本形式，也是创新人才培养的基本载体，在许多创新导向的企业中，通过建立跨部门交叉的矩阵式组织结构培养创新人才，是一种成功的经验。矩阵式组织结构对跨部门项目团队的形成非常有利。当项目团队承担创新任务时，来自不同职能或技术部门的团队成员，不仅能集合各部门创新所需的物质资源为团队所用，而且能融会多种专家技能。这种跨部门团队形式，既可以成为推动创新项目实施的基本工作单元，也是企业进行创新人才培养的孵化器和重要载体。跨部门创新团队的组建，首先需要团队成员具有互补的经验和技能，这样才能产生1+1>2的效果，其次要注意考察团队成员的前期积累，要求团队成员应该对相关技术或客户非常熟悉，确保完成任务的效率。团队的核心必须较高的智商和情商，可以始终团结和激励团队成员积极工作和付出，尤其在面临较大的创新风险和任务压力时仍会紧密追随。

3．创建知识创新共享平台

知识创新共享平台对于缩短企业创新人才的学习曲线效果显著，新员工可以借此快速熟悉和投入工作，老员工也可以根据企业发展需要进一步优化自身知识结构。因此，创建知识创新共享平台是企业进行创新人才培训的重要途径。

企业可以根据不同岗位的创新要求，有意识地引导企业创新人才在使用创新知识共享平台的知识和技能的同时，积极提供必要的创新知识和技能指导以帮助其隐性知识向组织显性知识的转化。发挥知识创新共享平台功能，创建企业内部知识共享环境，增强人才沟通能力，激发人才创新意识，建立知识共享机制，培育交流合作精神，形成参与和学习气氛。知识创新共享平台可以促进知识共享的激励与绩效制度，有利于知识的外化与内化，传播与共享，最终实现企业知识效能最大化和个人发展最优化。企业要注意跟踪知识创新共享平台的运行情况，考察其对企业创新战略和发展所需知识的贡献情况，寻找和抓住持续改进企业知识结构的机会，为弥补知识共享平台的不足，可以通过引入专业人才达到引入必要知识的目的。

4．建立基于知识贡献的绩效管理制度

为了实现企业不断创新的战略目标，企业不仅要从文化和观念上激励创新人才积极参与知识共享与创新，而且要通过建立基于知识贡献的绩效管理制度为创新人才从制度上提供持续稳定的动力。基于知识贡献的绩效管理制度将创新人才在企业从事的与知识管理有关的工作态度、行为和结果，与薪酬和人才个人发展挂钩，推动企业知识创新与共享。

鉴于创新的风险性和复杂性，企业不能简单地以最终结果作为创新人才绩效考核依据，要坚持结果评价与过程评价相结合；要坚持发展的眼光，鼓励企业创新人才加速知识创新，扩大知识共享。在运用绩效考核结果时，企业要更加重视企业创新人才在履行岗位职责过程中进行知识创新的态度，重视其在知识创新过程中是否充分发挥个人作用。企业要着重建立以经济效益和知识创新为主要内容的企业创新人才绩效考核指标体系，包括反映人才创新行为态度、专业知识与技能和创新成果的各项指标。企业要以塑造知识创新环境、调动人才积极性，促进人才知识和技能的充分利用与开发，提高员工知识绩效和团队绩效为目标。企业要建立合理的绩效考核流程，尤其要积极反馈并运用绩效考核结果，给予创新人才相应的奖励或惩罚。

9.2 企业创业人才培养开发

9.2.1 企业创业人才的特征

企业创业人才是可以引导和决定企业发展方向的骨干经营管理人才，他们在企业内部从事类似于内部创业的管理工作。企业创业人才与其他人才相比，具有独特的特

征,形成了他们的人力资本以及在培训与开发方面的特殊机制。

1. 缺乏程式性

企业创业人才的培养与工程师等专业技术人员不同。工程师可以按照规范的程式进行培养,其效率和效果是有保证的,但是对企业创业人才,却没有行之有效的培养程式,其培养途径和方式是多种多样的,两者之间差异是比较大的,甚至相冲突,但都有成功的范例。两个主要的方式就是教学和实践。目前,各大商学院的招生都很火爆,人们都希望通过专门的学习来提高自身创新能力,促进企业创新,但效果却相差悬殊,有人确实收获很大,坚定了创新决心,开阔了创新视野,提高了创新能力,但是有些人和企业却没什么改变。实践成功的例子千差万别,没有套路可循,因此企业创业人才的培训与开发缺乏固定的程式。

2. 注重全面性

专业技术人才注重其专业特长,人力资本积累具有明显的专业性,虽然他们也有专业技能之外的积累,但就其工作需要而言,主要是对其专业技能的需求。企业对创业人才的期望要全面得多,既要求他们对掌握企业主营业务所需专业知识和技能,也要求他们有组织与管理能力,更要求他们有发现机会与正确决策的能力。总之,企业创业人才必须具有比较全面的技能和能力,才能有效地促进企业创新。企业创业人才的能力很多不是靠训练和学习可以获得的,而是与天赋有很大的关系。这就是企业在某种程度上招聘人才比培养人才更重要的原因所在。因为真正的天才或者能做出巨大成就的人,其先天禀赋是不可缺少的。同时,企业创业人才究竟需要什么素质和能力是难以确定的,也就是说能力边界是模糊的,而且什么能力会在什么情况下发挥作用,也是未知和不确定的,因此企业创业人才的能力越全面越好,能力越高,能够应对多样化的局面。

3. 产权难界定性

企业创业人才因其人力资本的全面性与独特性,对其产权进行界定非常困难,其人力资本的定价也难以明确。企业创业人才的产权是整体和不可分割的,主要有两个方面原因:一是信息悖论,当企业创新人才发现某个重要的市场机会时,如果要对发现这个机会的创业人才价值进行界定,就必须公开这种发现,而很多商业机会一旦公开就失去价值,因此发现机会的企业创业人才的价值无法确定;二是企业创业人才工作所涉及能力是非常广泛和动态的,具有系统的不可分割性,企业无法确定创业人才人力资本维度和在各个维度上能力分布,以及在创业人才进行创新工作的各个环节中,具体使用的能力。企业创业人才产权价值难以确定,因此它不能像其他专业人才一样通过劳动市场定价,只能通过获取企业发展价值剩余定价。

9.2.2 企业创业人才开发的棘轮效应

棘轮效应是在企业创业人才开发中,有些因素和机制促使这种开发只能继续和向前,不能停止和退后,搞清楚这些因素和影响,对提高企业创业人才开发的效率和效果非常重要。我们可以从开始、过程和退出三个阶段来分析棘轮效应的产生。

在开始阶段，企业创业人才的开发非常强调实践性，由于受制于人力资本专业化水平，企业创业人才首先需要进行某项或某些专业技能的积累，他们通常按照某项专业技能训练程式来积累人力资本，随着社会经济发展和各种劳动专业化程度的提高，企业创业人才开发的起点也不断提高。早期的企业家很多从学徒开始，对起点要求不高，随着经济复杂活动的增加，对创业者人力资本的要求越来越高，现代企业创业人才都有较好、较高的专业人力资本积累。同时，市场竞争使得专业人力资本折损率上升，一旦放弃专业劳动而选择创办经营企业，一个人在一段时间后将很难再回到专业领域工作。因为他的专业人力资本折损和投入不足将使其丧失竞争力。

在开发过程中，创业人才需要不断开发其禀赋，拓展其人力资本并用于实践，为实践新的管理知识，涉足新的产品领域做知识准备。企业创业人才的创新职能使他们在人力资本投资方面表现出更积极的创新性而不是复制性，而这种创新性需要持续不断地在创业与经营管理的实践中进行。源于天赋差异和个人取向，企业创业人才在人力资本积累的方向和强度上不尽相同，甚至同样成功的企业创业人才，其人力资本的差异性比共同性更明显。因此，创业人才在人力资本积累的拓展性和方向性使这种积累具有不可逆性。也就是说，除非创业失败或离职，创业人才不会主动停止其人力资本开发。

在退出阶段，创业人才无法通过市场交易和定价来进行投资回收和变现，一旦创业人才离开创业岗位，他们的人力资本就将无法变现。因此，对企业创业人才来说，不到迫不得已，不会退出创业领域，其积累的核心能力无法变现的现实阻止其退出。

9.2.3 企业创业人才的开发策略

企业创业人才的开发策略，如图 9-2 所示。

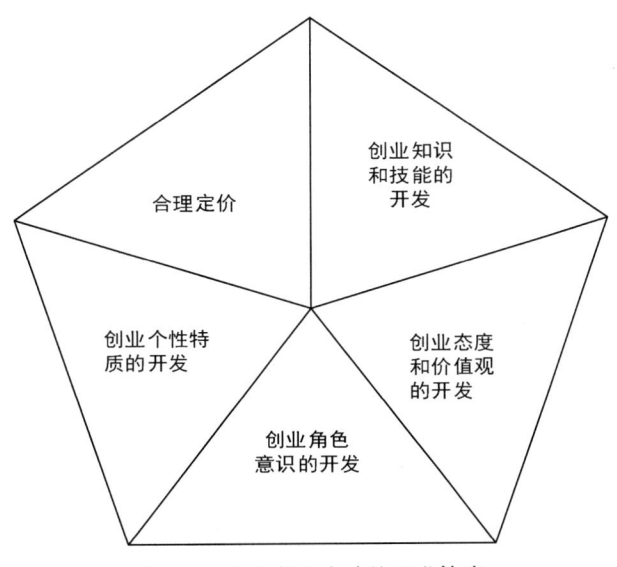

图 9-2 企业创业人才的开发策略

1. 合理定价

对企业创业人才进行激励和开发的首要条件就是要对其进行科学合理的定价,但是这种定价存在理论和技术上的困难。创业人才的劳动对企业发展必不可少且至关重要。不同于一般劳动市场的定价,企业创业人才在团体劳动成果中的贡献难以衡量,应用传统的方法,准确性无法保证而且成本很高。因为他们进行的复杂劳动涉及多种外部因素。例如,企业创业人才的劳动成果很大部分取决于机遇,而要分离和度量这种与机遇类似的随机因素的成本通常很高。因此,企业需要一种低成本的机制对企业创业人才的劳动成果进行度量和定价。

根据剩余价值定价是一种符合逻辑的办法,也就是将其他相对容易定价的要素和劳动进行定价和分配后的剩余价值视为企业创业人才的劳动价值。目前,资本和劳动力市场定价制度已经比较成熟和完善,企业通过内部劳动力市场可以对复杂劳动进行定价,这样企业创业人才之外其他所有要素都可以进行有效定价,根据这些定价计算之后剩余的企业价值就是企业创业人才价值。因此,作为对这种特殊要素进行定价的一个可行的机制,企业必须授予企业创业人才剩余价值所有权、雇佣权和监督权,这样可以节省大量的贡献衡量成本。

2. 创业知识和技能的开发

企业对创业人才的开发不仅要强调从个性特质角度开发个体的创业行为,而且要关注个体价值观和个人心理动力的激发。常规的管理培训,虽然有文化价值观、自我认知等方面的培训,但是主要内容着重员工创业知识、创业技能方面的培训,在员工心理深层次的角色意识、价值观、个性特质等方面没有明显改变。因此,对于提升创业人才深层次胜任特征,常规管理培训的效果往往不明显,企业可以建立创业力发展中心来培养创业人才。员工和培训师的互动,使员工提高自我认识,达到实践演练和效果迁移的目的。在实施过程中,既具有综合的培训能力,又注重开发在培训过程中各个不同阶段的技巧。

3. 创业态度和价值观的开发

创业人才价值观的长久建立和真正实行需要很多方面工作的支持。仅仅定义和传播创业价值观是相对容易的,但员工是否真正按创业价值观行动是相对难以考察的。因此,企业在为创业人才设定符合需要的价值观后,必须对具体细节进行清楚的定义,不能只停留在笼统要求的层面,最好用实例开展员工教育。企业应坚持学以致用的原则,通过360度反馈法与自我分析等方法相结合,组织和推进后续的培训,以帮助员工巩固正确的价值观,改变错误的思想和意识,培养正确的行为方式。企业高层创业者的行为表现在渗透企业价值观方面非常重要,他们必须以身作则,坚持贯彻企业价值观,向员工发出明确的信息,以帮助员工更好地理解符合企业价值观的正确行为。企业在塑造创业人才价值观的过程中,需要阶段性地回顾和评估企业的核心价值观,保证其与时俱进。

4. 创业角色意识的开发

创业人才正确的自我评价是提升其创业力的前提，具有自我认知的人才能明确地把握自己的行为动机和行为方式，判断可能产生的影响以及别人的看法，调整自己的观点和行为。缺乏自我认知的行为往往导致培训与开发措施失效，企业要帮助创业人才学会从客观角度进行自我审视，对那些他们认为理所当然的方式进行回顾和反思，挖掘创业人才行为背后的动机和想法。企业要注重培养创业人才建立在企业需要和个人期望基础上的创业角色和自我意识，增强创业人才的责任感意识，培养他人对创业人才的信任感。自我意识的形成和发展离不开实践活动，而实践活动一般包括计划、准备、执行、反馈、总结等环节，这些环节的重点在于增加自我意识和非智力因素的积极作用，帮助创业人才学会自我教育。

5. 创业个性特质的开发

个性特征和成就动机是创业人才胜任特征深层次结构中重要的因素，企业创业人才开发的主要目标是帮助创业人才实现人格发展和成长，促进创业人才对自己的个性特质和行为模式的理性认识。人格的发展不是自动产生的，是伴随知识、意识、动机模式的改变而逐渐发生的。企业创业人才开发的效果取决于人才个体的主动自我认知和深刻自我觉察。个体动机在自我成长中非常重要，创业人才一般都有强烈的成长和自我实现的愿望和能力。企业通过真诚倡导，强化个体对自己的责任感，提升自我效能感，帮助创业人才更好地认识和管理自己的情感，实现对行为的调节和控制。

相关链接

提升高管决策力的模拟游戏

课程、反馈、行动计划与模拟游戏的深度融合，能够使高管的学习效果最大化。

由于全球经济环境的加速变迁，卓越领导者的缺失和领导者的领导力水平有限已经成为企业发展的最大阻碍。很多企业表示，现有领导力发展项目所运用的培训方式，效果并不明显。因此，领导力的学习项目亟待创新。

大富翁、军棋等游戏伴随了很多人的成长，游戏过程提供了无数人际连接和相互学习的机会。如果能将这些游戏运用到领导力发展中，就有可能帮助领导者在复杂、动态的商业环境中做出最佳决策。高管团队模拟游戏是基于在线虚拟平台的高保真商业游戏。它能够让参与者走出专业能力的舒适区，聚焦于自身领导力的发展。

1）以提升决策力为目标

在高管团队模拟游戏中，参与者通常会扮演某个特定的、非本专业职能的领导者角色，通过跨部门沟通和团队协作，促进发展共同责任，打造高效的管理团队。举例来说，游戏开始后，第一个任务通常是让参与者决定团队的名字，这是他们第一次进行团队决策。然后，游戏会通过一系列任务，让参与者选择合作伙伴和竞争对手，进行团队内沟通、决策，从而有效地提升其环境分析能力、决策能力和结果反思能力，重点发展以决策力为核心的领导力，最终帮助其成为企业所需的策略家。

从学习设计的角度来说，这种多人实际参与的学习方式会很有效。部门之间的相互依赖和影响突出了决策的系统性。同时，对参与者来说，结合商业动态，制订应急计划，优化资源配置的过程，使他们具有极强的参与感。

2）课程与反馈贯穿游戏始终

高管团队模拟游戏不仅要能准确地模拟日常业务决策，还要在游戏过程中搭配支持性课程。课程的选择既要符合组织胜任力模型、领导力发展学习目标的要求，也要根据公司或行业的具体业务案例来进行个性化配置。同时，由于每个参与者都有其特质，他们的工作内容、能力、水平都不尽相同，这就要求配置的课程能够满足个体的成长需要。课程与游戏紧密地配合，参与者能够"玩中学"，新知识的吸收就会呈现最大化的效果。

及时反馈对参与者的经验提炼和应用起到至关重要的作用。高管团队模拟游戏往往会鼓励参与者进行自我挑战，提出假设问题，探索新观点和建立领导力信心，而无风险的游戏环境有助于这种探索和创新，对他们的新想法进行检验。在游戏过程中，及时反馈可以将战略决策和执行效果随时展示给参与者，即使是错误的尝试，也不会给企业造成实际的负面影响。另外，他们还可以将游戏体验中的正面经验转化到实际业务中，以最快的速度加以应用。

3）行动计划促进效果迁移

很多公司对高管团队模拟游戏的效果持怀疑态度。他们表示，游戏体验很有趣，但学习效果甚微。为了解决这个问题，在设计游戏时，可以模仿现实，使游戏情境与参与者所处的商业环境有高度的相似性，这样会提升评估的表面效度和真实性。在评估学习效果时，除了要进行基于团队绩效的游戏评估，还应该为每个参与者提供个体情境评估，根据他们在游戏中对问题的分析与在重要时刻的决策，探索他们的内在优势和发展机遇。

行为改变的关键是学习的迁移——将所学运用到实际工作中。当游戏结束后，参与者通过刻意反思，制订回到真实工作岗位后采取的行动计划。这个行动计划的确定和实施，都需要参与者的直线经理、导师或教练参与进来共同进行阶段性复盘。行动计划的有效实施，可以强化学习效果，促进管理者的行为改变与绩效提升，并帮助其发展胜任未来角色所需的能力。

资料来源：https://www.sohu.com/a/212115169_779082

9.3 企业创造人才培养开发

9.3.1 企业创造人才的概念

企业创造人才是指企业内在生产、加工和服务等领域岗位一线，具有高素质和技能水平，专业知识过硬、技能娴熟并具有技术技能的改良创新能力，在工作实践中能够创造性解决关键技术和工艺的操作性难题的人员。企业创造人才一般都是取得中高级职业技师资格、职称或者具有较高水平职业技能的技术操作人员。根据职业领域和工作类型的不同，企业创造人才可以分为加工、制造、服务领域的技术技能创造人才、高新技术产业的知识技能创造人才和新兴的操作一体化岗位的复合技能创造人才等。

在 19 世纪和 20 世纪，企业的生产以大批工人操作机器为主。21 世纪的发展方向是高科技专业人才设计、监控智能技术系统进行生产。由于信息技术与传统制造业的高度融合，高技术含量的设备不断应用于现代制造业的生产生活过程中，大量的高新技术产品不断涌现。新的生产方式使工作岗位逐渐从劳动密集型逐渐向知识密集型转变，传统的知识技能结构需要不断革新以满足现实工作的要求。创造人才与其所使用的生产机器设备及生产产品的过程，对创造人才的技能与知识结构提出了更高的要求。人工智能生产方式会不可逆转地促进制造业由"制"到"智"的转变，作为制造业崛起的主力军，企业创造人才必须适应制造业智能转变的步伐。企业必须攻克创造人才缺乏的壁垒，高度重视生产一线的创造人才由简单劳动向知识技能型劳动的转变，加大对"手脑并用"创造人才的培育，加快制造数字化转型的进程。

9.3.2 企业创造人才能力的内涵与形成特征

1. 企业创造人才能力的内涵

企业创造人才的能力是人们对其创造工作的外显能力、内潜能力及精神力量的综合认知，是工作知识、创造意识、职业技能、成就态度等方面有机整合的能力系统。本书将企业创造人才能力的外延界定为面向企业高水平制造需求的生存能力和生长能力两个方面，如图 9-3 所示。

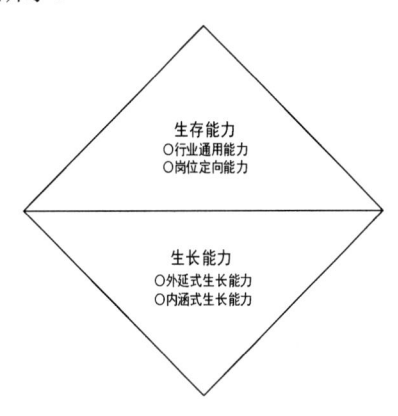

图 9-3 企业创造人才的能力内涵

生存能力与相关专业岗位和行业相关，是企业创造人才基本的社会谋生能力，是其通过职业工作获得报酬以维持基本生存的能力。生存能力由行业通用能力和岗位定向能力构成，强调专业知识、技能和经验，是趋向于外显和具体的能力，是创造人才职业能力的专业基点，是其他多种能力的生长点。

生长能力与职业层级相关，具有延展性和迁移性，是决定企业创造人才能否向社会上层流动的关键性能力，也是应对产业结构升级、行业竞争、岗位变动等情况的可持续发展能力。生长能力由外延式生长能力和内涵式生长能力共同构成。外延式生长能力是指包括信息获取处理能力、交流协作能力、经验管理能力在内的对工作情景和职业环境的外化控制能力。内涵式生长能力是指企业创造人才基于内隐的素养、价值观，表现出来的对职业和行业环境的内化式延展和适应能力。

2. 企业创造人才能力形成过程的特征

1）纵向连续性

企业创造人才能力形成过程的纵向连续性，是指其能力形成遵循生存能力和生长能力发展的规律性，不是一蹴而就的，体现出纵向的能力发展趋向。同时，某一层级能力形成过程存在微观化的连续性特点。例如，在生存能力中的专业技能的形成，就需要经历技能认知、动作分解与连锁、自动化、灵活运用等四个连续性阶段。也就是通过技能发展实践中的反复训练，局部动作可以串联或并联为一个完整统一的动作体系，同时对各个环节的动作在头脑中形成程序性理解，进一步随着手脑并用的动作技巧性能力的习得和熟练，动作的准确性、灵活性、稳定性不断获得提升。

2）横向迁移性

企业创造人才能力形成过程的横向迁移性，是指在其能力形成过程中，不同技能及能力的发展需要其他能力的配合。在过去知识和经验的作用影响下，为了使相关基因发生迁移，通过有意识的学习和塑造，实现不同能力的互相促进和共同提升。企业创造人才能力的横向迁移性的形成，在于其通过岗位任务经验积累，形成对岗位任务所涉及知识与经验的深入理解，进而提升其岗位定向能力和行业通行能力。同时，由职业情境的熏陶所形成知识结构的良性拓展，对识别并提取不同能力信息中的同化基因，促进其对具有共同性质的各种岗位定向技能的理解，进而逐渐形成更高级的能力。

9.3.3 企业创造人才能力形成的影响因素

企业应积极通过"干中学"技巧、在职培训、生产实践、团队协作等方式促进创造人才能力的形成。

1. 工学整合式企业学习

工学整合式企业学习，是企业和企业创造人才之间通过内部契约约束开展的培训与教育，其目标是保障并提升创造人才的生产效率和职业能力，同时对保持企业品牌形象起到关键作用。相对企业与创造人才聘用性质的外部契约而言，工学整合式在职培训是企业和创造人才之间运行成本更低的契约形式。

2. 分散式企业学习

分散式企业学习对企业创造人才专业知识、实践技能的获取与提升具有重要的影响。通过分散式企业学习，企业创造人才可以熟练掌握其岗位所需的专业理论和实践技能，同时可以快速地积累行业通用的技术经验和管理沟通方面的能力。从职业生长和生存能力提升的角度，分散式企业学习可以成为企业人才开发进取的动力支撑，它将创造人才的学习合理地嵌入其生产和工作中，培养其稳态的学习习惯，明确的学习模式，增强终身学习的意识能力，提升自身的"干中学"技巧。

3. 生产实践过程

企业创造人才能力形成的关键性环节是其专业技能的形成和提升，而这种形成和必须经过反复学习和训练的动态强化过程,与企业的生产过程紧密相关。

企业创造人才生存能力的形成,尤其对工具设备的充分认识和熟练驾驭,需要与企业生产一线紧密接触的前提下才能实现。通过工作任务的完成,企业创造人才可以逐步掌握工作流程的方法和技巧,在实现手脑并用的基础上,锻炼并提升职业生长能力和生存能力。企业创造人才需要长时间的实践性领会和积累,具备全面的现场操作能力,才能适应企业动态生产环境的要求,因此企业的生产实践过程是企业创造人才的成长的必经之路。

4. 团队协作

个体的能力成长离不开团队的培养,工作团队是企业创造人才成长的摇篮,企业创造人才的力量只有在具有凝聚力、相互信任和合作默契的团队中才能发挥,才能不断发展自身的协作能力和交流能力。

9.3.4 企业创造人才能力的形成过程

根据在行业范围内企业创造人才能力水平的差距及形成条件,企业创造人才能力的形成过程可以分为新手、高级入门者、胜任者、精通者和专家五个阶段。

表 9-1 企业创造人才能力形成过程

阶 段	工 作 行 为	知 识 形 态	学 习 区 域
新手	有限的、不够娴熟的	以职业岗位定向为基础的概况知识和专用的职业技能	以职业岗位定向为基础的概况知识和专用的职业技能
高级入门者	将本岗位工作的经验扩展到行业内的相关岗位	陈述性知识与职业关联知识	与相关岗位任务有关的、系统性的职业知识
胜任者	灵活地应对工作任务,合理管控工作情境中的事件	陈述性知识与程序性知识	一是需要提升与整体运行系统发生关联的知识和技能水平;二是需要最为详细地掌握工作运行部分的细节和专门知识
精通者	成熟的、理性的	潜意识中对职业和工作的抽象理解	对经验进行概括和提炼,形成内化的概念
专家	高度娴熟、灵活流畅	对职业的体悟、认同和觉醒	引导知识走向价值观形态

下文将对这五个阶段的能力特征和进一步发展所必备的工作行为、知识形态、学习区域进行分析。

1. 新手阶段

企业创造人才生存能力中的岗位定向能力主要是在新手阶段形成的。他们在此阶段能够对客观事实进行初步确定,但是未做到对工作任务的整体性认知,其应用知识规则和原理的能力不能脱离具体工作情境。新手阶段企业创造人才的岗位工作行为表现是受规则秩序驾驭的技能操作活动，是有限的、不够娴熟的，其知识形态主要是以职业岗位定向为基础的概况知识和专用的职业技能。在此阶段，企业创造人才应在一定预先知识和经验的基础上，根据自身岗位的任务取向，积极地理解相关生产和服务系统，了解企业的技术规则和资质规定，掌握工作系统技术发展的趋势，为下一能力阶段奠定基础。

2. 高级入门者阶段

企业创造人才在高级入门者阶段学习和形成生存能力中的行业通用能力，此阶段的企业创造人才能够理解工作实践中相关的知识和经验的深刻关联，尝试应用已有的知识和经验去理解和解决工作情境中的各种状况，根据其有限的工作经验调整和修订原有的认知结构。在工作中，企业创造人才能够将本岗位工作的经验扩展到行业内的相关岗位，适应企业内部的岗位调整，偶尔可以突破岗位工作的规则和经验，实现初步的、小幅度的职业转换。高级入门者阶段，企业创造人才的主要知识形态是陈述性知识与职业关联知识，他们可以主动建构陈述性知识与工作情境的联系，形成建设性的经验和知识，而不仅是静态陈述性知识。这一能力发展阶段的重点学习任务是学习与相关岗位任务有关的系统性的职业知识。在现代化企业的职业技术领域内，面对一系列相互关联的技术与设备，企业创造人才需要考虑系统性工作条件下的技术条件和组织结构，处理工作情境中的需要执行的操作和需要解决的问题，采取适当的策略。

3. 胜任者阶段

胜任者阶段企业创造人才的能力特征是外延式生长能力，具备一定的思考能力，能意识到工作的实质，能从目标与计划的角度认识职业活动及其意义，经过反思后做出结论。此阶段企业创造人才可以进行详尽的目标导向性思索，可以按照重要性先后次序不同，灵活应对工作任务，合理管控工作情境中的事件，有机会在工作实践中提升组织和管理才能。企业创造人才所具备的知识形态主要是陈述性知识与程序性知识，其所拥有的感性与理性知识也在并行发展，策略性知识与反思性知识逐渐萌发。此阶段企业创造人才应强化的学习内容有两个方面：一方面需要提升与整体运行系统发生关联的知识和技能水平；另一方面需要详细地掌握工作运行部分的细节和专门知识。这两个方面的知识和技能水平提升后，企业创造人才将具备更为稳定的外延式发展能力，镇定处理工作系统的问题。

4. 精通者阶段

精通者阶段企业创造人才的能力特征是内涵式生长能力，具备较成熟的职业态度，能够结合过去的工作经验进行分析推理，从自身的职业自觉性出发，结合直觉和自觉对工作问题进行修正，采取客观的工作问题处理方式。此阶段企业创造人才的工作行为特征是成熟的、理性的。他们可以将待处理的工作事务通过深入的反思获得处理计划，快速设计出行动方案并稳妥实施。精通者的知识形态主要是存在于潜意识中对职业和工作的抽象理解，也包括对现代化工业生产系统中复杂职业和工作任务的程序性和概念性理解。在此阶段，企业创造人才面临的某项职业任务，所涉及的知识具有较高模糊性和不透明性,而随着技能娴熟程度和执行效率的迅速提高,其对技能背后逻辑的理解也在逐渐深入。此阶段企业创造人才的学习内容是对经验进行概括和提炼,形成内化的概念,以及加深对专业知识的程序性理解。

5. 专家阶段

专家阶段企业创造人才的能力特征是职业生成能力。面对其工作情境中的职业规则和相关任务特征的变化,源于直觉和无意识理解的生成性思考成为企业创造人才自发的、持续的行动逻辑,并付诸行为方式的高度娴熟、灵活流畅。此阶段企业创造人才的知识形态主要是对职业的体悟、认同和觉醒,是通过长时间实践经验积累与思考形成的,与社会和自然关系高度融合状态的知识,最终引导知识走向价值观形态。

9.4 企业后备人才培养开发

9.4.1 企业后备人才开发的内涵

企业后备人才的培养和开发是形成企业核心竞争力的一项基础性和战略性工作。企业如何根据全面、协调、可持续科学发展观的要求,坚持以人为本,遵循人才资源开发和后备人才成长的规律,不拘一格选拔和培养企业后备人才,是企业必须从发展战略高度来认真思考和创新解决的重要课题。

根据国内外成功企业的后备人才开发计划,发现有一些大家共同关注的核心问题,包括企业的长期发展方向;需要不断补充高素质人才的主要领域和环节;企业后备人才的来源和评价标准;企业后备人才的职业规划以及落实情况。

同时,成功进行企业的后备人才开发的企业正在经历一些转变,包括从企业文化中的核心价值角度看待企业后备人才的开发;从每年固定时间的事件转变为一种持续的流程;平衡紧急顶替与企业后备人才稳定供应之间的关系,从注重短期替换转变为长期培养与留住人才;从关注"有什么人才"到关注"需要什么人才",积极建立企业后备人才库;关键职位由固定转变为流动;对企业后备人才的评价从主观认可转变为客观业绩,全员参与制度企业后备人才计划并负责实施到底;从按需培训的方式转变为系统的、全方位的培训方式。

9.4.2 企业后备人才开发的常见问题

1. 规划方向偏离

企业的核心能力必须与其经营战略紧密相连,而企业核心能力最终要体现在对内部各类岗位和岗位上的人员要求,必须确保合适的岗位拥有合适的人,以合适的能力做合适的事情。因此,只有当一个企业对未来几年的战略方向、重点领域与目标进行清晰规划的基础上时,企业后备人才开发的规划才能与之匹配,才有意义。尤其对处于转型期间的企业,如何根据企业的转型战略进行企业后备人才规划和开发,以保障企业的核心能力，是一个重要的课题。企业要善于应对内外环境的变化，从战略转型的要求上进行有计划、有目标、持续稳定的企业后备人才开发规划。目前，有不少企业并不明确企业后备人才的需求，也不明确哪些人是应该重点培养的，对企业后备人才选拔和培养的时机、数量、考核等方面缺乏认真细致的工作，与企业的发展需求不符，出现企业后备人才总量不足、结构不合理、素质不胜任等问题。

2. 缺乏长效机制

人才竞争加剧，人才流动频繁，企业必须建立有效的企业后备人才开发的长效机制，以确保企业后备人才培养开发的效果。目前，有不少企业非常缺乏企业后备人才开发的长效机制，主要表现为以下几个方面：

（1）责任机制不到位。企业后备人才合理配备的制度缺失，培养开发制度不健全，对企业后备人才分层分类管理的制度弱化，企业内部各个部门对企业后备人才培养教育重视的程度不足，监督、检查和考核企业后备人才培养开发工作的制度虚化。

（2）成长通道僵化。有些企业的企业后备人才的成长通道狭窄而单一，没有形成分级分类的培养和成长体制，企业后备人才成长通道存在职位化、狭小化问题。

（3）动态机制缺失。动态管理、备用结合是企业后备人才培养开发的重要特点，很多企业没有动态管理机制，导致企业后备人才总是处于"备而不用"的状态，严重地影响了企业后备人才工作的积极性。

（4）管理流程缺失。很多企业在企业后备人才选拔和培养过程中缺乏科学与严格的程序，操作随意，不够规范和透明，缺乏广大员工的参与。

3. 模式传统单一

为了加速企业后备人才的成长，企业必须采取多种培养方式，有步骤、有计划地对企业后备人才进行业务知识和管理能力等方面的培训，但目前许多企业的企业后备人才培养方式传统单一。在培养目标和培养计划方面，许多企业没有根据工作需要和企业后备人才的能力素质、职业规划等情况来制订培养计划，导致企业后备人才的培养缺乏针对性和有效性。企业后备人才的培训缺乏整体性和系统性，与工作需要脱节，只提供课程培训，没有对企业后备人才进行多种岗位、多种途径、多种环境培养锻炼，培养方式单一，轮岗、任务指派、行动学习等方式，采取的措施较少。企业缺乏对培养主体进行整合的能力，对企业后备人才的培养开发主要以人力资源管理部门为主且与企业后备人才的沟通较少，存在培养目标和培养对象错置、缺乏定期考察和综合评估的问题。有些企业对企业后备人才的培养只是徒有其表，没有安排具体的培养措施，也缺乏对他们的关心和考核，基本处于放任自流的状态，达不到"后备"的目的。

9.4.3 企业后备人才开发的原则

1. 战略匹配原则

企业后备人才管理必须与企业的战略目标结合，强调后备人才计划的制订，必须根据企业的内外部环境变化，以企业战略规划为基础，预测企业未来发展对企业后备人才的需求，在此基础上开展企业后备人才储备工作，让企业后备人才可以充分为企业的战略和文化服务。因此，企业在制订企业后备人才开发与管理计划时，应该充分考虑其与企业战略的匹配问题。

2. 科学管理原则

企业在进行企业后备人才开发与管理过程中应遵循科学管理的客观规律，充分运用现代企业管理的先进工具和技术，开发适合企业发展的企业后备人才开发模式。在此过程中要把握三个关键点：一是否符合管理学理论；二是能否在理论上找到支撑；三是否有操作成功的先例。企业后备人才开发与管理不是一项独立的措施，要形成以关键岗位核心人才为重点，支撑企业战略需求，以胜任力模型为中心的后备人才管理和开发系统。企业需要根据发展战略的要求，对企业后备人才及其管理和开发进行综合评估，包括对企业后备人才职业道德、文化认同、个人风格、自我管理等方面，以及对企业后备人才的素质管理、绩效管理、人际管理的综合评价等。如果企业为企业后备人才明确具体的目标岗位，则可能会造成两个方面的负面效果。一方面会导致企业后备人才与目标岗位人员之间的关系非常微妙而难以和谐相处；另一方面会限制企业后备人才的职业发展空间，限制了人才的积极性，造成人才的浪费。较好的办法是对企业后备人才进行层级管理，即只制定目标层级，而不定目标岗位，从制度上避免上述情况的发生。

3. 效益优先原则

效益优先包含讲求效果和节约成本两个意思。讲求效果，就是要求企业在培养和开发企业后备人才过程中注重企业实际，不能生搬硬套其他企业的做法，要强调与本企业的契合度。同时，一旦企业确定下来并宣布实施的制度，就应该严格按照制度进行运作，保证运行效果。节约成本，是指企业必须考虑人力、物力、财力的投入，不能不计成本，要在企业人力总成本的预算之内进行，以保证企业后备人才培养计划长期有效的开展。

4. 动态调整原则

为了保持整个企业后备人才队伍的活力，企业应该坚持动态调整原则，也就是要通过定期综合素质和绩效评估，加强对企业后备人才的监督和考核，建立明确而严格的企业后备人才升迁和退出机制，动态优化企业后备人才的质量和结构。

9.4.4 企业后备人才开发管理体系的构建

科学的企业后备人才开发管理体系，应该是坚持以企业战略为导向，以精确甄别关键岗位为核心，以构建企业后备人才胜任力模型为基础，贯穿后备人才的选拔、培养与管理、评估各个环节的完整体系。具体来讲，企业后备人才开发管理体系包括甄别关键岗位、构建岗位胜任力模型、后备人才规划、后备人才选拔、后备人才培养、后备人才管理六个环节，如图9-4所示。

```
甄别关键岗位 → 构建关键岗位的胜任力模型 → 企业后备人才规划 → 企业后备人才选拔 → 企业后备人才培养 → 企业后备人才管理
```

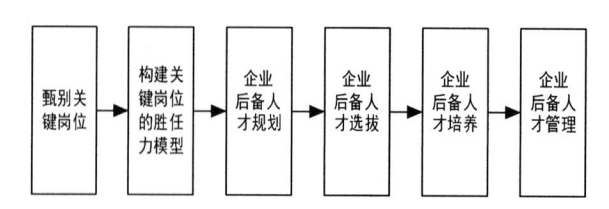

图 9-4　企业后备人才开发管理体系的构建

1. 甄别关键岗位

明确需要设定后备人才的关键岗位及需要的数量是后备人才管理开发体系有效开展的前提。关键岗位可以理解为控制企业关键资源、掌握企业核心业务、需要专门技术与知识才能胜任，对企业的生存与发展产生重要影响的岗位。企业需要对所有岗位进行价值评估，根据关键岗位的确认标准甄别企业的关键岗位。确认标准包括学历要求、岗前培训所需时间、岗位责任的影响度、人际关系等。岗位价值评估的方法包括因素计点法、因素比较法、海氏评估法等，还有定性评估的方法。企业应以定量评估为主，辅以定性评估为调整依据，对岗位价值进行较为客观的评价。关键岗位的数量可以参考"二八法则"和企业现实情况进行选择。原则上，关键岗位是企业的灵魂和骨干，集中了企业八成的技术和管理，不超过两成的岗位。从实践来讲，企业的关键岗位可以分类来确定，设置关键管理岗位、关键技术岗位、关键服务岗位等。除此之外，企业还应根据战略调整，科学预测未来核心岗位的变化，分析人员异动导致关键岗位空缺和新项目实施或企业业务拓展产生的新关键岗位。

2. 构建关键岗位的胜任力模型

在确定出关键岗位后，企业应根据实际情况构建出关键岗位的胜任力模型，以此作为企业后备人才选拔和培养的重要标准。根据麦克利兰的定义，胜任力是指动机、特质、自我概念、态度或价值观等心理层面的，以及某领域的知识、认知或行为技能等外显层面的，可以被可靠测量的，能够将表现优秀者和一般者区分开来的个体特征。对于胜任力模型的构建，企业可结合自身情况，首先对关键岗位进行序列分类，可以分为管理序列、财务序列、技术序列、营销序列等，然后通过深度会谈、BEI 行为事件访谈与问卷调查等信息调查方法，总结出将在此岗位上业绩优秀人员与业绩一般人员主要的差别所在，进而提取胜任素质特征，提出初步的评估模型，征求各方意见，进行适当修改，确定最终的胜任力模型。

3. 企业后备人才规划

企业后备人才规划是指企业为了实现关键岗位人才的动态平衡，对企业后备人才的需求、供给情况进行预测，据此增加或减少相应的人才储备，以实现企业后备人才供求之间的数量、质量与结构的匹配。企业后备人才规划应该在企业人力资源总体规划框架下进行，首先要对现有关键岗位在岗员工和企业后备人才进行系统盘点，然后对未来关键岗位所需人才进行科学预测，据此对企业后备人才的数量、质量和结构等方面的供需进行差异分析。在数量上，主要评估企业后备人才的需求量和供给量，以及二者相比的短缺量；在质量上，评估现有企业后备人才的素质状况，据此做出企业后备人才的具体培训开发计划。

4．企业后备人才的选拔

对企业后备人才的选拔，企业应该根据实际情况，准确理解和灵活运用人才测评理论、方法和技术，设计科学的企业后备人才选拔流程和方案。在方案中，企业应该对选用的测评技术、测评实施时间地点、实施主体和过程、测评结果分析等方面做详尽的规定。企业后备人才测评选拔常用的工具包括标准化心理测试和结构化行为面谈、无领导小组讨论、管理游戏、文件筐测试等综合能力测评技术。为了对企业后备人才的潜质进行综合测评分析，企业应对其在目前岗位的业绩表现、实际的工作能力和工作态度情况进行详细考察。此外，企业后备人才应该高度认同企业文化和发展战略，对企业保持较高的忠诚度和归属感，企业在选拔企业后备人才时可将此项作为考察要素，以降低人才任用和培养风险。对测评合格的企业后备人才，企业可将其纳入企业后备人才库中，并对其基本信息、测评和绩效考评结果，以及培养和任用建议进行详细登记。

5．企业后备人才的培养

企业后备人才测评和选拔结束后，企业应该根据关键岗位胜任力模型、企业后备人才素质情况，制订有针对性的培养计划，选择包括岗位轮换、人才调配、在职培训、内部兼职等在内的多样化的培养方式。上海宝钢所采用的 T-ACT 培养发展模式值得参考和借鉴，该模式具体包括培训（Training）、短期活动（Short Activity）、导师辅导（Coach）、任务分配（Task Assignment）。在企业后备人才培养过程中，企业应该重视并努力做到理论与实践相结合，过程与结果相结合，内训和外训相结合，强化成本与实际效果相结合。

6．企业后备人才的管理

加强企业后备人才管理可以从企业后备人才职业生涯规划通道建设、绩效考评、薪酬激励等方面入手。企业首先应该做的是保障企业后备人才的上岗机制。当企业关键岗位出现空缺时，企业在开展公开竞聘的情况下应该对企业后备人才进行优先录用。企业要强化企业后备人才的职业规划通道建设，建设职业晋升的"双通道"和"多通道"，实行宽带薪酬制度，打破原有仅仅通过职务上升才能提升薪酬的做法。企业对进入企业后备人才库的员工应该实施定期考评，根据其所在部门岗位职责、岗位胜任力模型、个人目标任务、工作态度等设置相应的考评指标并实施考核。各级中高层经理作为企业后备人才培养的相关责任人，有责任对本部门后备人才培养对象进行指导。企业可以规定，将企业后备人才培养情况纳入部门领导绩效考评成绩中，没有培养合格接班人的中高层干部不能晋升到更高一级职位。企业后备人才库不是一成不变的，应定时更新。一般来讲，企业后备人才库可每两年更新一次，对年度考核不称职的员工，取消其当期后备人才资格，对进入企业后备人才库一定时期内，工作表现不佳的，可建议从企业后备人才库中删除。

9.5 企业管理人才培养开发

9.5.1 企业管理人才的内涵和特质

1. 企业管理人才的内涵

企业管理人才是从事管理活动的人才，他们基于企业愿景及可持续的战略，在面对变化的环境时寻求问题症结，设计经得起推敲和实践考验的方案，力求以最少的资源和最大的个人满意程度来实现组织目标。具体可以归纳为实践性、专业性、创新性、层级性、效益导向五个特点。

（1）实践性：管理人才来自管理实践、服务于管理实践，并由管理实践来认定和检验。

（2）专业性：管理人才的管理对象既可以是人力资源、资金、物资、信息、技术等生产要素，也可以是其中某些要素的组合。

（3）创新性：管理人才区别于一般管理人员的本质特征就是其创新性，即管理人才在管理过程中创造性地运用所掌握的知识、技能和职权，取得创新和发展的能力。

（4）层级性：管理职能的层次性，决定了管理人才也有层级性。

（5）效益导向：管理人才的活动主要是围绕着提高效益的目标进行的。

2. 企业管理人才的特质

企业管理人才主要表现为以下 4 种特质。

1）逻辑能力

企业管理人才在进行一项工作前，要对工作内容有一定的了解，对工作期间可能遇到的问题提前做好规划，如怎么做这份工作，从哪些方面下手，遇到问题怎么解决等，提前梳理好相关环节能增加工作的流畅性。当然，决策的过程是复杂多变的，工作会受到诸多因素影响，因此在面对意外情况时具备逻辑能力能起到非常大的作用，有助于企业管理人才冷静对待，有条理地分析现状，及时做出合理的应对方案。

2）沟通能力

松下幸之助先生说："管理就是沟通，沟通，再沟通。"如果一个管理者不懂得沟通，不具备沟通能力，就不可能成为一个称职的管理者。管理者所有的指令、意愿都是通过沟通传递给上级或部属的。当然，了解部属、获取信息也离不开沟通。因此，沟通能力是企业管理人才必备的特质之一。

3）学习能力

在这个变幻莫测的时代，人必备的技能就是学习能力。只有学习才能掌握管理者所处行业的动态、技术的变迁、市场的需求、客户的反应；只有学习才能了解组织成员对管理的期待、需求。管理人才要具备学习能力才能紧跟时代发展、与时俱进。

4）自律能力

企业管理人才通常是严格自律的人。他们善于自我审视，懂得有所为有所不为。企业管理人往往会面对诸多诱惑，自律能力能极大地调动自身的积极性。企业管理人才严格自律，调动自身积极性的同时能减少对管理工作的乏味感，并保持对工作的热情。自律程度高的企业管理人才将自律推己及人，影响整个管理组织，使整个管理组织成员也做到严格自律，使自律行为日常化、标准化。

9.5.2 企业管理人才的开发理念

1．战略导向

企业管理人才的开发不仅要满足企业现在的需要，而且要满足企业将来的需要。因此，企业管理人才开发一定要以企业发展战略为导向，着力挖掘、培养和使用那些认同企业价值观、适应企业发展战略、致力于与企业共同成长的人才。

2．问题导向

企业管理人才的开发不是义务教育，它直接服务于企业自身的发展战略，针对企业生产经营和改革发展过程中存在的关键问题，取得文凭或各种证书固然重要，但更重要的是取得文凭或证书后将知识转化为解决实际问题的能力。因此，企业在企业管理人才的培养和开发过程中，一定要以解决企业的实际问题为导向。

3．价值导向

创造价值是企业的首要职能，也是企业生存发展的基础。企业管理人才的意愿、能力和发展潜力只能通过是否为企业创造价值和能够为企业创造多大价值来体现。因此，评价企业管理人才能力大小和衡量企业管理人才开发效果必须坚持价值导向。

4．扬长导向

人才的能力是有限的，人才是有专长的、也是具有不同性格的。企业的发展需要各个类别、各个层级的管理人才，只有将不同层次的管理人才组合起来，发挥团队整体的力量，发挥管理人才的综合效应，企业才能迅速发展。因此，企业管理人才的开发不求培养全才，但求培养专才，通过企业管理人才的培养使被培养者的个性、专长分别得到张扬和施展。最后企业合理搭配和使用企业管理人才，使整个组织的人才效能得到充分的发挥。

5．内驱导向

每位管理人才都会有不同的个性、能力和职业发展需求，必然会在培养内容、培养程序、培养方式上有所不同。企业管理人才的培养与开发只有由个体需求驱动，其学习热情才会是高涨的和长期的。因此，企业管理人才的开发，一定要结合企业管理人才的个体需求，做到缺什么就补什么。

9.5.3 企业管理人才开发的技术与方法

1．评价中心技术

评价中心技术（Assessment Center，AC）是一种评价、选拔和培训管理人员，尤其是中高层管理人员的综合人才测评技术。它通过对目标岗位的工作分析作业，在了解岗位的工作内容与职务素质要求的基础上，事先创设一系列与工作高度相关的模拟情景，然后将测评对象纳入该模拟情景中，要求其完成该情景下多种典型的管理工作，如主持会议、处理公文、商务谈判、处理突发事件等。评价中心技术强调模拟真实的管理情景，对候选者的评价是一系列基于工作分析和相应管理工作有关的行为特征而展开的。

作为多方法、多技术的综合体，评价中心技术的测评形式一般包括公文筐测验、无领导小组讨论、角色扮演、管理游戏等。其中，每个测试都为总体能力的评估提供了唯一的、重要的信息。此外，其他的技术，如案例分析、演讲、事实搜寻、情景面谈等常常结合具体的实际需求加以应用。

评价中心技术的操作通常包含以下流程：确定目标岗位及测评目的、对目标岗位人群进行工作分析、确定评价标准、选择活动、设计评价方案、实施评价中心、报告和反馈评价结果，如图9-5所示。评价中心技术参与人主要涉及主考、应聘者、角色扮演者、督导、评估报告撰写人。主考官在工作分析阶段通常会形成一个工作行为列表，在此基础上他们需要确定评价维度和设计适当的活动。设计评价方案阶段的工作包括评价中心活动的组合、时间的安排和人员的组织等，对选用的模拟活动，一般需要把书面活动和口头表达活动交替安排，如文件筐测验和模拟面谈搭配，然后备忘录分析和演讲搭配，这样可以避免应聘者和主考感到厌烦，从而尽可能减少主观偏差；在时间安排方面，要考虑选用了多少个活动、多少个主考、各个活动占用的时间、准备活动材料及相关设施所花费的时间等。所有评价中心技术操作结束之后，需要有专门的人员负责撰写评估报告，为保证评估报告的准确性和完整性，报告人在撰写评估报告之前需要熟悉评价中心的整个方案，收集各个活动的所有相关资料，对主考的评分情况进行汇总，最终给出评价中心报告。

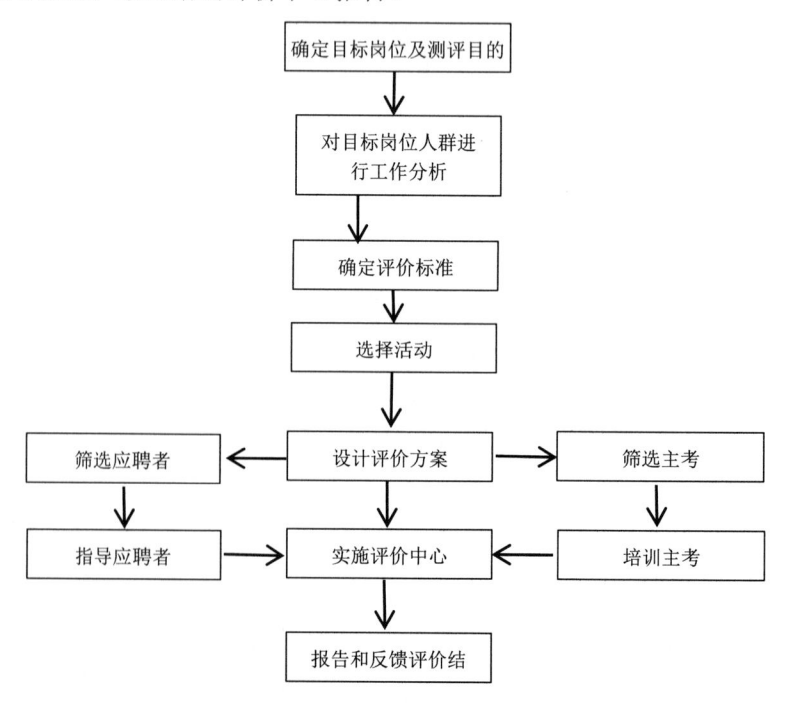

图9-5 评价中心技术操作流程

2. 360 度回馈

360 度回馈（360-Degree Feedback）是一种多来源回馈。它是针对特定的个人，由包括被评估者在内的多位评估者来进行评鉴，主要是根据企业管理人员的领导行为或管理才能，由企业管理人员、上司、直接部属、同事，甚至外部顾客进行全方位的评量，并在评量之后给予回馈（见图9-6）。一般而言，上司评估可以让被评估者了解自己在主管眼中的表现以及自己在组织中的定位。同事评估时可由同一部门或者跨部门职位相似的同事来评估。评估者与被评估者的工作互动较为密切，因此评估的结果具有针对性。下属评估被评估者的工作绩效可由直接下属来评估。下属常有机会观察到被评估者的管理行为，因此评估结果可以回馈给被评估者，作为管理行为改善的参考。被评估者在进行自我评估时，要针对自己的工作表现及绩效进行评估。从评估的过程看，就个人层面而言，企业管理人员可以发现"自己眼中的自己"和"别人眼中的自己"的差异性；就组织层面而言，企业提供了一个了解员工的渠道。

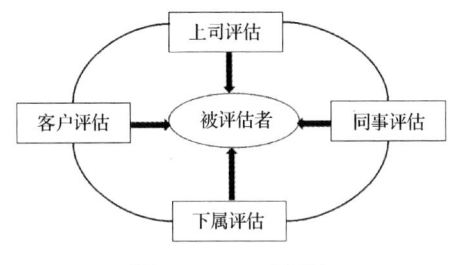

图 9-6　360 度回馈

360 度回馈可分成 3 个阶段：准备阶段、实施阶段、反馈辅导阶段。准备阶段的主要目的是使所有相关人员，包括所有评估者与受评者，以及所有可能接触或利用评估结果的企业管理人员正确地理解企业实施 360 度反馈的目的和作用，进而建立起对该评估方法的信任。实施阶段一般采用问卷法，问卷的形式分为两种：一种是给评估者提供等级量表，让评价者选择相应的分值；另一种是让评估者写出自己的评估意见（开放式问题），二者可以综合采用。从问卷的内容来看，可以是与被评估者的工作情景密切相关的行为，也可以是比较共性的行为，或者二者的综合。反馈辅导阶段是一个非常重要的环节，通过来自各方的反馈可以让受评者更加全面地了解自己的长处和短处，更清楚地认识到公司和上级对自己的期望及目前存在的差距。通常的做法是将个人报告印发至对应受评者的手上，约见受评者，通过谈话的方式引导受评者对自己有一个全新的认知。

9.5.4　企业管理人才开发的机制创新

有效的机制是人才不断涌现的动力，只有准确把握人才成长特征，建立起人才开发与管理的完善机制，才能开创人才辈出、人尽其才的新局面，为企业发展提供坚强的人才保障和智力支持。

1. 创新企业管理人才培养机制，打造成长平台，提倡有才尽举

企业管理人才培养机制应根据不同的需求体现多元化，一是培养对象多元化。建

立多层次企业管理人才梯队，优化企业管理人才资源结构，形成一个初、中、高不同层次企业管理人才分类开发、逐级提高"塔式结构"，实现企业管理人才队伍的协调发展。二是培养内容多元化。既要重视理论知识、专业知识和现代技能的培养，又要重视提高思想政治素质、道德品质素质，实施现代企业理念教育，做到德才兼备，全面发展。

2. 创新企业管理人才使用机制，打造竞争平台，力求才尽其用

在创新管理人才使用机制中，要体现"公开、平等、竞争、择优"的原则。一是公开选拔。打破各种条条框框的限制和论资排辈等习惯性思维的束缚，推行和完善公开招考、招聘、竞争上岗等办法，实现从"静态用人"向"动态用人"方式的转变。二是平等竞争。建立健全良性循环的企业管理人才竞争机制，形成竞争有序、人才辈出的管理人才发展态势。三是公正评价。企业管理人才评价是选人用人的基础，品德、知识、能力和业绩是评价企业管理人才的主要标准，不唯资历、不唯身份，只要在本职工作上兢兢业业、勤勤恳恳地工作，努力发挥聪明才智，为企业发展做出实实在在的贡献，都应视为有用之才。

3. 创新企业管理人才教育机制，打造学习平台，促进才有所学

当前企业应注重培养一大批适应知识经济要求的企业管理人才，提升他们对环境的适应能力和应对能力。一是可以将企业管理人才分批送到高等院校深造，学习系统化的现代科技理论和管理理论，为企业发展奠定基础、储备人才。二是发挥企业内部现有企业管理人才的潜能，让高级管理人员带徒弟，传经授艺。三是开展与管理知识技能相关的活动，促进"比、学、帮"，使企业管理人才在活动中得到锻炼和提高。

4. 创新企业管理人才激励机制，打造"用武"平台，达到才尽其能

激励，就是为企业管理人才提供一种追求与达到目标的手段，以满足其个人发展的需要。企业应从满足企业管理人才自身发展需要实际出发，综合运用各种手段，实施有效的激励。一是发挥物质激励的作用。坚持把按劳分配与按生产要素分配相结合，采用年薪制和股权、期权等多种分配方式，建立符合市场经济法则的管理人才分配激励机制，做到智力资源资本化，实现一流人才以一流业绩赢得一流报酬。二是发挥精神激励的作用。应重视精神激励和感情投资，大力提倡爱岗敬业精神，靠事业凝聚人心，对做出贡献的企业管理人才，授予相应的荣誉称号。

5. 创新企业管理人才服务机制，打造发展平台，做到才效其力

企业不仅要尊重和重视企业管理人才，而且要在充分了解企业管理人才的心理需求、价值观的变化及自我实现需要的基础上，为企业管理人才提供有效服务。这需要企业人力资源管理部门的功能从纯管理型向管理和服务并重型转变，也可以利用企业科协、专业学会等平台，共同为企业管理人才服务。一是积极营造人性化的发展环境。切实尊重管理人才成长的客观规律，鼓励他们大胆探索，积极创新，创造一种"鼓励成功，宽容失败"的宽松氛围，为他们提供发挥自己才能的舞台。二是积极营造人性化的社会环境。动员企业力量关心企业管理人才工作、支持企业管理人才工作，积极营造一个尊重劳动、尊重知识、尊重人才、尊重创造的企业环境，使企业管理人才心中充满实现自身价值的自豪感以及得到社会承认和尊重的荣誉感。

第 10 章
学习型组织开发

引导案例

加拿大皇家商业银行的学习

加拿大皇家商业银行（CIBC）是一个提供高度多样化金融服务的公司，在全球拥有超过 650 万个客户和 1 万家商业客户。该银行员工人数超过 4.2 万人，每年的员工发展投资超过 4000 万美元。2010 年 2 月，加拿大皇家商业银行成为加拿大第一个发布苹果手机银行应用的特许银行，在一个多月内，其下载次数就超过了 10 万次。而手机银行业务推出 10 个月就有超过 100 万个客户登录。智力资本将确保银行的未来成功。因此，加拿大皇家商业银行最近开始大力开发积累智力资本的工具和技术。加拿大皇家商业银行认为成功的标准是个人、团队和组织的学习速度必须等于或超过外部环境的改变步伐。所有知识管理的目标是为顾客提供更好的产品和服务，不能单纯为了知识而管理知识。加拿大皇家商业银行通过个人、团队和组织三个层面的学习将知识积累起来。

在个人层面，持续学习的任务在员工身上。为促进学习，加拿大皇家商业银行为公司的每个岗位制定了知识要求，包括每个岗位所需要的理论知识、技能组合及经验，然后将空缺的职位要求在网络上公布出来。银行提供多种学习必需知识的渠道，包括开班上课、函授课程、研讨会、教学视频或音频、提供参考资料，以及外部培训。员工可以根据自己的需要选择课程。

在团队层面，以任务为导向的员工团队同样需要承担学习的责任。这要求改变管理结构：管理责任和风格需要从专制转变为教练和引导，团队成员之间需要交互知识，组织需要评估内部对知识的需求。另外，还应重新设计能够反映团队和个人成功的薪酬体系。团队须尽力确保所有成员的知识和想法都得到认可和分享。

在组织层面，特别是在这样一个大型跨国企业，以"独唱"方式发展的知识对小团体是受用的，但无法让更多的人获取收益。加拿大帝国商业银行将一个团队的成功和成绩都看作它对其他团队做出的潜在贡献，通过学习网络分享出来。

资料来源：马奎特. 学习型组织的顶层设计[M]. 顾增旺，周蓓华，译. 北京：机械工业出版社，2015.

思考

加拿大皇家商业银行如何通过个人、团队和组织三个层面建立学习型组织？

学习目标

1. 了解学习型组织理论的发展历史；
2. 掌握第五项修炼的主要内容；
3. 掌握学习力的概念和特征；
4. 掌握员工学习能力开发的方法；
5. 掌握组织学习能力的内涵和特征；
6. 掌握组织学习能力的开发方法。

学习导航

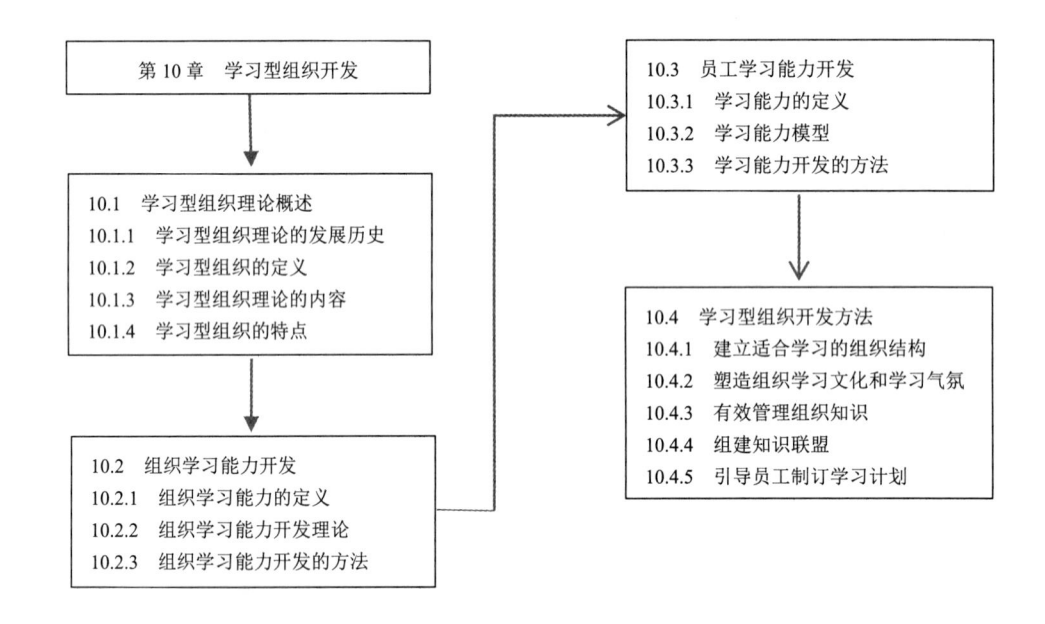

```
第 10 章  学习型组织开发

10.1  学习型组织理论概述
  10.1.1  学习型组织理论的发展历史
  10.1.2  学习型组织的定义
  10.1.3  学习型组织理论的内容
  10.1.4  学习型组织的特点

10.2  组织学习能力开发
  10.2.1  组织学习能力的定义
  10.2.2  组织学习能力开发理论
  10.2.3  组织学习能力开发的方法

10.3  员工学习能力开发
  10.3.1  学习能力的定义
  10.3.2  学习能力模型
  10.3.3  学习能力开发的方法

10.4  学习型组织开发方法
  10.4.1  建立适合学习的组织结构
  10.4.2  塑造组织学习文化和学习气氛
  10.4.3  有效管理组织知识
  10.4.4  组建知识联盟
  10.4.5  引导员工制订学习计划
```

10.1 学习型组织理论概述

随着经济全球化的发展，企业面临的竞争日趋激烈。如何应对当前的竞争压力和未来发展的挑战，是各类企业都需要客观面对的现实问题。加强组织学习并最终成为学习型组织成为解决当前问题的重要路径之一。因此，越来越多的企业及管理人员认识到组织学习对他们的生存、发展和成功都极其重要，了解和掌握学习型组织理论具有非常重要的现实价值。

10.1.1 学习型组织理论的发展历史

有关学习型组织理论的研究最早可以追溯到 20 世纪 40 年代。1965 年，美国哈佛大学佛睿思在《企业的新设计》一文中首先提出"学习型组织"的概念。1968 年美国学者赫钦斯出版了《学习型社会》一书。直到 20 世纪 80 年代，才有少数企业开始认识到组织学习在提升组织绩效、增强竞争力和获得成功方面潜藏的巨大威力。20 世纪 80 年代，壳牌石油公司开始考虑在公司的战略规划上应用组织学习。因为它看到团队合作和更加广泛的沟通是建设一个快速应变的成功企业的关键要素。壳牌石油公司花了 12 个月的时间，在各个工作小组中试验并研究应用组织学习概念能生产什么。他们的结论是组织学习确实极大地推动了企业战略规划和企业成功，它帮助壳牌石油公司领先于竞争对手 1~2 年。

学习型组织的概念是对组织学习概念的深化和发展，是从 20 世纪 90 年代才开始在世界范围内兴起的。20 世纪 90 年代，致力于将自身转变为学习型组织的公司数量大增，美国的通用电气、强生维利食品、夸德制图和太平洋贝尔公司，欧洲的希尔斯钢铁、诺基亚、太阳联合和 ABB，亚洲的本田和三星都跑在前面。

《第五项修炼》是美国麻省理工学院斯隆管理学院资深教授彼得·圣吉博士在总结以往理论的基础上，通过对 4000 多家企业的调研而创立的一种具有巨大创新意义的理论。1990 年，《第五项修炼：学习型组织的艺术和实务》一书出版后，连续三年荣登全美最畅销书榜榜首，在世界各地掀起了学习管理的热潮，并于 1992 年荣获世界企业学会最高荣誉的开拓者奖。《第五项修炼》是一套理论与实践相配套的新型的管理技术方法，是继全面质量管理（TQM）、生产流程重组、团队战略之后出现的管理新模式，它被西方企业界誉为 21 世纪的企业管理圣经。

10.1.2 学习型组织的定义

美国学者佩德勒认为，学习型组织是指那些为成员的学习提供便利，并且不断改造组织本身以实现其战略目标的组织。彼得·圣吉认为学习型组织是一个"不断创新、进步的组织。其中，大家得以不断突破自己的能力上限，创造真心向往的结果，培养全新、前瞻而开阔的思考方式，全力实现共同的抱负，以及不断一起学习如何共同学习。"他还提出："透过学习，我们重新创造自我；透过学习，我们能够做到从未能做到的事情，重新认识这个世界及我们与它的关系，以及扩展创造未来的能量。你我心底都深深地渴望这种真正的学习。这就是学习型组织的真谛……才能让大家在组织内由工作中活出生命的意义。"美国学者沃特金斯指出，学习型组织是指一个组织能够通过不断学习和改造自身来增强组织的创新和成长能力。加拿大学者伊顿·劳伦斯把学习型组织定义为这样一个组织：它寻求创造组织自己的未来；假定学习对组织的成员是持续的创造性过程；通过组织自身的不断发展、变化和转型来回应人们的需要和愿望。

日本野中郁次郎用知识创造型公司来描述学习型组织："知识创造型公司的特征是发明新知识不是一项专门的活动……它是行动的一种方式，是存在的一种方式，每个人都是知识工作者。"马恰德指出"系统地看，学习型组织是一种能够有力地进行集体学习,不断改善自身收集、管理与运用知识的能力,以获得成功的组织。"加尔文则认为:"学习型组织是一个能熟练地创造、获取和转移知识的组织,同时善于修正自身的行为,以适应新的知识和见解。"

尽管国内对学习型组织研究起步较晚,但学者们都根据自己对"学习型组织"的理解和相关概念,做出了界定。陈国权认为组织学习就是指组织不断努力改变或重新设计自身以适应不断变化的环境的过程,是组织的创新过程。台湾中山大学杨硕英教授认为:彼德·圣吉所希望建立的学习型组织是一种更适合人性的组织模式,由伟大的学习团队形成社群,有着崇高而正确的核心价值、信念与使命,具有强劲的生命力与实现梦想的共同力量,不断创造,持续蜕变……充分发挥生命的潜能,创造超乎寻常的成功,从而在真正的学习中体悟工作的意义,追求心灵成长与自我实现,并与周围世界产生一体感。

10.1.3 学习型组织理论的内容

学习型组织理论源于系统动力学在解决组织适应复杂环境和可持续发展能力方面的应用,具体概念的产生得益于人们关于"长寿公司"的研究。壳牌石油公司的一位负责人德赫斯发现,世界 500 强中的"长寿公司"有一个共同的特征:它们都善于在变化的世界中不断学习、不断改变自己以适应新的环境需求。他说,唯一持久的竞争优势,或许是具备比你的竞争对手学习得更快的能力。这一发现与彼得·圣吉的研究相吻合。彼得·圣吉在 MIT 大学举办的研习营中听到德赫斯的发言后,深受启发,他将自己一直研究的心智模式、系统思考等与组织学习联系起来,把自己心中理想高智力、高创新能力的组织称为学习型组织,并用这个概念把自我超越、心智模式、共同愿景、团队学习和系统思考统称为"五项修炼",使之成为一个富有生命力的新的组织形式与管理思想,其影响之大可以用"一人开启新纪元"来形容,以至于人们形成了彼得·圣吉代表学习型组织、学习型组织就是"五项修炼"这样的印象。其实,学习型组织的实质就是通过常规化的组织学习,不断自我超越,开辟创新,提高效能,实现组织的持续发展。

彼德·圣吉把学习型组织模型概括为五项修炼,即五项修炼技术汇聚在一起,形成学习型组织模型之一,使学习型组织演变成一项管理科学。"五项修炼"被管理界称为建立学习型组织的"圣吉模型"。五项修炼实际上就是五项技能,是人一生要学习与实践的计划内容。

1. 自我超越

自我超越是指突破极限的自我实现,或者技巧的精熟。高度自我超越的人会不停止学习。但是,自我超越不是人所拥有的某些能力。它是一个过程或者一种终身的修炼。高度自我超越的人会敏锐地警觉自己的无知、力量不足和成长极限,但这绝不动摇他们高度的自信。这显得矛盾吗?只有那些不能看清过程重要性的人才会觉得如此。

自我超越的修炼是深刻了解自我的真正愿望,并客观地观察现实,对客观现实做出正确的判断,通过学习型组织不断学习激发并实现自己内心深处最想实现的愿望,全心投入工作、实现创造和超越。此项修炼兼容并蓄了东方文化和西方文化的精神传统，修炼时需要培养耐心、集中精力，对待学习如同对待生命一般全身心地投入学习组织。它是学习型组织的精神基础。

真正成熟的人能建立和坚持更高的价值观，愿意为比自我更大的目标而努力，有开阔的胸襟，有主见与自由意志，并且不断努力追求事情的真相。

组织和个人之间的"盟约"与传统"契约"的不同。契约是一项关系的小部分，一个完整的关系需要一项盟约。盟约关系建立在对价值、目标、重大议题，以及管理过程的共同誓愿上面。员工可以在企业中不断自我超越、提升能力和建立自信，并因此对家庭、公司、社会有了更大的抱负。

许多组织支持员工个人的成长，他们相信这样做能够强化组织。鼓励员工从事此项探索，对个人而言，健全的发展成就个人的幸福。只寻求工作外的满足，而忽视工作在生命中的重要性，将会限制员工成为快乐而完整的人的机会。

相关链接

自我超越的修炼步骤

第一步，建立个人"愿景"。
第二步，保持创造性张力。
第三步，看清结构性冲突。
第四步、诚实地面对真相。
第五步，运用潜意识。

资料来源：彼得·圣吉，等. 第五项修炼[M]. 北京：中信出版社，2018-04-23

2．改善心智模式

心智模式是根深蒂固于心中，影响我们如何了解这个世界，以及如何采取行动的许多假设，对事物做出价值评价，沉积在自我心灵深处的印象等，我们通常不易察觉。

心智模式影响自我表现出来的行为。通常，在刹那间决定什么可以做或者不可以做，这就是心智模式在发挥着作用。心智模式对我们的所作所为具有巨大的影响力。因为心智模式影响我们如何认知周围世界，并影响我们如何采取行动。我们所想的往往都是假设而不是真相。我们总是透过自己的心智模式来看这个世界，而心智模式总是不完全的。心智模式的问题不在于它的对或错，而在于我们不了解它是一种简化了的假设，以及它常隐藏在人们的心中不易被察觉与检视。

3．建立共同愿景

共同愿景是指一个组织中各个成员发自内心的共同目标。在一个团体内整合共同愿景，并有衷心地渴望实现目标的内在动力，将自己与全体成员共有的目标、价值观与使命的组织联系在一起，主动而真诚地奉献和投入。组织设法以共同愿景将大家凝聚在一起，作为个人要建立善于将领导的理念融入自己心里，在组织中为实现共同的愿望而努力，通过努力学习，产生追求卓越的想法，转化为能够鼓舞人心的共同愿景。激发自己追求更高目标的热情，并在组织中获得鼓舞，使组织拥有一种能够凝聚并坚持实现共同愿望的能力。

共同愿景既不是一个想法，甚至像"自由"这样一个重要的想法，也不是一项共同愿景。它是在人们心中一股令人深受感召的力量。人们寻求建立共同愿景的理由之一，就是他们内心渴望能够归属于一项重要的任务、事业或使命。

共同愿景对学习型组织至关重要。因为它为学习提供了焦点与能量。在缺少共同愿景的情形下，充其量只会产生"适应型的学习"，只有当人们致力于完成某些自己非常关切的事情时，才会产生"创造型的学习"。企业领导者的个人愿景被公司各个阶层的人真诚地分享，并凝聚了这些人的能量，在不同思想的人之中建立了一体感。

只想保持第一的心态难以唤起建立新事物的创造力和热情。真正的功夫高手，比较在意自己内心对"卓越"所定义的标准，而不是"击败其他所有的人"。这并不是说愿景必须是内在的或者外在的。这两种类型的愿景是可以共存的，但是依靠只想击败对手的愿景，并不能长期维持组织的力量。

共同愿景会唤起人们的希望，特别是内在的共同愿景。工作变成是在追求一项蕴含在组织产品或服务之中，比工作本身更高的目的。这种更高的目的深植于组织的文化或行事作风之中，它使组织摆脱庸俗，产生更强烈持久的前进动力。

企业中的共同愿景会改变成员与组织之间的关系，它不再是"他们的公司"，而是"我们的公司"。共同愿景是使互不信任的人一起工作的第一步，并产生一体感。事实上，组织成员所共有的目的、愿景与价值观，是构成共识的基础。心理学家马斯洛晚年从事杰出团体的研究，发现它们显著的特征是具有共同愿景与目的。马斯洛观察到，在特别出色的团体中，任务与完成任务的人员本身已无法分开；或者说，当个人强烈认同这个任务时，定义这个人真正的自我，必须将他的任务包含在内。共同愿景自然而然地激发出勇气。这股勇气会大到令自己都吃惊的程度，使其在追求共同愿景的过程中，去做任何为实现共同愿景所必须做的事。

4．团队学习

团体的集体智慧高于个人智慧，团体拥有整体搭配的行动能力。当团体真正在学习时，不仅团体整体产生出色的成果，而且个别成员成长的速度更加快速。

团体学习的修炼从"深度会谈"开始。"深度会谈"是一个团体的所有成员，摊出心中的假设，而真正在一起思考的能力，让想法自由交流，以发现比个人深入的见解，以有创造性的方式察觉别人的智慧，并使其浮现，学习的速度便能大增。在现代组织中，学习的基本单位是团体学习而不是个人学习，这显得非常重要。团体的智慧总是高于个人的智慧。当团体真正在学习时，不仅团体能产生出色的成果，而且个别成员的成长速度比其他的学习方式快。

组织内部团体学习的三个关注面：在深思复杂议题时，团体必须学习消除抵消和磨损力量，使团体智力高于个人智力；需要既具有创新性而又协调一致的行动；不可忽视团体成员在其他团体中所扮演的角色与影响，进而培养其他学习型团队。

团体学习要精于运用"深度会谈"和"讨论"，避开"习惯性防卫"（要么妥协，要么争得你死我活，而不是建设性的探讨）。

5. 系统思考

企业和人类的其他活动一样,是一种系统,都受到细微且息息相关的行动所牵连,互相影响,因此必须进行系统思考修炼,这是建立学习型组织最重要的修炼。

彼得·圣吉认为系统思考需要有"建立共同愿景""改善心智模式""团队学习"与"自我超越"四项修炼来发挥其潜力,十分重视第五项修炼,并认为它高于其他四项修炼。少了系统思考,就无法探究各项修炼之间如何互动。系统思考强化其他每项修炼,并不断地提醒我们,融合整体能得到大于各部分加总的效力。

《第五项修炼》的核心是强调以系统思考代替机械思考和静止思考,并通过了解动态复杂性等问题,找出解决问题的高"杠杆解"。《第五项修炼》涉及个人和组织心智模式的转变,它深入到哲学的方法论层次,强调以企业全员学习与创新精神为目标,在共同愿景下进行长期而终身的团队学习。

在学习型组织之中,领导者是设计师、服务员和教师等。他们负责建立一种组织,能够让其他人不断增进了解复杂性、厘清愿景和改善共同心智模式的能力,也就是领导者要对组织的学习负责。

10.1.4 学习型组织的特点

1. 开放性

学习型组织不同于传统组织的最大特征就是开放性。学习型组织可以与社会或者其他组织进行有效的互动,从社会或其他组织吸收积极有益的要素。组织总是存在于一定环境中,并且与作为环境的其他子系统进行知识、信息、技能、服务、产品等方面的各种交换。在这种交换中,系统经历着从低级向高级、从简单到复杂、从无序向有序的不断优化的动态发展过程。学习型组织的开放性特征说明在组织管理中,不能独立、片面、分裂地看待问题,要根据组织在整个环境中的地位和作用,加强与其他组织的联系和沟通,即加强组织与组织之间各要素的交互作用和相互影响。

2. 具有鼓励并提供学习与创新机会的文化

一个组织的文化决定了组织的特征和发展。组织文化是在一定的条件下,组织生产经营和管理活动中所创造的具有该企业特色的精神财富和物质形态。它包括文化观念、价值观念、企业精神、道德规范、行为准则、历史传统、企业制度、文化环境、企业产品等。其中,价值观是企业文化的核心。学习型组织一般会鼓励员工积极学习,并提供员工学习的机会和条件,并在日常工作中为员工提供应用所学知识进行创新的机会和条件,这些条件包括鼓励创新的激励政策、保障措施、基础设施和容错机制。只有具有这种文化导向的组织才能成为真正的学习型组织。具有鼓励并提供学习与创新机会的文化是学习组织的灵魂,这种文化是推动企业发展的不竭动力,它对组织的领导者和员工具有非常强大的引导作用。

3. 学习型组织理论是以人为本的理论

学习型组织理论与传统管理理论相比,如目标管理、全面质量管理、精益管理,其核心思想不同。传统管理理论的核心思想侧重于对物的管理，而学习型组织理论的核心思想是以人为本的管理理论，它特别强调人的发展，鼓励员工自我超越、改善心智模式、运用系统思考的方法，通过团队学习达到实现个人成就组织的目标。因此，学习型组织引领人们进入一种全新的开放式状态，确立一种崭新的管理理念。学习型组织理论以一种非强制性方式和影响力在人们心目中产生潜在说服力，从而把外在的组织意志转变为成员内在的自觉行为，促使人们更加适应21世纪学习型社会，学习工作化和工作学习化将成为常态，学习型组织理论将不断激发人们的创新性和创造性，并不断促进人的全面发展。

4. 学习型组织是一种新型的组织机构

学习型组织不仅具有特殊的文化，还是一种新型的组织机构。学习型组织具有的特点，如有机性、高度柔性、横向网络式、能持续发展等特征。学习型组织的组织结构形式是多样化的，但其内在的组织机制可以使成员和知识在各部门之间流动，是一种平等的组织结构，可以使每个成员都能参与知识的探索、开发、转移，并能通过整个组织和能力创造它的未来。学习型组织不是任务型组织，而是转化型组织，它有众多的"触觉"，能得到组织内外等各方面的信息，能创造性地解决问题，可以进行有效的筛选，能够不断优胜劣汰，从而满足和适应外界环境变化的要求，还能不折不扣地设计和实施新方案，不断推广好的经验和方法，提高工作效率，也能不断反馈信息，调整目标以适应环境变化，还具有存储、输入、输出、共享、保护知识，并让不同形式知识之间相互转化的功能，最终为组织的生存发展和自我更新提供充足的知识资源。

5. 学习型组织是一种新的思考方式

学习型组织理论帮助人们重建一种新的思考问题的方式，从传统的向外看世界、看环境、看别人转变为向里看、看自己的内心；从看局部到看全局、看系统。从而能看到存在于内的思维障碍，寻求克服它们的可能。学习型组织能在世界范围得到认可和普及，不仅仅在于学习型组织的理论创新性，还在于它的可操作性和对实践的有效指导性。它可以帮助你在弄清为什么的前提下，懂得如何提升自己的能力；自我开发、自我超越的能力；改善心智、提高认知的能力；团队学习和团队建设的能力；系统思考、掌握未来的能力。

10.2 组织学习能力开发

10.2.1 组织学习能力的定义

在数字经济时代，学习能力是适应瞬息万变的社会环境乃至引领变化的核心途径。知识的拥有量已不是组织保持竞争优势的绝对条件，快速的学习能力才是组织唯一持久生存与发展的条件。

1958年，玛驰和西蒙最早提出组织学习的定义。他们把组织学习界定为组织对外部环境的适应，即组织在有效理性的限制下，知觉到环境的不确定性和风险，而使决策规划发生变动，而此种选择行为的改变又直接反映在信息处理方式上的改变，整个循环过程，即组织学习，但他们没有提出组织学习理论的完整体系。阿格里斯和肖恩则在 1978 年提出组织学习就是识别错误、纠正错误的过程。当组织的实际表现与期望结果之间出现差距，透过组织成员发现错误行为或异常现象，对这种差距进行侦察、纠正，并将经验保存在程序、形式、系统、规则、电脑程序或其他经验传承形式的过程的概念，并提出了组织学习的理论体系。

组织学习力立足于整个组织甚至包括组织所处环境在内的全局层面，考察整个组织对各种信息的敏锐度、悟性、认知的全面与统一程度以及应变协调能力；它是组织内部各成员在组织所处环境、面临的情况，以及组织内部的运作、奋斗的方向等方面，它对信息及时认知、全面把握、迅速传递，达成共识，并做出正确、快速的调整，有利于组织更好的发展。这是一个组织在知识经济时代拥有比自己竞争对手更快的自创未来的能力。

组织的学习不同于个体的学习。它是组织全体成员在组织运行过程中，通过实践、互动和创造来进行的团体学习。组织学习不是个体学习的简单累加。组织具有记忆和认知系统，通过这些功能，组织可以形成并保持特定的行为模式、思维准则、文化，以及价值观等。赫德伯格（Hedberg）认为，组织学习通过个体学习产生，但组织学习不是个体成员学习的累加，组织没有头脑，但他们有认知系统和记忆。当个体发展各自的个性、个人习惯和信仰时，组织发展他们的观点思想，组织不仅被动地受个体学习过程影响，而且可以主动地影响其成员的学习。因此，个体学习与组织学习之间存在相互影响、相互制约的互动关系。个体学习主要是发展个体素质、个体个性、个体习惯和信仰，而组织学习发展组织世界观和意识形态。

组织学习能力的构成要素，如表 10-1 所示。

表 10-1 组织学习能力的构成要素

构 成 要 素	含 义
个人学习能力	个人学习能力是组织学习能力基本的、最具能动性的要素，组织成员的学习能力决定着组织在所有四种知识转化过程中的效果与效率
知识吸收能力	组织从其内部和外部获取知识并加以存储的能力，吸收能力直接决定着组织将游离于组织知识体系之外的知识内化在组织知识库中的能力，从而影响着组织对知识的融合过程
知识传播能力	组织在各部门成员之间传播知识的能力，传播能力决定了一个组织及其成员在需要知识或信息时是否拥有获得知识、信息的途径，以及传播知识的效率，进而影响着知识的融合、外化和内化过程
合作学习能力	组织成员互教互学、群化隐性知识、融合显性知识的能力

资料来源：牛继舜.论组织学习能力的构成要素[J].现代管理科学，2005(08):40-42.

10.2.2 组织学习能力的理论

1. 迪贝拉和内维斯组织学习能力理论

美国组织转型咨询公司总裁迪贝拉博士和美国麻省理工学院斯隆管理学院教授内维斯对组织学习能力进行了系统研究。1995 年、1996 年、1998 年分别发表了《将组织理解为学习系统》《理解组织学习能力》《组织如何学习：培育学习能力的综合性策略》。他们研究的目的是帮助读者理解和提升组织学习能力，系统地研究了培育组织学习能力的一些基本问题，并结合丰富的案例，具有较强的指导性。他们的研究成果主要包括以下内容，具体见表10-2。

表10-2 迪贝拉和内维斯组织学习能力理论

主要内容	具体内容
三步模型	知识采集、知识传播和知识利用
四个主题	所有组织都是学习系统、学习与组织文化相一致、组织学习的风格存在差异和某些过程可以促进学习
五种学习方向	知识来源（外部和内部）、内容加工重点、知识保存（渐进与激增）、价值链重点（设计—制造与市场—营销）和学习重点（个人与团队），这五种方向主要描述学习是如何发生的，以及要学习哪些内容
七种学习定位	知识源，生产过程，文件模式，传播模式，学习焦点，价值链重点，技能开发
十种学习促进因素	环境审视。(1)组织是否理解其所处的环境？(2)业绩差距。(3)关注度量。组织是否开发和使用支持学习的度量单位？(4)实验思维。(5)氛围开放。组织边界周围的信息流是否具有渗透性，人们在多大程度上对错误共享而不是隐藏。(6)持续教育。在组织的各级层面上是否存在终身教育的承诺？(7)运作多变。完成工作目标是否不止一种方法。(8)多重支持。推动一种新思想的支持者越多，学习将快速地在更大的范围内发生，这样就有可能形成自上而下和自下而上的两个方面的学习积极性。(9)领导参与。(10)系统视角

资料来源：DiBella A J. NVIS E C. How Organizations Learn: An Integrated Strategy for Building Learning Capability[M]. San Francisco: Jossey-Bass. 1998.

迪贝拉和内维斯等将七种学习定位和十个促进因素分成知识的获得、传播和利用三个阶段，认为提高学习能力总体上包括：

（1）改进学习定位。组织可以将其学习定位从一个转为多个。

（2）改进学习促进性因素。在他们看来，改进学习可以促进性因素对组织学习能力的提升，要比增加或改进当前的学习定位作用大得多。

（3）同时变革学习定位和学习促进性因素。

2．创造性组织学习能力理论

尤尔里奇、吉克和格丽娜的创造性组织学习能力理论。他们认为，企业学习能力，是指企业内部管理人员产生具有影响力的思想并使之得到传播扩散的能力。这一定义包含三个主要的内涵：一是管理人员必须能够产生具有影响力的思想；二是管理人员必须能够传播扩散这些思想；三是产生和传播的思想唯有影响力才能构成学习能力，而影响力是指为公司股东带来长期增值。尤尔里奇依据学习能力的内涵分析认为，目前管理者在创建学习型组织时发生失败，存在两个共同原因：一是产生了思想却没有传播扩散；二是虽有思想却没有影响力。据此，他们提出了构建学习能力的管理战略和措施。第一，创建学习能力承诺。具体包括：使可见的战略意图核心要素得到学习。在学习上投资。公开谈论学习。跟踪监控学习。建立学习标志。第二，产生有影响力的思想。第三，扩散有影响力的思想。思想主要涉及：

（1）共享的思想方式。倡导对各类决策的探寻和分析，将对话引入决策过程，支持因好胜心切导致的失误等。

（2）在不同部门实施系统的工作轮换和任务分配，在关键岗位雇佣外来人员带进新的思想，围绕成功经验的分享制定培训内容并要求所有人员参加不断发展的教育过程等。

（3）促进扩散效果的管理措施。

（4）塑造组织结构、决策过程和沟通力量，建立一个运行流畅、富有弹性和适应性的网络化组织，共享信息和成功等。

（5）变化的能力。拒绝无法学习的业务、离开劣质客户、建立更有弹性和及时的信息系统、建立促进共享的物理设施等。

（6）领导对思想扩散的承诺与参与。总之，学习能力来自管理者创新思想并在组织内能够穿越各种边界共享这些思想。只有管理者同时创新和扩散有影响力的思想，才能建立学习能力。

通过对全球380家企业资料的分析，尤尔里奇提出四种产生有影响力思想的学习类型，具体见表10-3。

表10-3 组织学习的四种类型

类　　型	内　　涵
持续改进型	通过决心对已经做的和应该做的进行持续改良而产生思想
能力获取型	从外部获得新的思想和在内部将学习作为公司经营战略的一部分
实验型	通过不断实验，在本行业首次推出新产品
跨越边界型	走出去，向其他公司学习

3．组织五维学习能力理论

斯威·伽和格里高利·理查德斯提出组织五维学习能力理论。斯威·伽认为"如果能识别并确立一套影响组织学习的组织内部条件和管理实践，就能确定组织学习能力，这样将帮助管理者集中在影响组织学习的特定障碍上改进学习，提高学习能力。"他们运用规范的方法，确立了蕴含在组织主体和组织管理中对组织学习影响的五个组织学习的维度，具体见表10-4。

表10-4 组织五维学习能力的内容

维　　度	内　　容
目的和使命	组织必须强化员工对目标和使命的责任和义务
领导承诺和授权	领导必须创造平等、信任以及失败是学习过程一部分的氛围，鼓励搜寻缩小和实现绩效目标的知识，寻求反馈、公开批评、接受错误、对员工决策和承担风险予以授权等
实验和奖励	组织架构和系统必须支持员工自主探索工作的新方法和自主承担风险
知识转移	信息应在组织内能够穿越不同单位和部门的边界，培育穿越部门边界转移知识以及从外部环境如供应商、顾客和竞争对手转移知识的组织能力

续表

维　　度	内　　容
团队协作和问题解决	组织结构和系统应当鼓励团队协作和通过员工解决团队问题，通过团队协作，使知识在组织成员中得以共享，同时组织成员之间的相互理解促进了知识转移

4．一体化组织学习能力理论

英国学者米克·科珀提出的一体化组织学习能力理论实际上是由四个核心要素和十个子要素组成的二维模型。四个核心要素是个体、关联性、传递机制、意图。它们都有与其对应的子要素。其中，个体包括独立行为人、超级领导者、意识系统和创造奇迹等四个子要素；关联性包括隐蔽性、自我型组织和社会化等三个子要素；传递机制包括组织知识结构和共享等两个子要素；意图的子要素是战略。

个体是指组织中学习的主体，即个人。独立行为人是指在各方面都能独当一面，能适应周围不断变化的环境，具备规划未来、主宰变革、创造挑战、继续学习的素质。而超级领导者不再是简单的控制型领导，其职能在于充分调动员工的潜能，在团队中建立相互信任的氛围，注重对员工价值观的引导。对一个组织系统，重要的不是各个独立的组成部分，而是各个部分之间形成的相互关系。这种关系是影响组织学习的关键，也是组织学习发生的必要条件。关联性强调的是个体与个体之间、个体与组织之间关联的质量。一个学习型组织良性发展，就必须了解组织和个人的隐蔽特性，了解其行为的深层含义，促进成员之间的沟通。同时，现今社会环境的多样性和复杂性，导致组织在应变过程中产生许多变数，在管理上体现为一种非线性的管理模式以及非正式组织作用的日益重要性。它不再强调管理上的层级观念和自上而下的绝对控制力，要求组织成员之间能具备自我约束和管理的能力，建设一个"自我型组织"，克服由于部门之间的独立而形成的资源共享上的不畅通。转递机制是指知识在组织内的转移过程，它包括支撑知识转移的组织知识结构、知识在组织内的共享过程。意图是指为了加强学习过程的能力而制定的目标，它是组织学习的动力机制和行动方向。科珀认为，意图的组成要件是战略，组织学习应该更多地从总体战略上予以保证。一体化学习能力理论认为，学习是组织生存、经营运作的一个必不可少的组成部分。它倡导非线性和无约束性的学习管理方式，认为没有一个固定的模型能够适用于任何组织，典型的成功企业案例并不值得效仿。因此，一体化学习能力理论只是提供了一个完整的组织学习能力构建的框架，帮助学习者形成相应的系统性概念。在对现存的组织学习模型加以运用、强化和修正的过程中。它提供了一个对现有模型进行认识和诊断的工具。

5．克瑞斯·阿吉瑞斯四阶段组织学习能力理论

阿吉瑞斯是哈佛大学组织行为学教授，是当代西方组织学习理论领域的领军人物。为了深入分析影响组织学习能力产生的机理，阿吉瑞斯首先分析了单环学习和双环学习两种学习能力类型。单环学习不触动组织基本价值观的改变，是对组织环境的适应性学习，在学习系统既定的结构和过程中发生，具有操作性和重复性特征，代表了低层次的学习能力；双环学习涉及组织基本价值和元规则的改变，重构学习系统的

结构和过程，发生的次数少，是高层次的学习能力。

阿吉瑞斯认为，组织作为一个整体进行学习，包括单环学习与双环学习，都体现在四个阶段组成的过程中。一是发现阶段，主要是发现组织内部潜在的问题以及审视组织外部环境的机遇和挑战。二是发明阶段，这个阶段的任务是寻找解决问题的方法。在这里，前两个阶段的学习，主要是在组织现有的制度框架内以不改变组织的基本制度为前提的，属于单环学习。三是执行阶段，在这一阶段，解决方法得到贯彻实施，产生了新的或修改的操作程序和组织规范。然而，即使实施了成功的新程序也不足以保证学习一定会发生在组织水平上。学习不仅应从个人水平上升到组织水平，还应贯穿组织的各个层面或组织边界。这就是第四个阶段的推广。

很显然，前两个阶段是以单环学习为主，通过学习，组织原有的规范不但没有发生变化，而且会因为新问题的解决和错误的纠正而得到加强。在后两个阶段，组织在产生了新的规范或程序后，旧的规范被取而代之，即发生了双环学习。因此，培养和提升组织学习能力，就是要着眼于"发现、发明、执行、推广"这样一个完整的学习过程。

10.2.3　组织学习能力开发的方法

1. 发现知识缺口

一些外生或内生的原因，组织产生对某一项知识的需求，而组织自身的知识储备与该知识需求不相匹配，因此产生某些知识的短缺，这种知识的短缺称为知识缺口。在知识经济时代，知识已经成为企业保持持续竞争优势的重要战略资源，某一关键知识资源的缺失可能导致企业失去竞争优势。因此，及时发现和弥补知识缺口对企业的生存和成长至关重要。知识缺口是由企业对某种知识的需求产生的。知识需求可能来自某次市场机遇，企业为了适应环境的变化，或者企业长期发展战略的要求等。知识缺口的存在，并不能说明企业的知识资源不够丰富。知识缺口可能是缺乏某种知识，也可能是企业现有的知识储备与知识需求不相匹配。

2. 突破学习障碍

组织学习不同于员工个人学习。组织学习超越了一个组织内部个人学习的简单相加。它的最大特点是以一个共享的知识基础为中心导致组织行为的变化和组织的创新。组织学习可以看作是一个带有控制反馈机制的不断改正组织错误的过程。而传统的组织在许多方面为知识传播与共享设置了种种障碍。具体表现为观念障碍、官僚作用、缺乏沟通等。

要突破这些障碍，除了突破组织自身的障碍，更重要的是要培养组织成员知识共享的价值观和团队精神。要求员工进行知识共享，无异于让他们承认自己在某些领域逊色于人或将自己引以为傲的资本拱手让人，抵触情绪的产生是很自然的。实际上，人具有创造知识的无穷能力，而知识不同于传统的资产。它只有在共享时，才会不断增长。在知识交流中，如果员工为了保证自己在企业中的地位而隐瞒知识或者企业为保密而设置各种安全措施给知识共享造成了障碍，则对企业的发展极为不利。观念的转变要循序渐进，长期以来形成的观念不可能一下子改变。文化的变革应该循序渐进，突然变化的结果可能是消极应付，困难是可以想象的，因此在变革过程中要有高涨的积极性和坚韧的精神。领导要身先士卒，做表率管理，使企业的价值观从观念形态转变为可以感觉的现实。不断强化共享意识，使知识共享成为日常工作的一部分，不断鼓励员工进行共享活动，摒弃信息利己主义，形成有利于员工合作的文化氛围。

3．全面收集知识

知识的收集是组织学习的原料来源。知识输入路径：一是来自企业内部，企业自己投入资源生产知识，如技术知识、决策常规程序；二是来自企业外部，这包括市场交易、合并与收购其他企业、企业联盟。因此，企业知识的获取有三种方法：企业内部自主开发，通过市场购买，利用企业的外部成长方式如知识联盟、并购等借助知识杠杆效应获取。

在知识收集过程中，企业应学会运用标杆分析工具。标杆分析法是将本企业各项活动与从事该项活动的最佳者进行比较，从而提出行动方法，以弥补自身的不足。其主要作用是通过对行业内外一流企业对照分析，从行业中最佳的企业、公司得到有价值的知识，用于改进本企业的内部经营，建立起相应的赶超目标。跨行业的技术性的标杆分析，有助于技术和工艺方面的跨行业渗透。企业通过对竞争对手的标杆分析，与对客户的需求做对比分析，可以发现本企业的不足，从而将市场、竞争力和目标的设定结合在一起。

4．创建学习交流平台

在组织内部，面对面交流，特别是一线员工与最高领导的互动交流很难进行，隐性知识共享更为困难。员工长期处于一个固定的小圈子中，交流对象有限，知识较难扩展，公司的知识共享长期处在较低层面上。因此，要提高组织学习力，公司总是希望有这样一个平台：其等级观念弱化，层次结构简单，具有以人为本的观念，使员工平等地传播和反馈知识，形成开放性的、学习性的、成长型的知识共享机制，鼓励员工提出建议和批评，增加员工互动对象的流动性，使知识共享保持活力。这样的平台，既有利于员工相互影响、相互交流和沟通，并增强企业的团队合作精神，又有利于企业知识更新和企业适应环境变化。

构建知识交流平台，企业可以通过电脑网络、技术图书馆、出版企业内部刊物、定期公布企业内重大信息、定时召开通报会、公布企业经营情况、建立企业系统知识平台。组织者可以推动多种形式的学习，如在线学习活动、集体学习活动、信息交换会议、专题会议制度、技巧讨论、深度会谈、电子邮件、电子公告栏、电子论坛等非正式交流来帮助学习者交换实践体会。个人要养成好的总结习惯，积极发表论文，积极参与培训教学活动。这样促使企业结构扁平化、简单化，形成平等畅通的互动渠道。

10.3 员工学习能力开发

10.3.1 学习能力的定义

对大多数人来说，学习是一个非常熟悉的词。每个人都离不开学习，人们每时每刻都在学习。但学习究竟是什么？学习力是什么？学习力包括哪些要素？这些问题并不容易回答。

1. 学习

狭义的学习是指通过读书、听课、研究、教学实验、参加实际工作等方式学得知识和技能。广义的学习是指一个人从外界获取信息并对信息进行加工整理的全过程。学习的内涵较多，不同领域的学者对学习内涵的界定不同。如行为主义认为"学习是在刺激和反应之间形成联结"。新行为主义认为"学习是在有效的强化程序中不断巩固刺激和反应之间的联结，塑造有机体行为的过程"。格式塔学派认为"学习的目的和实质在于形成和发展人的内在认知结构、完形'格式塔'。人在学习活动中不是单纯地积累知识，更重要的是不断地促成'格式塔转换'。这是一种学习中的"顿悟"，因此学习绝不是盲目、消极地接受刺激，而是有目的的探究和富于想象力的创造活动。

本书的"学习"是指学习与工作的一体化，即学习与工作不可分离，工作的过程也是学习的过程。一方面强调工作中的反思，将工作学习化；另一方面又要把学习看作与工作一样，提出要求，进行规范、检查、考核，将学习工作化。

员工个体的学习一般经历初级学习、维持性学习和创造性学习三个阶段。

初级学习是指企业员工通过熟练员工的指导、公司培训或自己生活经历而获得知识的过程。初级学习可以提高员工的工作技能和高工作能力，满足他们的基本生存需要。

维持性学习是指个人以获得固定的经验、见解、方法，以公认的准则为基础处理已知的和再发生的情形的学习活动。经过初级学习阶段的员工在具备多年的工作经历后，具有相当多的经验，他们更需要的是理论方面的提升，使自己能具备与职位相匹配的能力。他们通过参加学习培训或自学相关的科学理论成为中层管理者学习的主要内容，然后用自己学习的理论知识指导自己的工作。同时，其他管理者的成功经验是这个层次的个人学习的对象，这就是模仿学习，但绝不是简单的模仿，而是将这种模式注入自己的理念、观点、知识，使这种模式能够适合自己的管理。维持性学习是继承前人已有的知识以求应用，承袭前人的成果以求再现，因而注重知识的接受、理解、记忆、运用，讲究"衣钵相传"，追求"得道真传"。

创新性学习是指个人在学习知识、技能、理念的过程中，不拘泥传统，不迷信权威，不墨守成规，以已有的知识为基础，结合学习的实践和对未来的设想，独立思考，大胆探索，别出心裁，以新思路、新问题、新设计、新途径、新方法进行的学习活动。创新性学习是适应变化万千的未来社会所应具有的一种学习体系和形式。创新性学习能够引起变化、与探求活动相联系，并随之形成一系列问题的学习，其功能在于通过学习能提高学习者发现、吸收新信息和提出新问题的能力，以迎接未来社会的变化。

创新性学习以在继承前人知识的基础上发展、开辟、创新为目的,因而注重知识的发展性理解,了解知识的过去、现在,展望未来,掌握已知领域,展望未知领域,追求"青出于蓝而胜于蓝","踏着前人的肩膀向上攀登"。

2. 学习力

学习力又称学习能力,是人们认识、理解客观事物并运用知识、经验等解决问题的能力。学习能力包括注意能力、思维能力、观察能力、逻辑思维能力、记忆能力、实际操作能力、想象能力等。学习力是软生产力,是创新和创造一切物质和精神财富的原动力。

学习力,从构成要素来看,包括学习动力、学习毅力、学习条件、学习效率和学习转化力等要素。学习动力是指人学习的原动力,分为内在动力和外在压力两个方面。内在动力由个人对社会的认知程度和主体要实现的目标所决定且与认识程度成正比,认知程度越高,学习动力越足;也与要实现的目标高低成正比,伟大的目标产生巨大的动力。外在压力与这个时代的生产力水平和政治、经济、社会体制密切相关,社会竞争越激烈,学习压力就越大。内在动力与外在压力密切相关,相辅相成,互相转化。

学习毅力是指人的学习是否有持久力,是否能持之以恒。现代社会是一个以"优胜劣汰,不进则退"为规则的竞争社会,残酷的淘汰法促使学习成为人的终身过程,持久力自然成为学习力中不可或缺的要素。学习不仅反映出人的智商高低,而且体现出人的个性特征,成为人的综合素质的写照。

学习条件是指个人开展学习的主客观条件的总和。主观条件是指对学习内容的接受、消化和理解能力;客观条件是指能否正常进行学习的物质基础,包括资金、时间和精力的投入。

学习效率是指学习的速度。在竞争激烈的社会,特别是知识信息对社会的发展起决定性作用的时代,学习的速度就显得特别重要。有专家断言,学习的速度若慢于时代的变化,必然会被淘汰。未来学习主体唯一具有的持久优势,就是有能力比对手学习得更快、更好。

学习转化力是指学习成果的转化能力,这种能力主要体现在知识应用、更新自我、推进创新和变革社会的效果上。

10.3.2 学习力模型

1. 三力模型

朱振光提出了学习力模型。他认为,员工学习力是指员工学习的动力、毅力、能力的综合体现,是成为学习型组织的根基。学习动力、学习毅力和学习能力构成学习力的三个要素。学习动力是指自觉的内在驱动力,主要包括学习需要、学习情感和学习兴趣,是学习力的激励因素。学习毅力,即学习意志,是指自觉地确定学习目标并支配其行为克服困难实现预定学习目标的状态。它是学习行为的保持因素,在学习力中是一个不可或缺的要素。学习能力是指由学习动力,学习毅力直接驱动而产生的接受新知识、新信息并用所接受的知识和信息分析问题、认识问题、解决问题的智力，主要包括感知力、记忆力、思维力、想象力等。相比学习而言，它是基础性智力，是产生学习力的基础因素。

员工的学习力取决于其是否有明确的奋斗目标、坚强的意志和丰富的理论知识以及大量的实践经验。因此，动力、毅力和能力共同构成学习力框架。学习力模型，如图 10-1 所示。该模型显示了学习力与其三个要素之间的内在联系。由此可知，学习力是其三个要素的交集。只有同时具备了动力、毅力和能力，才能具有真正意义上的学习力。当员工有了努力的目标，就认为其具备"应学"的动力；当员工具备了丰富的理论知识和实践经验，就认为其具备"能学"的力量；而当员工的学习意志很坚定，就认为其有"能学"的意愿。因此，只有将三者融合为一体，员工才真正地拥有学习力。

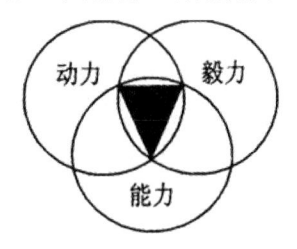

图 10-1　学习力模型

通过此模型，我们知道员工的学习力主要集中体现在动力、毅力和能力的共同驱动和发展上，这对企业提升员工的学习力具有一定的指导作用。

2．树根理论模型

树根理论是中国农业大学经济管理学院葛长银副教授在长期的教学与企业咨询实战中，根据亲身体会与对社会的深刻观察，提取并总结出来的实践学派新主张。如果将一个企业比作一棵大树，学习力就是大树的根，也就是企业生命之根，如图 10-2 所示。

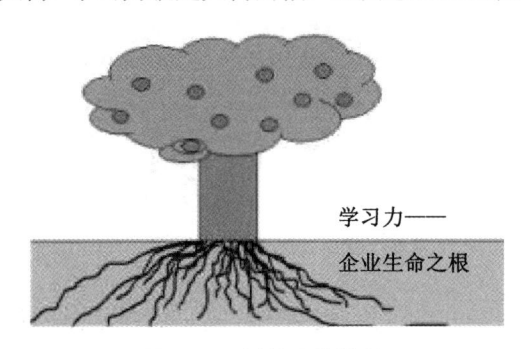

图 10-2　树根理论模型

评价一个企业在本质上是否有竞争力，不是看这个企业取得了多少成果，而是看这个企业有多强的学习力。这就像我们观察一棵大树的生长情况一样，不能只看到大树郁郁葱葱、果实累累的美好外表。无论有多么美的外表，如果大树的根已经烂掉，那么眼前的这些繁荣都很快会烟消云散。

一个企业短暂的辉煌并不能说明其有足以制胜的竞争力，反而会让人心生悲哀。学习力才是企业生命之根。企业一定要精心培植自己的根，让企业的根越来越深厚、越来越坚强。只有这样，才能在以后可能遭遇的种种风雨中挺立不倒。

企业一定要明确学习力的重要性。虽然我国有一些企业一直在这方面做得很好，比如一些优秀的国有企业、一些优秀的三资企业和一些优秀的民营企业。他们很重视培养学习力，经常不定期地开展各类学习活动。但是，从总体上来说，我国还有很多的企业需要正视自己组织的学习力，需要建立有效的学习型组织以提升组织的学习力。

10.3.3 学习能力开发的方法

1．更新学习观念

更新学习观念，树立自主导向的学习态度。员工应改变传统的学习理念，把学习看成一种工作。学习的任务是一种对所处环境和面对问题的认知和把握，是促使学习者身心高度愉悦的习惯。因此，员工要提升个人的学习力，就必须首先彻底转变对学习本身的认识：在工作过程中把学习视为一种认知环境、认知变化、认知问题、解决问题的新观念；懂得在不同环境和问题下，其认知能力和解决方式也要改变的学习原则；更好地认知问题、解决问题就必须把这种学习活动导向为一种更加自觉、主动和高效状态的认知方式，做到"工作学习化，学习工作化"。

2．倡导积极进取的企业文化，营造良好的学习氛围

企业文化是企业长期生产经营和发展过程中形成的管理思想、管理方式、管理理论、群体意识，以及与之相适应的思维方式和行为规范的总和，其核心内容是企业价值观、企业精神、企业经营理念的培育，是企业员工思想素质的提高。企业文化具有导向、凝聚和激励等作用，因此通过倡导积极进取的文化力，营造良好的学习氛围，可以激发员工的学习动机，塑造员工的学习意志，增强员工的学习毅力，使员工学习力不断提升。

3．建立目标激励体系，培养员工学习活动的激活力

提升员工学习力的前提是使员工具有学习的欲望和动机，即企业要培养员工学习活动的激活力。关键是要建立相应的目标激励体系：一方面通过企业激励机制和目标管理诱导员工的学习欲望和兴趣；另一方面通过工作岗位和任务的变动管理逐步培养员工的学习动机。

4．构建完善的培训机制

要提升员工的学习力，企业应构建完善的培训机制。针对不同层次的员工，设计不同的培训或教学内容，采取不同的培训方法，制定不同的培训目标和考核体系，力求员工主动参与企业组织的培训，以岗位轮训、课题研究、技术攻关、脱产学习等多种形式，满足员工的培训需要，达到企业开发员工潜能的目的，提高员工的学习能力和思考力，使员工成为企业的资产，为企业创造更大的价值和财富。

5. 提升解决问题能力

学习根本的动力在于应用，只有将所学的知识、理论、技术、技能有效应用在实际工作中，员工的学习兴趣和动力才最为充足。在激活员工学习欲望和动机的基础上，引导员工从提升解决问题的能力入手实现员工个人学习能力的全面提升。要提高解决问题的能力，就必须有发现问题、分析问题、制订解决方案和选择解决方案的能力，而要达到此目的，员工就必须丰富自己所需的知识，掌握与要解决问题相关的知识和技能，不断改进学习策略和方法，实现学习力的全面提升。

10.4 学习型组织开发方法

10.4.1 建立适合学习的组织结构

学习型组织是以信息和知识为基础的组织，其管理层次比传统结构要少得多。随着组织规模不断扩大，组织层次会不断增多，这些增加的层次并非权力层次、决策层次或者监督层次，大多只是信息的中转站。组织结构的"臃肿"会阻碍学习型组织的建立和运转。因此，组织需要不断"瘦身"，尽量减少企业内部管理层次，以达到组织结构的"扁平化"，使组织更适于学习和建立开创性思考方式。项目管理、小组或团队工作、界面管理，以及并行工程等都组织结构有利于组织开展系统性的学习。只有建立适合学习的组织结构，才能最大限度地减少组织结构带来的学习障碍。

>> 相关链接

美国通用电气公司建立学习型组织

2015年，美国通用电气公司的管理层次已由9层减少为4层，上层和下层不断的沟通，不仅让下层清楚地了解了上层的决策，上层还亲自了解下层的动态，吸收一线的营养。数据显示，通用电气公司在1992年全球大企业排名中居第六位，其销售额在全美国居第五位，而税后净利在全美国居第三位。通用电气公司能够取得这样大的成功，在很大程度上归功于总裁杰克·韦尔奇独到的经营战略。20世纪80年代初，韦尔奇就任公司总裁，一上任便表现出强硬的作风。没用多长时间，老态龙钟、日渐衰落的企业焕然一新，焕发出强大的活力。

韦尔奇上台后做的第一件事就是大刀阔斧地削减臃肿的机构和成员。当时，整个公司一共有40多万名职工，其中：经理有25 000人，高层有500多人，副总裁有130人；有12个管理层级，29个工资级别。韦尔奇上台之后至少砍掉了350多个部门和生产、经营单位，将公司职工裁减为27万人。

不仅如此，韦尔奇还大力精简管理层次，要求从一线职工到他本人之间不得超过5个层次。这样，原本高耸的宝塔形结构消失了，取而代之的是低平而坚实的金字塔形结构。比如，家用电器事业部的销售部，从一线销售人员到公司总裁之间只有5个层次，分别为公司总裁、家用电器事业部总裁、家电销售部总经理、3个地区家电销售经理、400个家电销售代表。而通用电气公司的重型燃气轮机制造基地，由一位总经理负责，下面是生产线经理，每个生产线经理直接面对100多名工人。这里既没有班组长，也没有工长、领班，更没有任何副职，全厂仅保留了2000多名职工，却获得了高达20多亿美元的年营销收入。

资料来源：马奎特. 学习型组织的顶层设计：第3版[M]. 顾增旺，周蓓华，译. 北京：机械工业出版社，2015.

在向学习型组织转型的过程中，传统组织的架构和战略必然要经历剧烈的变化。为了确保学习型组织的建立，必须重点关注愿景、文化、战略和结构四个要素的重新配置。每个要素的设置都必须从传统的单纯服从于工作效率转变为兼顾学习和发展，这种基本指导思想的转变必须一以贯之。

在组织结构转型和优化过程中，首先要奠定关于学习的共同愿景，这是学习型组织的基础。学习的共同可以指导组织的战略思维和规划，为打造学习型组织制定策略和流程。组织的管理者、股东、员工、客户、合作伙伴都需要切身参与共同的学习愿景规划。学习型组织文化需要鼓励创造和支持学习的氛围，组织成员既要对自己的学习负责，也要承担帮助别人学习的责任。组织的培训开发人员要明确地将学习活动成果与业务需求和战略目标连接起来，将加强学习提升到事关组织获得持续成功的高度，可以从战略层面快速驱动传统组织向学习型组织成功转型。学习型组织结构需要体现出灵活、开放、自由和机遇等特征。组织结构优化要建立在满足学习需求的基础上，将必要的自主权、辅助支持和资源赋予那些需要的人手中。

10.4.2 塑造组织学习文化和学习气氛

在建立适合学习的组织结构的基础上，组织要积极塑造组织学习文化。文化、思想和精神是最具力量并能导致社会变革的决定因素。对一个组织来说，组织的文化、思想和精神是组织的核心竞争力。当今社会，组织的成功不再仅仅依靠暂时或偶然的产品开发和某些灵机一动的市场战略，而是依靠企业所拥有的独特竞争优势，是一种区别于其他竞争对手的知识体系，是在组织发展历程中逐渐形成和发展起来的知识、技能与资产动态匹配体系。它是组织获得长期竞争优势的源泉。

要塑造组织的学习文化，需要领导先行和领导转型，要建设学习型领导班子。发现大众的心声、激发群众的热望、营造共同愿景、促进深度会谈、团队合作、转变组织文化等学习型组织的核心要素都依赖于组织领导的决心与行动，甚至可以说没有领导的重视与引领，组织学习根本不可能在组织内开展起来。组织领导应该走在学习型组织建设的前面，不仅要有计划，还要有真实的行动。

建设学习型组织需要建设学习型领导班子，依靠领导班子整体的力量来创建学习型组织，只靠一两个人推进，组织学习难以广泛深入开展，而且会产生一系列分歧、矛盾、摩擦与障碍，只有领导班子成员一起努力，组织的凝聚力、向心力和示范效应才能更加明显，学习型组织建设的效率才会更高。"首席学习官"，这一组织新角色的设立和学习型组织建设要求的提出正是这一策略的突出表现。

10.4.3 有效管理组织知识

知识是创新和成功的首要资源。在当今社会，组织知识比其他任何因素都变得重要。在竞争日益激烈的经济全球化过程中，是否具有有效的知识管理技术成为区分组织是否成功的重要标志之一。知识经济时代，组织要学会知识管理的内在规律，就像工业时代学会管理生产流程一样。

组织知识可以分为以下几种类型：目标或理想知识，体系化知识，实用性知识和默认知识。组织在管理组织知识前，需要根据实际情况制定组织知识的分类标准，并能有效地识别组织知识类别及其价值。

组织知识管理包括组织知识的获取、创造、储存、分析、数据挖掘、转移、传播、应用和验证等环节。每个环节都在不停地运作，并相互影响，组织学习的效率和效果就会不断提升。这些环节既不是简单的先后顺序，也并非完全相互独立。知识管理是建设学习型组织的核心，成功的学习型组织应用科学、高效、系统的方法和技术，引导组织知识在所有环节里传递。

组织需要从各种途径获取更多的知识，既包括获取组织内部知识，也包括组织外部知识。组织内部知识除了员工的显性知识，还包括隐性知识，即员工头脑中所储存的智力资本。隐性知识的来源包括个人专长、记忆、信念和假设。虽然隐性知识难以表达和解释清楚，但是可以给组织带来非常大的好处。有效地获取组织外部知识是组织成为市场领导者的必要条件，组织需要向外看才能突破发展障碍。获取组织外部知识的方法包括但不限于以下形式：参加研讨会、雇用咨询顾问、以其他企业作为标杆、阅读报纸、期刊和文章，观看电视、视频和电影，追踪经济、社会和技术趋势，从顾客、竞争对手、供应商和其他来源收集资料，雇用新员工，与其他机构合作、建立联盟和成立合资企业。

收集知识不是目的，创造知识才更有价值。创造知识的途径包括：从隐性知识到隐性知识，从显性知识到显性知识，从隐性知识到显性知识，从显性知识到隐性知识。这四种知识创造方式同时存在并相互作用，呈现螺旋式上升结构。

知识储存的概念最早出现于20世纪80年代。知识储存需要利用比较前沿的技术手段。比如，近几年，基于计算机在线综合性储存技术的迅速发展，知识储存系统得以快速发展，组织知识得以保存并成为组织的重要资产。组织不仅需要以学习需求和组织运营为依据，首先确定什么数据有价值，然后对有价值的数据编码归档，还要建立良好的标准来甄别新知识。

数据挖掘是组织用来发现并赋予数据意义的最新分析工具。通过分析各个数据之间的内在规律和拟合分析，组织储存和提取信息用于战略和解决业务难题将更加容易。数据挖掘方法包括交互式学习、智能代理、决策树、案例分析、非线性回归分析和分类等。

组织知识转移和传播是发挥组织知识效用的重要环节。组织知识迁移和传播包括组织内部迁移和组织外部迁移两种类型。组织知识内部迁移包括内部出版物、报告、备忘录、内部研讨会、发布会、培训等方式。组织知识既可以进行有意识的迁移，也可以在无意识中进行迁移。组织知识迁移一般受成本、知识接受者的认知能力、由选择性发送导致的信息滞后、有意识或无意识对信息意义修改和歪曲等因素的影响。

知识应用和验证将会给组织带来长期的好处。这种好处是通过对组织丰厚知识和经验的持续循环和创造性使用而获得的。知识的应用和验证一般需要有效的知识管理系统。

10.4.4 组建知识联盟

组织要更好地提高自己的学习能力,并积极地向外界学习,组建知识联盟。知识联盟有助于各个组织之间的学习和知识共享,使组织能够开展系统思考。知识联盟将比产品联盟更紧密和具有更大的战略潜能。它可以帮助组织扩展和改善自己的基本能力,从战略上创造新的核心能力。因此,任何想成为真正的学习型组织的企业都不应忽视知识联盟的重要意义。

知识联盟是战略联盟的一种,是从知识角度来分析联盟的动机与内容。从广义上讲,知识联盟是指企业与企业或其他机构通过结盟方式共同创建新知识和进行知识转移。

知识联盟的主要目标是学习及创造知识。知识联盟可以协助一家企业从其他企业那里学习到专业化的能力,协助一家企业和其他企业合作创造新的潜藏性知识,也可以使一家企业协助另一家企业创造新的能力和技术,达到大家共同受益的目的。知识联盟的成员涉及范围较广。知识联盟对象可以是任何机构,只要它拥有专业能力,对合作有贡献就可以。例如,与顾客及供应商联盟,可以共享技术及创造知识;与企业员工及工会联盟,经理人员可以从工人那里学习到如何制造质量好的产品,如何使成本降低及有效率地工作。同时,企业会为员工提供教育训练机会,使他们具有多元化的技能。知识联盟具有战略性和进攻性,其战略性在于协助一家企业扩大和改善其基本能力。

联盟各方学习能力的理解力会影响联盟伙伴的相互作用。概括地说,要求企业联盟能力的发展系统,应该包括以下几个方面的内容:建立从每家联盟获取经验的正规系统;组织一家中央行政实体用于规范协调企业所参与的多家联盟;保存企业的有关联盟活动的数据库和联盟活动通信记录。

10.4.5 引导员工制订学习计划

将组织的命运与员工个人发展联系在一起制订学习计划是学习型组织开发的重要方法。组织人力资源管理部门结合员工职业生涯规划,引导员工制订一份学习计划,也就是根据每个岗位的职责和评估标准,明确员工在这个岗位上应当具备的能力、掌握的技能,然后让员工自我评估在每个方面的实际水平,并评与理想水平之间的差距。

要采用这种方法,组织必须根据本行业和自身的状况为每个岗位制订一份岗位责任书,包括工作职责、工作要求、每项工作的评估标准和评估方法,越具体明确越好。组织根据岗位职责引导和帮助员工制订学习计划。学习计划一般包括专业知识、技术知识、产品知识、市场知识、沟通能力、人际关系、组织能力、决策能力和衡量标准等。员工看到这份学习计划,就会清楚地看到自己的优点和不足。只要员工通过学习计划找到自己的差距,他们会积极努力地学习改进,并根据改进的优先级,挑出几个主要方面进行重点突破,并制订具体的学习计划。

第 11 章
培训与开发实验操作

学习目标

1. 掌握培训计划与实施的理论和方法；
2. 掌握培训方法的内容与开发技巧；
3. 掌握员工素质开发的内涵、特点和方法；
4. 掌握新员工培训的过程和机制。

学习导航

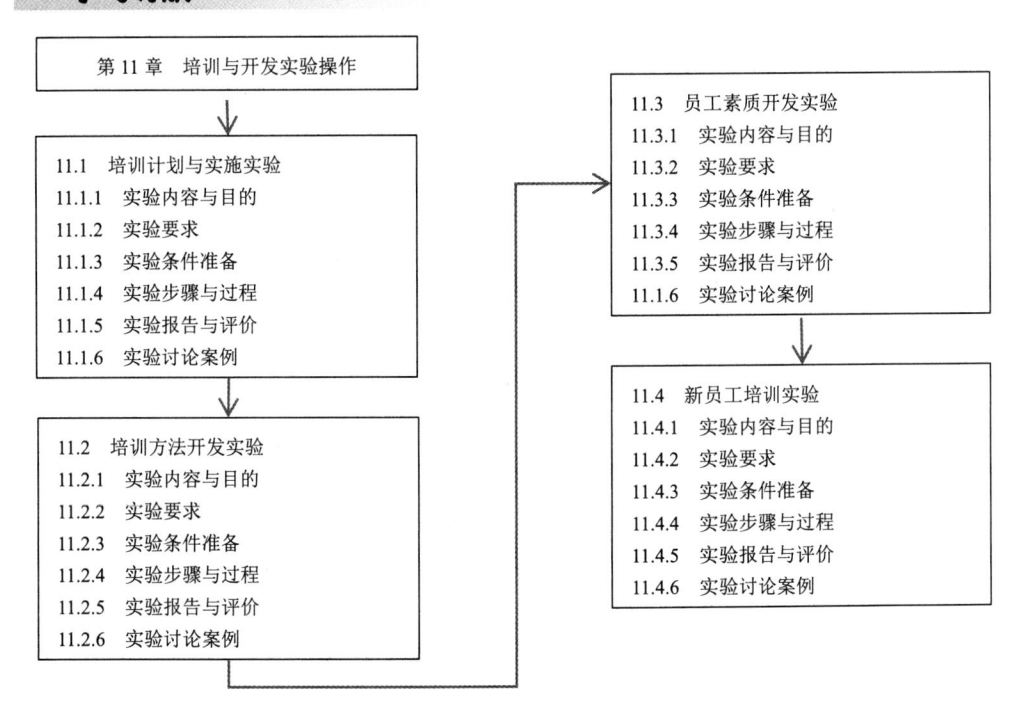

第 11 章 培训与开发实验操作

11.1 培训计划与实施实验
11.1.1 实验内容与目的
11.1.2 实验要求
11.1.3 实验条件准备
11.1.4 实验步骤与过程
11.1.5 实验报告与评价
11.1.6 实验讨论案例

11.2 培训方法开发实验
11.2.1 实验内容与目的
11.2.2 实验要求
11.2.3 实验条件准备
11.2.4 实验步骤与过程
11.2.5 实验报告与评价
11.2.6 实验讨论案例

11.3 员工素质开发实验
11.3.1 实验内容与目的
11.3.2 实验要求
11.3.3 实验条件准备
11.3.4 实验步骤与过程
11.3.5 实验报告与评价
11.3.6 实验讨论案例

11.4 新员工培训实验
11.4.1 实验内容与目的
11.4.2 实验要求
11.4.3 实验条件准备
11.4.4 实验步骤与过程
11.4.5 实验报告与评价
11.4.6 实验讨论案例

11.1 培训计划与实施实验

11.1.1 实验内容与目的

本实验的主要内容是培养学生进行培训计划与实施的能力，主要目的是帮助学生进一步明确培训计划与实施的概念，加深对培训计划与实施理论的理解，使学生进一步熟悉进行培训计划与实施的意义、内容、程序和方法。

11.1.2 实验要求

1．指导老师的要求

指导老师向学生详细地讲解培训计划与实施的目的、意义、程序、方法等内容，提供实验背景材料（企业背景材料），明确实验的基本规则、实验评价标准，使学生明白实验的目的和实验过程，划分任务小组、指导学生做实验，解答学生问题，以及对实验结果做出评价等。

2．学生的要求

学生理解和掌握培训计划与实施的原理和方法，在任务小组内承担相应的角色，对指导老师提供的案例进行充分讨论和实践分析，形成实验报告。

11.1.3 实验条件准备

1．硬件条件

实验室、电脑、投影仪、大屏幕、打印机、复印机。

2．软件条件

企业背景材料、实验讨论案例。

11.1.4 实验步骤与过程

1．实验准备（课前准备）划分任务小组

（1）本次实验划分成若干个任务小组，各组 5 人左右。组内成员角色扮演和任务分配自行决定，每组自选一名组长，作为各小组的负责人。

（2）指导老师提供拟分析的企业背景材料，让学生提前熟悉企业背景材料。

2．实验过程

（1）指导老师讲解培训计划与实施的原理、内容、操作和意义，学生认真地理解和领会讲解内容，可以进行简短的讨论。

（2）针对指导老师提供的案例进行小组讨论，回答案例分析的问题，指导老师给予必要的指导。

（3）在规定时间内，每个小组提交小组实验报告。

（4）每个小组就本组实验报告进行演讲，其他小组就案例相关问题提问，小组成员进行回答。指导老师对整个过程进行点评。

（5）参考其他小组和指导老师点评意见，对实验报告进行修改并提交最终的实验报告。

11.1.5 实验报告与评价

1. 实验报告

（1）理解和阐述培训计划与实施的原理、意义、内容、程序和方法。
（2）针对案例企业战略目标的培训计划与实施分析。
（3）以案例企业战略为指导的培训计划与实施的选择和设计。

2. 实验评价

（1）是否真正理解培训计划与实施的原理、意义、内容、程序和方法。
（2）针对案例企业的培训计划与实施分析是否正确。
（3）案例分析小组最终提出的培训计划与实施选择和设计是否能够支持企业战略目标。
（4）实验报告结构是否明确，逻辑是否合理，语言是否流畅、简洁。
（5）讨论是否充分，过程参与是否积极。
（6）实验报告是否按时提交。

11.1.6 实验讨论案例

揭秘宝洁内部培训体系精华

宝洁作为知名的日用消费品龙头企业，被外人所称道的地方非常多。宝洁培训体系被称为是世界上最完备的培训体系之一，培养了一批批杰出的人才。那么，宝洁培训体系是怎样的呢？下面我们一起来看分析吧。

1. 宝洁培训体系：三全立体

全程：从新员工入职到退休，宝洁推行全职业生涯规划，在每个阶段都有对应的培训与之配合。对于一个员工进入职业生涯中期，即职涯平台期后，宝洁鼓励员工横向发展，成为资深的讲师。

全员：从生产制造、市场营销到 IT 服务的所有员工都是宝洁培训体系覆盖的对象。

全方位：宝洁将提高员工素养作为培训的主要任务。员工素养分为基础素养、专业素养和管理素养三个类型。

2. 宝洁三大职位体系：MAT

宝洁公司严格执行按照职位系列和层次进行培训的做法，因此，我们要弄清宝洁培训体系，必须先了解宝洁职位体系。宝洁将所有职位划分为三个职位系列，如下：

（1）M（Management）系列：即管理系列，包括职能部门的管理岗位和营销类岗位，分为 7 级。

（2）A（Administration）系列：即行政系列，包括办公室秘书、助理、品牌策划等岗位，分为四级。

（3）T（Technical）系列：即技术系列，包括生产制造中与机器打交道的岗位，分为 10 级。

1）M 系列员工的培训课程

从价值观、战略、运营到人力资源管理，每个层级每年都有一些课程要参加。

（1）1 级属于初为管理者的人。

（2）2~3 级主要是管理能力、人员开发、基础领导力等培训。

（3）4~5 级主要是组织技能培训，包括如何设计一个组织架构，如何激励管理人员、如何给职能部门制定战略和愿景、财务管理等。部分课程在大区完成，部分在全球总部完成。

（4）6~7 级属于总经理级，在美国总部的 GM（General Manager）学院进行。

宝洁认为一个人在公司工作三五年后，对自己适合做什么工作才会有一个比较清晰的认识，这时进行职业生涯规划是比较有效的。

宝洁对员工的能力开发是从员工入职就开始的。在每年的"四位一体"的绩效评估表中，有对能力的评估，也有对职业发展兴趣的描述。每个员工的上级会与员工探讨他们能力的优势和需要改进的能力项目。

没有提升前培训的做法。只有业绩好的人，在提升到新岗位后，宝洁才根据该岗位对应的课程对该员工进行培训。

在宝洁，不认为参加了某种培训的人就具备提升的条件。每个人都是相似的，关键看他是否能够应用好，以提升工作的业绩。

2）A 系列员工培训课程

（1）1 级主管（个人领导力提升、人际沟通技巧、二八原则、全面质量管理基础、MRPII/ERP、财务与会计 I）。

（2）2 级一班部门经理（个人领导力提升、人员开发—基础技能、领导力-3E 模型、项目管理、最大限度地发挥创造性和逻辑思维、团队建设、有效地授权、全面评估面授、财务与会计 II）。

（3）3 级大部门经理（G.O.R.W、组织能力开发、团队建设—高级、系统管理工作坊、OGSM/SDDS、人员开发—高级技能、情境领导、成功人士的 7 个习惯、突破思维方法、正面的权利和影响力）。

（4）4 级副总监及以上（组织技能、跨文化工作坊、危机管理）。

3. 宝洁大学：无处不在的学习

宝洁大学由全球总部的 GM 学院、全球总部职能部门的职能学院、各大区的 P&G 学院和大区的职能学院共同构成。

宝洁大学是由几十个学院构成的全球化的企业大学。下面具体介绍各个部门以及其功能：

（1）全球总部 GM 学院：在宝洁全球总部美国的辛辛那提市设有宝洁 GM 学院，就是众所周知的宝洁总经理学院，对各个国家总经理级员工及拟提升为总经理的人进行培训。

GM 学院相当于总经理的课程班，每个季度各个大区的总经理开研讨会，GM 学院内部有许多研发，总部的副总裁包括 CEO 都会到总经理班去上课。

（2）全球总部职能学院：在宝洁的全球各大区都有各自的职能学院，主要的服务对象是中级和初级的技术人员,而高级专业人员的技术和专业培训由全球总部的职能部门组织实施。

（3）大区P&G学院：在宝洁全球的各大区都设有P&G College（宝洁学院）。宝洁学院设在人力资源部内,由人力资源部副总监负责运作。宝洁学院的定位非常清晰,即只负责新员工培训中的公共部分和公共管理技能的部分培训,没有企图包揽一切、包办一切。

（4）大区职能学院：职能学院是高度灵活的非正式组织。大部分人员都是兼职的,而且学院的名称每年都可能发生变化。

4. 宝洁成功的DNA（基因）："四位一体"体制

在宝洁,"业绩评价""能力评估""个人发展"和"未来一年工作计划"紧密结合在一起,形成了著名的"四位一体"制度。这个制度是解密宝洁其他制度和做法的DNA。

每个财政年度末,宝洁都会开展绩效评估工作。评估工作要对照年度工作计划进行。比较有特点的工作有以下几点：

（1）将业绩分为业务成绩和对组织发展的贡献两部分。对组织发展的贡献中包括培养下属、招聘/培训、效率提升和知识分享等方面。

（2）年度业绩评估没有采取单项指标打分的方法,由主管对员工进行综合评分。如果客观原因没有达成目标,只要尽了最大的努力,那照样可以得最高分。

（3）业绩评估结果采取强制分布,分1、2、3等级,1等级为最优。1、2、3等级分别占10%~15%、60%~70%、15%的比例。经理在打分时,有时做2+和2-的区分。只有2等级以上的员工才有资格升级和跨部门轮岗。

（4）在进行业绩评价的同时,宝洁对员工进行能力分析和评估,明确员工优势的能力和需要改进的能力方面。

（5）由员工个人提出自己长期的职业兴趣和短期的职业兴趣,由经理根据员工个人的意见、同事的反馈和经理自己的观察,提出员工个人的发展计划。个人发展计划中包括要参加的培训内容。

（6）对组织发展的贡献占业绩考核的50%的权重,使所有员工都对组织的贡献与业务成绩同等看待。

宝洁的"四位一体"的体制是宝洁大学得以成功的微观基础。如果没有对员工个人业绩和能力的恰当评价,就没有每个员工的个人发展规划,任何企业大学的培训项目的针对性和有效性就将大大降低。

有了对每个人的组织发展贡献考核,大家为了取得好的成绩,自然对培训等组织贡献活动给予了高度的重视。

5. 宝洁两制：内部提升制和双教练制

1）内部提升制

内部提升制是宝洁人力资源管理哲学的核心,在这个核心基础上,除非如法律、医生等极少数岗位,宝洁以校园招聘为主。

在宝洁,所有的管理岗位大部分是从内部提升的,这成为宝洁文化得以纯净的主要原因。

内部提升制是典型的"近亲繁殖"。宝洁人认为，主要有以下好处：

第一，员工拥有共同的语言和行为模式；

第二，企业文化易于传承；

第三，内部交易成本低。

2）双教练制

一是直线经理：定期与员工进行谈话，谈他们的工作业绩、工作方法、能力发展，以及他们的职业规划，这样使员工受益良多。

二是真正的教练：对工作中遇到的问题进行指导。

直线经理培养员工的热情从何而来？"教会徒弟饿死师傅"在许多人的潜意识中是根深蒂固的。那么，宝洁采取了怎样的措施打破这个僵局呢？其实，这是宝洁制度安排的结果。

第一，在宝洁的绩效考核内容中，培养部属等组织贡献占50%的比重，如果一个经理在培养下属方面成绩欠佳，就不能晋级和升职，甚至要失去自己的岗位。

第二，宝洁规定一个经理没有培养成功的接替者是不能提升的。

如果没有这样的制度安排，直线经理对部属的培养热情恐怕会打折扣。由于宝洁长期坚持这样的制度安排，各级经理热情培训下属就逐步形成宝洁的传统文化。

6. 宝洁学院的内部课程

中国宝洁学院共设20多门公共课程，包括领导力、沟通技能、创新、项目管理、高效会议、团队建设、公文写作等，大致可以分为以下三类。

1）第一类领导力相关课程

领导力课程有许多细分的模块。第一，个人领导力；第二，团队建设能力，就是如何带一个团队，也称团队工作；第三，培养下属的能力，怎么给他鼓励，怎么做绩效评估，帮助他们做工作计划。

宝洁领导力的5E模型是对一个领导者个人特征的概括。

（1）Envision：高瞻远瞩。

（2）Engage：吸引他人参与。

（3）Energize：激励。

（4）Enable：发展组织能力。

（5）Execution：执行力。

2）第二类基本管理沟通技巧相关课程

写作能力（写作报告和公文的能力）、演讲能力。

3）第三类通用管理技巧相关课程

时间管理、有效会议、项目管理、六西格玛、全面质量管理、疑难问题解决和创造力培训等。

7. 课程的更新和讲师的"纯血统"

宝洁将课程更新分类：宝洁学院负责公共课程的更新；各职能学院负责专业

课程的更新。

课程更新具体有以下途径：

（1）各大区域总部交流。

（2）世界各地的宝洁公司之间的相互交流。

（3）讲师更新带来的课程内容更新。

（4）与外部的咨询公司等专业机构交流。

宝洁严守内部讲师制的传统，但没有闭关自守。如果外部公司有好课程，宝洁就会派内部讲师去参加，然后转化为宝洁内部的课程。另外，宝洁内部讲师会参加摩托罗拉大学、惠普商学院举办的公开课。宝洁引进了六西格玛的课程，并将六西格玛的课程改造成比较适合宝洁销售和服务行业使用的内部课程。

（1）宝洁为什么不用外部讲师？宝洁大学的课程都是"纯血统"内部讲师负责的，讲师"血统纯正"是宝洁大学讲师队伍的一大特点。

第一，用不着。宝洁有一百多年的历史，积累的知识和讲师足以支撑所有课程。

第二，讲不好。有些外部讲师没有干货，没有经历，没有实践，就是去讲，学习者也不相信。

第三，危险大。外部讲师离宝洁实际太远，讲不到要点上，甚至会造成思想的混乱。

（2）宝洁员工为什么踊跃当内部讲师？

第一，评估对组织发展的贡献，当讲师是一个重要的标志。

第二，当讲师发展的技能对个人在宝洁长期发展都是非常重要的。

第三，即使想跳槽，掌握一门宝洁课程对个人也是非常有利的。

第四，当讲师是一种荣誉，上级也很看重这一点。

第五，晋升考核机制很看重这一点。

资料来源：http://www.hroot.com/d-9352159.hr

思考

宝洁培训体系最大的特色是什么？对其他类似企业有什么启示？

11.2 培训方法开发实验

11.2.1 实验内容与目的

本实验的主要内容是培养学生进行培训方法开发的能力，主要目的是帮助学生进一步明确培训方法开发的概念，加深对培训方法开发理论的理解，使学生进一步熟悉培训方法开发的理论、意义、过程和方法。

11.2.2 实验要求

1. 指导老师的要求

指导老师向学生详细讲解培训方法开发的理论、意义、过程、方法等。提供实验背景材料（企业背景材料），明确实验的基本规则、实验评价标准，使学生明白实验的目的和实验过程，划分任务小组、指导学生实验，解答学生问题，以及对实验结果做出评价等。

2. 学生的要求

学生理解和掌握培训方法开发的原理和方法，在小组内承担自己的角色，对指导老师提供的案例进行充分讨论和实践分析，形成实验报告。

11.2.3 实验条件准备

1. 硬件条件

实验室、电脑、投影仪、大屏幕、打印机、复印机。

2. 软件条件

企业背景材料、实验讨论案例。

11.2.4 实验步骤与过程

1. 实验准备（课前准备）划分任务小组

（1）本次实验划分成若干个小组，各组 5 人左右。组内成员角色扮演和任务分配自行决定，每组自选一名组长，作为各小组的负责人。

（2）指导老师提供拟分析的企业背景材料，让学生提前熟悉企业背景材料。

2. 实验过程

（1）指导老师讲解培训方法开发的原理、内容、操作和意义，学生认真理解和领会讲解内容，可以进行简短的讨论。

（2）针对指导老师提供的案例进行小组讨论，回答案例分析的问题。指导老师给予必要的指导。

（3）在规定时间内，每个小组提交小组实验报告。

（4）每个小组就本组实验报告进行演讲，其他小组就案例相关问题提问，小组成员进行回答，指导老师对整个过程进行点评。

（5）参考其他小组和指导老师点评意见，对实验报告进行修改并提交最终的实验报告。

11.2.5 实验报告与评价

1. 实验报告

（1）理解和阐述培训方法开发的原理、意义、内容、程序和方法。
（2）针对案例企业战略目标的培训方法开发分析。
（3）以案例企业战略为指导的培训方法开发的选择和设计。

2. 实验评价

（1）是否真正理解培训方法开发的原理、意义、内容、程序和方法。
（2）针对案例企业的培训方法开发分析是否正确。
（3）案例分析小组最终提出的培训方法开发的选择和设计是否能够支持企业的战略目标。
（4）实验报告结构是否明确，逻辑是否合理，语言是否流畅、简洁。
（5）讨论是否充分，过程参与是否积极。
（6）实验报告是否按时提交。

11.2.6 实验讨论案例

百度糯米：玩转"超级大咖说"，探索学习新渠道

百度糯米从传统团购业务转型到综合性 O2O 服务提供商的过程中，致力于打造 O2O 生态闭环。为应对业务的快速发展，百度糯米培训中心紧跟互联网思维的浪潮，勇于尝试创新，不断寻找更加便捷实用的形式加强人才培养，开办社群学习"超级大咖说"栏目，实现全国业务经验的移动晚分享，并联动"糯米大学"在线学习平台进行知识的沉淀与二次传播，受到了公司上下员工的持续关注与高度认可，在解决企业实际问题的同时，为员工搭建了全新的学习渠道，助力企业战略落地。

1. 精准定位，助力各级员工共同成长

互联网技术的革新和公司战略的变化促使知识快速更新，也让培训工作面临更大的挑战。如何快速精准传递信息，高效且有针对性地为销售员工赋能，是百度糯米培训中心一直思考的问题。

2015 年底，培训中心负责人赵云宽提出搭建创新型学习渠道，成立项目小组并开发了"超级大咖说"栏目，精准定位各层级员工的需求，并通过不同的主题分享有针对性地进行培养规划，以期高效赋能所有销售员工。

1）故事分享，帮助新员工融入团队

新员工培养的关键是让其掌握岗位相关知识和基本技能，迅速胜任岗位，并尽快融入企业团队中。首先，培训中心邀请各区域优秀的管理层，讲述自己还是新人时期的苦与乐，旨在用鲜活的故事向新人传达公司所期望的态度、规范和行为模式等。通过学习，新员工不仅能清晰地看到公司未来发展的轨迹，而且能树立自己职业发展的信心，增强团队归属感。

其次，培训中心为新员工搭建了社群。社群中的个体来自不同的区域，但一样的"新人"身份让他们形成了"同学"关系，从而打破自身的孤独感，并以情感联结促进其共同成长。新员工社群主题的选取是根据"胜任力素质模型"进行ASK匹配，这样可以帮助新员工获得更多切合实际需求的主题。

2）推选分享，满足老员工需求

百度糯米将入职6个月以上的员工定义为"老员工"，他们对公司的企业文化、规章制度、产品结构、流程结点等已经很熟悉且其能力基本能满足当前岗位需求。因此，如何突破瓶颈和实战取胜是老员工的关注点。

培训中心根据老员工的诉求着手调研，选取一些有城市特色或可复制的典型销售案例，在老员工社群里进行复盘与学习。这些案例的组成有两种途径：一种是由具备一定影响力的卓越员工提供；另一种是在该城市的销售案例PK赛中取得好成绩的案例，如武汉KTV、厦门地推案例等。

对精心挑选出来的案例，培训中心会采用推选制度确定该案例的分享嘉宾。嘉宾们代表整个团队在全国舞台上进行阐述，树立这样的标杆不仅会激发团队无限的荣誉感，提升团队士气，而且能重塑员工的工作态度，形成个人的职业品牌，满足老员工职业倦怠期的突破需求。

3）战略分享，解答管理者难题

百度糯米培训总监和城市经理除了实战能力出众，还要具备战略解读和策略制定的扎实功夫。因此，对于管理层的培养，培训中心从嵌入培训项目着手，结合"黄埔计划"（百度糯米直销管理层培养计划）的课程，内容聚焦战略重点，打造管理层的学习社群。

管理层社群学习的主题来源于最大限度地完成战略目标的城市，相应的管理者会解答一系列难题，包括如何洞察市场、判断趋势；怎样规划策略打法、拆分战略目标等。嘉宾分享前后，培训中心都会从战略、策略、实战三个维度对内容进行把关，确保其分享的完整性、准确性。

2. 创新运营，提高学习者的学习效率

根据百度糯米培训中心对全国8个大区近千人的调研显示，百度糯米销售员工的大部分工作时间都在与商家沟通，其中相当长的时间耗费在奔波的路途中。因此，这些销售员工对移动化和碎片化学习的需求更加迫切。

培训中心秉承实用、全面、高效、欢乐的原则，开发并运营"超级大咖说"专项栏目，将学习融入日常沟通中，帮助学习者用最简单快捷的方式获得资讯。同时，培训中心为所有学习者提供分享经验的舞台，以共同的需求将他们聚集一处，最大限度地提高效率。

培训中心在搭建社群运营的初期，注册了"小糯分享"（以下简称"糯宝"）的微信号，其初衷是对内运营。为了保证学习者长期学习的方便性，培训中心要求每位参加学习社群的同学必须添加该微信号为好友。出于信息安全性的考量，学习者要提供"所属城市""真实姓名""工号"才能通过审核。

糯宝像好朋友一样融入百度糯米学习者的生活中，时刻关注着他们的工作动态和生活日常，定期给予学习者鼓励和认可，并且用诙谐幽默的语言与学习者互动。糯宝的朋友圈成为各种信息发布的园地，学习者有疑惑会第一时间想到糯宝。

因此，糯宝的微信号逐渐成为一条便于总部信息反馈和文化落地的新途径。

此外，糯宝成为培训中心的代表，是百度糯米的 KOL（关键意见领袖），它发布的信息会引来大量转发，影响到更多的学习者和商户。不过，表面上糯宝是社群的主导，但实际上社群的灵魂来自学习者的共同需求，而学习者之间情感的联结正是社群的催化剂，催生出学习者共同的价值观和责任感，让大家遵守共同的制度和规范。

3. 精心打磨"超级大咖说"

"超级大咖说"是社群学习中独具特色的专项栏目，每期主题都是培训中心和分享嘉宾精心打磨而成。选题来源三个方面：一是例行选题；二是业务热点；三是一些城市典型的销售案例。

主题敲定后，培训中心会发给有关分享嘉宾一份说明材料，帮助他们做好充分准备。这份材料包含活动的流程介绍，以及需要嘉宾提供的资料（个人照片、简介、讲稿以及匹配PPT等）。每位分享嘉宾必须严格按照要求提供完整的分享内容，并由培训中心进行补充和优化，直至呈现出令人满意的效果。

每期"超级大咖说"活动开始前1周，培训中心都会在"糯米大学"微信公众号上推送预告信息，并开启报名阶段，学习者须将活动预告截图转发给糯宝才能获得入群资格。培训中心会将消息转发到各个学习群组中，便于获取用户第一时间的反馈，同时引发相关人群在朋友圈中转发。

另外，活动的预热阶段还会采用多种方式造势，如大咖竞猜活动，即微信公众号会放出一些分享嘉宾的线索，竞猜正确和相应楼层的同学均可获得奖励。这些形式既获得了较高的关注度，又延长了预热期，大大提高了活动的影响程度。

4. 渠道升级，全面对接战略需求

随着互联网技术的日新月异，市场格局的瞬息万变，客户的需求也在不断升级。因此，销售人员不再满足于传统培训的内容和形式，而是迫切希望全面提高自身的综合能力。

基于这个战略需求，百度糯米培训中心搭建的创新型学习渠道全面升级，培训内容从战略角度进行规划，扩大其覆盖范围。培训人员拓展至总部各重要职能部门，分层运营学习社群，为区域个性化需求提供分享舞台，从而保证学习者各取所需。

1）承接需求——栏目的更新与升级

为更好地承接战略需求，"超级大咖说"栏目在成功产出10期后，结合胜任力模型进行整体的版块升级，打造一线伙伴们的能力提升渠道。版块的全面升级重组对接总部与各区域需求，实现了知识高效准确的传递。

改版后的栏目分为常规栏目和特色栏目两个部分。常规栏目旨在覆盖三个方面需求：一是从一线伙伴的业务内容出发，提供夯实业务技能的全国大分享；二是从管理层的战略、策略打法出发，深度剖析业务并赋予相应解决办法的管理层分享；三是从实际工作出发，让全国积极敬业、综合能力优秀的业务标杆进行分享。而特色栏目更加关注时事、热点，并且与总部项目紧密联系，铺设战略落地的快速通道。

百度糯米的每位学习者都可以在升级后的栏目中找到适合自己的学习版块，并且根据自身业务需求与兴趣爱好报名参与。由于"超级大咖说"栏目高度结合了业务热点，很多区域负责人会组织当地小伙伴们一起学习、听分享、做笔记。

2）提炼精华——促进业务经验落地

随着"超级大咖说"运营机制的逐渐完善，每周的移动晚分享已经成为员工们期待的学习项目。为方便各区域复制优秀经验，实现业务知识的广泛传播与全国传递，培训中心定期提炼"超级大咖说"分享的业务精华，并上传至"糯米大学"在线学习平台，供全国销售员工学习。

每期"超级大咖说"活动结束，都会形成相应的精华内容沉淀，学习者可以随时登录在线学习平台，根据自身需求索取知识。此外，各区域培训师可结合当地个性需求，对"超级大咖说"栏目的分享内容进行补充后二次传递。同时，培训中心会精选"超级大咖说"分享内容中的关键信息，反哺到后期课程开发中，使其成为课程开发优化和案例教学的素材。

百度糯米创新型学习渠道"超级大咖说"栏目的成功搭建，以及"糯米大学"在线学习平台的精华沉淀，让百度糯米销售员工的碎片化学习成为常态，加速了企业战略落地，用互联网思维真正促成了学习效果的呈现。

资料来源：http://www.trainingmag.com.cn/zazhi/detail.aspx?mtt=122

思考

百度糯米培训中心如何通过开展"超级大咖说"栏目，成功地搭建了销售人员的创新型学习渠道？

11.3 员工素质开发实验

11.3.1 实验内容与目的

本实验的主要内容是培养学生进行员工素质开发的能力，其主要目的是帮助学生进一步明确员工素质开发的概念，加深对员工素质开发理论的理解，使学生进一步熟悉员工素质开发的理论、意义、过程和方法。

11.3.2 实验要求

1. 指导老师的要求

指导老师向学生详细地讲解员工素质开发的理论、意义、过程、方法等内容，提供实验背景材料（企业背景材料），明确实验的基本规则、实验评价标准，使学生明白实验的目的和进行过程，划分任务小组、指导学生实验，解答学生问题，以及对实验结果做出评价等。

2．学生的要求

学生理解和掌握员工素质开发的原理和方法，在小组内承担自己的角色，对指导老师提供的案例进行充分讨论和实践分析，形成实验报告。

11.3.3 实验条件准备

1．硬件条件

实验室、电脑、投影仪、大屏幕、打印机、复印机。

2．软件条件

企业背景材料、实验讨论案例。

11.3.4 实验步骤与过程

1．实验准备（课前准备）划分任务小组

（1）本次实验划分成若干个小组，各组 5 人左右。组内成员角色扮演和任务分配自行决定，每组自选一名组长，作为各小组的负责人。

（2）指导老师提供拟分析的企业背景材料，让学生提前熟悉企业背景材料。

2．实验过程

（1）指导老师讲解员工素质开发的原理、内容、操作和意义，学生认真理解和领会讲解内容，可以进行简短的讨论。

（2）针对指导老师提供的案例进行小组讨论并回答案例分析的问题。指导老师给予必要的指导。

（3）在规定时间内，每个小组提交小组实验报告。

（4）每个小组就本组实验报告进行演讲，其他小组就案例相关问题提问，小组成员进行回答。指导老师对整个过程进行点评。

（5）参考其他小组和指导老师点评意见，对实验报告进行修改并提交最终的实验报告。

11.3.5 实验报告与评价

1．实验报告

（1）理解和阐述员工素质开发的原理、意义、内容、程序和方法。

（2）针对案例企业战略目标的员工素质开发分析。

（3）以案例企业战略为指导的员工素质开发的选择和设计。

2. 实验评价

（1）是否真正理解员工素质开发的原理、意义、内容、程序和方法。
（2）针对案例企业的员工素质开发分析是否正确。
（3）案例分析小组最后提出的员工素质开发选择是否能够支持企业的战略目标。
（4）实验报告结构是否明确，逻辑是否合理，语言是否流畅、简洁。
（5）讨论是否充分，过程参与是否积极。
（6）实验报告是否按时提交。

11.3.6 实验讨论案例

"士官计划"培植眉山供电公司 基层管理队伍

随着电力体制改革不断深入，供电企业一线班组的业务范围、运行方式、人员构成和角色定位等都发生了很大的变化，新形势对班组长的管理水平提出了新要求。目前，大多数供电公司在班组长管理方面遇到两个困境：一是班组长角色定位与班组管理环境、个人能力与班组长岗位要求不匹配；二是传统的培训课程体系、培训方法与手段等已不能满足新形势的要求。

对此，国家电网眉山供电公司率先提出以"一体四翼"为载体的班组长"士官计划"，坚持"识人有标准、用人有依据、育人有目标、选人有方向"的工作思路，及时破解新形势下班组长管理方面的难题。其中，"一体四翼"的"一体"是指以能力轴牵引，建立一个可衡量能力指标的标准体系，为班组长的能力发展指明方向；"四翼"是指以储备翼奠基、以培养翼支撑、以发展翼驱动、以管控翼保障，环环相扣、相辅相成，形成一个系统的有机整体，保证班组长队伍建设有序有力、协同高效。

1. 精选优苗：储备以保证人才供给

由于许多企业往往未能建立一个足够充沛的后备人才库，一旦管理团队出现人员缺口，就会严重打乱企业的战略规划。当前，电力体制改革的新形势对一线班组成员要求更高，优秀的班组长队伍是供电公司面对新形势挑战的有力保障。

1）构建三维评价体系

班组是培养基层管理者和优秀人才的摇篮。为了对班组员工进行评价，公司针对前期调研情况，创新性地提出了班组人员"三维评价体系"，包括能力评价体系、绩效评价体系、潜力评价体系。其中，能力评价体系从履职能力（学历、工作经验、技能等级）、岗位胜任能力两个方面进行评价；绩效评价体系从本职工作、分外工作两个维度进行评价；潜力评价体系从性格测验、潜能测验两个角度进行评价。

2）履行班组三级储备

为实现优中选优，公司按照不低于现有班组长职数1:2的比例，将人员评价结果处于"黄色"区域的骨干员工筛选出来，建立以副班长/技术员为核心的班组长后备人才储备库；将人员评价结果处于"绿色"区域的骨干员工筛选出来，搭建高级员工储备库，科学地进行职业生涯规划。依据此矩阵图，公司创设了人才职业发展通道。该通道形成员工到技术员再到副班长，最后到班长（专工）的成长轨迹，有针对性地培养班长向专家技能人才、基层管理干部等不同方向转型，打造符合公司发展的人才梯队。

2. 悉心栽培：培养翼助力队伍建设

人才培养的流程体系为选、育、用、留四个环节。如果之前的"储备翼"为选拔人才，那么"培养翼"是培育人才。

1）采用显性式学习资料

公司采用显性式学习资料，设计了四个步骤，试图达成班组长培训的"资源化"。

第一步：确定能力胜任图谱。公司前后共开展3次内外部专家研讨，对储备班组长、三星（普通）班组长、四星（优秀）班组长、五星（卓越）班组长能力素质水平进行界定和匹配，形成班组长能力图谱。

第二步：设计培训课程体系。公司将班组长所在层级各能力项的分级描述转化为能力项培养的目标，以能力项及情景行为库为中心，选择不同的培训形式，整合资源、策略、评价，形成有价值导向的39个学习路径图，为班组长单个能力项的提升指明方向。

第三步：录制"绝活"教学视频。公司利用手机录像、现场拍摄等方式将技术含量高、处理复杂的工作场景拍摄成教学视频，使其得到显性化展示和永久保存，规避"绝活"失传风险。

第四步：形成班组长学习地图。公司根据课程的难易性、重要性、紧迫性进行学习成长的阶段性规划，将班组长的培养分为融入期、成长期、成熟期三个阶段，系统性的规划培训课程，设计出三个星级班组长学习地图，其中包括三星（普通）班组长、四星（优秀）班组长、五星（卓越）班组长。

2）组织情景式学习活动

情景式学习活动包括纯案例教学、"牛人"面对面、案例"观察室"、班组长大讲堂，以此实现班组长培养"具象化"。

（1）纯案例教学。将20~30个班组长分成几个行动学习小组，由每位班组长提出班组管理的实际问题，并在小组中对问题进行案例化描述以及深入的探讨，形成案例解决方法及典型管理经验，促进班组长管理技能的成长和提升。目前，公司已开展3期纯案例教学培训，培训人数达80人。

（2）"牛人"面对面。邀请公司领导、专家人才及企业名人、卓越班组长开展个人经历和技术方面的讲座。

（3）班组大讲堂。依托四种培训模式，即通用制度进班组、技术培训大讲堂、事故分析大讲堂、作业大讲堂，充分发挥班组长的"兵头将尾"作用，引领班组员工苦练基本功。

（4）案例"观察室"。以典型场景为研讨案例，班组长根据案例情景思考并提出自己的观点、做法，以期产生思维碰撞，促进班组长在启发交流中成长。

3）推广三段式培训

公司坚持推广三段式培训，从而确保班组长培训"定型化"。

培训前，微信选课预约，解决工学矛盾。公司统一建立了班组长"士官计划"微信群，将所有班组长拉入群组中，开展班组长培训需求调查。随后，公司结合实际培训需求制订培训计划，并在微信群和内网上公示。同时，根据班组长的反馈实时调整培训课程。预约制不仅可以使员工合理地调配时间，解决工学矛盾，而且能让管理部门提前掌握选课人数，优化课程安排。

培训中，组织"小V课堂"，覆盖知识技能。公司在原有集中培训、现场培训的基础上实施"小V课堂"，提倡小班制——每班次培训人数不超过30人。"小V课堂"培训形式灵活、氛围活跃，授课老师可以及时进行辅导，将培训的理论、技能、技巧传递到每个员工，保证知识的顺利吸收。

培训后，"一训一评"考核，深化培训效果。公司按照柯式四层次评估模型，在每个培训结束之后，根据培训的类别进行不同层次的评估，所有培训都需接受一级评估。知识类和技能类培训课程需接受二级评估（部分培训以取得证书作为二级评估的方法），部分技能类和素养类培训需接受三级评估。根据评估结果，针对不同授课大纲内容，持续推送优质学习文章、经典案例、热点事件评论，促进培训课堂知识的持续发酵，以深化培训效果。

4）开发"品牌化"产品

公司制订了"士官计划"的logo，并编写了相关培养方案，包括《班组长"士官计划"之能力培养规划》《班组长"士官计划"之能力素质辞典》《班组长"士官计划"之培训学习者手册》。公司将一系列培养方案做成独具特色的"品牌化"产品，涵盖了班组长储备、培养、发展、管控等部分，提高班组长队伍建设举措的辨识度。

3. 雨后拔节："发展翼"激发学习动力

公司通过评选和晋升激发班组长的学习动力，有效地拉开不同绩效水平班组长之间的收入差距，并充分利用分配和荣誉的激励作用，促进班组长认真履行其岗位职责，努力提高工作绩效。

1）评选星级班组长

公司综合班组星级、履职能力、岗位胜任力等情况，评定班组长星级水平，共分为三星、四星、五星三个星级。员工一旦晋升为三星班组长，在职期间，根据班组长的工作表现对其实行动态管理。在充分考虑班组长所承担的岗位责任及发挥作用的前提下，公司坚持物质与精神激励并重原则，调整和完善内部绩效奖金的分配办法。

2）选拔专家人才

公司以"评选驱动，轮式双向"为核心，对劳模、专家人才、优秀个人等群体进行评选。一方面加大班组长的培养力度，在五星级班组长层次引入课题研究、项目攻关等方式，让卓越班组长参与到重大项目的研究工作中，逐步提升班组长的专业视野、能力；另一方面加大班组长的推选力度，让一线班组员工的推选比例占50%以上，增加技能型专家人才的占比和评选的概率，有效地提升班组长岗位专业技能。

3）对接职业生涯发展

公司将班组长工作经历作为管理岗位任职的重要条件，优先从班组长队伍中选拔管理人员，实现班组长职业生涯跨通道晋升。在中层后备干部选拔中，具有班组长工作经历的人选所占比例不低于30%。

4. 施肥灌溉：管控翼助推梯队运行

按照分级管理、分工负责原则，公司成立了"领导小组+工作小组+专业小组"三级组织，明确管理职责，及时协调、解决实施过程中出现的问题，落实班组长队伍建设的各项制度和举措，保证管理互动与专业支持。

1）建立三级组织体系

在公司层面建立领导小组，分管培训的领导任组长，各部门主要负责人为成员，共同承担班组长能力发展及梯队建设全过程的领导、统筹组织、总体策划、资源协调。在基层单位设置工作小组，主要负责班组长队伍建设在本单位的落地和推进，检查、审核班组长队伍建设计划和执行进度，及时向领导小组汇报本单位班组长队伍建设活动开展情况。在营销、运检、调控、物资、信通等部室（中心）成立专业小组，配合班组长能力发展及梯队建设的组织实施，提供专业方面的指导。

2）编制成长"一本通"

公司从培训管理者和班组长两个角度编写《班组长成长"一本通"》。其内容包括班组长使命和职责、卓越班组长标准、培养规划、培养记录留白、考核记录表单、专家人才评选条件摘录、班组管理小妙招等信息。

3）实行积分制

公司以积分制的形式把班组长成长任务、单位的管理责任"串联"起来，形成"抓一发而动全身"的效果，实现班组长队伍建设过程管控全覆盖。积分制包括班组长成长、单位管理积分两部分内容，确保了班组长队伍建设的量化管理。

11.4 新员工培训实验

11.4.1 实验内容与目的

本实验的主要内容是培养学生进行新员工培训的能力。其主要目的是帮助学生进一步明确新员工培训的概念，加深对新员工培训理论的理解，使学生进一步熟悉新员工培训的理论、意义、过程和方法。

11.4.2 实验要求

1. 指导老师的要求

指导老师向学生详细讲解新员工培训的理论、意义、过程、方法等内容，提供实验背景（企业背景），明确实验的基本规则、实验评价标准，使学生明白实验的目的和实验过程，划分任务小组、指导学生实验，解答学生问题以及对实验结果进行评价等。

2．学生的要求

学生理解和掌握新员工培训的原理和方法，在小组内承担自己的角色，对教师提供的案例进行充分讨论和实践分析，形成实验报告。

11.4.3 实验条件准备

1．硬件条件

实验室、电脑、投影仪、大屏幕、打印机、复印机。

2．软件条件

企业背景材料、实验讨论案例。

11.4.4 实验步骤与过程

1．实验准备（课前准备）划分任务小组

（1）本次实验划分成若干个小组，各组5人左右。组内成员角色扮演和任务分配自行决定，每组自选一名组长，作为各小组的负责人。

（2）指导老师提供拟分析的企业背景材料，让学生提前熟悉企业背景材料。

2．实验过程

（1）指导老师讲解新员工培训的原理、内容、操作和意义，学生认真理解和领会讲解内容，可以进行简短的讨论。

（2）针对指导老师提供的案例进行小组讨论，并回答案例分析的问题。指导老师给予必要的指导。

（3）在规定时间内，每个小组提交小组实验报告。

（4）每个小组就本组实验报告进行演讲，其他小组就案例相关问题提问，小组成员进行回答，指导老师对整个过程进行点评。

（5）参考其他小组和指导老师点评意见，对实验报告进行修改并提交最终的实验报告。

11.4.5 实验报告与评价

1．实验报告

（1）理解和阐述新员工培训的原理、意义、内容、程序和方法。

（2）针对案例企业战略目标的新员工培训分析。

（3）以案例企业战略为指导的新员工培训的选择和设计。

2. 实验评价

（1）是否真正理解新员工培训的原理、意义、内容、程序和方法。
（2）针对案例企业的新员工培训分析是否正确。
（3）案例分析小组最后提出的新员工培训选择是否能够支持企业的战略目标。
（4）实验报告结构是否明确，逻辑是否合理，语言是否流畅、简洁。
（5）讨论是否充分，过程参与是否积极。
（6）实验报告是否按时提交。

11.4.6 实验讨论案例

腾讯新员工培养是怎样的

鉴于不同角色进入公司的诉求各异，从用户思维出发，腾讯的新员工培训体系依据"公司—BG—部门"三级无缝衔接开展，在公司层面分为了针对社招、校招、实习生、国际化新员工的四条培养通道。

1. 定制专属实践体验

拥有六大事业群的腾讯，其新员工入职后的岗位通道也较多。项目组以"体验"为关键要素，针对不同通道新人，打磨出了个性化的培养项目和主题活动。

产培生，边学习边实践

1）产培生，边学习边实践

腾讯的"产品思维"业界闻名，产品新人的培养也颇受重视。事实上，腾讯的产品新人虽然是依照产品经理标准招收入职，但大学并未开设产品经理专业，这些产品新人通常来自计算机、数据等其他学科。因此，产培新人入职后——从应届生到产品经理的角色转化是重中之重。自 2014 年开始，项目组专门为其设计了为期两年的"产品培训生"项目（以下简称"产培生"），包含轮岗及系统化培养。

轮岗采用"双选"模式，如业务部门提供数十个岗位，供产培生选择，与此同时业务在挑选与岗位要求相匹配的候选产培生，最终通过面试的方式完成"双选"，实现人与岗位的最佳适配——即在一个岗位实践一年后，按照"双选"模式再去另一个岗位实践一年。且两年轮岗实战期间，产培生获取的学习资源十分多样化，包括从典型的工作场景到内外部最佳产品实践、从自发学习交流圈到标杆企业游学等。

2）T 族新人，在亲身体验中成长

作为一家互联网公司，无论是校招还是社招模块，腾讯都对技术人员培养投入了大量精力。项目组将技术新人称为"新 T"，在他们入职时提供公司研发方面统一的流程、工具、平台，让"新 T"去学习和体验。

此外，项目组还为其创造了更多锻炼自己的机会，其中"腾码特训营"和"新 T Lab"便是代表。腾码特训营采取了面授与网课相结合的实操方式，并在课程中设计让学员编辑代码的环节，进而在实践与体验中加深记忆。"新 T Lab"是一个在线学习平台，学员可按照网页上提示的步骤逐步体验腾讯内部整个研发流程。第一步，从申请研发资源开始，逐步了解公司的研发环境；第二步，通过在线学习平台学习公司统一的代码规范课程，并参与考试；第三步，实际操作编写代码、提交、编译及上线测试，从而体验一整套的研发上线流程。

3）模拟全流程，面向所有新人的实验站

腾讯尤其关注人才培养过程中的体验和模拟实战，除了专门为技术新人设计"新 T Lab"，还可从面向所有校招新人的"新人实验站"中求证。不同岗位的新人对自己即将面对的岗位职能、工作流程并不十分清楚，为此公司安排了一天的环节，让新人有机会去体验某个业务的全流程。

例如，模拟某个产品从创意构思、需求分析、功能规划、产品设计、到上线运维的全流程，帮助新人建立全局认知，从而能够更好地完成本职工作。在此过程中，研发人员从中体验良多，比如应该在项目初期就参与产品的策划和分析讨论；技术运维人员的职责处于产品诞生的最后环节，经过体验产品诞生的前期流程之后，便将在未来运维工作中关注到更多细节。

2. 搭建沟通分享的桥梁

鹅厂学习文化重点强调了"分享、总结是更好的学习"，在内部培养实践中始终延续着"分享"的好习惯，新人培养项目和活动同样如此。项目组除了安排经验丰富的资深员工进行经验传承与分享，还为新人搭建了各种分享发声的平台，帮助新人向前辈和管理者传达自己的心声。

1）贯彻"真实"，自由交流与理解

"腾讯达人"和"鹅厂老兵话鹅厂"是腾讯较为经典的社招新人培养项目，其底层思路是希望摒弃"强硬的灌输"，通过新人与"老鹅"交流，探索、挖掘腾讯的真正面貌。

（1）腾讯达人。即项目组会在线上将任意两位新员工结对，让他们自由选择一位身边的"老鹅"进行访谈，这位"老鹅"即"腾讯达人"。

新员工可选择想了解的业务部门同事，或者在内刊、K吧或各种宣传中挖掘，搜索到欣赏的"腾讯达人"。访谈聊天不仅限于文化融入、高效工作、自我管理、职业发展、沟通协作、向上沟通等方面——话题开放，无论好坏都可交流。访谈结束后，两位新员工将输出"腾讯达人故事"，谈谈从其中收获的心得与启发等。此外，项目组会从提交的内容中提炼一些可复用的小案例，沉淀在腾讯学院在线学习平台中。当其他员工遇到类似问题时，他们可以通过在平台上搜索关键词，寻找相关的达人故事从而得到启发。

（2）鹅厂老兵话鹅厂。不同于"腾讯达人"的是，"达人"的自由度更高，由新人自己寻找"老鹅"并选择访谈话题；而"鹅厂老兵话鹅厂"主要是时长一小时的分享环节，由"鹅厂老兵"对社招新人进行分享，主题通常集中在两个方向，一是分享职场成长的经验，包括在公司为人处世的方式和工作"小贴士"等；二是分享自身与公司文化有关的故事。

由此可见，二者虽形式不同，但目的一致——希望老员工通过自身鲜活的例子来分享对公司的理解和感受，让新人接收到的信息更为真实，而不是刻意包装之后强行让新人接受。

2）多向传递，搭建新人发声及交流的平台

项目组持续对"95后"群体进行分析、研究，同时结合新员工培训的需求调研得出，"95后"所希望的培训是真实且有趣的，对"权威"的兴趣度与接受度在下降。基于这一调研结果，项目组决定采用相对更有趣、易接受的方式来设计培训，同时更多地去了解"95后"的心声与观点，为他们提供发声和交流的机会。

（1）鹅厂脱口秀。采用脱口秀的形式来分享年轻人喜欢的话题，同时将组织方想要传递的内容蕴藏在脱口秀内容中加以呈现——项目组希望通过这种潜移默化的方式，向"95后"应届毕业生传达公司文化与价值观。

活动在全公司范围内招募脱口秀选手且不限制分享主题，吸引了数百人报名。为了保证脱口秀内容的专业和质量，项目组特邀专业脱口秀俱乐部成员共同招募选手，并通过多轮练习最终甄选出6位脱口秀选手。选手来自不同的族群，既有"95后"也有"80后"，有应届生新员工，还有导师和领导，便于传递不同的声音和价值观。

脱口秀为员工营造了言论自由的氛围，话题丰富、内容开放，同时邀请公司高管担任"领笑嘉宾"，进一步带动活动现场气氛。这一形式不仅加强了新员工的参与感，还完全贴合了他们的喜好和需求，属于共创而非灌输，更易于被"95后"接受。

（2）反向导师。顾名思义，即让新人成为老员工——中层管理干部的"导师"。在越来越多"95后""98后"加入腾讯的当下，项目组在考虑可直接了解他们的观点，另一方面也希望让管理者更多地听到新人的诉求。为此，项目组提供了一个平台和机会，让管理者和新人一对一交流，可直接了解到当前新生代的思想，同时满足了腾讯"管理者必须跟得上时代和潮流"的要求。

（3）小将行家。腾讯在线学习平台Q-Learning开发了类似"在行"的内部线上平台，名为"行家"。

平台将特别擅长某些领域的达人和专家作为被咨询者，发布其个人信息，标明擅长的领域，涉及职业规划、沟通技巧、旅游等各个方面；员工可以根据需要，预约"行家"并进行一对一沟通。自此，员工拥有了一个解决个性化问题的相对私密的平台。

"小将行家"顾名思义，是一批在"行家"平台上专属毕业生的行家们。这些行家全部是在腾讯成长的优秀毕业生，经历过相似的成长路径和职业发展挑战，从而能够给刚进公司的"师弟师妹"们提供更加贴合成长环境的建议，并且行家的个人标签中，还会包含毕业院校等信息，让同校应届生更有亲切感。

3）回归系列，打破信息交流屏障

校招新员工在经历8天封闭培训之后，便回到各自的岗位，进入各大事业群和部门接着参与相关培训。而每年的11月和12月，腾讯学院会联合各BG和分公司共同为该年度应届毕业生组织"毕业生回归"系列活动。

该系列活动主要出于两个目的：

第一，新人在公司适应一段时间之后，很有可能会产生新的困惑。例如，关于接下来的职业发展道路，如何与导师和领导进行沟通，如何更好地成长，项目组通过回归活动来帮助毕业生解决阶段性的发展挑战与困惑，如邀请师兄师姐面对面交流，分享成长秘籍等。

第二，为公司管理层和新员工创造面对面交流的机会。项目组会邀请公司的最高管理层直面毕业生进行交流，包括创始人马化腾、各大事业群负责人等。

对于社招新人，同样安排了回归活动，其目的和毕业生回归不太一样，更多的是为了让社招人员无障碍获取信息，再一次体会并加深对公司文化的理解和融入。

项目组通过一个个小型活动来达到这个目的。例如，"腾讯起点"，将新人带到赛格办公室，腾讯创业时的办公地点，直观感受创业时期的艰难；还有"客服听音"，让产品经理去听用户对客服的反馈和投诉，直接体会到自己所开发的产品在用户当中的真正评价，这也通常会为产品经理带来巨大的冲击与启发。

3. 持续迭代 应对需求变更

1）年度复盘，优化更迭

随着新员工群体的代际变化，从"85后""90后"逐渐到"90后""95后"，新员工的培养方案也会紧随变化。项目组每年都会对当年的新员工培养效果进行整体复盘，针对新员工的自身学习需求及组织在不同发展阶段时对新员工能力的要求，迭代优化后续的培养方案。

比如，在学习内容上，随着毕业生的职场基础能力越来越强，项目组将已有"office课程"由必修课调整为选修课，在满足部分同学诉求的同时，也给予了大家更多自主选择权。

又如，通过分析新员工群体画像，发现有较大比例的新员工来自非互联网行业背景的企业，或不具备互联网行业基础知识及概念，项目组便快速开发互联网行业的相关学习内容，并不时更新优化，让大家对整个行业有更多了解。

此外，在项目设计方面也不是一成不变的。随着公司业务发展节奏越来越快，部门希望新员工能在培训后尽快进入岗位，因此项目组结合复盘结果，将毕业生封培项目的时长从10天压缩至8天。

与此同时，结合新生代的兴趣特点，学习设计上增加趣味化、体验式的形式，如在公司升级了新的文化价值观后，为了让新员工们能更深刻理解新的文化价值观并有效践行，在学习安排中加入"我眼中的腾讯范儿"短视频拍摄及"发现腾讯"——画出你心中腾讯文化等任务。

2）快速应对临时需求

除了每年度都持续开展的优化思考，快速应对临时的培训需求也是腾讯培训工作者的必备能力。

在2020年上半年的疫情防控期间，为应对特殊时期下的新员工培训需求，项目组快速将面授内容全部调整为线上课程；利用微信群，开展了云开班、云破冰、云分享、云交流等一系列活动。待疫情缓和后，组织了两天两夜的"小Q创造营"，为校招新员工创造线下见面交流和互动的机会，并且设计了多种充满趣味的轻量活动。

值得一提的是，当公司得知众多腾讯校招生所在大学取消毕业典礼之后，倾尽可用资源专为其举行了毕业礼，这也在一定程度上弥补了应届生的遗憾，更让他们感受到腾讯是一家有温度的公司。

事实上，完全从学员角度出发，注重体验、分享、迭代三大特征，也是真正将"温度"贯彻了腾讯新员工培养全体系。这一片沃土中，充满了暖心且积极的能量，相信必能结出累累硕果。

资料来源：https://zhuanlan.zhihu.com/p/309339373

讨论题：

分析腾讯是如何为不同岗位条线的新人，设计适配其特性的培养项目、主题活动，在模拟与真实情境中持续体验，不断创造新老员工分享交流的机会，从而打造了一系列充满"温度"的培训体验。

参考文献

[1] 赵曙明，赵宜萱．人员培训与开发——理论、方法、实务[M]．北京：人民邮电出版社，2018．

[2] 石金涛．培训与开发[M]．北京：中国人民大学出版社，2013．

[3] 徐芳．培训与开发理论及技术[M]．上海：复旦大学出版社，2013．

[4] 郭京生，潘立．人员培训与开发[M]．北京：清华大学出版社，2015．

[5] 袁庆宏，付美云，陈文春．职业生涯管理[M]．北京：科学出版社，2009．

[6] 葛玉辉．员工培训与开发[M]．北京：清华大学出版社，2017．

[7] 赵富强，罗帆，张清华，陈耘．职业生涯管理——理论与实务[M]．北京：科学出版社，2015．

[8] 郑美群，李洪英．职业生涯管理[M]．北京：机械工业出版社，2017．

[9] 金延平．人员培训与开发[M]．大连：东北财经大学出版社，2017．

[10] 刘建华．人力资源培训与开发[M]．北京：中国电力出版社，2014．

[11] 李前兵，周昌伟．员工培训与开发[M]．南京：东南大学出版社，2013．

[12] 郗亚坤，曲孝民．员工培训与开发[M]．大连：东北财经大学出版社，2016．

[13] 赵耀．员工培训与开发[M]．2版．北京：首都经济贸易大学出版社，2016．

[14] 陈国海．员工培训与开发[M]．2版．北京：清华大学出版社，2016．

[15] 胡蓓，陈芳．员工培训与开发[M]．北京：高等教育出版社，2017．

[16] 曹振杰，王瑞永，齐永兴．人力资源培训与开发教程[M]．北京：人民邮电出版社，2006．

[17] 颜世富．培训与开发[M]．北京：北京师范大学出版社，2007．

[18] 张宏远．人员培训与开发——理论、方法、实务[M]．北京：人民邮电出版社，2017．

[19] 孙宗虎，姚小凤．员工培训管理实务手册[M]．北京：人民邮电出版社，2017．

[20] 袁声莉，刘莹．培训与开发[M]．北京：科学出版社，2014．

[21] 吴琼琼．人力资源开发管理技能[M]．北京：华夏出版社，2002．

[22] 王雁飞，朱瑜．现代人力资源开发与管理[M]．北京：清华大学出版社，2010．

[23] 王重鸣．劳动人事心理学[M]．杭州：浙江教育出版社，1986．

[24] 曾国平，陈文权，郑平生．人力资源开发与管理[M]．重庆：重庆大学出版社，2005．

[25] 潘平．老HRD手把手教你做培训[M]．北京：中国法制出版社，2017．

[26] 崔佳颖．员工职业生涯管理规划[M]．北京：机械工业出版社，2008．

[27] 张俊娟，韩伟静．企业培训体系设计全案[M]．北京：人民邮电出版社，2014．

[28] 陈筱芳．人力资源管理——网络化互动教学系统配套教材[M]．北京：清华大学出版社，2008．

[29] 周正勇，周彪．员工培训管理实操-从新手到高手[M]．北京：中国铁道出版社，2014．

[30] 孙宗虎，姚小凤．员工培训管理实务手册[M]．北京：人民邮电出版社，2017．

[31] 张声雄．《第五项修炼》导读[M]．上海：上海三联书店，2001．

[32] 韩伟静，滕晓丽．培训运营体系设计全案[M]．北京：人民邮电出版社，2018．

[33] 中国就业培训技术技术指导中心．企业人力资源管理师（二级）[M]．北京：中国劳动社会保障出版社，2014．

[34] LLOYD L. BYARS，LESLIE W. RUE．人力资源管理（双语教学通用版）[M]．李业昆，译．北京：人民邮电出版社，2016．

[35] 贝克尔．人力资本：特别是关于教育的理论与经验分析[M]．梁小民，译．北京：北京大学出版社，1987．

[36] 华驰，顾晓燕．"互联网＋"背景下高职院协同制造实训基地设计[J]．实验室研究与探索，2016（7）．

[37] 范新，高杰，罗文豪．"能力精进"与"变革引领"双轮驱动的神华集团管理人员多层培训体系建设研究[J]．中国人力资源开发，2014（22）．

[38] 马志强，刘敏，朱永跃．80后员工职业价值观与忠诚度关系研究[J]．技术经济与管理研究，2014（1）．

[39] 张宏亮，袁悦，何波．组织系统变革视角下企业大学的演化模式研究——以骑士商学院为例[J]．管理案例研究与评论，2016（6）．

[40] 孙锐，张文勤．重大项目实践、组织学习机制与创新人才培养研究[J]．科学与科学技术管理，2013（3）．

[41] 陈沛．浅谈适合企业需要的培训师的选择[J]．中国电力教育，2011，15（3）：23-25．

[42] 刘晓玲，庄西真．智能制造视阈下高技能人才的内涵变迁[J]．职业技术教育，2017

[43] 付景涛，黎春燕．职业声誉资本化视角下的员工敬业机制构建[J]．华东经济管理，2015（8）．

[44] 彭征安，任华亮．知识型员工的创新研究——基于工作价值观的视角[J]．江苏社会科学，2016（4）．

[45] 于文浩．战略性打造企业培训体系的"三重门"：基于业务生命周期视角[J]．现代远程教育研究，2017（2）．

[46] 尹剑峰，龙梅兰．员工潜能开发与企业"人才池"的构建研究[J]．贵州民族大学学报（哲学社会科学版），2014（6）．

[47] 张文贤，陶云武．员潜能开发的三维模型[J]．经济管理，2006（17）．

[48] 赵熙．员工—企业双向忠诚的动态耦合机制及其构建[J]．求索，2014（12）．

[49] 韩庆敏．以职业忠诚为基础的企业员工忠诚度管理研究[J]．首都师范大学学报（社会科学版），2013（3）．

[50] 倪建明. 新时期企业后备人才管理的策略模型[J]. 浙江师范大学学报（社会科学版），2012（2）.

[51] 李超平，江峰. 新经济时代领军人才的成长要求及开发路径研究[J]. 中国人力资源开发，2015（11）.

[52] 刘向阳，何启飞，彭小丰，张程程. 心态的结构以及心态调整的途径研究[J]. 科技管理研究，2011（2）.

[53] 徐科军，黄云志. 校企合作培养创新人才的探索与实践[J]. 中国大学教育，2014（7）.

[54] 隋明山. 校企合作共建实训基地的实践研究[J]. 中国职业技术教育，2012（14）.

[55] 古翠凤，詹丽丽. 校企合作的员工培训模式研究[J]. 成人教育，2018（3）.

[56] 葛明磊. 项目 HRBP 后备人才培养的探索性研究——以华为公司为例[J]. 中国人力资源开发，2015（18）.

[57] 徐辉，李玲娟，曾明彬，袁铭. 我国高科技园区创新人才培养研究[J]. 科技进步与对策，2017（22）.

[58] 陈洪权，陈舒文. 人力资源部被"炸掉"之后——基于 HRBP 战略本土化转型思考[J]. 中国人力资源开发，2015（20）.

[59] 王春秀. 企业员工忠诚形成机理及培育与发展[J]. 技术经济与管理研究，2011（11）.

[60] 吴峰. 企业大学：当代终身教育的创新[J]. 北京大学教育评论，2016（3）.

[61] 罗公利，王玉梅，边伟军. 基于知识管理理论的创新型企业人才内涵、分类及管理策略研究[J]. 科技进步与对策，2013（20）.

[62] 王艳辉. 回顾与展望：职业教育校企合作长效机制构建研究[J]. 成人教育，2017（11）.

[63] 曾颢，赵曙明. 工匠精神的企业行为与省际实践[J]. 改革，2017（4）.

[64] 翟志华. 高职院校实训基地建设与可持续发展探讨[J]. 实验技术与管理，2016（6）.

[65] 刘洪银. 从学徒到工匠的蜕变：核心素养与工匠精神的养成[J]. 中国职业技术教育，2017（30）.

[66] 赵凤彪. 职业锚理论研究概述[J]. 科教文汇（下旬刊），2008（01）：205.

[67] 白艳莉. 西方职业生涯发展阶段理论及其对组织人力资源管理的启示[J]. 现代管理科学，2010（08）：35-37.

[68] 张阳，邓华北. 企业战略性成长与相应人力资源管理探讨[J]. 厦门大学学报（社科版），1999（2）.

[69] 王安全，陈劲，沈敏跃. 21世纪我国企业员工培训战略研究[J]. 科学管理研究，2001（12）.

[70] 张毅. 培训效果评估的理论和研究[J]. 企业技术开发，2006，25（1）：47-48.

[71] 李恩锦. 柯氏四级培训评估模式在企业培训中的应用[J]. 中国冶金教育，2014，2（2）：63-67.

[72] 燕晓飞，赵鑫全. 培训迁移、人力资本提升与非正规劳动力就业化[J]. 中南财经政法大学学报，2014（1）：43-49.

[73] 李媛媛. 员工自我效能感对培训迁移的影响[J]. 学理论, 2014, 2 (17): 52-53.

[74] 柳小龙. 加强企业培训成果转化机制的现实意义[J]. 发展, 2007, 4 (9): 108-109.

[75] 刘贤梅, 李勤, 司国海, 陈雪松. 虚拟现实技术及应用[J]. 大庆石油学院学报, 2002, 26 (2): 112-115.

[76] 胡庆夕, 苏建明, 张续红. 聚焦虚拟现实技术[J]. 机电一体化, 2002 (6).

[77] 陈丹红. 员工培训外包模式探讨[J]. 成人教育, 2006 (9): 47-48.

[78] 林勋亮. 浅析培训外包的利益和风险[J]. 中国市场, 2008 (10): 68-70.

[79] 李作战, 赖家良. 企业一般培训研究最新动态述评[J]. 福建商业高等专科学校学报, 2012 (10).

[80] 陈国权、马萌. 组织学习—现状与展望[J]. 中国管理科学, 2000 (08).

[81] 王润良, 郑晓齐, 王焜. 学习型组织理论与实践[J]. 北京航空航天大学学报. 2001 (09).

[82] 温恒福、张萍. 学习型组织的实质、特征与建设策略[J]. 学习与探索, 2014 (02).

[83] 朱振光. 企业员工学习力研究[J]. 合作经济与科技, 2012 (02).

[84] 陈江、曾楚宏、吴能全. 组织学习与学习型组织的比较研究[J]. 现代管理科学, 2010 (03).

[85] 毛建军. 组织学习力研究现状分析[J]. 商业时代, 2007 (16).

[86] 李荣光. 提升组织学习能力的路径[J]. 企业改革与管理, 2008 (03).

[87] 刘正君. 试论培训中工作分析的作用[J]. 科技创新与应用, 2013 (01).

[88] 吴迪, 邱冠. 武电力公司教育培训中心发展战略[J]. 中国电力教育, 2017, (11).

[89] 李巧兰. 企业培训外包研究[D]. 中国海洋大学, 2010.

[90] 宋汉华. 基于培训外包的企业员工培训体系的构建[D]. 厦门大学, 2006.

[91] 刘汉胜. 企业员工招聘与培训外包研究——以郑州某软件企业为例[D]. 昆明理工大学, 2008.

[92] 陈丽绣. 高科技产业教育训练功能委外之研究——以新竹科技园区为例[D]. 台湾中山大学, 2003.

[93] 黄静. 我国企业培训需求分析研究及模型构建——A公司培训需求分析实证研究[D]. 重庆大学, 2005

[94] 缪煜. 企业培训成果转化的影响因素研究[D]. 华东师范大学, 2016.

[95] 寇茜茜. 员工培训效果转化的影响因素及转化机制研究[D]. 北方工业大学, 2016.

[96] MC-CLELLAND, S B. Training needs assessment data-gathering methods: Part 1, survey questionnaires[J]. Journal of European Industrial Training, 1994a, 18(1).

[97] MC-CLELLAND, S B. Training needs assessment data-gathering methods: Part 2, individual interviews[J]. Journal of European Industrial Training, 1994b, 18(2).

[98] KATZ E. Investment in General Training: The Role of Information and Labour Mobility [J]. The Economic Journal, 1990, (403).

[99] ZIDERMAN A, SPLETZER. General and Specific Training: Evidence and Implications [J]. The Journal of Human Re-sources, 1999, (4).

[100]AUTOR. Why do Temporary Help Firms Provide General Skill Training [J]. working paper, 2001, (4).

[101]PEDLER M, BURGOYNE J, BOYDELL T. The Learning Company: a Strategy for Sustainable Development[M]. New York: Mcgraw-Hill, 1991:29.

[102]WATKINS K E, MARSICK V J. Sculpting the Leaning Organization: Lessons in the Art and Science of Systemic Change[M]. San Francisco:Jossey-Bass, 1993:59.

[103]LAWRENCEE. Some Thoughts on Turning a Government Organization into a Learning Organization [EB/OL].www.doc88.com/p-299203012766.html.

[104]MULFORD B. Organizational Learning and Educational Change[J]. International Handbook of Educational Change. 2000, 5(1).

[105]野中郁次郎. The Knowledge-Creating Company[J]. Harvard Business Review Classics, 1991, 70(5).

[106]CARVIN D A. Building a learning organization[J]. Harvard Business Review Classics, 1993, 71(4).

[107]INKPEN A C. The Management of International Join Ventures: An DiBella A J.NVIS E C. How Organizations Learn:An Integrated Strategy for Building Learning Capability[M]. San Francisco:Jossey-Bass, 1998.

[108]DOZ Y. The evolution of cooperation in strategic alliance: initial conditions or learning processes?[J]. Strategic Management Journal, Summer Special Issue, 17:55-83。

[109]HAMELG, DOZ Y L, Prahalad C K . Collaborate with your competitors-and win"[J]. Harvard Business Review, 67(1)137-139.

[110]Desimone R L, Werner J M, Harris D M. Human Resource Development [M]. Harcourt College Publishers, 2002.

[111]NOE R A, HOLLENBECK J R, GERHART B, WRIGHT P M. Human Resource Management[M]. Tsinghua University Press, 2000.

[112]GATEWOOD R D, Field H S. Human Resource Selection[M]. Fort Worth, TX: Harcourt College Pulishers, 2001.

[113]NAQUIN S S, HOLTON E. Motivation to Improve Work through Learning In Human Resource Development [J]. Human Resource Development International, 2002, 5(1):1-16.

[114]WARR P, ALLAN C. Predicting Three Levels of Training Outcome[J].Journal of Occupational and Organizational Psychology, 1999, 72(3):351-375.

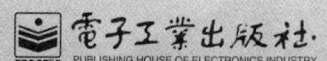